世界歴史叢書

新版

エジプト近現代史

ムハンマド・アリー朝成立からムバーラク政権崩壊まで

山口直彦

明石書店

はじめに

今日、エジプトが中東・アラブ世界で中核的、主導的な役割を果たしている「中東の大国」であることに異議をとなえる向きは少ないであろう。ナセル（ガマール・アブドゥンナースィル、一九一八～七〇年）時代の「アラブの盟主」という言葉こそ色褪せたが、依然としてエジプトは湾岸危機・戦争、中東和平問題、そして国際テロ対策と様々な局面で、中東・アラブ諸国間を、あるいは中東・アラブ諸国と欧米諸国との間を仲介する重要な役割を担い続けている。だが、エジプトは人口でこそアラブ諸国全体の四分の一を占めるものの（七七八五万人、二〇〇七時点）、軍事的、経済的には必ずしも「大国」ではない。軍事力では湾岸戦争以前のイラクには及ばず、経済力では富裕なペルシャ湾岸産油国にはるかに及ばないばかりか、一人当たりのＧＤＰ（国内総生産）ではレバノンやヨルダンといった非産油国にも後塵を拝している。

それでは、エジプトはなぜ「中東の大国」であり続けられるのだろうか。その要因としては、中東・アラブ諸国で最も長い歴史を持つ近代的教育制度が生み出した豊富な人材や思想・文化・情報などの発信力、同じく長い歴史を持つ中央集権的行政機構と優秀な高級官僚の存在、そして豊かな農業資源に裏付けられた産業の幅の厚さなどがあげられる。これらは、フランスが冷戦後、唯一の超大国である米国に対抗しうる政治・外交力を持ち得ている要因とも共通している。こうしたエジプトのいわば「懐の深さ」をもたらした諸要因は、実はそのほとんどが一九世紀に行われた一連の改革に大本があり、そしてその改革は一八〇一年にナポレオンのエジプト占領に対抗すべくオスマン帝国が派遣した遠征軍の一下級士官としてエジプトの地を踏み、ナセルが倒すまで続く王朝を築いたひとりのアルバニア人に端を発する。その人物こそがムハンマド・アリー（一七七〇頃〜一八四九年）である。

ムハンマド・アリーは、ほとんど徒手空拳の状態から権謀術数の限りを尽くしてエジプトの支配者の地位にのぼり、明治維新に相当する諸改革を一代で成し遂げ、混沌とした無政府状態にあった中世のエジプトを近代的な常備軍と行政機構を持つ中央集権国家につくりかえた。また、長繊維綿花の栽培導入など今日に至るまでエジプトがその恩恵を被っている諸産業を育成した。ヨーロッパ列強の介入によってムハンマド・アリーの国家主導の近代化政策が挫折を余儀なくされたあとは、息子のムハンマド・サイード（一八二二〜六三年）や孫のイスマーイール（一八三〇〜九五年）などが今度は開放経済体制のもとで近代化政策を引き継ぐ。しかし、この後継者たちの試みも財政破綻によって挫折し、結局、一八八二年からエジプトは英国の実質的な植民地と化すことになる。

ムハンマド・アリーとその後継者たちの近代化政策は、「興隆するヨーロッパ文明の脅威に対抗して、非欧米世界が軍事・産業・社会の近代化を図り、自立的な国家の建設を目指した最も初期の取り組み」（カイロ・アメリカン大学、マイケル・レイマー教授）であり、あとに続く日本の明治維新や清の洋務運動などを先取りする画期的な試みでもあった。エジプト人にとってはいわば「外国人の支配者」であるムハンマド・アリー一族による「上からの改革」が挫折したあともその近代化政策によって点火された民族のエネルギーは消えることはなかった。むしろ、それは英国の植民地支配に対する抵抗運動として激しく燃え上がり、一九二二年の英国保護領からの独立、一九五二年のエジプト革命、さらには一九五六年のスエズ動乱を経て真の民族自立を達成することになる。

こうしたいわば「下からの改革」を模索するなかで、エジプトでは、①ヨーロッパ興隆のエネルギー源を「ナショナリズム」にあるとみて脱宗教的な国民国家の建設を目指すものと、②イスラームの再生に活路を見出そうとするものというふたつの大きな思想潮流が生まれた。前者は、エジプトという既存国家の枠組みのなかで民族自立を図ろうとする「一国民族主義」から、のちにアラブ世界の統一を目指す「アラブ民族主義」に主役が移り、ナセルの主導のもと一九五〇年代から一九六〇年代前半にかけて最大の高揚期を迎えることになる。後者は、ムハンマド・アブドゥフ（一八四九～一九〇五年）とムハンマド・ラシード・リダー（一八六五～一九三五年）という近代イスラーム世界が生んだ最も偉大な思想家たちがエジプトを拠点に提唱し、一九二八年に「現代イスラーム史上、最大の復興運動」と言われるムスリム同胞団を生み、そして世界を揺り動かしているイスラーム主義に受け継がれている。近年のイスラーム主義の高まりは、ナショナリズムを標榜した世俗主義的な政権の諸政策の行き詰まりとともに生まれてきたものである。

「歴史は繰り返す」とはよく言われるが、ムハンマド・アリー朝期のエジプトで起こった様々な事件は、現在の世界の動きとも多くの共通点を持っている。冷戦の終結とともに欧米のキリスト教・ユダヤ教世界ではそれまでの共産主義に代わってイスラーム、とりわけイスラーム主義を脅威と見なす傾向が強まっている。他方、イスラーム世界ではグローバリゼイションの名のもとに逆に米国を中心とする欧米文明に飲み込まれるのではないかとの警戒感が強く、これがイスラーム回帰の大きな原動力ともなっている。同様に、一八八〇年代にエジプトでナショナリズムを掲げたオラービー革命が、エジプト統治下のスーダンでイスラーム復興を掲げたマフディー運動が盛り上がった際、ヨーロッパ世界ではイスラームの脅威が声高に議論され、エジプトなどイスラーム世界ではヨーロッパ列強が「非欧米世界を文明化する」という「白人の重荷」（ラドヤード・キプリング）の美名のもとに植民地化を進めるなか、キリスト教による脅威が叫ばれた。まさに、「文明の衝突」である。また、英国がオラービー革命に対し軍事介入する際に使ったロジックは「テロとの戦い」であり、このとき英国が他の列強の支持を得られず、単独での武力行使に踏み切った経緯は、二〇〇三年三月に米英両国が国連決議を待たずにイラク攻撃を行った状況とも類似している。そして、スーダンでおよそ一六年間、独自のイスラーム国家を築いたマフディー運動は、一九九〇年代半ばにアフガニスタンで生まれたタリバン（ターリバーン）政権と共通するものを持っている。

さらに、現在、中東・北アフリカ諸国ではオイルショック以降の医療水準の向上などに伴う人口急増により若年層の失業問題が深刻化し、これが急進的なイスラーム主義勢力の伸張を招く大きな要因となっているが、ムスリム同胞団を生んだ一九二〇年代後半から一九三〇年代のエジプトもまさしく同じ問題に直面していた。同様に、軍事・経済面での対米依存と国民の反米感情との板挟みという穏健派アラブ諸国が共通して抱えてきた悩みについても、エジプトは相手が英国に代わっただけで同じく一九三〇年代には直面していた。すなわち、現在の中東・北アフリカ諸国が抱えている諸問題は何も新しいものではなく、少なくともエジプトの場合には七〇年以上も前に経験済みのものなのである。言い換えれば、現在の中東を中心とする世界の動きを解く鍵（控えめに言ってもその多く）は、一九世紀から二〇世紀前半にかけてのエジプトにあるといっても言い過ぎではない。

その歩みは時々の覇権大国からの重圧に抗して国家近代化と民族自立を図ったいわば「帝国への挑戦」の歴史であり、近代国家建設の模索に始まり、富国強兵・殖産興業、対外拡張戦争とその挫折、戦後復興とバブル崩壊、長期不況と社会の閉塞感など、明治から現在に至る日本の歴史とも多くの共通点を持っている。しかも、それはナポレオンに始まり、ネルソン、レセップス、ナポレオン三世、ディズレーリ、グラッドストン、アフガーニー、マフディー、ゴードン、チャーチル、キッチナー、ロレンス、アレンビー、ロンメル、ナセル、アイゼンハワー、イーデン、サダトなどが交錯するまさに「世界史の檜舞台」でもある。本稿では、ムハンマド・アリーとその後継者たちの歩みを軸にエジプトの近現代史を辿ることで、「中東の大国」、エジプトがいかにして築かれてきたのか、そして現在の中東・アラブ世界の潮流の原点がどこにあるのかを可能な限り浮き彫りにしていきたい。

目次

はじめに　3

1　混迷と停滞◎一六世紀から一八世紀までのエジプト……17

西洋の衝撃／ムハンマド・アリーの登場／シタデルの惨劇

2　近代への覚醒◎ムハンマド・アリー朝の成立……23

近代的常備軍の誕生／ギリシャ戦役／第一次シリア戦役／栄光

3　帝国への道◎強兵策と領土拡大……37

火種：インド・ルートと繊維摩擦／喪失：第二次シリア戦役

4　挫折◎英国の壁……59

5　行財政改革◈近代的中央集権国家の誕生 …… 71

財政基盤の確立／行政機構の整備

6　近代化と殖産興業◈経済的自立の模索 …… 79

先進技術の移入と教育振興／農業振興とエジプト綿／工業化と貿易振興

7　ムハンマド・アリーの時代◈その光と翳《かげ》 …… 97

通商産業政策の蹉跌／エル・キビール

8　反動と転機◈アッバースとサイード …… 107

暗雲／反動／薄日／転機：スエズ運河／転落の予兆

9　脱亜入欧◈イスマーイールの挑戦 …… 125

総督から副王へ／不平等条約改正交渉／領土拡張と奴隷交易／欧化政策／頂点：スエズ運河開通式典

10　転落◎植民地化への道……145
バブル崩壊／財政破綻／揺らぐ政権基盤／ヨーロッパ内閣／廃位／イスマーイールの功罪／エジプトと日本：近代化の明暗

11　最初の革命◎そしてその挫折……173
（一）思想家　アフガーニー　173
点火／後継者
（二）革命家　アフマド・オラービー　182
革命への道／民族主義政権の成立／挫折：テル・エル・ケビール
（三）革命家　マフディー　196
「救世主」の登場／ハルツームの陥落／後継者：アブドゥッラーヒ／挫折：オムドゥルマーン
（四）実務家　クローマー卿　216
英国統治の始まり／戦後復興／ディンシャワーイ事件

12 第二の革命◎独立回復への長い道 …… 231

（一）不世出の革命家　ムスタファ・カーメル　231
言論による革命／国民党の結成

（二）反骨の副王　アッバース・ヒルミー二世　240
反発から協調へ／協調から決定的対立へ

（三）独立の父　サアド・ザグルール　247
第一次世界大戦とエジプト／民族指導者への道／一九一九年革命／独立後の闘争

13 落日に向かう王朝◎ファルークの時代 …… 269

（一）明るい滑り出し　269
正式独立の達成／民族資本の台頭

（二）暗転　283
二月四日事件／大戦間のエジプト：長期不況と学園紛争／新しい政治勢力の台頭

(三) 第二の衝撃　パレスチナ戦争　298
ナハスとシドキー／パレスチナ戦争／ファルークの変貌：略奪婚と巨食

14 エジプト革命◎王朝の終焉……311
終わりの始まり：カイロ暴動／一九五二年七月二三日

15 ナセルの時代……323
共和制移行／運河国有化／獲得／アラブ民族主義：絶頂から転落へ／アラブ社会主義：経済失政／破綻：第三次中東戦争

16 サダトの時代……353

17 ムバーラクの時代とこれからのエジプト……361
(一) 一九八〇年代：多難なスタート　361
(二) 一九九〇年代：転機となった湾岸戦争　365
外交の成功と経済の再建／イスラーム主義勢力との対峙

（三）二〇〇〇年代：政権延命・継承への試み　373
権威主義的体制／顕在化する行き詰まり／二〇〇五年の「民主化」とその反動
（四）二〇一一年：ムバーラク退陣とこれからのエジプト　389
あとがき　399
関連年表　411　主要参考文献・資料　417　掲載写真・図版出所　419
索　引（事項452　人名431　地名424）

ムハンマド・アリー統治期の中東

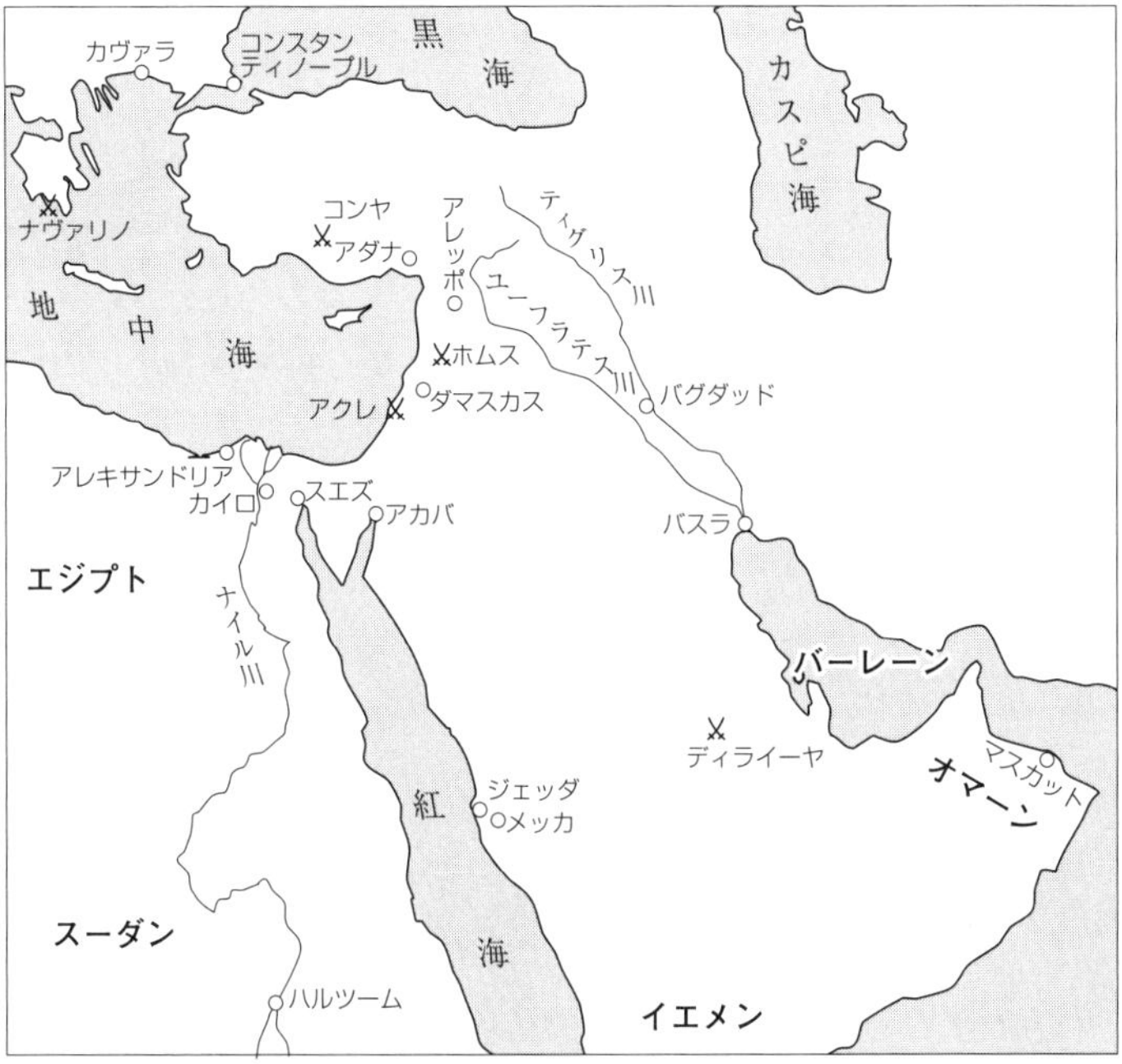

イスマーイール統治期から19世紀末までのエジプト・スーダン

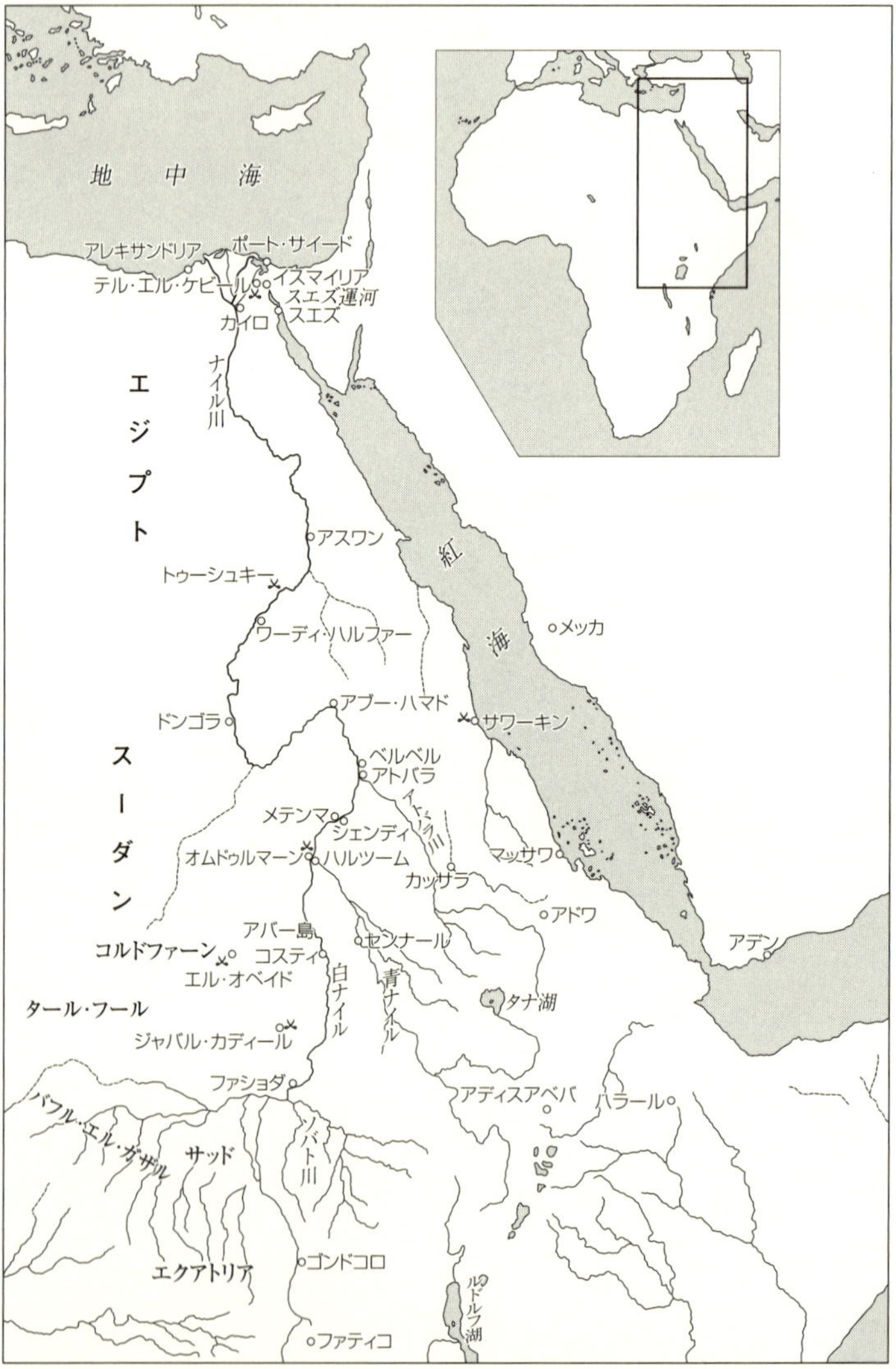

1 混迷と停滞◇一六世紀から一八世紀までのエジプト

「エジプトは、日本より早く近代化や工業化に着手したにもかかわらず、なぜ、いまだに開発途上国のままとどまっているのか」（エジプト国立カイロ大学、アシュラフ・セイフッディーン教授）。これは、今日、多くのエジプトの知日派知識人が呈している疑問である。事実、エジプトは明治維新に先立つこと半世紀以上、一八一〇年代（日本では文化年間、徳川第一一代将軍家斉の時代）に、当時エジプトを実質的に支配していたアルバニア人の総督、ムハンマド・アリー（一七七〇頃～一八四九年）の統治下、近代化に着手した。

ムハンマド・アリー登場以前のエジプトは、ほぼ三世紀にわたる長い混迷と停滞のなかにあった。停滞の契機となったのはヴァスコ・ダ・ガマによる喜望峰航路の開拓（一四九八年五月）で、それまで莫大な富をもたらしてきた香辛料のインド・ヨーロッパ間の中継貿易が激減し、エジプト経済は深刻な打撃を受けた。当時、カイロを首都としてエジプト、シリアなどを領有していたマムルーク朝（一二五〇～一五一七年）は、同じく香辛料の中継貿易で利益をあげていたヴェネティアやインドのムスリム王侯と結び、ポルトガルの香辛料貿易を阻止すべく開戦したが、一五〇九年二月、インド北西

マムルーク朝時代の代表的建築物
スルタン・ハサン・モスク（カイロ）

部ディーウ島沖の海戦でポルトガル海軍に惨敗する。八年後の一五一七年一月、すでに弱体化していたマムルーク朝は新興のオスマン帝国によって滅ぼされ、エジプトは政治的にも中東の大国から一属州の地位に転落した。また、エジプトを征服したオスマン帝国のセリム一世（在位一五一二～二〇年）が、数千人に及ぶ知識人や芸術家、技術者、職人をコンスタンティノープル（イスタンブール）に連れ去ったため、カイロはそれまでの中東の文化・知的センターとしての地位も奪われた。

オスマン帝国は、エジプト全体をひとつの州として中央政府から総督と若干の行政官、駐留軍を派遣して統治した。しかし、肥沃なエジプトの地に独立政権ができることを警戒して、頻繁に総督の首を挿げ替えた。オスマン帝国が実質的にエジプトを統治した一八世紀末までの約二八〇年の間に総督は実に一一六回、交替した。このため、派遣総督の関心はもっぱら在任中の私的な蓄財に向けられ、灌漑設備の整備や産業の育成といった中長期的な視点に立った行政は全くといっていいほど行われなかった。また、オスマン帝国はエジプト征服の際に恭順の意を示した前王朝の支配層であるマムルークを主に地方行政官として統治機構のなかに組み込んだが、帝国の衰退による威信の低下や駐留軍の減少などに伴い、これらマムルークの有力者が次第にエジプトを実効支配するようになっていった。

マムルークとは、本来、「男性の奴隷」を意味するアラビア語だが、実際にはトルコ人やモンゴル人、クルド人、チェルケス人など黒人以外の奴隷身分出身の軍人を指すのに用いられた。エジプトでは、十字軍との戦闘で有名なサラディン（サラーフ・アッディーン、一一三八～九三年）が建国したアイユーブ朝（一一七一～一二五〇年）の末期から勢力を強め、一二五〇年にはアイユーブ朝の第八代スルタン、トゥーラーン＝シャーを倒して、自らの王朝、マムルーク朝を開くに至った。マムルーク朝の支配者たちは、黒海周辺やコーカサス地方などからマムルークを購入し続けることで、人口では圧倒的多数を占める地場のアラブ系エジプト人のなかに埋没することなく、その勢力を保った。エジプトに連れてこられた少年のマムルークは、ティバークと呼ばれる軍事学校に入れられ、剣術、弓術、馬術などの軍事教練やアラビア語、イスラーム法などの教育を施されたのち、奴隷身分から解放されて、マムルーク軍団に編入された。マムルーク朝の前期にはトルコ系民族の出身者が、後期からはコーカサス地方出身のチェルケス系が主流を占めた。

チェルケス系マムルークが本拠を置いたカイロ南東部モカッタムの丘陵にある城塞（シタデル）の「塔」（アラビア語でブルジュ）の名をとって、別名、ブルジー・マムルーク朝とも呼ばれるマムルーク朝の後期、スルタンは世襲ではなく、二十数人の有力指導者のなかから最も力のある者が選ばれた。このため、スルタンの地位を巡る派閥闘争が深刻化し、陰謀や暗殺による権力奪取が相次いだ。マムルークたちが、オスマン帝国の統治下でもこうした前王朝時代の悪しき政治風習を引き継いだことが、内政の混乱にさらに拍車をかける結果となった。一七世紀には、マムルークの勢力はより強まり、有力者らはカーシミーヤとファッカーリーヤというふたつの派閥に分かれてオスマン帝国の駐留軍や地場の有力部族などを巻き込んで熾烈な権力闘争を展開する。一六一九年と一六四三年には深刻な疫病が蔓延、内政の混乱で適切な予防措置も行われず、エジプトの人口は大幅に減少した。一八世紀に入ると、マムルークは地方行政官にとどまらず、州都カイロの知事（シャイフ・ル・バラド）や巡礼長官（アミール・ル・ハッジ）、財務長官（デフテルダル）といった州政府の要職を占めるようになる。シャイフ・ル・バラドの地位に就いたマムルークが実質的なエジプトの支配者となり、総督は以前にも増して名ばかりの存在になった。

一八世紀後半には、アリー・ベイ（一七二八～七三年）のようにオスマン帝国からの独立を宣言するマムルーク指導者も現れる。アブハーズ地方（コーカサス地方の一部）出身のアリー・ベイは、熾烈な派閥闘争を勝ち抜いて一七六七年にシャイフ・ル・バラドの地位に就くと、強力な指導力で中央集権化や軍制改革、貿易国有化などのちのムハンマド・アリーの改革を先取りする取り組みを実施する一方、ロシアとの戦争（露土戦争、一七六八～七四年）に忙殺されるオスマン帝国の隙をついてシリア方面への領土拡張を図った。だが、配下の武将で義弟でもあったムハンマド・アブ・アッ・ダハブ（一七四五頃～七五年）に背かれて、一七七三年、業半ばで殺害される。二年後の一七七五年にムハンマド・アブ・アッ・ダハブが死去すると、支配権の回復を図るオスマン帝国と主導権を握ろうとするマムルークの各派閥が入り乱れた権力闘争がより一層、激化し、一八世紀末にはエジプトはほとんど無政府状態ともいえる混迷に陥ることになる。

経済的にも、中世の香辛料に代わって独占的な利益をもたらしてきたイエメン産コーヒーの中継貿易がオランダ植民地でのコーヒー栽培の成功で低迷（中継貿易からの収益はそれまで総督府の歳入のおよそ半分を占めていた）、一八世紀前半まではエジプトの対ヨーロッパ輸出の六割近くを占めていた綿布などの繊維産業もフランス製品などとの競合で衰退していた。マムルークの各派閥による闘争資金獲得のための過酷な徴税や搾取によって国内産業はさらに疲弊し、相次ぐ疫病や飢饉の発生、農民の逃散による農村の荒廃とあいまって、一八世紀末にはエジプト経済は衰退を通り越して、まさに危機的な状況を迎えつつあった。

2 近代への覚醒◎ムハンマド・アリー朝の成立

《西洋の衝撃》

明治維新と同様、エジプトでも西洋近代文明からの衝撃、すなわち「外圧」が近代化の直接の契機となった。ナポレオンのオリエント遠征である。明治維新をもたらしたペリーの日本来航の目的が通商関係の樹立や遠洋航海の補給拠点の確保など基本的に二国間関係にとどまっていたのに対し、ナポレオンのオリエント遠征はその後の世界史の流れを大きく変える壮大な意図を持っていた。それは、「英国のヨーロッパにおける強大さの唯一の基盤であるインド支配の打破」(当時のフランス外相、タレイラン)、すなわちフランス革命政権と対峙していた英国の国富をその最大の植民地、インドとの交通を遮断することで枯渇させることにあった。この遠征を契機に、一五世紀末の喜望峰航路の開拓以来、忘れられかけていたヨーロッパにとってのエジプトはじめ中東地域の地政学的重要性が急浮上し、それまで独立した文明圏を構成していた中東は急速にヨーロッパへの従属の道を辿ることになる。(ちなみに、ナポレオン軍がエジプトに上陸した一七九八年は、日本では寛政年間、徳川第一一代将軍家斉の

ピラミッドの戦いのマムルーク軍団指揮官
ムハンマド・ムラード

時代で、ペリー来航の五五年前にあたる。）

一七九八年五月一九日、総兵力三万五〇〇〇余を率いて南仏ツーロン港を出発したナポレオンは、途中、地中海の要衝、マルタ島を占領、英国艦隊の追跡を振り切って、同七月一日にはエジプト上陸に成功した。そして、アレキサンドリアを占領後、同二一日にはカイロ西郊のインバーバで行われたピラミッドの戦いでマムルーク主体のエジプト軍を撃破して、同二三日にはカイロ入城を果たす。だが、ナポレオンの強運も長くは続かない。カイロ入城のわずか九日後の八月一日には、アレキサンドリアのアブキール湾に停泊中のフランス艦隊がネルソン提督率いる英国艦隊に捕捉、攻撃され、壊滅的な打撃を受ける（ナイルの戦い）。栄光の遠征軍は制海権を奪われ、一転、孤軍と化した。窮地に陥ったナポレオンはシリア方面に陸路進出することで局面の打開を図るが、地中海岸の要塞都市アクレ（アッコ、現イスラエル領）で地元勢力の頑強な抵抗にあって果たせず、結局、ヨーロッパでの戦況悪化を理由に、一七九九年八月二三日、少数の部下とともに帰国する。求心力を無くしたフランス軍はそれでも二年間持ちこたえたが、一八〇一年八月三一日、エジプトに上陸してきた英国・オスマン帝国連合軍の前に降伏した。

フランスの占領は短期間に終わったが、長らくオスマン帝国という厚い盾のなかで西洋との接触を免れていたエジプト人に深刻な心理的衝撃を与えた。特に、ピラミッドの戦いで兵力に劣るフランス軍がかつて十字軍やモンゴルの侵入をも撃退したマムルーク軍団を壊滅させたことは、幕末日本における黒船と同様、西洋近代文明の脅威をエジプト人に見せつける結果となった。この戦闘で、マムルークの騎馬軍団はフランス軍の銃陣の前に次々と薙ぎ倒され、総兵力の三分の一にあたるおよそ二〇〇〇人が戦死した。対するフランス側の戦死者はわずか二九人に過ぎなかった。マムルーク軍団の指揮官、ムハンマド・ムラード（生年不明～一八〇一年）は、無敵と信じていた自軍が眼前で壊滅するのを見て呆然としたと伝えられている。他方、異民族であり異教徒でもあるフランス人の支配のなかで、エジプト人の間に一種の攘夷意識や民族感情も芽生えた。全国各地でフランス軍に対する農民らの抵抗が頻発し、カイロでは市民による大規模な抵抗運動に発展する。だが、こうした危機意識が具体的な改革や近代化のための取り組みに結びつくためには、時代は強力なリーダーシップを必要とした。それを担ったのが、ムハンマド・アリーである。

《ムハンマド・アリーの登場》

現在のギリシャ共和国の北部、マケドニア地方にカヴァラという街がある。シンヴォロ山の南斜面に沿って白壁の家並みが続くエーゲ海岸の美しい港町で、上質の煙草の積出港としても知られている。長い歴史を持つ交易都市でもあり、すでに古代ローマ時代にはネアポリス（新しい街）の名で、ビザンティン時代にはクリストゥポリス（キリストの街）の名で呼ばれていた。カエサルを暗殺したブ

現在のカヴァラ

ルートゥスもかつてこの街に滞在し、キリスト教の使徒、パウロもヨーロッパでの伝道をここから始めた。現在では、人口およそ七万四〇〇〇人、テッサロニキに次ぐ北部ギリシャの中核都市に発展している。

のちに「エジプト近代化の父」と呼ばれることになるムハンマド・アリー（トルコ名、メフメット・アリ）は、一七七〇年前後に、当時、オスマン帝国領だったこのカヴァラで生まれた。出生の年については、一七六八年から一七七一年まで諸説があるが、後年、ムハンマド・アリー自身はナポレオンやワーテルローの戦いでそのナポレオンを破ったウェリントンと同じ一七六九年生まれを称するようになる。日本では、明和年間、徳川第一〇代将軍家治のもと、田沼意次が権勢を振るった時代である。家系についても不明なところが多いが、一説ではもともと現在のアルバニア共和国東南部の主要都市、コルチャ近郊のザムラック村*の出身で、祖父か父の代にカヴァラに移り住み、ムハンマド・アリーが生まれたときには父親のイスマーイール・アガは主要街道の治安維持にあたる不正規部隊の司令官の地位にあった。母、ハドラはカヴァラ市長の縁戚だった。

ムハンマド・アリーは十代の頃から父親と同じ不正規部隊の任務に就く一方、この地方の特産品である煙草の仲買ビジネスを手掛ける。長じてからは、これも父親と同様にカヴァラ市長の仲立ちでその縁戚のアミーナ・ハネム（生年不明〜一八二四年）と結婚し、イブラーヒーム（一七八九〜一八四八年）、アフマド・トゥーソン（一七九三〜一八一六年）、イスマーイール・カーメル（一七九五〜一八二二年）の三人の息子とテウヒィーデ（一七九七〜一八三〇年）、ナズリ（一七九九〜一八六〇年）の二人の娘をもうけた。ムハンマド・アリーが正式に結婚したのはこのアミーナのみだが、その後、側室との間にのちにムハンマド・アリー朝の第四代君主となるムハンマド・サイード（一八二二〜六三年）など合計一七人の息子と一三人の娘をもうけることになる。

ナポレオンがエジプトを占領すると、ときのオスマン帝国のスルタン、セリム三世（在位一七八九〜一八〇七年）は、これを奪還すべく遠征軍を組織、その一隊としてカヴァラ市長にもアルバニア人不正規部隊の派遣を命じた。一八世紀末のこの当時、かつてヨーロッパ人が「その名を聞いただけで震え上がる」といわれた近衛常備軍団イェニチェリは一種の特権集団化して、戦力としてはあまり役に立たなくなっており、オスマン軍は主としてアーヤーンと呼ばれた地方有力者が集める傭兵や不正規部隊などに依存していた。なかでも、アルバニア人は一五世紀、スカンデルベグ（一四〇五〜六八年）に率いられてオスマン帝国の大軍に連戦連勝して以来、帝国内では「勇武の民」として知られていた。カヴァラ市長の息子アリー・アガを隊長とするこのアルバニア人不正規部隊の分遣隊に副隊長

＊――後年、エジプト総督になったムハンマド・アリーは新たに開発したナイル川の中州、ゲジラ島の街の名を先祖が住んでいたザムラック村にちなんでザマレクとした。このザマレク地区は今日、在留邦人が最も多く居住するエリアとなっている。

ムハンマド・アリー（総督就任前後）

として参加したことが、ムハンマド・アリーが世に出るきっかけとなった。エジプト上陸後ほどなく、ムハンマド・アリーはフランス軍との戦闘のなかで急速に頭角を現し、三〇〇人のカヴァラ部隊の副隊長から、総勢六〇〇〇人のアルバニア人不正規部隊の副司令官に昇進した。

英国・オスマン帝国連合軍は、一度はナポレオンによって撃退されたものの、一八〇一年三月八日にエジプト上陸に成功、同六月二七日にはカイロを奪回し、同八月三一日にはフランス遠征軍を降伏させた。英軍も翌年、結ばれたフランスとの「アミアンの和約」に基づいて、一八〇三年三月にはエジプトから撤退する。アリー・ベイの没落以来、四半世紀以上にわたったエジプトの混乱は収拾されたかにみえた。だが、これは新たな無政府状態の始まりにすぎなかった。英軍が撤退したあとのエジプトには、オスマン帝国の総督・正規軍、アルバニア人不正規部隊、そして親英派と反英派に分かれたマムルークの四つの主要勢力が残ったが、これらはいずれも単独では主導権を握ることができなかった。各勢力は合従連衡を繰り返して、熾烈な権力闘争を展開する。

「カイロ暴動」とも称されるこの権力闘争はわずか一一ヶ月間で四人の権力者が交替、うち二人が殺害され、二人が追放されるという熾烈なものであった。まず、英軍撤退の翌月の一八〇三年四月一二日、オスマン政府によってエジプト総督に任命されていたメフメット・ヒュスレヴ・パシャ（生年不明～一八五五年）がアルバニア人不正規部隊のクーデターで追放された。そのアルバニア人部隊の司令官、ターヘル・パシャは、権力獲得のわずか一ヶ月半後の五月二五日、オスマン帝国正規軍の兵士によって暗殺される。次に任命された総督、アリー・ジャザイリ・パシャは、マムルーク勢力の排除を画策して、逆に返り討ちにあって殺害（一八〇四年一月三一日）。そして、この殺害で実権を握ったマムルーク指導者のウスマン・アル・バルディィシ（一七五八～一八〇六年）は、今度は過酷な徴税に反発した市民の後押しを受けたアルバニア人部隊によって追放される（一八〇四年三月一一日）。オスマン政府は結局、一八〇四年四月にアレキサンドリア駐在の副総督アフマド・フルシッド・パシャを総督に任命して事態の収拾を図った。

上官ターヘル・パシャの暗殺でアルバニア人不正規部隊の司令官になったムハンマド・アリーはこうした錯綜する権力闘争を巧みに利用しながら、配下の兵士に規律を守らせることによって、長年の無政府状態に苦しんでいた宗教指導者（ウラマー）や貿易業者（トゥジャール）など有力市民の信望を得ていった。そして、一八〇五年五月一四日、カイロ市民が大規模なデモで総督、フルシッド・パシャの一方的な解任を宣言すると、その「要請」という形で新総督に就任した。エジプトの支配権回復を図っていたオスマン政府はこの一種の市民運動による「下からの総督逆指名」という事態に動揺したが、結局、これを追認し、ムハンマド・アリーを正式にエジプト総督に任命した。一八〇一年三月に無名の下級士官としてエジプトの地を踏んだムハンマド・アリーは、わずか四年で「パシャ」の称号を持つオスマン帝国の高官の地位にのぼった。

《シタデルの惨劇》

総督就任当初、ムハンマド・アリーの地位はきわめて不安定なものだった。やむなく現状を追認したにすぎないオスマン政府は常に総督解任の機会を窺い、マムルーク勢力は各地で抵抗を続けていた。一八〇三年に「アミアンの和約」を破棄してフランスに宣戦していた英国はエジプトを確保するため、カイロに親英派のマムルークの政権をたてることを狙っていた。ムハンマド・アリーは、かつて対仏抵抗運動を指揮した宗教指導者ウマル・マクラム（一七五五〜一八二二年）などの支援を得ながら、オスマン政府の干渉やマムルーク勢力の抵抗を逐次、排除していくとともに、一八〇七年四月二一日には親英派のマムルークの支援を目的に上陸してきた英軍を、地中海岸の港町ロゼッタの近郊、アル・ハミードでの戦いで撃破する。総兵力の半数にあたるおよそ二〇〇〇人の死傷者を出した英軍は、捕虜の返還を条件に休戦し、同九月一四日に協定を結び、撤退した。「第一次アフガン戦争と並んで英国が東洋で喫した最大の敗退のひとつ」（英国の戦史家、ジョナサン・クルーソー氏）ともいわれるこの劇的な勝利はムハンマド・アリーの威信を高め、権力基盤の確立に貢献した。

国際情勢も幸いした。当時、ヨーロッパはナポレオン戦争の最中にあり、英国もそれ以上、本格的な介入を行う余裕はなかった。一八〇四年にフランス皇帝の座に就いたナポレオンはアル・ハミードの戦いのあった一八〇七年にはヨーロッパ大陸の七王国三〇公国を支配下に置くなど絶頂期にあり、他方、英国は「大陸封鎖令」によって孤立していた。宗主国のオスマン帝国でも、同じ一八〇七年に近代化政策を進めていたセリム三世が既得権益の喪失を恐れたイェニチェリなど守旧派のクーデターで退位させられ、続く一八〇八年にはあとを継いだムスタファ四世が改革派の巻き返しで廃位、さらにはその改革派の指導者、アレムダール・ムスタファ・パシャ（一七六五〜一八〇八年）が今度は守旧派によって殺害されるなど、政情が混乱を極め、エジプトへの支配権回復を図るどころではなかった。

ムハンマド・アリーは、こうした国際情勢を政権の基盤固めのため最大限に活用した。上エジプト（エジプト南部地方）などで抵抗するマムルーク勢力を追討、あるいは買収、懐柔する一方で、一八〇九年には宗教上の目的に役立てるという名目で政府の管理外に置かれていた免税地（リズカ地）への課税に反対したウマル・マクラムを放逐した。ウマル・マクラムは単独でもムハンマド・アリーと対抗しうる政治的力量とカリスマ性を持っていたが、ムハンマド・アリーはマクラムに反感を抱く他の宗教指導者と提携することで、その支持基盤を切り崩した。この放逐により、ムハンマド・アリーは将来の政治的脅威を排除するばかりか、大衆動員能力をもつ宗教指導者勢力を支配下に置くことに成功した。

ウマル・マクラム

一八一一年、ワッハーブ派と提携して国境を脅かしていたアラビアのサウード王国の鎮圧を

シタデルの惨劇（エジプト軍事博物館蔵）

オスマン政府から要請されていたムハンマド・アリーは、外征の前に依然として面従腹背の姿勢で支配権の回復を図るマムルーク勢力への根本的対策を迫られた。ワッハーブ派は一八世紀半ば、ムハンマド・イブン・アブドゥルワッハーブ（一七〇三～九二年）が提唱したイスラームの純化、厳格化を主張する宗教改革運動で、アラビア半島中央部のディライーヤ（現在のサウジアラビアの首都リヤド北方）の支配者ムハンマド・イブン・サウード（在位一七二六～六五年）は、このワッハーブ派と提携することで勢力を伸ばし、周辺の部族を征服して一大王国を築いた。そして、その息子アブドゥルアズィーズ一世（在位一七六五～一八〇三年）の代になって急速に領土を拡大、孫サウード（在位一八〇三～一四年）の時代にはイスラームの聖地メッカを征服、アラビア半島をほぼ統一し、オスマン帝国領のイラクやシリアをも併呑する勢いを示していた。

勢いに乗るサウード王国の征討には多大な困難が予想された。しかも、遠征の長期化はムハンマド・アリーが進めていた所領への徴税強化に反感を募らせていたマムルーク勢力にクーデターの絶好の機会を与えることにもなる。事実、オスマン政府は外征によってマムルークなどの反乱を煽り、すでに六年という例外的な長期間、総督の座に事実上、居座り続けているムハンマド・アリーを排除することを狙っていた。「毒をもって毒を制する」のは、オスマン政府が地方での支配権回復を図る際の常套手段になっており、かつて独立を目指したアリー・ベイもオスマン政府に通じた腹心の部下の裏切りによってその地位を追われた。

一八一一年三月一日、ムハンマド・アリーは、次男アフマド・トゥーソンのアラビア遠征軍司令官への任命式という名目でマムルークの有力者をカイロの居城、シタデルに招いた。贅を尽くした宴が滞りなく終了して、マムルークの招待客が両側を高い石灰岩の壁に囲まれた狭い通路を通って市内に通じるアザブ門にさしかかったとき、突如、門が閉じられ、四方から一斉射撃が浴びせられた。「シタデルの惨劇」とも呼ばれるこのわずか二〇分足らずの戦闘、というよりはむしろ一方的な殺戮で、マムルークの有力者四七〇人はほとんど抵抗する間もなく虐殺された。続いて、ムハンマド・アリー子飼いのアルバニア人不正規部隊がマムルークの住居を襲撃、カイロだけでも一〇〇〇人近いマムルークが殺害された。上エジプトに逃れた残存勢力も、翌年、ムハンマド・アリーの長男、イブラーヒーム

シタデルの惨劇の舞台となった
アザブ門に通じる道

が率いる派遣軍によって討滅される。こうして、マムルーク朝以来、実に六世紀近くにわたってエジプトを支配し続けてきたマムルークは政治・軍事勢力としての力を完全に失い、歴史の表舞台から姿を消した。

ムハンマド・アリー朝の系譜

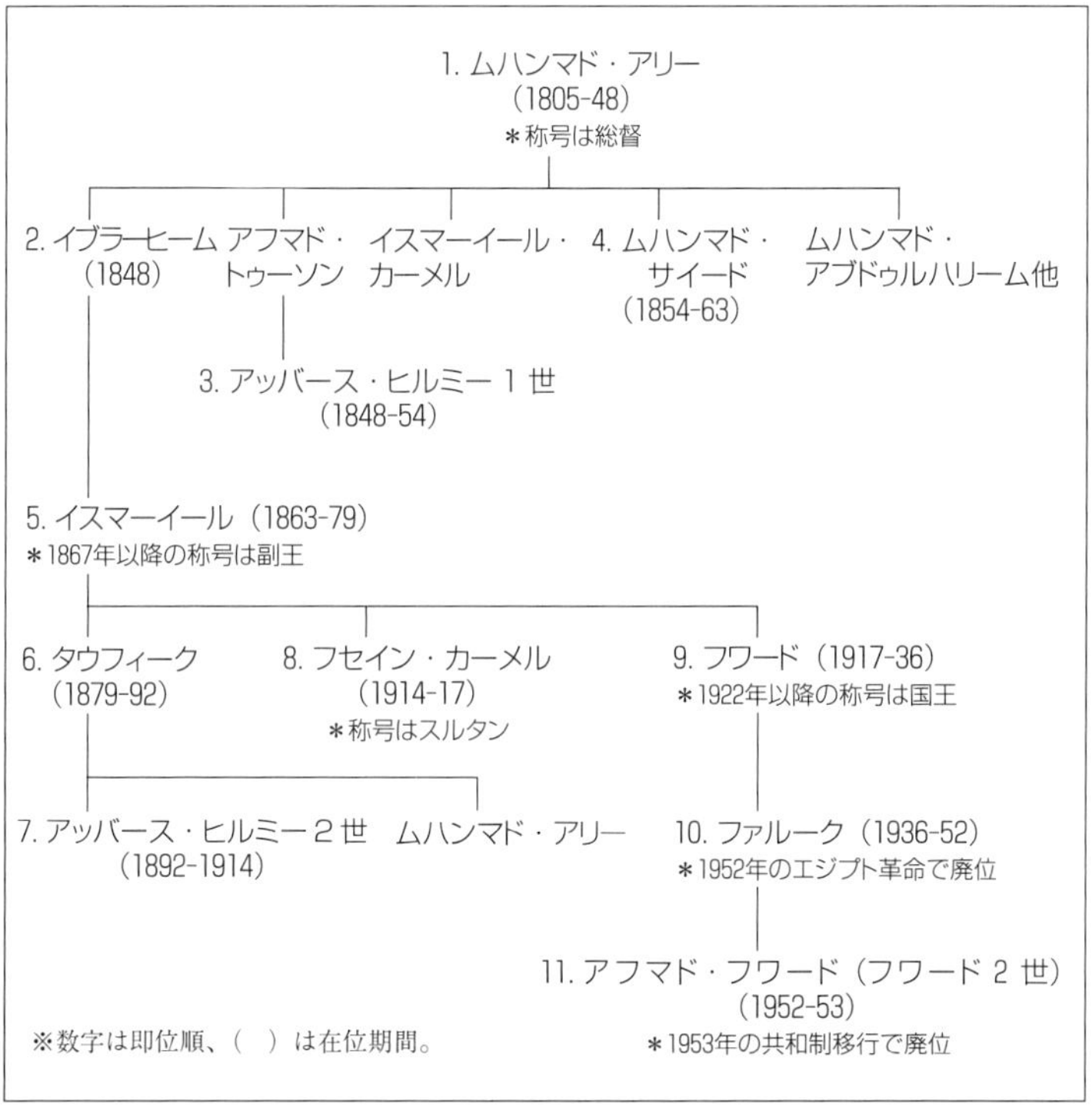
1. ムハンマド・アリー
(1805-48)
＊称号は総督
2. イブラーヒーム
(1848)
アフマド・
トゥーソン
イスマーイール・
カーメル
4. ムハンマド・
サイード
(1854-63)
ムハンマド・
アブドゥルハリーム他
3. アッバース・ヒルミー 1 世
(1848-54)
5. イスマーイール (1863-79)
＊1867年以降の称号は副王
6. タウフィーク
(1879-92)
8. フセイン・カーメル
(1914-17)
＊称号はスルタン
9. フワード (1917-36)
＊1922年以降の称号は国王
7. アッバース・ヒルミー 2 世
(1892-1914)
ムハンマド・アリー
10. ファルーク (1936-52)
＊1952年のエジプト革命で廃位
11. アフマド・フワード (フワード 2 世)
(1952-53)
＊1953年の共和制移行で廃位
※数字は即位順、( ) は在位期間。

18世紀後半以降のオスマン帝国スルタンの系譜

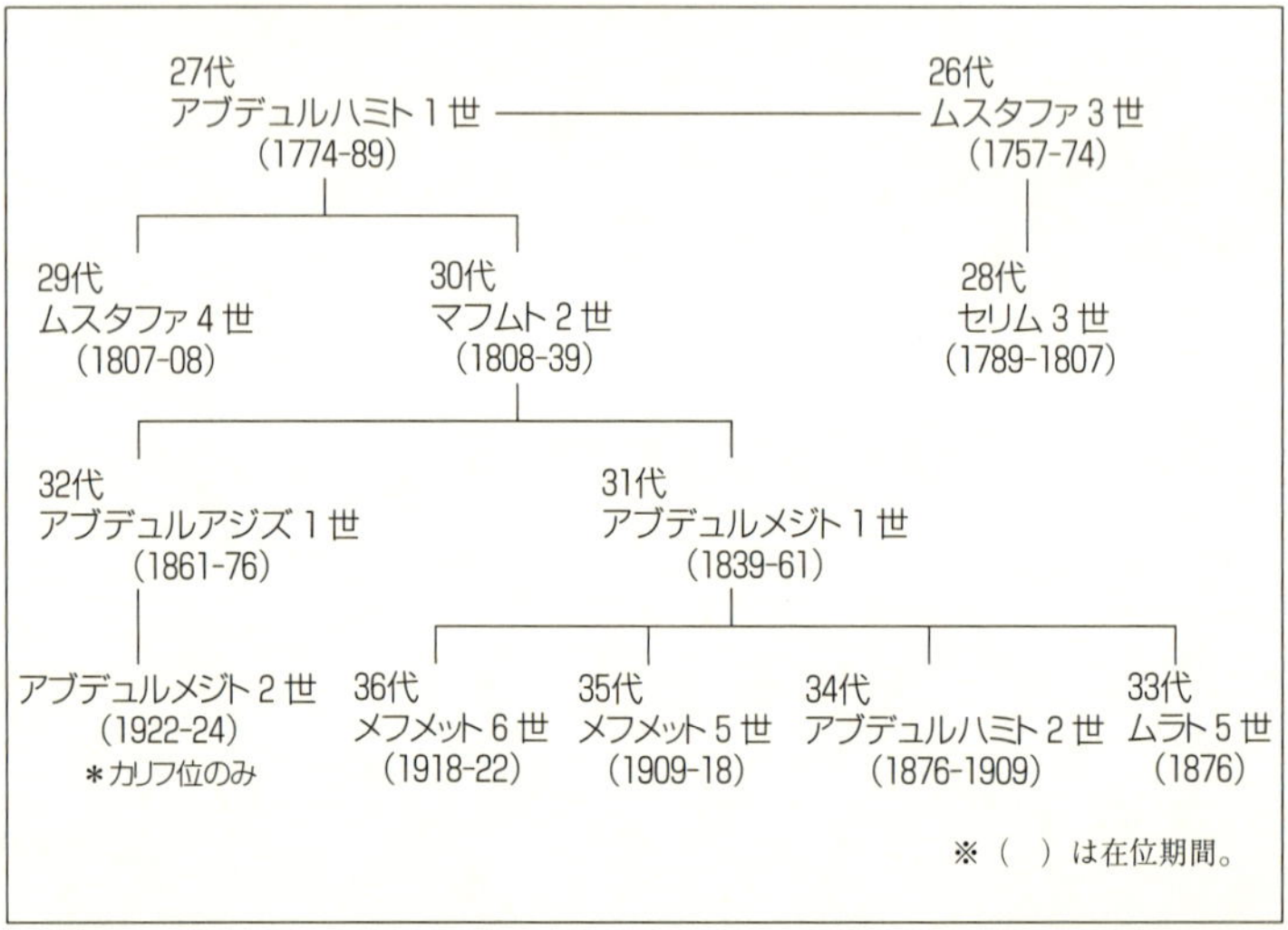
27代
アブデュルハミト1世
(1774-89)
26代
ムスタファ3世
(1757-74)
29代
ムスタファ4世
(1807-08)
30代
マフムト2世
(1808-39)
28代
セリム3世
(1789-1807)
32代
アブデュルアジズ1世
(1861-76)
31代
アブデュルメジト1世
(1839-61)
アブデュルメジト2世
(1922-24)
＊カリフ位のみ
36代
メフメット6世
(1918-22)
35代
メフメット5世
(1909-18)
34代
アブデュルハミト2世
(1876-1909)
33代
ムラト5世
(1876)
※（　）は在位期間。

3 帝国への道◈強兵策と領土拡大

《近代的常備軍の誕生》

マムルーク勢力の排除によって国内の独裁権を確立したムハンマド・アリーは、以後、オスマン帝国の名目的な宗主権のもと、実質的な独立王朝を築き、四三年にわたる統治（在位一八〇五〜四八年）を通して様々な近代化政策を展開、ヨーロッパ列強に伍するための国造りを推進する。

オスマン帝国の軍人として列強に蚕食される祖国の惨状を目の当たりにしてきたムハンマド・アリーが最も注力したのは、強兵策、すなわち強大な常備軍の建設であった。サウード王国の征討（アラビア戦役、一八一一〜一八年）やそれに続く東スーダンの征服（スーダン戦役、一八二〇〜二三年）までは、陸軍の編成はアルバニア人やマグレブ（北アフリカ）人、マムルーク、ベドウィン（遊牧民）など特定の人種や部族グループに依存していた。この軍制は一種の傭兵部隊の寄せ集めで、各グループ間に統一した指揮系統がないうえに部隊の編成や保有している兵器もまちまちであるなど多くの欠陥があり、アラビア、スーダンの両戦役が長期化する一因ともなった。また、ムハンマド・アリーの

エジプト農民兵

強大化を警戒したオスマン政府がエジプトへの傭兵やマムルークの新規流入を規制したため、新たな兵員供給源の確保が喫緊の課題となっていた。

スーダン戦役で獲得した黒人捕虜の兵員への活用などの試行錯誤が行われたのち、一八二二年から新たにエジプト人農民の徴兵制が導入された（エジプトに連れてこられた約二万のスーダン兵は、気候風土の違いなどから多くが健康を害したため、兵員としての活用は断念された）。徴兵制は徐々に旧軍制に置き換えられていき、最盛期の一八三九年にはその規模はおよそ一三万人に達した。ファッラーヒーンと呼ばれる農民が徴兵されるのは、エジプトの歴史上、初めてのことだった。徴兵制は、農業以外に従事したことがなかった農民には恐慌をもって迎えられた。徴兵を逃れるために意図的に指や目を傷つけるケースが相次いだ。例えば、エジプトの社会歴史学者のアリー・バラカート教授（エジプト国立ヘルワン大学）が当時の住民台帳などから分析したところによると、アスユート県のワリーディーヤ村の場合、一四六六人のうち実に八割以上にあたる一二七三人が徴兵逃れのため身体の一部を傷つけていたという。若年労働力を奪うことで、農業生産にも悪影響を与えた。農民の不満は大規模な反政府騒乱をも誘発した。だが、一方で徴兵制は基本的な教育の機会を提供するとともに、それまで村単位の帰属意識しかなかった農民に後年の国民意識の基盤にもなったより広範な共同体意識をもたらした。軍は、のちにエジプト最初の民族主義革命といわれるオラービー革命（一八八一～八二年）から一九五二年のエジプト革命に至るまで民族運動の中核を担うことになる（ちなみに、日本で徴兵制が導入されたのはその半世紀後の一八七三年、明治六年のことである）。

徴兵制の導入で増強された陸軍を近代化するにあたってムハンマド・アリーは、幕末の徳川政権と同様、陸軍大国フランスに範を求めた。ナポレオン戦争の敗戦によって職を失った元フランス軍士官などが軍事顧問として招かれ、主としてトルコ・チェルケス系（トルコ人、チェルケス人、アルバニア人、クルド人など）からなる士官や徴兵されたアラブ系農民兵にナポレオン軍式の編成、訓練を施した。最盛期の一八三〇年代半ばには七〇人を超えたこれら軍事顧問のうち、代表的な人物がオクターヴ・ジョゼフ・アンセルム・セーヴ（一七八七～一八六〇年）である。

セーヴ

セーヴは、一七八七年四月に工場主の子としてフランス中東部の工業都市リヨンに生まれた。初等教育を終えてから海軍の士官候補生になるが、決闘で上官を殺害したことで退役を余儀なくされ、一兵卒として陸軍に転じる。モスクワ遠征、ライプツィヒの戦い、そしてワーテルローの戦いと主要な戦役には全て従軍。敗戦後は、拘禁されていたナポレオン軍の元指揮官、ミッシェル・ネー元帥の救出を試みるが、失敗し、一八一六年に新天地を求めてフランスを離れた。当初は、ガージャール朝のペルシャで軍事顧問の職に就くことを考えていたようだが、途中、立ち寄ったカイロでムハンマド・アリーと対面、その人格にいたく傾倒し、エジプトの地に骨を埋める決意をした。セーヴ自身は、後年、「ムハンマド・アリーに、崇拝していたナポレオンの再来を見出した」と語っている。

セーヴはエジプト到着時にフランス領事から退役大佐として紹介されたため、一般に「セーヴ大佐」と呼ばれているが、ナ

ムハンマド・アリー時代の大砲

ポレオン軍では下士官か、せめて下級士官止まりだったといわれている。そのため、軍政面はもちろんのこと、上級指揮官や参謀としての経験もなかった。陸軍に関しては、専門の軍事教育すら受けていなかった。だが、硝煙のなかで叩き上げてきただけに、その軍事知識はきわめて実際的で、具体性に富んでいた。しかも、胆力に優れ、度量が広いうえに、柔軟性に富むなど、エジプトのような開発途上国で技術移転に携わるのに最適な性格を備えていた。セーヴがエジプト軍士官に受け入れられるようになったきっかけについては、ひとつの逸話が伝えられている。アスワンの練兵場での射撃訓練の際のことである。外国人でしかも異教徒の軍事顧問による教練を快く思っていなかった歴戦のマムルーク士官が、標的でなく教官のセーヴめがけて銃を放った。幸いなことに弾は全て外れたが、セーヴは顔色ひとつ変えることなく、その未熟な射撃を罵った。こうして、「恐れ知らずのフランス人」（ムハンマド・

アリー）は瞬く間にエジプト軍将兵の心を掴んでいった。セーヴはのちにムハンマド・アリーの一族に連なる女性と結婚し、イスラームに改宗、名もスレイマーン・アル・フランサーウィ（フランス人スレイマーン）と改め、一八六〇年三月一二日に七二歳で世を去るまで生涯を通じてエジプト軍の育成・強化に努めることになる。なお、ムハンマド・アリー朝の実質的に最後の君主となるファルーク（在位一九三六〜五二年）の母、ナズリ・サブリーは、このセーヴの孫娘にあたる。

陸軍の増強、近代化と並んで海軍の建設も進められた。一八〇七年の英軍のロゼッタ侵入は、ムハンマド・アリーにエジプトの沿岸警備の脆弱性と海軍建設の必要性を強く認識させた。また、紅海を挟んだアラビア半島での長期の戦役は海上輸送能力の維持・拡大の必要性を痛感させた。一八〇〇年代後半から、当時、ナイル川の河川港があったカイロ北部のブーラーク地区と主要港であるアレキサンドリアに海軍工廠が造られ、エジプト初のフリゲート艦（快速の三檣帆船）「アフリカ」をはじめ大小の艦艇が建造された。海軍は、ヨーロッパで建造された艦船を含め、最盛期の一八三〇年代には世界第七位に位置づけられるまでになった。

《ギリシャ戦役》

一七九三年にオスマン帝国のセリム三世が創設した洋式陸軍にならって「ニザーム・ジェディード」*（新秩序ないしは新制度の意）と名づけられた中東初の本格的な洋式軍隊は、ムハンマド・アリーの長男、イブラーヒームや前出のセーヴなど有能な指揮官に恵まれたこともあり、以後、相次ぐ戦役

マフムト2世

で圧倒的な力を発揮する。一八二三年には、再び蜂起したアラビアのワッハーブ派勢力をおよそ一〇分の一の兵力で征討。翌一八二四年には、上エジプトのエスナからアスワンにまで及んだ大規模な反政府騒乱を鎮圧する。続いて、一八二五年からはオスマン政府の要請に応えてギリシャの独立運動鎮圧のためペロポネソス半島（モレア）に遠征、長期にわたる戦闘の結果、オスマン軍を寄せつけなかった独立勢力をその内紛の隙をついてほぼ鎮定した。ギリシャにおけるエジプト軍の進撃は、ヨーロッパ列強を驚愕させた。

ところが、このギリシャ戦役の遂行を巡り、ヨーロッパ列強の介入を警戒するムハンマド・アリーと楽観視するオスマン帝国のスルタン、マフムト二世（在位一八〇八～三九年）との間で対立が始まる。マフムト二世は、さきに述べたセリム三世廃位後の混乱のなかで一八〇八年七月二八日に改革派の後押しを受けて帝位に就いたが、その直後、最大の後援者であるアレムダール・ムスタファ・パシャが殺害され、しばらくは守旧派の専横を堪え忍ばざるを得なかった。しかし、凡庸な君主でなかった証左に、本来は敵でもあるはずのイェニチェリなどを巧みに使って分離独立傾向を強めていたバルカン半島やアナトリアの地方有力者を征討し、再集権化を進めるとともに、守旧派の警戒を招かないよう長い時間をかけて徐々に政府や陸海軍の主要ポストに腹心を配置していった。そして、ギリ

ヒュスレヴ・パシャ

シャ戦役期間中の一八二六年六月に一気にイェニチェリを弾圧・解体し、それに代わる本格的な洋式軍隊、「ムハンマド常勝軍」を創設、あわせて広範な近代化政策に着手した。意気あがるスルタンはこの時期、内政、外交に強気の姿勢で臨んでいた。

かつてムハンマド・アリーのアルバニア人不正規部隊の上官ターヘル・パシャがエジプト総督の地位から追い、ムハンマド・アリー自身がエジプトから追放したメフメット・ヒュスレヴ・パシャがオスマン政府の要職にのぼっていたことも両者の関係をこじらせる要因となった。ヒュスレヴ・パシャは、エジプトを追放されたあともオスマン政府内の改革派の擁護を受け、ボスニアやエルズルム（アナトリア半島東部、現トルコ領）の総督などを歴任し、ギリシャ戦役の際にはオスマン海軍の総司令官である大提督（カプタン・パシャ）の地位に就いていた。ムハンマド・アリーとヒュスレヴ・パシャは多くの点で共通するものを持っていた。前者はアルバニア系、後者はアブハーズ系といずれもオスマン帝国内ではマイノリ

*――オスマン帝国のニザーム・ジェディードは、セリム三世が廃位される直前の一八〇七年五月に守旧派の圧力で廃止されていた。

ティの出身だった。軍備や産業の近代化という点でもそのビジョンは共通していた。事実、ヒュスレヴ・パシャは後年、海軍総司令官を一二年間、陸軍総司令官を一〇年間務め、オスマン陸海軍の近代化に多大な貢献をすることになる。しかし、すでにオスマン政府内での地位が確立していたヒュスレヴ・パシャが体制内改革を目指したのに対し、アウトサイダーであるムハンマド・アリーは既存の体制の打破による改革を志向した。両者は、同じく一八〇一年にオスマン帝国の遠征軍の一員としてエジプトの地を踏んだ。このとき、ムハンマド・アリーがアルバニア人不正規部隊の、しかもその小規模な分遣隊の副隊長にすぎなかったのに対し、ヒュスレヴ・パシャはオスマン海軍大提督の副官という要職にあった。

フランス軍の撤退後、ヒュスレヴ・パシャはオスマン帝国のなかでも最も富裕で、かつ重要な州の総督に任命されたが、その政治的力量を発揮する間もなく、地位を追われ、エジプトから追放された。そして、追放の張本人で、それまで中央政界では全く名前を知られていなかったムハンマド・アリーがエジプト総督の地位に就き、次々と近代化政策を断行して、帝国内で、また国際的にも名を上げていた。ヒュスレヴ・パシャがムハンマド・アリーに反感を持つのは当然といえば当然であった。さらに、ヒュスレヴ・パシャの存在が長男、イブラーヒーム率いるギリシャ派遣軍の作戦遂行の妨げになると判断したムハンマド・アリーは、オスマン政府に圧力をかけて一八二七年三月に大提督の地位から解任させた。これによって、ヒュスレヴ・パシャは旧敵に対する憎悪を一層深め、以後、長きにわたってオスマン政府内の反エジプト派の急先鋒として、ムハンマド・アリーと対立し続けることになる。

ヨーロッパ列強の介入に対するムハンマド・アリーの懸念は当たった。一八二七年七月六日、英国、フランス、ロシアの三ヶ国が共同でオスマン帝国にギリシャの自治と停戦を要求したのである。英国とフランスでは、詩人、バイロン卿のギリシャ独立運動参加に代表されるように、古代ギリシャ文明への憧れを背景としたロマン主義のブームによって、ギリシャ独立への世論の支持が高まっていた。一八二四年四月のギリシャ・ミソロンギでのバイロン卿の死、そしてその二年後に発表されたギリシャ独立戦争の惨状を描いたドラクロワの絵画「ミソロンギの廃虚に立つ瀕死のギリシャ」は、オスマン帝国・エジプト軍の攻勢が進むなか、世論のさらなる同情をかき立てた。このとき、さかんに喧伝されたオスマン帝国・エジプト軍の残虐行為のなかには事実無根のものも多く、またギリシャ側にも同じような残虐行為はあった。だが、英仏両国では一九九〇年代の湾岸危機・戦争の際のイラクやユーゴ紛争の際のセルビアのように「オスマン帝国・エジプト＝残虐で非人道的」という一方的なイメージが固定化していった。「正教の守護者」を任じていたロシアの方は、同じ正教徒のギリシャ人の独立を支援することで、「温かい水」、地中海への進出を果たそうと企図していた。他方、すでに前年の「アッケルマン条約」（一八二六年一〇月七日締結）でバルカン半島のセルビア、モルドヴァ、ワラキアの自治とコーカサス地方におけるロシアの支配権を認めさせられていたオスマン帝国にとって、富裕なギリシャ地方の実質的な独立はとうてい受け入れられるものではなかった。

膠着状態が続くなか、一八二七年一〇月二〇日、ペロポネソス半島の南西岸、ナヴァリノ（現ギリシャ領ピロス）に軍を上陸させ、本国からの指示を待っていたオスマン帝国・エジプト艦隊とその撤退を要求する英仏露三ヶ国連合艦隊との間でついに戦闘が勃発した。「帆船時代最後の大海戦」とも評される熾烈な砲撃戦の結果、オスマン帝国・エジプト艦隊は英国のエドワード・コドリントン提督率いる列強連合艦隊（計二四隻）の前に壊滅的な打撃を受けた。オスマン帝国・エジプト側の死傷者は四一〇〇人以上に達し、八九隻（輸送艦を除く）の艦隊のうち無事、戦場を脱しえたのは小型艦艇を中心とする二四隻にすぎなかった。（艦砲）六四門搭載の二層甲板艦イフサニア、同じく五六門搭載のスーリア（シリア）をはじめ、エジプトの虎の子の艦艇もその多くが海の藻屑と消えた。

激昂したマフムト二世は、翌一八二八年二月五日、全ての外国船のダーダネルス海峡通過を禁止するとともに、二月一八日には全イスラーム教徒にロシアとギリシャに抵抗するよう呼びかけた。これに対し、ロシアは同四月二六日、オスマン帝国に宣戦を布告。コーカサス地方とバルカン半島の両方面から侵攻した強大なロシア軍の前にオスマン軍は連戦連敗し、一八二九年七月八日にはアナトリア半島東部の要衝エルズルムが、同八月二二日には帝国第二の都市アドリアノープル（現トルコ領エディルネ）が次々と陥落、首都コンスタンティノープルも陥落寸前となった。だが、オスマン帝国の全面的な崩壊はあくまでも世論の圧力でギリシャ独立を支援したにすぎない英国・フランスの想定をはるかに超えたものだった。英仏両国は、早速、調停に乗り出し、一八二九年九月一四日、「アドリアノープル条約」が結ばれた。この条約で、オスマン帝国はギリシャやセルビアの自治の確立、ロシアへのグルジアを含む南コーカサス地方の譲渡と他列強と同様のキャピチュレーション（治外法権）の特権付与、そして年間国家予算の実に二倍以上に相当する巨額の賠償金（四億クルシュ、のちに軽減）の支払いを認めさせられた。ギリシャは、翌一八三〇年二月三日に正式に独立した。

《第一次シリア戦役》

ギリシャ戦役は、ムハンマド・アリーにとってもきわめて高いものについた。モレア地方の領有によって東地中海貿易を管理下に置くという当初の目論見が水泡に帰したばかりか、およそ四半世紀をかけて建設した海軍は、事実上、壊滅した。ナヴァリノの海戦以降、列強連合艦隊の海上封鎖で補給を断たれたイブラーヒーム率いる陸軍も飢えと疫病に悩まされ、総兵力一万七〇〇〇のうちほぼ半数を失うという多大な損害を被り、撤退を余儀なくされた。長期の戦役の費用負担と相次ぐ徴兵は、エジプトの社会・経済を疲弊させた。

ムハンマド・アリーは、こうした負担への代償として、以前にオスマン政府がギリシャ派兵の論功行賞として提示していたシリア（ここでは現在のシリア、レバノン、ヨルダン、イスラエル、パレスチナを含む「歴史的シリア地方」）の総督職を要求した。だが、すでにギリシャを失い、海軍を失い、そして莫大な国富を失っていたマフムト二世は、これを拒否する。スルタンはまた、ロシア軍との戦闘という重大な局面に許可なくギリシャから撤兵したとして、ムハンマド・アリーに対する不信感を強めていた。他方、ムハンマド・アリーの方は、エジプト軍の支援に全面的に依存しながら、ことさらに自分を他の小属州の総督と同等に扱おうとするスルタンの姿勢に憤りを強める。要職から追ったはずのヒュスレヴ・パシャが、失脚するどころか新たに創設された洋式軍隊、ムハンマド常勝軍の総司令官（セラスケル、のちの陸軍総司令官職）に就任していることもムハンマド・アリーの苛立ちの種となった。エジプトからオスマン政府への貢納金の支払いを巡ってのトラブルを契機に、両者の関係悪化はついに決定的なものとなっていく。

ムハンマド・アリーは、今度はシリアを実力行使で獲得すべく、疲弊した経済と軍の再建を進めた。ブレスト軍港でエジプト軍艦艇の建造に従事した経験を持つフランス人造船技師のルイ・シャルル・ド・セリジー（一七八九～一八六四年）の指導で、一八二九年にアレキサンドリアに近代的な海軍工廠が造られ、ナヴァリノの海戦で壊滅した海軍の再建が行われた。海軍は短期間の間に、戦列艦（当時の主力艦、後年の戦艦に相当）八隻、フリゲート艦一五隻、艦載砲総数一三〇〇門、兵員一万二〇〇〇人を数えるまでに再建された。陸軍も新たな徴兵によって再建され、機動性を増すために騎兵部隊も新設された。軍需工場は金曜日の休みを返上して武器・弾薬の生産にあたった。経済再建は、一八二八年にギリシャ戦役から帰還したイブラーヒームが総指揮をとり、政府会計への複式簿記の導入など、当時の中東では画期的な財政改革の試みが行われた。一八二九年には、さらなる戦役に向けて国論の統一を図る目的から、国政運営に対する意見を広く求めるための初の諮問会議、マジュリス・アッ・シューラも開設された。

海軍再建を指示するムハンマド・アリー
（エジプト軍事博物館蔵）

一八三一年一〇月、戦争準備は完了した。歩兵、騎兵計八個連隊がシナイ半島に向けて出発、アレキサンドリア港には砲兵隊や武器・弾薬、補給物資を満載した軍艦一六隻、輸送艦一七隻が集結した。同一一月二日、満を持して海陸両面からシリアに侵入したイブラーヒーム率いる一万一〇〇〇のエジプト軍は、瞬く間にハイファ、スール、シドン、ベイルート、トリポリ、ラタキアなどシリア沿岸諸都市を席巻した。一方、アルバニアやボスニアでの反乱鎮圧に追われていたオスマン側の対応は遅れた。マフムト二世は、翌一八三二年三月にムハンマド・アリーとイブラーヒームを「叛徒」と宣告し、全ての官職から解任するが、すでに「エジプト国民」としての意識が芽生え始めていたエジプト軍将兵には全く効果がなかった。

一八三二年五月二七日、三三年前のオリエント遠征の際、ナポレオンも陥とせなかった地中海岸の要塞都市アクレをおよそ半年間にわたる激しい攻防戦の末、攻略したことでエジプト軍の勢いにさらに弾みがついた。同六月一六日には、シリアの首邑ダマスカスに無血入城。同七月八日には、ダマスカスの北方一一〇キロメートルのホムス（現シリア領）での戦いで、アレッポ州の副総督、メフメット・パシャ率いるオスマン軍に大勝する。イブラーヒームが本国に送った報告では、ホムスの会戦でのエジプト側の損害がきわめて軽微だったのに対し、オスマン側は総兵力一万

エジプトの主力艦：戦列艦アクレ
（エジプト軍事博物館蔵）

シリア戦役のエジプト軍（エジプト軍事博物館蔵）

五〇〇〇のうち約二〇〇〇〇人が戦死し、八人のパシャ位を持つ高級指揮官を含む約三〇〇〇〇人が捕虜となった。このため、以後、エジプト側ではこの戦いを「八人のパシャの戦い」と呼んだ。エジプト軍はさらに進んで、同七月一七日にはシリア北方の交易拠点、アレッポ（現シリア領）に入城する。長年のオスマン帝国の支配に倦み疲れていた住民は、アラブ民族の復興や宗教差別の撤廃などを掲げるエジプト軍に進んで城門を開いた。イブラーヒームは、八ヶ月で全シリアを制圧した。

　アクレの攻防戦（一八三一年一一月一六日〜翌五月二七日）を例外として、一連の戦いはいずれもエジプト軍の一方的な勝利に終わった。以降の戦いでも、オスマン軍はほとんどまともに戦う間もなく敗退する。こうした「老大国」と「新興国」との圧倒的な力の差は、後年の日清戦争（一八九四〜九五年：明治二七〜二八）を想起させる。日清戦争の前、清は洋務運動によって近代化を進める一方、欧米の軍事技術の導入による軍備強化を図り、例えば海軍ではドイツのフルカン造船所で建造された戦艦「定遠」「鎮遠」など国際的水準からみても最新鋭の大型軍艦を有するに至っていた。だが、結果は新興の日本軍の前に連戦連敗し、強大とみられていた軍備も「張子の虎」であったことを白日のもとに曝した。

オスマン帝国でも同様にマフムト二世のもと一八二六年に本格的な洋式軍隊を創設し、指揮系統も首相にあたる大宰相（サドラーザム）が戦時には前線の総司令官を務めるという従来の制度を改め、ヨーロッパ諸国の軍制にならって専任の陸軍総司令官職を新設するなど一新していた。のちには、士官学校を開設して将校の育成を図る一方、英国やフランス、ロシア、プロイセンなどから多数の軍事顧問を招いて新軍隊に洋式訓練を施した。この軍事顧問のなかには、近代用兵の樹立者で、後年、普墺戦争（一八六六年）や普仏戦争（一八七〇～七一年）で名参謀総長として名を馳せるヘルムート・グラフ・フォン・モルトケ（大モルトケ、一八〇〇～一八九一年）も含まれていた。しかし、実際の戦闘となると指揮官相互の嫉妬や政治的な対立で統一した作戦行動がとれず、全くといっていいほどその力を発揮することができなかった。

老朽化した国家体制のもとでは往々にして軍人や官僚のエネルギーは外部の敵に対してよりも内部の権力闘争や派閥抗争に向けられがちだが、衰退期にあるこの時期のオスマン帝国もその例にもれなかった。例えば、のちに述べるコンヤの会戦（一八三二年一二月二一日）で陸軍総司令官のヒュスレヴ・パシャは前線司令官に任命された大宰相、レシト・メフメット・パシャ（一七八〇～一八三九年）が功績をあげることを嫌って、増援軍の派遣をあえてとり止め、惨敗を招いた。自らが大宰相の地位に推薦した人物であったにもかかわらず、である。モルトケなど外国人の軍事顧問も政治家の警戒感や軍幹部の嫉妬のため、その立場は単なるアドバイザーにとどまり、エジプトのセーヴのように軍全体を改革し、指揮するような権限は与えられなかった。士官の育成も有力者が自らの子弟を前線勤務から外すように働きかけるなど、これもまた政治的な理由で十分な成果をあげるには至らなかった。

イブラーヒーム

これに対し、エジプト軍はイブラーヒームの総指揮のもと指揮系統が確立しており、軍事作戦に政治的な対立が入り込む余地がなかった。士官学校や参謀学校でナポレオン軍の退役士官などによって教育された各級指揮官の能力は、オスマン側をはるかに凌いでいた。将兵の士気も「新興国」の常としてきわめて高かった。さらに特筆すべきは長期にわたる戦役にもかかわらず高い士気を維持し、軍をひとつにまとめあげていったイブラーヒームの将才であろう。

イブラーヒームは一七八九年にムハンマド・アリーの長男としてカヴァラに生まれた。一八〇五年八月、一六歳のときにエジプト総督となった父を補佐するためカイロに渡ったが、翌年の一〇月にはオスマン政府への人質として帝都コンスタンティノープルに送られる。総督就任後、間もないムハンマド・アリーは、スルタンに対し忠誠の証を示す必要があったのである。多感な時期にセリム三世統治末期のオスマン帝国の混迷を間近に見たイブラーヒームは、帝国に対して強い幻滅を抱く。エジプトに戻ってからは、一八歳で財務長官の地位に就き、喫緊の課題だった財政基盤の確立に尽力する一方、二二歳のときにはマムルーク勢力の征討でも活躍した。軍人として本格的な活動を始めたのは一八一六年、二七歳のときで、病没した弟のアフマド・トゥーソンに代わってアラビア遠征軍を率いてサウード軍と戦い、二年後の一八一八年九月一一日にはサウード王国の首都ディライイーヤを攻略し、長期にわたった戦役に終止符を打った。この戦役では、まだエジプト軍は傭兵部隊の寄せ集めに近い状態（マグレブ人騎兵とトルコ人、アルバニア人歩兵の混成部隊）で、兵站システムも確立しておらず、遠征軍は乏しい補給物資と熱砂の厳しい気候、そして勇猛なサウード軍のゲリラ攻撃に悩まされた。特段の軍事教育を受けたことがなかったイブラーヒームは、この過酷な戦場でその類まれな軍事的才能を開花させた。端正で繊細な容貌にもかかわらず、豪放な性格で、しかも作戦の立案に際しては慎重、戦場では冷静で果断と、およそ将帥として必要な資質は全て兼ね備えていた。特に、戦機を見極めるという点では名人芸のおもむきがあり、常に最善のタイミングでしかも最善の場所で戦闘を展開した。

ディライーヤの廃墟

兵員の統率力という点でもまさに達人の域に達していた。ムハンマド・アリーは、「オスマン人」（オスマン帝国のエリート層）という強い自意識のため、地場のアラブ系エジプト人に信を置かず、アラビア語を解しながらも決して話そうとはしなかった。対照的にイブラーヒームは、しばしば「齢《よわい》一六でエジプトに渡って以来、余の血はエジプトの太陽のなかで完全にアラブの色に染め上げられた」と語り、アラビア語を話し、アラブ系農民の兵士のなかにも積極的に交わっていった。兵士を常に「我が子ら」と呼び、ともに食事をとり、冬のアナトリア半島でも雪の上に並んで寝た。ナポレオンと同様、戦闘の前にはアラブ戦士の故事を引用しながら、感動的な演説を行い、士気を鼓舞した。シリア戦役に従軍したエジプト人士官の子孫の家に伝わっている話では、当時、将兵の間には「イブラーヒーム・パシャが指揮しているかぎり決して負けることはない」という一種の神話さえあったという。

むろん、戦争の勝因を左右するのは戦場における用兵の妙や兵員の士気の高さのみではない。そこには、前線の軍が最大限の力を発揮できるように政治・外交的な環境を整え、行政機構や産業力、輸送力などを総動員して予定戦場に最大限の兵力と火力を集中するいわば広い意味での政略、戦略が不可欠である。エジプトの場合、ムハンマド・アリーがその役割を担った。オスマン帝国側では、本国を遠く離れた長期の戦役、特に厳冬のアナトリア半島の戦闘では暖地に育ったエジプト兵は十分な力を発揮できないとみていたふしがある。だが、エジプト軍の兵站能力はこうした期待を裏切った。ムハンマド・アリーが築いた中央集権的な行政機構と軍需産業、そして再建された海軍が、遠路での補給の維持を可能にした。シリア戦役の終わり頃には、明らかに劣勢な兵力、火力で戦うことも余儀なくされたが、少なくとも可能な限りの補給は欠かさなかった。ムハンマド・アリーはまた、様々なルートを使って情報を収集し、ヨーロッパ列強の出方を見極め、前線のイブラーヒームに頻繁に指示を送った。とりわけ、オスマン帝国に最大の影響力を持つ英国の介入を招かないよう慎重に戦争を遂行した。この第一次シリア戦役のときには、その読みはことごとく当たった。

《栄　光》

エジプト軍の勢いは止まらない。ホムスの会戦の三週間後の一八三二年七月二九日には、シリア北方のビラン（現トルコ領）でイェニチェリ討滅の立役者でもあるヒュセイン・パシャの指揮のもと救援に駆けつけたオスマン軍二万と衝突、三時間半にわたった戦闘の結果、これに大勝する。この戦いで、オスマン軍はおよそ一〇〇〇人が死傷し、一九〇〇人が捕虜となった。対するエジプト側の死傷者は二六四人にすぎなかった。二日後の三一日にはエジプト軍はタウルス山脈を越え、オスマン帝国の心臓部ともいえるアナトリア半島深くにまで進出した。勢いに乗るエジプト軍の前に、アダナ、ウルファ、タールスス、マラシュなどアナトリア東部の諸都市（いずれも現トルコ領）は次々と陥落した。

新規に設立した洋式軍隊の実力に自信を持っていたマフムト二世は、戦争の勃発当初これを、ムハンマド・アリーを放逐し、エジプトの支配権を回復する絶好の機会ととらえていた。だが、自慢の軍隊は連戦連敗し、帝国そのものが崩壊の危機にさらされた。追いつめられたスルタンは、ヒュスレヴ・パシャに命じて空前の大動員をかける。動員された兵力は八万、そのうち大宰相レシト・パシャの直接指揮のもと、エジプト軍の二倍近い五万三〇〇〇の大軍が東に向かった。ヨーロッパ列強の出方を見極めるためムハンマド・アリーに進軍を制止されていたイブラーヒームも迎撃に向かう。一八三二年一二月二一日、かつてルーム・セルジューク朝（一〇七七～一三〇八年）が都を置いたアナトリア半島中央部の要衝コンヤ北方の平原で両軍は衝突した。濃霧のなか始まり、およそ七時間に及んだ激しい戦闘は、またしてもエジプト軍の圧倒的な勝利に終わった。オスマン軍は三〇〇〇人の死傷者を出し、大砲九二門を失い、総司令官レシト・パシャを含む一万人が捕虜となった。エジプト側の死傷者は七九二人にすぎなかった。翌一八三三年二月二日には、エジプトの軍旗がコンスタンティノープルから三八五キロメートル、現在、陶器の産地として有名なキュタヒヤに翻った。帝都の陥落ももはや時間の問題となった。

ところが、こうしたエジプト軍の破竹の進撃は、将来、自国の南化政策を妨げるであろう強国の出現を警戒したロシアの介入を招く。ロシア皇帝ニコライ一世（在位一八二五～五五年）は、英国に支援要請を拒否されてパニックに陥ったマフムト二世の要請に応え、黒海艦隊と三万の陸軍を派遣した。ロシア軍は、ボスポラス海峡の両岸、ヒュンキャル・イスケレシとビュユクデレに陣を張った。オスマン帝国にとって、ロシアこそは古くはピョートル大帝（在位一六八二～一七二五年）の昔からその領土を蚕食し続けたいわば「宿敵」であった。ロシアへの支援要請については、オスマン政府内にも反対意見が多かったが、スルタンは全く聞く耳を持たなかった。

あわや、ロシア・オスマン帝国連合軍とエジプト軍との衝突という緊迫した事態に、今度は戦後のロシアの影響力拡大を嫌った英国が再びフランスとともに介入する。結局、英仏両国の調停で一八三三年三月二九日に「キュタヒヤ休戦協定」が結ばれ、翌々月の五月六日に出された詔勅で、ムハンマド・アリーとイブラーヒームのシリアとアダナ（アナトリア半島南東部、現トルコ領）、クレタ島の領有（正式には総督職、知事職、徴税責任職などへの就任）が認められた。この結果、ムハンマド・アリーはイラクやペルシャ湾岸を除く広大な東アラブ地域を新たに支配することとなった。その領域は、かつてカイロを首都としてエジプト、シリア、西アラビアなどを支配したアイユーブ朝やマムルーク朝の版図にも相当した。経済的にも、この領有でムハンマド・アリーはアラビア、スーダンの両戦役でその支配下に置いた紅海貿易に加え、ギリシャ戦役で得られなかった東地中海貿易をも管理下に置くことができた。富裕なシリア地方は、新興のエジプト産業に格好の市場と原材料の供給源を提供した。

シリア地方を統治することとなったイブラーヒームは、レバノン山岳地帯のアミール（首長）、バシール二世（バシール・アッ・シハーブ、在位一七八九～一八四〇年）などの協力を得て、土地の国有化や税制改革、教育の普及などの近代化政策を展開する。シリア各地に小中学校が、ダマスカス、アレッポ、アンティオキア（現トルコ領アンタキア）など主要都市には大学も開設された。大学の教育は全て国費でまかなわれ、将来の軍や行政機構を担う人材の育成が図られた。エジプト軍の進駐で治安も改善され、キリスト教徒やユダヤ教徒などへの宗教上の差別も撤廃された。輸出産業育成のため、生糸の生産が奨励され、鉱物資源の開発も進められた。シリア地方の民衆は、アラブ民族の主導による新時代の幕開けを歓迎した。だが、こうした栄光の日々は、決して長くは続かなかった。

バシール２世

4 挫折◇英国の壁

《火種：インド・ルートと繊維摩擦》

一八三六年、ファイサル・イブン・トゥルキー（在位一八三四〜三八年、一八四三〜六五年）のもと再興を図るサウード王国に対応するため、ムハンマド・アリーは再びアラビアに軍を派遣、二年後の一八三八年、これを鎮圧する。続いて、エジプト軍はアラビア半島東部のアル・ハサー地方を攻略し、ペルシャ湾岸にまで進出した。同じく一八三八年には、イエメンの紅海沿岸ティハーマ地方も制圧する。こうした動きは、インドへの通商ルートとしてペルシャ湾、紅海、そしてイラクを確保しようとする英国の利害と直接、衝突することとなった。この時期、蒸気船の発達に伴い、英国は紅海周辺での給炭地の建設やユーフラテス川からペルシャ湾を通じたインドへの定期蒸気船ルートの開設の必要性に迫られていた。英国への刺激を避けるため、ムハンマド・アリーはアラビア派遣軍のペルシャ湾岸バーレーン地方への進出を制止するが、英国の警戒感は収まらず、英軍は一八三九年一月一九日に紅海への入口を扼するイエメン南岸のアデンを占領する。

第一次シリア戦役の際には、英国は国内に総選挙を、ヨーロッパにベルギー独立問題など対応すべき外交課題を数多く抱えていたこともあり、当初、オスマン帝国の内政問題として基本的に不関与の立場をとった。しかし、英国に支援要請を拒否され、追いつめられたマフムト二世がロシアに援助を求めたこと、特に一八三三年七月八日締結の期限八年の相互防衛条約、「ヒュンキャル・イスケレシ条約」のなかでロシアにボスポラス、ダーダネルス両海峡の自由通航権を認める秘密協定を結んだと伝えられたことから、以後、オスマン帝国の弱体化がロシアのさらなる南下を招くことを強く警戒して、エジプトの覇権拡大に神経を尖らせていた。

経済・通商面でも、ムハンマド・アリーの主要産品の専売制や国内産業育成策は、中東地域での市場拡大を目指す英国の利害と衝突し始めていた。なかでも、対立の火種となったのは綿製品の貿易摩擦である。当時、英国の主要産業は綿産業だった。一八世紀、この産業ではジョン・ケイの飛び杼の発明（一七三三年）に始まり、ルイス・ポール、ジョン・ワイアットのローラー紡織機（一七三八年）、ジェームズ・ハーグリーヴズのジェニー紡績機（一七六四年）、リチャード・アークライトの水力紡織機（一七六九年）、サミュエル・クロンプトンのミュール紡織機（一七七九年）、そしてエドムンド・カートライトの力織機（一七八五年）と、紡績・織布の両工程で生産の機械化・効率化のための技術革新が相次いだ。さらに、ジェームズ・ワットがクランクを発明し、蒸気エネルギーを回転運動に転換することに成功すると（一七八一年）、紡績機や織機に蒸気機関が取り付けられ、生産効率は飛躍的に向上した。原料供給面でも、一九世紀前半、米国のイーライ・ホイットニーが一七九三年に発明した綿繰り機、コトン・ジンの普及と低廉な奴隷労働力の導入で、米国南部の大規模農園から安価な綿花が大量に供給されるようになっていた。

需要面でも綿製品は、以前の英国の主要輸出産品であった毛織物とは異なり、気候風土を問わないいわば国際商品であったため、世界中にその市場を見出すことができた。一八三〇年代、すでに英国の綿製品は世界各地に輸出されていたが、深刻な不況による国内需要の低迷で過剰設備を抱えたランカシャーの綿産業は新たな販路開拓の必要に迫られていた（一八三三年時点でランカシャーには一一五の綿工場が操業していた）。オスマン帝国領はなかでも有望な潜在市場とみなされており、綿業資本家の要請を受けた英国政府は一八三〇年からダマスカス、ベイルート、エルサレムなどシリア地方の三ヶ所に領事館を開設して、市場の開拓を図っていた。他方、ムハンマド・アリーも英国からの安価な綿製品の輸入を規制する一方、繊維産業を国有化し、原料調達面でエジプトに比較優位のある綿産業の育成を進めていた（後述）。最盛期には、ミュール紡織機や力織機を備えた二九の綿紡績・織物工場が稼動し、新興のエジプト産綿製品がエジプトのみならず、シリア、アラビア、アナトリア半島東南部など領内各地に販売されるようになっていた。もとより、エジプト製品は品質的にも生産量の点からも第三国市場で英国製品と太刀打ちできるほどの水準にはな

パーマーストン

かったが、国家専売制や関税・非関税障壁によって保護された国内市場では十分な競争力を有していた。ムハンマド・アリーの覇権拡大は、すなわち英国の綿産業にとって潜在市場の喪失を意味した。

一九世紀、英国の外交・通商政策の基本は自由貿易主義の遂行であった。後年のアヘン戦争(一八四〇~四二年)に代表されるように、後発国に市場を開放させるためには武力行使をも辞さないこの政策は自由貿易帝国主義とも呼ばれる。歴代の自由党内閣で外務大臣を務め、自由貿易帝国主義政策を担ったのが、パーマーストン卿(ヘンリー・ジョン・テンプル、一七八四~一八六五年)である。パーマーストン卿は、外務大臣、そしてのちには首相として、アヘン戦争やアロー戦争、インド大反乱(セポイの反乱)の鎮圧などの帝国主義政策を推進する。パーマーストン卿は、後年、「英国には恒常的な同盟国も恒常的な敵国もない。恒常的な国益があるのみである」という有名な言葉を残すが、当時の中東における「英国の国益」はオスマン帝国の現状維持によるインド・ルートの安全確保だった。第一次シリア戦役の結果、パーマーストン卿はムハンマド・アリーを「英国の国益」に対する明らかな脅威とみなした。しかも、この一八三〇年代から一八四〇年代初頭にかけては、およそ半世紀にわたった保守党(トーリー党)の支配が終わり、パーマーストン卿が属する自由党(ホイッグ党)の長期安定政権(一八三〇~三四年=グレイ内閣、一八三四年・三五~四一年=メルボーン内閣)が続いていた。ムハンマド・アリーは、マフムト二世やヒュスレヴ・パシャをはるかに凌ぐ強大な敵に直面することとなった。

《喪失:第二次シリア戦役》

地場の旧支配勢力がほぼ根絶されていたエジプトとは異なり、シリアでは一八三四年以降、イブラーヒームの改革に対する抵抗が続いていた。オスマン帝国の統治下、比較的、広範な自治を認められていた地元勢力にとって、徴兵制の導入や武装解除は受け入れがたいものであった。とりわけ、武装解除は明治期の日本で「廃刀令」（一八七六年：明治九）が発布されたときにも似た強烈な反発を招いた。ムハンマド・アリーがイブラーヒームの反対にもかかわらず、税率を引き上げ、かつ主要産品の国家専売制を導入したことも地元の商工業者の離反を促した。シリア民衆の期待は、幻滅に、そして反発に変わった。

ネジブの戦い（エジプト軍事博物館蔵）

一八三八年には、ドルーズ派（輪廻転生など独特の教義を持つシーア派の分派）による大規模な反乱が起こる。こうした反乱を煽動し、それに乗じて失地回復を図ろうとするマフムト二世との対立が深まるなか、一八三八年五月二五日、ムハンマド・アリーはエジプトの独立を宣言した（この宣言は、のちに親エジプト派のフランスを含むヨーロッパ列強の反発にあって撤回された）。

翌一八三九年四月中旬、すでに肺結核の死病に冒されていたマフムト二世は、対エジプト開戦の勅を下す。スルタンが期待を寄せていたアナトリア方面軍総司令官、ハーフィズ・パシャに指揮された八万の大軍がシリアに向かった。当初、ヨーロッパ列強の介入を招かないようにムハンマド・アリーから行動を制止されていたイブラーヒームも迎撃に向かい、現在のトルコ南東部、ガジアンテップ県のネジブとビレジキの間の谷間を見晴らす高台に陣を張った。一八三九年六月二四日、ネジブで両軍は激突した。結果は、またしてもエジプト軍の圧倒的な勝利に終わった。オスマン側にとって、これは本来、負けるはずのない戦いだった。派遣されたオスマン軍は新鋭のムハンマド常勝軍が主体ではなかったものの、エジプト軍（約五万）を上回る兵力を有し、十分な補給を受け、装備にも優っていた。さらに、マフムト二世の要請で一八三五年以来、オスマン軍の育成にあたっていたモルトケが軍事顧問として同行していた。しかし、柔軟性に欠けるハーフィズ・パシャは「堅固な保塁で敵軍を迎え撃つように」というモルトケの助言を聞くことなく、「逃げこもるのではなく正々堂々と戦うべきである」とする従軍イスラーム導師の主張を入れて、平原に決戦の場を求めた。これは、まさしくイブラーヒームの思うつぼだった。突撃したオスマン軍騎兵隊はエジプト軍の砲火に撃退され、後続部隊の進撃を阻み、全軍が大混乱に陥った。それでも、オスマン側にはまだ十分、勝機はあった。モルトケは無傷の部隊を整然と繰り出すように進言したが、ハーフィズ・パシャはこれも聞き入れず、半狂乱になって本営の逃亡兵を斬り殺す始末だった。オスマン軍は結局、総崩れとなり、一万四〇〇〇人の捕虜と一七四門の大砲、二〇〇〇丁以上の小銃を含む多数の武器・弾薬、そして本営の天幕から豪華な調度品まで全てを遺棄して敗退した。

マフムト二世は、この決定的な敗戦の知らせを聞くことなく、六日後の六月三〇日に死去する。果敢に帝国の再建と近代化を図ったその三一年の治世は、結局、ベッサラビア（一八一二年）、ギリシャ（一八二九年）、アルジェリア（一八三〇年）、シリア（一八三三年）と相次ぐ領土の喪失に終わった。スルタンには弱冠一六歳の嗣子、アブデュルメジト一世（在位一八三九〜六一年）が即位し、国政の最高責任者である大宰相にはあのヒュスレヴ・パシャが就任した。新スルタンは、いきなり悲運にみまわれる。敗戦の知らせが帝都に達した一八三九年七月七日、ヒュスレヴ・パシャの政敵だった海軍大提督、アフメット・フェウズィ・パシャが指揮下の全艦艇とともにエジプト側に降伏したのである。オスマン帝国の軍事抵抗力はこれで完全に崩壊した。老大国は再び、滅亡の瀬戸際に立たされた。

ここに至って、ついにムハンマド・アリーは英国という強大な虎の尾を踏んだ。オスマン帝国の実質的な解体とそれに代わる活力に満ちた新興大国エジプトの誕生、そしてそれが導くであろうロシアのさらなる南下（とりわけダーダネルス海峡の占領）が自国の外交・通商政策への重大な障害になると判断した英国は、直ちにフランス、プロイセン、ロシア、オーストリアに働きかけ、二〇日後の七月二七日、五ヶ国共同でオスマン政府にヨーロッパ列強との事前協議なしでエジプト側と妥協しないように申し入れた。そして、各列強への根回しによって親エジプト派のフランスを孤立させ、翌一八四〇年七月一五日にはプロイセン、ロシア、オーストリアと「ロンドン条約」を締結した。この条約で、四列強はムハンマド・アリーに今回の戦役での占領地のみならず、これまでに獲得した領土のうち、スーダンを除く、シリア、クレタ、アダナ、アラビアの放棄と降伏したオスマン海軍艦艇の返還を要求した（ただし、一〇日以内にこの条件を受諾した場合、南シリアとアクレについてはムハンマド・アリー一代限りの支配を認めるとされていた)。一時はエジプトとの妥協に向かいつつあったオスマン政府も方針を転換し、同八月一六日にエジプト軍の撤退を要求する最後通告を突きつけた。

ムハンマド・アリーは抵抗姿勢を固める一方、これまで終始、エジプトに好意的だったフランスの支援に期待をつなぐ。一八三〇年にオスマン帝国領のアルジェを占領して北アフリカに足場を築きつつあったフランスは、新興のエジプトと提携することで地中海における支配圏の確立を図っていた。フランス首相にはムハンマド・アリーにきわめて好意的なルイ・アドルフ・ティエール(一七九七~一八七七年)が就任しており、世論もムハンマド・アリーを「フランスの友人」として支持していた。ちょうどこの一八四〇年にはセント・ヘレナ島に埋葬されていたナポレオンの遺骸がパリに運ばれるなど、フランスではナポレオンの懐古ブームが沸き起こっていた。ナポレオンと同じ年の同じ日に生まれ(当時、フランスではそう信じられていた)、ナポレオンと同様、旧秩序に挑んでいるムハンマド・アリーの姿は、フランス人にとってナポレオン伝説のロマンを具現化するものだったのである。だが、国王ルイ・フィリップ(在位一八三〇~四八年)に対するクーデターの噂が絶えないなどフランスの政情は不安定で、エジプトを支援して英国などとの武力衝突に踏み切れるまでの状況にはなかった。結局、フランスは腰砕けとなり、その支援は声明のみにとどまった。

他方、いったんムハンマド・アリーを脅威とみなした英国、すなわちパーマーストン卿*の強硬姿勢は徹底していた。最後通告の期限が切れた一八四〇年九月一六日、英国・オーストリア・オスマン帝国連合軍は、イブラーヒームのシリア駐留軍とエジプト本土とを遮断すべく、ベイルートに上陸、これを占領する。続いて、ラタキア、トリポリ、シドンなどシリア沿岸諸都市を次々と制圧した。同一一月三日には、最後まで抵抗していた要塞都市、アクレも陥落する。これまでイブラーヒームは、模範としていたナポレオンと同様、予定戦場に最大の火力と兵力を集中し、一気に敵主力を殲滅することを基本戦略としていたが、世界最強の海軍で制海権を確立した英軍は、イブラーヒームに戦場の選択や兵力の集中を許さなかった。イブラーヒームが参戦しないまでも英国海軍を牽制することを期待していたフランス海軍は姿を見せなかった。従来の戦勝パターンを崩されたエジプト軍は、ワーテルローの戦いでのナポレオン軍と同様、意外なほど脆く崩壊した。連合軍の上陸と呼応する形で再発した地元勢力の反乱と英国・オーストリア連合艦隊の海上封鎖でエジプト軍は多大な損害を被り、撤退を余儀なくされた。カイロに辿り着いたとき、六万のシリア駐留軍は二万に減っていた。エジプトの統治に協力していたレバノンのバシール二世は捕らえられ、英領のマルタ島に追放された。同一一月五日、アレキサンドリアのラス・エッ・ティーン宮殿の窓から沖合に集結したチャールズ・ネイピア提督率いる英国艦隊を眺めたムハンマド・アリーは、敗北を悟った。

ムハンマド・アリーはヨーロッパ列強とオスマン政府の要求を正式に受け入れるとともに、最盛期に一五万以上あった兵力を平時編制で一万八〇〇〇にまで縮小することに同意した。そのかわり、一八四一年二月一三日と同六月一日の詔勅で、オスマン帝国の宗主権のもと、ムハンマド・アリー家の

＊――「ロンドン条約」を締結した大陸列強のなかでも特にオーストリアは、オスマン帝国の実質的解体によってオスマン領内各地で高まっていた民族独立運動が同様に多民族を抱える自国に波及することを警戒していた。

エジプトおよびスーダンにおける総督職の世襲が認められた。「ロンドン条約」は、まさにムハンマド・アリーにとっての「ヴェルサイユ条約」(一九一九年六月二八日締結)だった。ムハンマド・アリーは、半生をかけて築き上げた広大な版図を失い、強力な独立国家建設の夢は水泡に帰した。国軍の規模も国内の治安維持のみに必要な水準にまで縮小させられた。海軍艦艇の建造や将軍以上の軍人の任免も宗主国であるオスマン帝国の事前の承認を得ることとされた。主要産品の政府独占・専売制の廃止、低率の関税や治外法権の適用など、経済・通商政策にも重い足枷をかけられた。だが、エジプトにおける支配者の地位を子孫に残すことには成功した。ここに、以後、一九五三年六月一八日の王制廃止・共和制樹立まで続くムハンマド・アリー朝が正式に成立する。ヨーロッパ列強と中東の旧秩序に軍事力で挑み、そして敗れたムハンマド・アリーの姿は敗戦までの日本を想い起こさせる。

ムハンマド・アリーはそれまでの四〇年間、ほとんど徒手空拳の状態から、余人ならば直ちに絶望するような幾多の危機を巧みに乗り切って、広大な版図を築き上げた。そのムハンマド・アリーがなぜ最後の最後になってこのような重大な判断ミスを犯したのであろうか。その理由としては、おそらく次の二点があげられよう。まず、第一は「焦り」。ムハンマド・アリーの「帝国」は国際的に認められていないばかりか、オスマン帝国内でも毎年のスルタンからの任命によっていわば「与えられている」にすぎないきわめて不安定なものであった。すでに七〇の坂を越えたムハンマド・アリーは、半生をかけて築いた成果を子孫に残そうと焦った。その「焦り」が判断を曇らせた。いまひとつは、「過信」。過去に大きな成功を収めた者はどうしても自らの判断を過信し、情勢の変化を踏まえずにそれまでの成功パターンを踏襲して、大きな過ちを犯すことが少なくない。没落期のナポレオンがその典型である。ムハンマド・アリーにもヨーロッパ列強やオスマン政府の利害対立を巧みに利用してきた自らの情勢判断や交渉力に対する「過信」があった。そのため、前述した英国の警戒感の高まりなど、情勢の変化を十分に踏まえず、退き時を誤った。さらには、極め付きのリアリストであるムハンマド・アリーは他者もまた現実的な利害計算のみで動くと考えがちだった。例えば、英国に対してもペルシャと提携してロシアの南下を阻止する、英国製品に特恵的待遇を与えるなどの方法で妥協が図れるものとみなしていた。だが、パーマーストン卿はじめ当時の英国の外交当局者は国益の追求を掲げながらもその根底には英軍が惨敗したアル・ハミードの戦い（一八〇七年）以来、蓄積された根強い反エジプト感情があった（後述）。ムハンマド・アリーは、リアリストであるがゆえにこうした感情的要素を十分に計算に入れることができなかった。

5 行財政改革◎近代的中央集権国家の誕生

《財政基盤の確立》

ムハンマド・アリーの改革は、軍事面のみならず社会、経済、産業、教育などきわめて広範囲に及んだ。これらの近代化政策の多くは軍事力強化（強兵策）の一環として実施されたものではあったが、日本の明治維新や清の洋務運動、さらには現在の開発途上国の経済自立・工業化政策を先取りする画期的な試みでもあった。

ムハンマド・アリーが、権力確立後、まず着手したのは富国強兵策を支える財源確保のための財政・税制改革である。前述したとおり、一八世紀末以来、政情の混迷などからエジプト経済は危機的な状況にあり、総督府の財政も逼迫していた。フランス占領軍の降伏後、総督の地位に就いたヒュスレヴ・パシャやフルシッド・パシャ、そして総督を排除して実権を握ったマムルーク指導者のウスマン・アル・バルディシは、いずれも給与遅配を不満とした軍隊の反乱、ないしはそれを避けるための重税に対する市民の抵抗などによってその地位を追われた。総督就任後、間もないムハンマド・ア

総督府のムハンマド・アリー（エジプト軍事博物館蔵）

リーにとって、恒久的な財源の確保は政権維持の観点からも喫緊の課題であった。

ムハンマド・アリーは免税特権を有する各種土着勢力の抵抗を抑え込みながら徐々に課税対象農地[*1]を拡大していくとともに、マムルークの排除によって権力基盤を確立した一八一一年からは抜本的な税制改革に着手した。それまでは、地方行政官を兼ねるマムルークなどが政府から請け負う形で徴税を実施しており、一八世紀末にはこれら「徴税請負人」（ムルタズィム）の数は六〇〇〇人に達していた。徴税請負人のうち、およそ三〇〇〇人がマムルークで、農地のほぼ三分の二がその管理下にあった。徴税請負人自体も多くの場合、実際の徴税業務は農村の有力者など代理人に委託していた。すなわち、納税者である農民と政府との間には数多くの介在者がいたのである。ムハンマド・アリーは、この封建的でかつ非効率的な「徴税請負制度」（イルティザーム）を廃止し、政府が任命する官吏[*2]が直接、徴税するシステムに改めた。税率[*3]は、農地測量調査の結果に基づき、それぞれの農地の質や栽培される農産物に応じて設定された。

また、以前は公式、非公式に様々な税金が、しかも不定期に課せられており、多いときには農民に課せられる税金は二〇種類以上にのぼっていた。このため、農民ははたしてどれだけの収穫物が自分の手元に残るのか全くわからない状態に置かれていた。これは、当然のことながら農民の生産意欲の著しい低下を招いた。ムハンマド・アリーはこうした種々雑多な税金を廃止し、「ハラージュ」(地租)と呼ばれる前記税制に一本化するとともに、徴税を定期的に行うように改めた。これによって、徴税業務も効率化され、かつ徴税請負人やその代理人などによる中間搾取を排したことで、税収も増加した。ちなみに、一八世紀末には、「ファーイド」と呼ばれる徴税経費などの名目で実に税収の六割近くが徴税請負人など介在者の手に帰していた。

農地は国家の一元的な管理下に置かれ、農民には農地の用益権のみが与えられた。全国の農地のおよそ二割を占めていた「リズカ地」(ワクフ)のうち法的根拠が乏しいものは接収され、残りについても一代限りの年金支給などの補償措置を与えて課税対象とされた。徴税請負人の経費をまかなう目的で免税が認められていた「アワースィー地」についても接収、ないしは一代限りの免税と用益権を認めるなどの経過・補償措置を経て、国有化された。農業自体の国家管理も進められた。政府が栽培する作物を指定し、収穫物も政府が公定価格で買い上げるシステムに改められた。中小の農家には、

＊1——それまでは、徴税経費をまかなう目的で徴税請負人に認められていた「アワースィー地」や宗教慈善上の目的に役立てるという名目などで免税扱いになっていた「リズカ地」、村長やベドウィン(遊牧民)の族長などに与えられていた「マスムーハ地」など免税地が数多くあった。

＊2——村落レベルでの徴税は、アーヤーンと呼ばれる村落有力者が担った。これら村落有力者はのちに農地私有化の進展とともに地主階層を形成していくことになる。

＊3——大規模な農地測量調査は一八一四年に下エジプト(エジプト北部のデルタ地帯)で、一八一三年と一八二〇～二一年に上エジプト(エジプト南部)で実施された。

ムハンマド・アリー朝期の耕作風景

政府が資金や農業資材、種子を融資という形で提供し、換金作物の栽培を奨励した。指定された農産物が栽培されていることを確認するため、地方行政官が各農地の台帳を作成して管理した。こうした農業の実質的な国営化は、短期的には綿花や砂糖黍など換金作物の効率的な生産に貢献したが、中長期的には後年の社会主義国と同様、農民の生産意欲の低下を招き、やがてムハンマド・アリーの統治後期から、主要農産物の政府専売制維持の必要性とあいまって、農地の私有化や農業の民営化が進められることになる。

生産部門のみならず、小麦や米、豆、綿花、亜麻、胡麻、インディゴ（藍）など主要農産物の国内販売や輸出も政府の管理下に置かれた。一八一二年から一八一六年にかけて導入された農産物の専売制度は財政を潤した。農産物の専売収益は一八三三年には歳入の一七・八%を占め[*1]、一八三六年には同二二・四%を占めた[*2]。政府は、農民から安く買い上げた農産物をヨーロッパ諸国などへ輸出することでさらに大きな利益をあげることができた。一八一〇年代初めには、ナポレオン戦争下で食糧価格が急騰していたヨーロッパへの小麦輸出、特に英国のイベリア半島派遣軍向けの輸出が主要な外貨獲得源となった。戦争終結とともに小麦輸出が低迷してからは、新たに導入された長繊維綿花や砂糖黍などの輸出がこれに代わった。

こうした改革には、徴税請負人はじめ既得権益を有する様々な勢力からの抵抗が強かったが、「シタデルの惨劇」に代表される過酷な弾圧がこれを可能にした。また、改革実行の時期がちょうどアラビア戦役といういわば非常時に重なったことも改革の遂行をより容易にした。「（イスラームの）聖地を守るための聖戦資金の確保」（イブラーヒーム）という大義名分があったのである。だが、光が強ければ翳《かげ》も濃い。相次ぐ対外戦役をまかなうための増税や専売制の名のもとでの農産物の低価買上げは、農民に過重な「改革の痛み」を強いた。農民はマムルーク時代からすでに重税や搾取に苦しんでいたが、ムハンマド・アリーの時代にはこれに徴兵や「コルベ」とも「スッカラ」とも呼ばれた公共事業のための強制労役が加わった。当初、「我々は今やパシャの農民だ」として改革を歓迎した農民は次第に反発を強め、農村からの逃散や徴税官の目の前で収穫物を焼き払うなどの事件が相次ぐようになる。

《行政機構の整備》

財政・税制改革に続いて、ムハンマド・アリーはこれもフランス、特にナポレオンの行政改革にならって、近代的でかつ中央集権的な行政機構を確立した。前述したとおり、一八世紀のエジプトでは

＊1――Sir John Bowring : *Report on Egypt and Candia* (London, 1840) p44
＊2――Roger Owen : *Cotton and the Egyptian Economy 1820-1914* (Oxford, 1969) p42-43

マムルークの派閥闘争が続くなか、行政機能はほとんど麻痺状態にあり、道路補修などの公共事業も有力市民の合議で行われていた。治安も最悪の状況にあり、地方からカイロやアレキサンドリアに輸送される農産物がベドウィン（遊牧民）や匪賊・野盗などに強奪される事件が相次いだ。治安の悪化は物資の流通を妨げ、経済低迷の大きな要因ともなっていた。

ムハンマド・アリーは政権の基盤固めと並行して、徐々に中央集権化を進め、一八二四年からは抜本的な行政改革を断行し、中央および地方の行政機構を整備した。中央政府の機能は、主に「総督官房」と「内務省」のふたつの機関が担った。総督官房は、総督からの命令および総督への情報の伝達や官吏の任免、行政機関間の業務調整といった官房・統括機能に加え、外国および宗主国オスマン政府との折衝や会計検査など、現在の日本の官庁に譬えると、内閣府、旧総務庁、外務省、会計検査院にあたる機能を担った。一方、内務省では財務以外のほとんど全ての内政を司った（財務は財務長官が司った）。具体的には、地方行政の監督から郵政事業、統計調査、検疫、公共事業、造兵廠や主要運河、公立病院の管理・運営までと、これも日本の官庁に譬えると、旧自治省、旧郵政省、経済産業省、国土交通省、厚生労働省、農林水産省などに相当する広範な業務を担った。内務省はまた、宗教問題や商事紛争以外の分野の司法機能も有していた（宗教問題や商事紛争は別途、設置された機関で裁かれた）。一八三七年には、行政業務の増大・複雑化に伴い、中央省庁の機能別の再編成が行われ、新たに財務、外務・通商、産業、海事、軍事、教育・公共事業の各省が設置された。コプト教徒の徴[*1]税官吏が保管し、各所に分散していた検地台帳などの行政文書も徐々に一八二八年に設立された政府公文書館に集約された。行政用語は、当初、トルコ語とアラビア語の双方が用いられていたが、中下級行政官へのアラブ系エジプト人の登用[*2]が進むのに伴い、徐々にアラビア語が主流を占めるようになっていった。

地方の行政組織は、「州」（Mudiriya）、「県」（Mamuriya）、「郡」（Qism）、「区」（Khutt）の単位に再編成され、それぞれに中央政府から官吏が派遣された。これらの地方行政機関は地方自治のためではなく、あくまでも中央政府の命令を遂行するための機関として設けられた。州知事や県知事は、各種行政措置の実施に際して事前に中央政府の承認を得るとともに、定期的に結果報告を行うことが義務付けられていた。こうした地方行政の性格は今日も引き継がれており、現エジプト政府でも地方行政機関の首長は大統領（県知事の場合）ないしは首相（郡長以下の場合）が任命し、いずれも中央政府の業務を代行する役割を担わされている。ムハンマド・アリーは国富の源泉でもあるこれら地方農村部の行政を重視し、自ら毎年二回、定期的に各地を巡回して農業生産や灌漑設備の状態、地方財政や徴税の状況などを監督した。地方行政を監督するための監察機関も別途、設置された。この機関、「監察総局」は後年、絶大な権限を有するようになる。全国各地に軍が駐屯し、主要街道やナイル川を定期的にパトロールすることで地方の治安も劇的に改善した。治安の改善はエジプトに在住するヨーロッパ人にも強い印象を与えたようで、例えば当時の英国領事ミセットは「エジプト全土で驚くほど治安

*1——コプト教はエジプトのキリスト教の一派。キリストの神性を強調する単性派の一派で、四五一年のカルケドン公会議で異端とされた。現在、エジプトの人口のおよそ六%を占めている。
*2——ムハンマド・アリーの統治半ばからは、地方行政機関の副知事以下のポストは全てアラブ系エジプト人で占められるようになった。

が確立され、ヨークシャーと同じくらい安全になった」と書き残している。

中央集権制の確立は、徴税や主要産品の政府管理（専売制）のさらなる効率化と歳入の拡大に貢献した。厳格なムハンマド・アリーやイブラーヒームの統治下、官僚の綱紀も粛正された。しかし、一方で責任を問われることを怖れた官僚がほとんど全てのことをムハンマド・アリーに奏上し、その決定を待つなど、独裁国家やワンマン企業などにありがちな事務の停滞をもたらした。行政書類の増大や手続きの煩雑化、官僚の形式主義、セクショナリズムなどの問題も生じた。このときに始まったともいえるこうした官僚主義の弊害は、今日に至るまでエジプト行政の大きな問題として続いている。

6 近代化と殖産興業◎経済的自立の模索

《先進技術の移入と教育振興》

抜本的な行財政改革によって、財政は劇的に改善した。エジプトの歳入は、一七九八年から一八三三年までの三五年間に一五倍以上に拡大したとみられている。当時、エジプトに駐在したフランス領事のボワルコント男爵は「エジプトの歳入はフランスとほぼ肩を並べるまでになった」と記している。こうした歳入の拡大を背景に、ムハンマド・アリーは社会、産業、教育など広範な分野で精力的な近代化政策を推進した。

まず、力が入れられたのは先進技術の移入で、日本の明治政府の場合と同様、ヨーロッパ諸国から数多くの専門家が「お雇い外国人」として招かれ、インフラストラクチャーの建設や産業の育成、軍事、教育、医療など様々な分野で活躍した。なかでも主流を占めたのはフランス人で、ナポレオン戦争敗戦後のフランス軍人や技術者などにとって、エジプトは一種の「新天地」（セーヴ）でもあった。軍事顧問のセーヴについてはさきに触れたが、非軍事部門でのフランス人専門家を代表する人物がアントワン・バルテルミ・クロット（一七九三〜一八六八年）である。フランスで外科医を開業していたクロットは、一八二五年にムハンマド・アリーの主治医としてエジプトに招かれた。一八二七年からは、カイロ近郊のアブー・ザアバルに開設されたエジプト初の医学校の校長に就任。以後、一八五七年に六四歳で引退するまで三〇年以上にわたってエジプトの医療・衛生水準の向上に尽力した。クロットは、在職中、エジプトに関する多数の著書を著したが、そのうちのひとつ『エジプト概要』（一八四〇年）は「一九世紀前半のエジプトについてこれ以上の記録はない」（カイロ・アメリカン大学、マイケル・レイマー教授）とさえいわれている。

ムハンマド・アリーが自身と同じオスマン帝国内のマイノリティとして親近感を抱いていたギリシャ人やアルメニア人、シリア人キリスト教徒などの専門家も多数、招かれた。アルメニア人は主として行政分野で、ギリシャ人やシリア人キリスト教徒は海運や商工業分野で活躍した。そのなかでも最も代表的な人物が、エーゲ海岸の貿易港スミルナ（現トルコ領イズミール）出身のアルメニア人、ボゴス・ユスフィアン（一七六八〜一八四四年）である。一八一〇年にアレキサンドリア税関の管理・運営のためエジプトに招かれたボゴス・ユスフィアンは、税関業務の効率化と関税収入の拡大に実績をあげ、ムハンマド・アリーの外交顧問兼首席通訳に抜擢された。一八三七年からは外務・通商大臣に就任し、一八四四年に七六歳で世を去るまで一貫して多難な時期のエジプト外交を支え続けた。なお、このボゴス・ユスフィアンの系統からは、ムハンマド・アリー統治末期の一八四四年から六年間、外務・通商大臣を務めたアルティン・シュクリ（生年不明〜一八五九年）や第五代君主イスマーイールから第七代君主アッバース・ヒルミー二世の時代に活躍するボゴス・ヌバール（一八二五〜九九年、ボゴス・ユスフィアンの甥）などその後のエジプト行政を支える人材が数多く輩出した。

これも明治政府と同様、ヨーロッパの先進技術習得を目的とした国費留学生も多数、派遣された。派遣先は、フランス、イタリア、オーストリア、英国などで、最も多くの留学生が派遣されたフランスのパリには専用の宿泊施設も設けられた。一八〇九年に最初の留学生がイタリアのピサとリヴォルノに派遣されて以降、ムハンマド・アリーの在位中に派遣された留学生の総数は三三九人に達した。この留学生のなかから、その後のエジプトの近代化を担い、民族の覚醒を促す数多くの人材が生まれることになる。

タフターウィー

例えば、一八二六年に留学生付きのイスラーム導師としてフランスに派遣されたリファーア・ラフィ・アッ・タフターウィー（一八〇一～七三年）は、帰国後、新規に開設された薬学校や砲兵士官学校、外国語学校などの運営にあたり、およそ二〇〇〇冊に及ぶヨーロッパの書籍・文献を翻訳し、先進技術の普及に多大な功績をあげた。日本でいうと福沢諭吉に相当するような啓蒙思想家で、「文化・学術面でのエジプトの近代はタフターウィーの出現によって始まった」（カイロ・アメリカン大学、アブドゥルラフマーン・アフマド・サーリム教授）といわれている。タフターウィーはまた、ヨーロッパの思想の紹介やエジプトの社会改革に関する多数の著書を著したが、なかでも『パリの要約における金の精錬の書』（一八三四年）ではヨーロッパの興隆のエネルギー源を愛国心に見出すなど、ナショナリズムのパイオニア的な主張を行い、その後のエジプトの民族運動に大きな影響を与えた。タフターウィーがフランス語の「パトリ」の訳語としてあてた「ワタン」は、一八七〇年代後半に結成されたエジプト初の民族主義政党や英国統治下で民族独立運動を主導したムスタファ・カーメル（一八七四〜一九〇八年）が結成した政党の名に冠せられた。また、一八四四年にフランスに派遣され、パリの理工科学校（エコール・ポリテクニーク）やメッツの砲兵士官学校で学んだアリー・ムバーラク（一八二三〜九三年）は、アラブ系エジプト人では初めて大臣の地位にのぼり（教育、公共事業、通信・鉄道の各大臣を歴任）、エジプトの教育・学校制度の基本となった「教育基本法」（一八六八年）を制定したほか、高等師範学校（ダール・アル・ウルーム、現在の国立カイロ大学教育学部の前身）や国立図書館（ダール・アル・クトゥブ）を設立するなど、教育関連制度・施設の整備に多大な業績を残した。アリー・ムバーラクはまた、著述家としても知られ、著書のひとつ『新編地誌』（『タウフィーク治世下の誉れあるエジプトとその由緒ある著名な町や村の新編地誌』、一八八八年）は今日、一九世紀エジプト研究の貴重な資料となっている。

国内の教育制度も合わせて整備された。ムハンマド・アリー自身は正規の教育を受けておらず、四七歳になるまで読み書きもできなかったといわれるが、それだけに教育の重要性を強く認識しており、教育振興には特別の力を入れた。教育を担当する専任の部局（のちの教育省）が設立され、フランス式の初等教育制度が導入された。高等教育では、ヨーロッパの先進技術の習得を目的とした理工科系教育に力が入れられ、エジプト初の高等工業専門学校、ムハンデスハーネ（一八一六年設立）や医学校（一八二七年設立）をはじめ、薬学や獣医学、鉱物学、応用化学、農業・灌漑、通信、工芸、外国語など各分野の専門学校が設立された（ムハンデスハーネは後年、モデルにしたフランスのエコール・ポリテクニークと同様、高級官僚の登竜門になる）。なお、これらの諸学校が長らく軍事省の管轄下に置かれていたことは、ムハンマド・アリーの教育振興の目的をよく表している。今日、エジプトはアラブ諸国に多数の教師を派遣するとともに、国立カイロ大学やカイロ・アメリカン大学などに多くの留学生を受け入れており、「アラブ世界の知的センター」（英国のエジプト政治・経済専門家、ピーター・ケンプ氏）とも呼ばれている。その基盤は、この時期に確立されたともいえる。カイロ・アメリカン大学のアブドゥルラフマーン・アフマド・サーリム教授は、多岐にわたるムハンマド・アリーの近代化政策のなかでも特にこの教育制度の整備を「その後のエジプトの発展に最も貢献した中核的な政策」として高く評価している。

アリー・ムバーラク

　移入した先進技術の普及を目的に、一八二〇年九月二七日にはエジプト初の印刷所も開設された。カイロのブーラーク地区に設けられたこの印刷所からは、官報や学術書、教科書など多数の出版物が発行された。開設後、最初の二〇年間に発行された出版物の数は、

現在の『エジプトの出来事』

現在の政府印刷所（カイロ）

トルコ語一一二五種、アラビア語一一一二種、ペルシャ語六種の合計二四三種類にのぼった。政府印刷所はその後、ナイル川の対岸インバーバ地区に場所を移したが、現在でも「中東最大規模の政府印刷所」（エジプト政府印刷公社）として活動を続けている。エジプト最初の新聞である『エジプトの出来事』（アル・ワカーイ・アル・ミスリーヤ）も一八二八年一二月三日にこの印刷所から発行された。これは、中東地域で発行された最初のアラビア語の新聞でもあった（発行当初は見出しのみがアラビア語で本文はトルコ語）。同紙はその後、エジプト政府の重要な官報となり、前出のタフターウィーや「近代エジプトが生んだ最も偉大なイスラーム思想家」と呼ばれるムハンマド・アブドゥフ（一八四九〜一九〇五年）、第一次世界大戦後の民族独立運動を主導するサアド・ザグルール（一八五九〜一九二七年）など各時代の代表的知識人がその編集にあたった。一八〇年以上経た現在でも、官報として発行され続けている（日刊、発行部数二四〇〇〇部）。

《農業振興とエジプト綿》

一八世紀後半のエジプト経済は興隆するヨーロッパ産業に押され、ヨーロッパへ原材料を輸出し、製品を輸入するという国際分業のなかに組み込まれつつあった。ムハンマド・アリーはこうした潮流を押しとどめ、主要農産品の国家専売制で得た余剰資本をもとに農業を振興し、製造業を育成することで、経済的にも自立を目指した。エジプトを短期占領したフランス軍は、総勢一六七人の科学者や技術者を同行し、当初は半恒久的にエジプトを領有する目的から、また英国海軍の海上封鎖で本国からの補給を絶たれてからは現地自活の必要性から、様々な産業開発の可能性調査を行ったが、これがムハンマド・アリーの産業育成策の青写真にもなった。

まず、力が入れられたのは潜在的な可能性が高いとみられていた農業分野で、一八世紀以来の戦争や内乱で荒廃していた運河や堤防、用水路、排水路などが再建・整備されるとともに、新しい灌漑設備が建設された。アファフ・ルトフィー・アッ・サイイド・マルソーによると[*1]、クロット（前出）はムハンマド・アリーの在位中に開削された運河の数を三二、建設されたダムやバラージュ（堰堤）の数を四一としている。なかでも、ムハンマド・アリーの在位末期の一八四七年に着工され、一八六一年に完工したデルタ・バラージュ[*2]は、「建設当時では世界でも最大規模のもの」（エジプト灌漑博物館）

＊1——Afaf Lutfi al-Sayyid Marsot : *Egypt in the reign of Muhammad Ali* (Cambridge, 1984) p150
＊2——ナイル川がカイロの北郊でロゼッタ、ダミエッタの両支流に分かれる地点に、両支流の水量を調整するために建設された。

デルタ・バラージュ（カイロ郊外）

であった。エジプトの灌漑プロジェクトに携わったフランス人技師のルイ・モーリス・リナン（一七九九～一八八三年）は、一八一八年から一八四二年までの間に行われた運河開削などによる土木工事の総量を下エジプトで七一八七万九三九〇立方メートル、上エジプトで一二四〇万三八一二立方メートルの合計八四二八万三二〇二立方メートルと見積もっている。[*1]

　灌漑設備の整備により農地が改良され、耕作地面積は大幅に拡大した。A・E・クローチェリーによると、[*2]一八二一年時点で二〇三万一九〇五フェッダン（一フェッダンは四二〇〇平方メートル）だったエジプトの耕作地面積は一八四〇年には三八五万六二二六フェッダンに拡大した（八九・八％増）。耕作地をさらに増加させるため、新たに開墾した土地については一定期間、免税にするといったインセンティブも設けられた。年間を通して灌漑用水が利用できる通年灌漑の設備（ナイル川の水位が低い時期にも通水できるような深い水路）が整備された結果、綿花や米、砂糖キビ、インディゴ、ゴマなど夏・秋作の換金作物の大規模な栽培が可能になった。それまでのエジプト農業はほとんど夏から秋（七月中旬～一〇月初旬）の増水・氾濫期に溢れたナイル川の水を堤防で囲い込まれた河岸の農地に溜め、冬になって有機質に富んだ泥土（シルト）を含む水が土壌に染み込むのを待って、排水し、小麦、大麦、豆類、タバコなど冬作物の作付けを行うという古代以来の溜水灌漑で行われていたため、栽培できる時期や作物の種類に限界があった。同時にナイル川の増水期、年に1回の耕作から、耕地を年に複数回、利用する多毛作が可能になり、作付面積は大幅に拡大した。

新種の農産物の導入や品種改良も盛んに行われた。ムハンマド・アリーの在位中に導入された新種の農産物はおよそ二〇〇種類にのぼった。バナナやオリーブ、ぶどう、桃など今日、エジプトの市場に並ぶ果物の多くは、このとき、導入されたものである。数ある新種の農産物のなかでも、一八二一年にフランスのリヨン出身の技術者、ルイ・アレックス・ジュメル（一七八五～一八二三年）が栽培に成功した長繊維綿花は、今日に至るまで、一貫してエジプトの主要な外貨獲得源となる。それまで、エジプトでは品質の劣る綿花が、しかも限られた量しか生産できず、綿紡績業者は主としてシリアやパレスチナから原綿を輸入していた。通年灌漑設備の普及が高品質の長繊維綿花の栽培を可能にした。エジプト産の長繊維綿花は国際市場に出された当初、米国のジョージア産の長繊維綿花（海島綿）に

＊1——Helen Ann Rivlin : *The Agricultural Policy of Muhammad Ali in Egypt* (Cambridge, 1961) p281, p284
＊2——A.E.Crouchley : *The Economic Development of Modern Egypt* (Cairo,1938) p259

次ぐ評価と価格をつけられた。
ムハンマド・アリーは農産物のなかでも利幅の大きい綿花の栽培にはことのほか力を入れた。一八二〇年代初めには、シリアや小アジアから綿花栽培の専門家を招き、綿作農民に対する技術指導を実施した。一八三〇年には、農業や地方行政に関する規定に加えて、綿花栽培方法を詳細に示した法令、「農業規範」を定め、地方行政機関を通じて農民に周知徹底させた。綿花の産地には、政府によって綿繰り機や綿花プレス機が設置された。収穫された綿花は、加工後、政府の倉庫に集められ、アレキサンドリアの外国商人に売却された。これも、クローチェリーによると、*一八二一年に九四四カンタール（一カンタールは四五キログラム）で始まった綿花の輸出は、一八二四年には二二万八〇七八カンタールへと急拡大し、その後は大幅な増減を繰り返しながらも一八四五年には三四万四九五五カンタールを記録した。

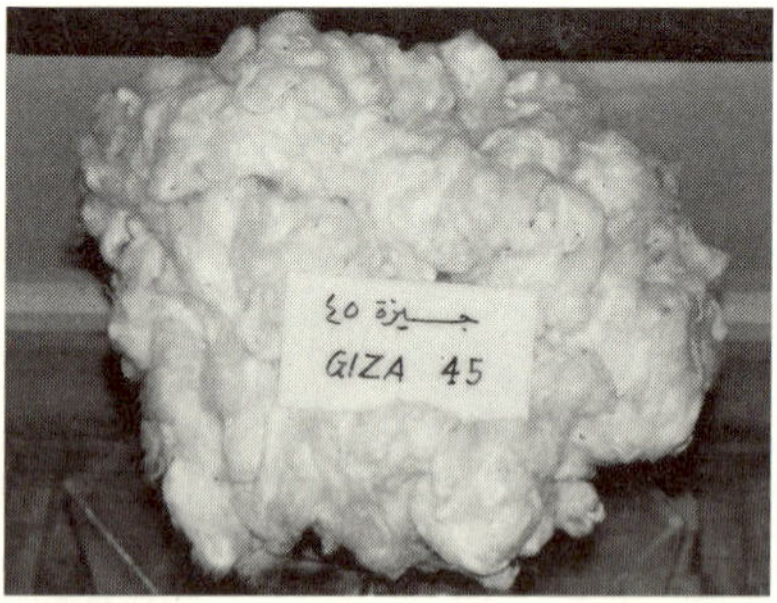

代表的なエジプト綿の品種のひとつ「ギーザ45」

農産物輸出のためのインフラ整備も進められた。主要積出港であるアレキサンドリア港が整備されるとともに、これもフランス人技術者のパスカル・コスト（一七八七〜一八七九年）の指導で同港とナイル川を結ぶ運河が開削された。エジプトの地中海岸には、天然の良港であるアレキサンドリアのほか、いずれもナイル川の河口地点にあるロゼッタとダミエッタの三つの主要港があったが、ロゼッタとダミエッタはキャパシティが小さく、二〇〇トン以下の船舶しか入港できなかった。そのため、ナイル川を経由して運ばれる農産物はロゼッタで沿岸航行船に積み替えられてアレキサンドリアに運ばれ、再度、より大きな外航船に積み替えられて輸出されていた。当時のオスマン帝国のスルタン、マフムト二世に敬意を表して「マフムディーヤ運河」と名づけられた全長約八〇キロメートルの運河の開削（一八一七年着工、一八二〇年完成）によってアレキサンドリアとカイロ間の水路距離が大幅に短縮され、農産物の輸出が容易になった。同運河はまた、新たに一万フェッダンの農地を沃し、恒常的な水不足に悩んでいたアレキサンドリアへの飲料水の供給にも貢献した。アレキサンドリアは、この運河の開通によって古代の繁栄を取り戻すことになる。

《工業化と貿易振興》

農業振興と並行して、ムハンマド・アリーはこれも国家主導で製造業を育成し、経済の多様化を図った。まず、軍備の近代化と国産化を目的に一八〇〇年代の終わりから軍需産業の育成が始められた。カイロのシタデルやブーラーク地区、ローダ島（ナイル川の中州）、アレキサンドリア、ロゼッタなど各地に造兵廠が建設され、銃砲、弾薬や艦船などが生産された。続いて、一八一五年には綿紡績、ジュート加工、石鹸、一八一六年には絹織物、一八一八年と一八四〇年から一八四五年には製糖、一八一九年には毛織物、一八二二年と一八三六年にはガラス、一八二七年には皮革、一八三一年には製

＊—— A.E. Crouchley : *The Economic Development of Modern Egypt*（Cairo,1938）p262-263

紙など様々な分野の国営工場が建設された。兵器や構造が比較的、簡単な機械・機器は、ヨーロッパ諸国からサンプルが輸入され、分解・研究された後、これらの工場でコピー生産された。

一八二九年には、ブレスト軍港でエジプト海軍艦艇の建造に従事した経験を持つフランス人造船技師のルイ・シャルル・ド・セリジー（一七八九～一八六四年）の指導で、アレキサンドリアに近代的な海軍工廠が造られた。この海軍工廠は一八三〇年には四〇七六人のエジプト人労働者を雇用していた。[*1] ムスタファ・ファハミーによると、[*2] 一八三〇年代の最盛期には工業部門で働く労働者は二六万人[*3]に達した。蒸気機関など当時の最新技術も積極的に導入された。一八三〇年に英国人技術者の指導でカイロのショブラ地区の紡績工場に蒸気機関が取り付けられたほか、ロゼッタの精米工場やカイロ・ブーラーク地区の鋳造工場、製紙工場などに蒸気機関が導入された。主要農産品と同様、綿製品や絹製品、毛織物、皮革製品など主要な工業製品も政府の専売下に置かれた。以前から活動していた民間の手工業者はそのまま事業を継続することを認められたが、原材料は政府から購入し、製品も公示価格で政府に納めるよう義務付けられた。政府は安い価格で購入した工業製品にスタンプを押して、高値で商人に売却し、多大な利益を得た。政府のスタンプのない製品の売買は禁止された。一八三三年時点で、工業製品の専売収益は歳入の五・九％を占めた。[*4]

国営工場の多くは輸入を抑制して外貨を節約する目的で設立されたが、エジプトが良質の原料を産出する綿紡績・織物産業については将来の輸出をも視野に置いて育成が進められた。伝統的な手工業ギルド（職人同業組織、「アスナーフ」）で生産される綿やリネンなどの繊維製品は一八世紀前半にはエジプトの主要な輸出産品に育っていたが、一八世紀後半からはフランス製品などに押されて衰退していた。さらに、一八一一年以降は英国の貿易商人がイベリア半島でナポレオン軍と戦っていた英国陸軍向けの小麦の購入代金にあてる目的で持ち込んだ「インド・モスリン（Indian Muslin）」と呼ばれる安価な綿製品が市場に溢れるようになり、多くの地場工場が操業停止に追い込まれていた。

ムハンマド・アリーは安価な英国産綿製品の輸入を規制するとともに、ヨーロッパから最新技術を導入して、綿繊維産業の育成を図った。一八一〇年代からカイロや綿花の主要産地であるデルタ地帯を中心に、各地にミュール紡織機や力織機などを備えた綿紡績・織物工場が建設され、一八三七年にはその数は二九ヶ所に達した。なかでも大規模な工場はおよそ一〇〇〇人の労働者を雇用し、一八三〇年代半ばにはこれらの工場はエジプトで産出される綿花の二割を消費していたといわれている。ちなみに、群馬県富岡市に日本で最初の近代的な製糸工場である官営富岡製糸所が造られたのはその四〇年近く後の一八七二年（明治五）のことであり、清朝末期の中国で張謇（一八五三〜一九二六年）らによって大規模な近代的紡績工場、大生紗廠が綿花（通州綿）の産地として知られた江蘇省南通の郊外に建設され、操業を開始したのはそれからさらに二七年後の一八九九年のことである。

絹織物や毛織物産業もあわせて振興が図られた。ダマンフールなどに建設された毛織物工場の製品

＊1――Mustafa Fahmy : *La r´evolution de l'industrie en Egypte et ses cons´equences sociales au 19e sie` cle* (Leiden,1954) p43
＊2――Ibid　p84
＊3――このうち、七割近い一七万四〇〇〇人が繊維産業に従事していた。
＊4――Sir John Bowring : *Report on Egypt and Candia*（London, 1840） p44-45

は耐久性に優れていたため、主として需要が拡大していた軍服用に用いられた。当初、フランスやトスカーナ（イタリア）、チュニスなどからの輸入に依存していた軍服用のトルコ帽（タルブーシュ）もガルビーヤ県フワに新設された工場で生産されるようになった。一八二五年には、原毛の品質向上のため、遠くインドからカシミヤ山羊が輸入され、羊の品種改良が試みられた。絹織物では一八一二年と一八一六年に中東における代表的な産地だったシリア・レバノンから養蚕業者が招かれたほか、ファイユームやアスュートを中心に桑の木の植樹が進められた。ただ、養蚕と絹織物の方は桑の木の栽培や一八一六年にカイロに建設されていた絹織物工場の稼動・運営が順調に行かず、のちに育成の重点は綿花と綿織物に移されることになる。

もとより、当時のエジプト製繊維製品は品質的にも生産量の点からも第三国市場で英国製品などと太刀打ちできるほどの水準にはなかったが、関税や各種非関税障壁によって保護された国内市場、特に中低級品市場では着実にそのシェアを伸ばしていった。繊維製品以外では砂糖の国産化が進み、国内需要を満たすようになったばかりか、ムハンマド・アリーの在位中に輸出されるまでになった。

エジプトの工業化には大きな制約要因もあった。エジプトには鉄鉱石や石炭など当時の工業に不可欠な鉱物資源がなかったのである。船舶製造などに必要な木材資源も決定的に不足していた。これらの鉱物・木材資源は海外からの輸入に依存せざるをえなかった。輸入のためには外貨が必要で、外貨獲得のためにはエジプト製品の輸出市場を開拓する必要がある。すなわち、日本と同様、工業化のためには貿易（輸出）の振興が不可欠だったのである。幸いなことに東地中海の交易拠点であるカヴァラで生まれ育ち、自ら煙草の仲買ビジネスを手掛けた経験もあるムハンマド・アリーは、貿易・海運事業にも通暁していた。競合相手という観点からみても、一九世紀初めのこの時期、かつて地中海貿易を支配したヴェネティア（共和国）は前世紀の終わりに滅亡し、東地中海貿易に確固たる足場を築いていたフランスも英国との戦争で多くの船舶を失っていた。新興のエジプト貿易・海運業にとっても活動できる余地が十分にあったのである。

ムハンマド・アリーは商船隊を建設・整備するとともに、英国やフランス、ヴェネティア、ナポリ、マルタ、イエメン、インド、オスマン帝国領のスミルナ、チュニスなどにエージェント（貿易代表）を配置して貿易振興を図った。こうした貿易事業は国家の管理のもとで行われたが、実際の事業活動はすでに地中海地域で広範に貿易を展開していたシリア人キリスト教徒やギリシャ人、イタリア人の事業家などに委託して、いわば「民間活力」を活用する形で実施された。例えば、シリア人のジョセフ・ボクティはスウェーデンとの貿易を、イタリア人のバウザーニはインドとの貿易をそれぞれ開拓した。これらの事業家は、貿易であがる利益のおよそ三分の一をコミッションとして受け取っていた。エジプト産品の販路が確立し、多くの外国商人がアレキサンドリアに拠点を設けるようになった一八三〇年代後半からは、こうした事業家を通じた貿易に代わり、国内で外国商人に競売する方式が主流となった。

ムハンマド・アリー統治下のエジプトの交易範囲は、北はスウェーデンから南はインド、イエメンにまで及んだ。スウェーデンには小麦が輸出され、そのかわりに銑鉄が輸入された。インドからは綿布や染料、香辛料が、イエメンからはコーヒーが輸入され、ヨーロッパやオスマン帝国領の各地に再輸出された。一八三一年時点のアレキサンドリア港の輸出入統計をみると*、主要輸入相手国はオスマン帝国（シェア四六・八％）、オーストリア（同一七・五％）、トスカーナ（同一七・一％）、英国（同八・一％）、フランス（同五・八％）となっており、主要輸出相手国はオスマン帝国（シェア三三・二％）、オーストリア（同二五・二％）、英国（同一三・五％）、トスカーナ（同一一・六％）、フランス（同一一・三％）となっている。品目別では、輸入はエジプトでほとんど産出されない木材が総輸入額の二一・二％を占めており、鉄も同七・一％を占めていた。国産化政策にもかかわらず、トスカーナや英国、フランスからの綿製品の輸入も高級品を中心に依然として多く、総額の二〇・九％を占めた。輸出では、綿花が総輸出額の三六・五％を占めて最も多く、米など穀物類が二〇・九％でこれに次いでいた。

一八三八年に英国下院議員としてエジプトを訪問した外交官で作家のジョン・ボーリング（一七九二〜一八七二年）は、比較優位の観点から綿花等農業生産に特化するように説いたボーリングに対し、ムハンマド・アリーが「工業国の英国と農業国のエジプトによる国際分業の方がより大きな経済的効果をもたらすだろうが、それではエジプトが工業力を持つ日は永遠に来ない。エジプトに近代的な産業を移植するには激しい陣痛が伴う。現在は国民を教育するコストを考えるべきときであり、そのための犠牲も価値あるものである」と語ったというエピソードを書き残しているが、これは開発途上国における工業化と国家の役割、そしてその経済的効果についての最も初期の議論であったといえる。ドイツの経済学者のフリードリッヒ・リスト（一七八九〜一八四六年）が『政治経済学の国民的体系』（*Das nationale System der politischen Ökonomie*）で後発国の工業化のためには貿易自由化を規制する必要があると論じたのはそれから三年後の一八四一年のことである。

また、ムハンマド・アリー統治下のエジプトの経済開発体制は、「植民地独立闘争を勝利に導いた軍・政治エリートが、その実績を背景に強力な指導力を発揮して有能な官僚テクノクラート集団を創成し、後者に経済建設のための権力と威信を集中して」「このテクノクラートの作成した経済開発計画に向けて、企業家、労働者、経済資源を育成し動員していく」（渡辺利夫著『新世紀アジアの構想』、一九九五年、筑摩書房、p49）という第二次世界大戦後の東アジア諸国の「権威主義開発体制」の先駆をなすものであり、その工業化政策は「農業部門の余剰資源（農業余剰）を国家が権力的に吸引し、これを工業部門に振り向けるという、国家を介在した『権威主義的』資源配分」（渡辺利夫著『アジア新潮流』、一九九〇年、中央公論社、p143）を基礎とした早期の中国やベトナムなどの社会主義工業化政策を先取りするものであったともいえる。

＊——Sir John Bowring : *Report on Egypt and Candia* (London, 1840) p68, p72-73

7 ムハンマド・アリーの時代◎その光と翳《かげ》

《通商産業政策の蹉跌》

ムハンマド・アリーの近代化政策は、今日の「中東の大国」、エジプトの基盤を築いた。その諸政策の成功は、人口の著しい増加でも裏付けられている。パトリック・オブライエン*によると、エジプトの人口は、相次ぐ戦役や疫病の周期的な流行にもかかわらず、一八二〇年代前半の二五一万四〇〇〇人から一八四〇年後半には四四六万三〇〇〇人にまで増大したと推定されている。

しかしながら、通商産業政策、とりわけ工業化政策に関してはきわめて先駆的ではあったものの、結果的には総じて失敗に終わった。その原因としては、

①徴兵規模や農業生産が拡大するなかで十分な余剰労働力がなかったこと。

*——Patrick O' Brien : *The Revolution in Egypt's Economic System 1952-65* (London, 1966) p5

②近代的な大規模工場を管理・運営するノウハウや人材（経営者やエンジニア）が決定的に不足していたこと。多くの場合、国営工場は十分な事業化可能性調査や正確な原価計算を欠いたまま設立、運営された。これは、後年のナセル時代の工業化政策が失敗した要因とも共通している。ちなみに、前出のアリー・バラカート教授はこのノウハウ、人材不足を最大の理由としてあげている。
③市場原理を無視した専売制が民間企業家の育成と民間資本の形成を阻害したこと。
④エジプトの領内には石炭や鉄鉱石など当時の工業化に不可欠な鉱物資源がなかったこと。例えば、石炭の輸入コストの高さは蒸気機関の導入を失敗に終わらせた。
⑤インフラストラクチャーもまだ工業化に必要な水準までには達していなかったこと。

などがあげられる。だが、やはり最大の原因はムハンマド・アリーの一八四〇年の敗戦、つまり外的な要因にある。

一八四〇年の敗戦で、エジプトは英国とオスマン帝国が結んだ貿易協定、「バルタ・リマン協定」（一八三八年八月締結）の適用を受け入れさせられた。この協定は、英国とオスマン帝国がムハンマド・アリーの覇権拡大のいわば資金源を断つ目的で締結したもので、オスマン帝国領内における輸入関税を低率に固定するとともに、全ての商品の国家独占や専売制を禁止していた。それまで、エジプト政府は国内産業を保護するため、ヨーロッパ諸国からの抗議にもかかわらず、しばしば輸入を制限したり、輸入品に高率の関税を課すなど、公式、非公式の輸入障壁を設けていた。また、ムハンマド・アリーが導入した主要産品の政府専売制で生じた利潤が国内産業育成の資金源になっていた。「バルタ・リマン協定」の受け入れとそれに基づく英国政府の執拗な圧力によって、ムハンマド・アリーの在位期間が終わる一八四八年頃までには主要産品の政府専売制はほぼ崩壊した。ムハンマド・アリーは、一族をはじめとする政権支配層に農地を分配し、これら新地主に農産物を政府のみに販売するよう求めることで専売制の実質的な維持を図ったが、経済原理を無視した政策は長続きしなかった。

輸入障壁の撤廃によって、高品質でしかも低価格のヨーロッパ製品との競争にさらされたエジプト製造業は、政府専売制の崩壊で資金供給源も断たれ、以後、衰退の一途を辿る。日本と異なり、ヨーロッパの先進工業国からの距離が近いことも輸入品の流入をより容易にした。近代的設備を備えた工場も、一八四〇年代終わりまでには需要の喪失や部品・メンテナンスの不足などによってその多くが廃絶された。さらに、一八四〇年の敗戦に伴う軍縮で、それまで国際競争力に劣る国産品の主要な供給先であった軍需も大幅に縮小し、政府にとっても軍需関連産業の育成という工業化の最大のインセンティブが失われた。ムハンマド・アリーが育成を図った軍需関連産業には、武器・弾薬の製造といった直接的な軍事産業のみならず、軍服や帆布生産のための繊維産業、馬具や軍靴生産のための皮革産業、艦船建造のための製材業など幅広い裾野産業（サポーティング・インダストリー）が含まれていた。

ムハンマド・アリーの後継者たちが、より安易に外貨が獲得できる綿花栽培などを優先したこともあり、エジプトは以後、次第に英国をはじめとするヨーロッパ諸国に綿花などの原材料を輸出し、工業製品を輸入するといういわば植民地型の国際分業のなかに組み込まれていくことになる。例えば、「バルタ・リマン協定」の受け入れから三一年後の一八七二年には人口がほぼ一・五倍に増加していたにもかかわらず、国営工場労働者の数は三分の一以下に減少していた。ムハンマド・アリーは、外交・軍事面での敗退に伴い、経済・通商面でも英国が掲げる自由貿易という一九世紀のグローバル・スタンダードの前に敗れ去ったともいえる。エジプトで本格的な工業化への取り組みが再開されるのは、関税自主権を回復した一九三〇年以降のことである（後述）。

《エル・キビール》

ムハンマド・アリーは、明治維新に相当する諸改革をほぼ一代で成し遂げた。混沌とした無政府状態にあった中世のエジプトを強大な近代的常備軍を持つ中央集権国家につくりかえ、最後には敗れたものの、英国、フランス、ロシアなどヨーロッパ列強の利害対立を巧みに利用して広大な版図を築きあげた。政治、軍事面のみならず、経済面でも長繊維綿花の栽培導入や繊維産業の育成にみられるように、その先見性は同時代の中東の指導者では群を抜いていた。相次ぐ対外拡張戦争も、単なる領土・覇権獲得の欲求からではなく、国内産業のための市場と原材料供給源の獲得や紅海、東地中海における通商ルートの確保という冷静な経済的打算に裏付けられていた。若い頃に煙草仲買というビジネスに従事した経験を持つムハンマド・アリーは、当時の、また現在の中東の指導者でも珍しい「経済のわかる指導者」「商人の才覚を持つ政治家」だった。

ムハンマド・アリーが実施した各種の改革は、必ずしもムハンマド・アリー自身が発案したものではなかった。さきに述べたように、中央集権化への試みは一八世紀後半のマムルーク指導者、アリー・ベイが、近代的常備軍の創設はオスマン帝国のセリム三世が、農地・税制改革や産業開発はフランス占領軍がそれぞれすでに検討、ないしは試みていたものだった。ムハンマド・アリーの天才性は、こうした先人の様々な試みを取捨選択し、エジプトの、そしてその時代の実情に合うようにうまく適用したことにある。換言すれば、ムハンマド・アリーは「応用と総合化の天才」であったともいえる。

晩年のムハンマド・アリー

ムハンマド・アリーは、生涯、その目標としていたナポレオンと同様、背は低めで、がっしりした体型、髪はブロンド、目は深いはしばみ色であったと伝えられている。服装は、常に簡素で地味なものを好み、愛用していた懐中時計の金の鎖を除いて宝飾品の類はいっさい身につけなかった。無類の清潔好きでもあり、どんなに忙しいときにも毎朝の入浴を欠かさなかった。当時、ムハンマド・アリーに会ったヨーロッパ人の外交官などが残している手記によると、公式の席での立ち居振る舞いが典雅で、かつ威厳に満ちていた一方で、親しい相手に対しては独特の愛敬やユーモアをもって接した。なかでも、くるくるとよく動くその目は人を惹きつける魅力に溢れていたといわれる。セーヴやクロットをはじめ、一目でその魅力に傾倒した人物も少なくない。

経済政策などにみられる近代性とは裏腹に、ムハンマド・アリーの政治姿勢は専制的で、抵抗勢力に対してはときに徹底的な弾圧で臨んだ。権力獲得の過程で多大な貢献をした宗教指導者のウマル・マクラムに対しても、宗教上の免税地への課税を巡って反発するやいなや容赦なくこれを追放した。財政基盤と地方行政制度の確立に貢献したコプト教徒の官僚、ムアッリム・ガーリ（一七七六～一八二二年）もデーツ（なつめやし）林への課税に反発するやいなや処断された。製パン業者に賄賂を強要した役人は見せしめのため、かまどで焼き殺され、肉の量をごまかして売っていた精肉業者はその分の自分の肉を削がれて処刑されたとも伝えられている。軍隊を動員した過酷な税の取り立てや農民を強制徴用しての公共事業、そして徴兵拒否者や逃亡兵の親族への連帯処罰など、その政策は前近代的な「暗さ」をも併せ持っていた。近代的な行政機構の官吏や洋式軍隊の将兵も、あくまでも「ムハンマド・アリーの官吏、ムハンマド・アリーの将兵」であり、エジプト民衆のためのものではなかった。ムハンマド・アリーはまた、地場のアラブ系エジプト人には信を置かず、ほとんど重用しなかった。軍隊でも、上級士官への登用を求めるイブラーヒームの執拗な要請にもかかわらず、結局、下級士官（尉官）までの昇進しか認めなかった。

こうした「前近代性」や「非民主性」が、英国、特に同時代の英国外交を担っていたパーマーストン卿の反発を招き、「ギュルハーネ（薔薇園）詔勅」（一八三九年一一月三日）によって近代的法治国家の道を選びつつあったオスマン帝国への支持に向かわせる一因ともなった。「ギュルハーネ詔勅」を起草したオスマン帝国の外相、ムスタファ・レシト・パシャ（一八〇〇～五八年、のちの大宰相）は駐英大使を務めた開明派で、パーマーストン卿にとってはムハンマド・アリーよりもはるかに理解しやすい相手であった。もっとも、オスマン帝国を含め当時の中東やアジアの国のなかでエジプトのみが「前近代的」で「非民主的」だったわけではなく、逆に宗教上の差別の撤廃や国民への教育機会の提供などの面ではむしろ先進的ですらあった。また、当の英国自身、例えば海軍では長らく棍棒を持った強制徴募隊による強引な水兵の徴兵は日常的であったし、産業革命時代の労働環境の過酷さ、とりわけ少年労働者の悲惨さはよく知られているところである。ムハンマド・アリーは、様々な機会に英国側の誤解を解き、反感を和らげるよう試みたが、パーマーストン卿の受け入れるところにはならなかった。

一方、フランスの方は自国に範をとって近代化を進めるムハンマド・アリーに終始、好意的だった。両者の良好な関係は、現在、ムハンマド・アリーの霊廟にもなっているカイロのムハンマド・アリー・モスクの時計塔に象徴されている。この時計塔は、七月王政時（一八三〇～四八年）のフランス国王、ルイ・フィリップが一八四五年にムハンマド・アリーに贈ったもので、ムハンマド・アリーの方は今もパリのコンコルド広場にたつルクソール神殿のオベリスクを贈った。一八四八年の二月革命でルイ・フィリップが退位を余儀なくされたとき、ムハンマド・アリーはその復位のために遠征軍を派遣しようとさえしたといわれている。エジプトに対する英仏の対応の違いは、幕末の徳川政権と薩長両藩に対する両国の対応を想起させる。ただ、この場合、フランスが支持したのはドラスティックな改革を進める新興勢力であり、英国が支持したのは比較的、緩やかな改革を進める旧体制であった。ムハンマド・アリーにとって不幸だったことに、当時の英国がアイルランド問題や労働問題など

フランス国王ルイ・フィリップより
贈られた時計塔（左奥）

を抱えながらも二大政党制のもと史上まれにみる政治的安定期にあったのに対し、フランスの方は七月革命（一八三〇年七月）や二月革命（一八四八年二月）に代表されるように政情が不安定で、重大な時期に一貫した外交政策が展開できなかった。

一八四〇年の敗戦によって生涯をかけて築きあげた成果の多くを奪われたムハンマド・アリーは、以後、その精神を蝕まれ、国家近代化に対する意欲を喪失したともいわれている。例えば、一八四四年にムハンマド・アリーを訪ねた英国領事のベイカーは、「かつては偉大だった人格が完全に崩壊した。何者をもその主人と認めなかった人物は子供に戻ってしまった」と書き残している。たしかに、一八四〇年代に入って国営工場や近代的教育設備の閉鎖が相次いだのは事実である。しかし、一方で敗戦以降もムハンマド・アリーはオスマン政府やヨーロッパ列強との関係改善や国家財政の基盤だった専売制の維持などに奔走している。ムハンマド・アリーにとっては、単に近代化政策よりも敗戦によって動揺した権力基盤の再構築や子孫への「事業継承」に政策のプライオリティが移ったというのが実情であろう。ベイカーが受けた印象も、列強、特にムハンマド・アリーが常にエジプト侵略の可能性を懸念していた英国の警戒感を解くために、あえて「昼行灯《ひるあんどん》」のような振る舞いをみせたものとみられる。（ただし、その最晩年には恒常的な下痢を治癒させるために侍医が処方した硝酸銀の副作用で記憶喪失など脳に障害を受けた。）

一八四六年、ムハンマド・アリーは生涯で初めてコンスタンティノープルを訪問し、アブデュルメジト一世に謁見した。かつての「帝国最大の敵」（マフムト二世）は、大宰相に相当する礼遇をもって迎えられた。帝都で、ムハンマド・アリーは四〇数年来の宿敵であったヒュスレヴ・パシャとも会った。すでに年老いた両雄は、長年の怨恨を忘れ、以後、親交を結んだとも伝えられている。帝都訪問の帰路、ムハンマド・アリーは生まれ故郷のカヴァラに立ち寄り、生家を訪ねた。三〇歳で故郷を離れた青年士官は七七歳になっていた。その胸中に去来したのは、はたしてどのような思いであっただろうか。（ヒュスレヴ・パシャはその後も長生し、一八五五年に没した。）

ムハンマド・アリーは晩年、病に倒れるまで、毎日、夜明け前から深夜まで膨大な行政業務をこなしたと伝えられている。著名なアラブ歴史学者のフィリップ・K・ヒッティ（一八八六～一九七八年）は、その著書『アラブの歴史』のなかで次のように言っている。

「一九世紀前半のエジプトの歴史は、事実上、このひとりの男の物語である。」

（『アラブの歴史』岩永博訳、講談社学術文庫）

ムハンマド・アリーが創設した王朝を倒して成立した現在の共和政権下のエジプトでも、ムハンマド・アリーは「強いエジプト」「進んだエジプト」の象徴であり、「エル・キビール」（大王）の称号で呼ばれている。

8 反動と転機◎アッバースとサイード

《暗　雲》

一八四八年四月五日、病気のため執務不能になったムハンマド・アリーのあとを継いで長男、イブラーヒームが実質的な世襲エジプト総督（第二代君主）となるが、同年一一月二〇日の深夜、厳冬のアナトリアの戦場で悪化した結核が進行して、わずか七ヶ月で死去した。享年五九。

イブラーヒームは、軍人としてもまた政治家としてもきわめて優れた資質を持っていた。軍事面では、前述したとおりアラビア戦役、ギリシャ戦役、二度にわたるシリア戦役と相次ぐ外征で一貫してエジプト軍を指揮して、勝利に導いた。行政面では、ムハンマド・アリーが権力を確立した初期には財務長官（デフテルダル）として財政基盤の確立に辣腕を振るい（一八〇七～一三年）、ギリシャ戦役のあとでは疲弊した財政の建て直しに尽力した（一八二九～三一年）。エジプトの主要な外貨獲得源となった長繊維綿花や砂糖黍の栽培、灌漑設備への蒸気機関の導入、さらには近代エジプト初の刑法といわれる「農業規範」（農業や地方行政に関する規定に加えて農村部における違法行為とそれに対する処罰

晩年のイブラーヒーム

規定を定めたもの）の制定なども主導した。一八三三年から統治したシリアでは、治安の確立やキリスト教徒などへの宗教差別の撤廃、産業の振興、教育の普及などの面で目覚しい成果をあげた。近現代におけるアラブ民族の覚醒に関する名著『アラブの目覚め』を著したレバノン人、ジョージ・アントニウス（一八九一〜一九四二年）は、シリアにおけるイブラーヒームの業績について次のように記している。

「彼は一年も経つか経たない内に、ダマスカスにおけるアラブ支配の時代（ウマイア朝、六六一〜七五〇年）以降、シリアが未だかつて経験したことがない宗教と市民権の平等、生命、財産の保全に立脚した新しい秩序の確立に成功した。」

（『アラブの目覚め』木村申二訳、第三書館）

こうしたイブラーヒームの資質や業績は、国際的にも高く評価された。晩年、病気治療を兼ねてヨーロッパ諸国を歴訪した際には、各国政府から国家元首級の儀礼をもって迎えられた。長年の友好国のフランスでは、国王ルイ・フィリップからレジョン・ドヌール勲章の最高勲位グラン・コルドンを授けられた。また行く先々で、フランスの代表的なロマン派詩人で政治家のラマルティーヌが「アレキサンダー大王の再来」と評した名高いオリエントの将軍を一目見ようと数多くの群衆が集まった。かつて戦火を交えた英国でもロンドン市民から（イブラーヒーム・パシャをもじった）「エイブラハム・パーカー」の愛称で親しまれ、ウェリントンと会見した際にはマスコミから「東の最も偉大な戦士、西の最も偉大な戦士と会う」と評された。

ムハンマド・アリーが正妻アミーナとの間にもうけた三人の男子のうち、次男のアフマド・トゥーソンはアラビア戦役からの帰国の途上、疫病にかかって夭折した。三男のイスマーイール・カーメルはスーダン戦役で地元部族長の恨みを買い、生きながらに焼き殺された。長男のイブラーヒームのみが長生して、生涯を通して父親を補佐し続けた。外見も非常に似通った二〇歳違いのこの父子は、アラブ系エジプト人の登用やオスマン帝国からの独立を巡ってしばしば対立した。ムハンマド・アリーは「オスマン人」（オスマン帝国のエリート層）としての自覚から宗主国に対して愛憎半ばする複雑な感情を持ち、独立に踏み切るのにも多分に躊躇があった。これに対し、多感な十代の頃、オスマン政府への人質としてコンスタンティノープルで過ごした経験を持つイブラーヒームは、「ヨーロッパの重病人」（ロシア

イブラーヒームの墓陵（カイロ）

ムハンマド・アリー・モスク

皇帝ニコライ一世）と評されていた老大国に対していっさいの幻想を抱かず、積極的に独立を目指そうとした。第二次シリア戦役の際、イブラーヒームは帝都を一気に占領することで列強の前に既成事実《フェイト・アコムプリ》を突きつけることを主張したが、父親に制止された。もし、そのときに制止を振り切って進撃していれば、今日、中東の地図は大きく塗り変わっていたであろう。父子の意見対立はときに過剰に外部に伝えられた。そのため、一時は「イブラーヒームはムハンマド・アリーの実の子ではなく、正妻アミーナが死別した前夫との間にもうけた連れ子である」とする風評さえ立った。しかし、両者は近代化や産業育成、軍備強化など国家建設の基本的なビジョンについては完全にこれを共有していた。一九世紀前半の中東に覇を唱えた「ムハンマド・アリーのエジプト」は、長男イブラーヒームとの二人三脚で築きあげられたといっても過言ではない。

　期待していた有能な後継者に先立たれたムハンマド・アリーも翌一八四九年八月二日の暑い昼下がり、晩年、好んで居を置いたアレキサンドリアのラス・エッ・ティーン宮殿で、息子のムハンマド・サイードらに看取られながら、世を去った。享年八〇（本人がしばしば称していたとおり、一七六九年生まれであったとすれば）。その遺体は、生前からギリシャ人の建築家、ユスフ・ブシュナクに命じてカイロの居城、シタデルのなかに建設させていたトルコ様式のモスク、ムハンマド・アリー・モスクの一角に安置された。傑出した両雄の相次ぐ死は、誕生してまだ日の浅い王朝の未来に暗い影を落とすことになる。

《反　動》

一八四一年六月一日にオスマン帝国スルタンの詔勅で定められた「ムハンマド・アリー一族の男子のうち最年長者がエジプト・スーダン総督職を継ぐ」という相続制度に基づいて、イブラーヒームのあとをその甥で、夭折したアフマド・トゥーソンの長男、アッバース・ヒルミー（一世、一八一二～五四年、在位一八四八～五四年）が継いだ。

幼くして父を亡くしたアッバース・ヒルミーは、祖父ムハンマド・アリーと祖母アミーナのもとで育てられた。ムハンマド・アリーは明るい性格と聡明さで国民の人気を集めていたアフマド・トゥーソンの再来を期待した。ふたりの息子を相次いで亡くしていたアミーナは持てる愛情の全てを初孫に注いだ。しかし、アッバース・ヒルミーは期待に反して怠惰でだらしない少年に育った。祖父が施そうとする英才教育にもついていけず、常に厳しい叱責を浴びていた。長じてからは、軍事的な経験を積むため、シリア派遣軍を指揮していたイブラーヒームのもとに送られたが、もともとどちらかというと学者気質で軍人としての資質を持っていなかったアッバース・ヒルミーは命令や規律を守れないばかりか、砲火を恐れ、結局、伯父からも匙を投げられて、戦役途中で帰国させられた。結果として、

アッバース・ヒルミー1世

アッバース・ヒルミーは祖父と伯父に対して根強い反感を抱くようになっていった。こうした反感は次第に両者が進めていた近代化政策に対する疑問へと発展し、即位後の政策に色濃く反映されることになる。

アッバース・ヒルミーは即位後、直ちにムハンマド・アリー時代の主要閣僚と外国人専門家を解任・追放する一方、近代化政策を担っていた各種機関、学校を廃止した。このとき、解任・追放された閣僚のなかにはムハンマド・アリーの娘婿ユーセフ・カーメル（元内務大臣）や甥ムハンマド・シェリフ（元財務長官、ダマスカス知事）など親族も含まれていた。長年にわたってムハンマド・アリーの側近を務めたギリシャ人のサミやバッキ、エジプトの医療・衛生水準の向上に貢献してきたフランス人のクロットなども解任された。先進技術の移入に尽力してきたタフターウィーも、その進歩的思想を警戒されて、ハルツームの公立小学校の校長に左遷された。

アッバース・ヒルミーは、祖父と伯父の経済政策も抜本的に見直し、経済活動への政府の関与を大幅に縮小した。ただ、限定的ながら重要な公共事業は実施し、在位中に英国のスティーヴンソン社によってエジプト初の鉄道（カイロ・アレキサンドリア間）の建設が着工された。これは、英国政府がインドへのより迅速な通信・連絡ルートを開設することを目的に建設を企図していたもので、最初にこの話を持ちかけられたムハンマド・アリーは英国への警戒感から承認しなかった。これも祖父に対する反発からか、アッバース・ヒルミーはフランスよりもそのライバルである英国との関係強化を目指し、鉄道建設を承認した。外交面では、オスマン政府が要求していたギュルハーネ詔勅に基づく新たな帝国法の適用を、英国の駐コンスタンティノープル大使、ストラトフォード・カニング（ストラトフォード・ド・レドクリフ卿、一七八六～一八八〇年）の仲介を得て、エジプトの自主性を損なわない形に修正して、導入することに成功した。一八五三年三月二八日に勃発したクリミア戦争では、オスマン帝国支援のためにエジプト軍二万を派遣、これは長年こじれていた宗主国との関係改善に貢献した。

こうした公務での一定の成果とは裏腹に、アッバース・ヒルミーの私生活は乱脈を極めた。アッバース・ヒルミーには、以前から後宮（ハーレム）の女性を袋詰めにしてナイル川に投げ込んで殺したとか、煙草を吸っていた女官の口を縫い付けて餓死させたなどといったゴシップが絶えなかった。内向的で懐疑的な性格のアッバース・ヒルミーが外部との接触を避けて、遠隔地の離宮にこもりがちだったこともこうした悪い噂を助長した。結局、一八五四年七月一二日の深夜、ナイル川デルタ地帯の街、ベンハーの宮殿の一室で何者かによって絞殺され、その治世は唐突に終わる。享年四二。原因は遺産相続を巡る親族との対立とも女性問題ともいわれているが定かではない（公式の死因は脳卒中と発表された）。

イブラーヒームが死去した際、すでに長く病床にあったムハンマド・アリーは「これでアッバース・ヒルミーがあとを継ぐことになるのか。我々が築き上げてきたものはすべて台無しになるだろう」と嘆息したとも伝えられている。同時代や後年のヨーロッパ人からも「近代化を後退させた後継者」「反啓蒙主義者」としてその評価はきわめて低い。しかし、「巨人」ムハンマド・アリーと「常勝将軍」イブラーヒームの相次ぐ死後、エジプトの支配強化を図るオスマン政府と経済進出を目論むヨーロッパ列強との間に立ちながら、まがりなりにも「新興国家」の自立を保った手腕は評価されるべきであろう。後継者のムハンマド・サイードやイスマーイールがほとんど無警戒にヨーロッパ列強の経済進出に門戸を開いた結果、エジプトの植民地化を招いたことと比較しても、アッバース・ヒルミーの諸政策にはむしろ先見の明があったともいえる。アッバース・ヒルミーにはまた、貧しい農民の生活向上に尽力したり、クリミア戦争中にオスマン政府から命じられたギリシャ系住民の国外追放を拒否するなどといった人道的な一面もあった。

《薄　日》

アッバース・ヒルミーは生前、オスマン政府に働きかけ、従来の相続制度を改め、長男イブラーヒーム・イルハミ（一八三六～六〇年）を後継者にするよう試みていたが、結局、果たせないまま急死した。死後、側近のエルフィ・カイロ知事が配下の軍を動員してイルハミを総督に擁立すべく試みたが、英国領事のフレデリック・ブルースなどの介入でこれも失敗に終わり、結局、正当な後継者であるムハンマド・サイード（一八二二～六三年、在位一八五四～六三年）があとを継いだ。サイードは、ムハンマド・アリーが五〇歳代のときにその美貌で知られたコーカサス地方出身の側室、アイン・アルハヤトとの間にもうけた子供で、アッバース・ヒルミーからは年下でありながらも叔父にあたる。

前総督とは全く対照的に社交的で温和、体重一〇〇キロを超える巨漢のサイードのもと、エジプトは再び積極財政路線に転じる。電信線の敷設や港湾整備、灌漑施設の拡充などが行われたほか、アッバース・ヒルミー時代に着工されていた鉄道の建設が進められ、一八五五年にはカイロ・アレキサンドリア間が、一八五八年にはカイロ・スエズ間が開通した。これによって地中海と紅海との間の交通が飛躍的に改善された。ちなみに、日本で最初の鉄道が新橋・横浜間に開通したのはその十数年後の一八七二年（明治五）のことである。産業政策面では、農業生産の拡大を目的に農地の私有化がさらに進められ、一八五八年八月には新たな農地法、通称「サイード農地法」が制定された。この農地法によって、五年間継続して耕作、納税している農民には農地の販売、譲渡、賃借の権利が認められ、近代的な土地の私有制度がほぼ確立した。各種近代化政策も再開され、アッバース・ヒルミーによってハルツームに左遷されていたタフターウィーも一八五五年に呼び戻されて参謀学校の学長に就任、同じく解雇されていたクロットも翌一八五六年に医学校長として復帰した。一八五八年には現在のエジプト考古学博物館の前身が設立され、さらにその翌年にはかつてナポレオンがフランス学士院にならって設立し、その後、長らく閉鎖されていた科学アカデミー、エジプト学士院が再開された。

サイード

　アッバース・ヒルミーとは異なり、サイードは当時も、また現在でも「開明君主」として概して好意的に評価されている。事実、サイードはそのおよそ一〇年間の統治を通して、様々な民主的、人道的な改革を進めた。例えば、行政機関や軍隊におけるアラブ系エジプト人への差別待遇を改め、軍隊では従来の大尉までに代わり、大佐までの昇進を認めた。このとき、高級士官に登用されたアラブ系エジプト人の多くは、のちに民族運動を主導する人材になる。オラービー革命（一八八一～八二年）を主導したアフマド・オラービー（一八四〇～一九一一年）もそのひとりで、サイードに侍従武官として仕えた。オラービーは、主君について「民族の目覚めの促進者」ときわめて好意的な印象を書き残している。

一方で、こうした改革のなかには必ずしも現実を踏まえずに実施されたため、全く効果をあげなかったり、逆にネガティブな結果に終わったものも少なくなかった。例えば、サイードは「全ての国民が国を守るため兵役に就くべきである」との信念から、それまで徴兵を免除されていた村落有力者の子弟やコプト教徒、ベドウィン（遊牧民）などにも兵役を課した。これはコプト教徒などからは総じて好意的に受け取られたが、自主独立の気風を持つベドウィンからは強烈な反発を呼び、結果的に地方における治安の悪化を招いた。また、サイードは一八五六年にスーダンを訪問した際に奴隷売買の現場を見て驚愕し、直ちに奴隷交易を禁止する布告を出した（一八五六年六月二〇日）。しかし、スーダン総督をはじめエジプト政府関係者が奴隷交易から多大な利益を得ていたため、この布告は実際上、全く効果をあげなかった。奴隷商人は、単に交易の拠点をハルツーム市内から郊外に移しただけだった。

《転機：スエズ運河》

サイードはまた、その後のエジプトの運命を変える巨大プロジェクトをスタートさせた。スエズ運河の開削である。スエズ運河の開通こそは、エジプトの財政破綻のきっかけとなったばかりか、その戦略的価値を飛躍的に増大させ、のちにインド・ルートを「帝国の生命線」と考えていた英国の本格的な介入を招き、この二八年後の一八八二年から四〇年間、エジプトは英国の実質的な植民地と化すことになる。

スエズ運河の開削権は、一八五四年一一月にフランス人の元外交官、フェルディナン・ド・レセップス（一八〇五〜九四年）に与えられた。レセップスは、一八〇五年一一月一九日にフランスのヴェルサイユに生まれた。父親のマティユ・ド・レセップスはバスク系の血をひく外交官で、スペイン人の母親カトリーヌはのちに皇帝ナポレオン三世（在位一八五二〜七〇年）の后となるウージェニーの大叔母にあたった。レセップスは、父親の補佐としてチュニスのフランス領事館などに勤務したのち、一八三二年に駐アレキサンドリア副領事としてエジプトに着任、一八三七年まで勤務した。その際、かつて同じくエジプトに勤務した父親がムハンマド・ア

レセップス

リーと親交を結んでいたことから、総督家に厚遇され、少年時代のサイードの家庭教師を務めた。

エジプト駐在中にレセップスは、後期サン・シモン学派（初期社会主義学派の一派）が提唱していたスエズ運河の開削構想に強い関心を持った。アジア・アフリカ両大陸がつながるスエズ地峡に運河を開削することは、古くは古代エジプトの時代から試みられていた。最初に運河を開削したのは、古代エジプト第二六王朝（サイス朝）のファラオ、ネコ二世といわれているが、その後もアカイメネス朝ペルシャのダレイオス一世やプトレマイオス朝のプトレマイオス二世、ローマ帝国のトラヤヌス帝など時々の著名な支配者が力を注いだ。八世紀のアッバース朝第二代カリフ、マンスールの時代以降、放棄されていたが、一六世紀になってヴェネティア共和国がポルトガルの喜望峰経由の香辛料貿易に対抗すべく、マムルーク朝に開削を打診した。だが、ときのマムルーク朝のスルタン、アル・ガウリーはエジプトの頭越しに東西交易が行われることを警戒して、これを承認しなかった。続いて、一五三〇年と一五八六年には今度はエジプトを征服したオスマン帝国が開削に着手するが、いずれの工事もペルシャ（サファヴィー朝）との戦争のために中止された。長らく忘れられていたスエズ運河の開削に着目したのは、これもナポレオンである。ナポレオンは、遠征軍に同行していた技師のシャルル・ル・ペールに運河開削の可能性調査を行わせた。フランス軍撤退後の一八〇三年に発表されたル・ペールの検討結果では、「紅海と地中海に満潮時一〇メートル前後の水位差が生じることから運河開削は困難」とされていた。だが、一八三〇年に英国人技術者のフランシス・ロードン・チェズニー（一七八九〜一八七二年）がその誤りを正した。紅海と地中海には運河開削の障害となるような著しい水位差はなかったのである。

一八四九年に外交官の職を辞したあと、レセップスはスエズ運河の開削構想に熱意を燃やし、一度はアッバース・ヒルミーにその構想を持ちかけるが、保守的でヨーロッパ人の意図に懐疑的な前総督は見向きもしなかった。一八五四年九月、旧知の間柄だったサイードが即位したというニュースを聞いたレセップスは、同一一月にエジプトに渡ると、さっそく新総督に面会した。サイードはかつての家庭教師を歓迎した。少年の頃、すでに肥満体だったサイードは父親のムハンマド・アリーから厳しいダイエットを課せられていた。食事は野菜や豆だけに制限されたうえに、海軍艦艇のマスト登りやランニングなど激しい運動を義務付けられた。育ち盛りですきっ腹を抱えていた少年が唯一、思い切り好物のマカロニを頬張れるところがフランス人家庭教師の家だった。サイードにとってレセップスは、いわば少年時代の思い出と直結する存在だったのである。リビア砂漠でのハンティングに招待したレセップスからスエズ運河開削構想を説明されたサイードは、直ちにこれに賛同し、一一月二五日、各国の外交官を集めて、運河開削を発表した。そして、五日後の一一月三〇日、レセップスが提示した条件をほとんど考慮することなく、開削権を与えた。「一杯のマカロニ」から芽生えた友情が結果的にエジプトの転落を招くことになるが、それについてはあとで詳しく触れる。

レセップスへの運河開削権付与の知らせは、しばらく下火になっていたエジプトを巡る英国とフランスの対立を再燃させた。アレキサンドリア港の整備やアレキサンドリア・スエズ間の鉄道建設などでエジプトへの影響力の拡大を図っていた英国は、フランス人主導の運河開削によって、一八四〇年以降弱まっていたフランスの影響力が再び増大することを警戒した。もともと英国政府はスエズ運河の開削構想そのものに否定的だった。英国は、運河の開通によって自国よりフランスやイタリア、

イスマイリアに残るレセップスの執務室

ロシアなどからアジアへの海路距離が短くなることで、インド・極東貿易での独占的地位が脅かされることを懸念した。経済的利益のみならず、ジブラルタル、ケープタウン、アデンとインドへの長い通商路を守ることを前提に構築されてきた英国の安全保障体制も完全な見直しを迫られることになる。パーマーストン卿は、英国下院での質疑のなかで、「スエズ運河開削に反対すること、それは英国政府の責務である」とさえ言った。英国はプロジェクト実施の承認権を持つオスマン政府を通じて再三にわたって介入、工事の着工は大幅に遅延した。

しかし、バスクの血をひくレセップスは粘り強かった。クリミア戦争で同盟関係にあった英国に遠慮して運河開削に消極的だったナポレオン三世を縁戚にあたる皇后、ウージェニーを通して説得する一方、一八五六年一月五日付でアレキサンドリアに「国際スエズ運河株式会社」を設立し、翌々年の一八五八年一二月一五日にはパリで同社の創立総会を開き、その株式四〇万株（一株五〇〇フラン、計二億フラン）を広く売却することで運河開削に向けての国際世論を喚起した。そして、翌一八五九年四月二五日にオスマン政府の承認を待たずに工事を着工（オスマン政府は、パリ銀行からの債務問題の解決で態度を変え、一八六六年三月一九日に運河開削を正式に承認）、難工事の末、一〇年以上の歳月を経た一八六九年八月一五日、西洋と東洋を結ぶ全長一六四キロメートル、幅二二メートル、深さ七・九メートルの運河が開通した。これによって、ヨーロッパの大西洋岸からインドへの海路距離はほぼ半分に短縮された。英国のエドワード皇太子（のちのエドワード七世、在位一九〇一～一〇年）は完成した運河を「インドに通じる我々のハイウェー」と呼んだ。

《転落の予兆》

スエズ運河開削プロジェクトは、エジプトにとって著しく不利な条件で進められた。当初、レセップスはエジプト政府には国際スエズ運河株式会社の株式の一六％のみの購入を求め、一方、年間三〇〇〇万フランと見積もられていた収益については株主としての配当のほか、一五％を配分するとしていた（一八五四年一一月三〇日付、スエズ運河開削認許第五条）。だが、運河会社の株式売却は英国政府の介入もあってふるわず、レセップスは売れ残った二八・四％の株式はエジプト政府が購入することとして強引に会社の設立にこぎつけた。サイードはこうした事情を全く知らされていなかったが、運河開削の国際公約を重視して結局、合計四四・四％の株式引受けに同意した。さらに、エジプトは工事に必要な労働力と土地、そして資材のほとんどを無償で提供したため、結果的に総工費一六〇〇万スターリング・ポンドのうち実に七割以上を負担することになった。運河そのものの土地のみならず、その両岸二〇〇メートルも運河会社に無償で提供された。他方、運河会社側は開通後九九年にわたって運河を管理し、その後、所有権をエジプト側に委譲することとされた。九九年というと一八九八年に清から英国へ租借された香港・新界地区の租借期間などと同じだが、当時の感覚ではほとんど「永久」といってもいいほどの長さだった。運河会社の本社・管理事務所もパリに置かれ（名目上の本社所在地はアレキサンドリア）、運営主体である理事会（三二人、任期八年）のメンバーも過半数がフランス人によって占められた。しかも、運河会社の約款（一八五六年一月五日付、第五章「株主総会」第五一条）で、「同一株主において一〇票以上の権利を有することはない」とされたため、エジプト政府は最大株主でありながらその発言権はごく限られたものとなった。

綿花の順調な輸出拡大にもかかわらず、莫大な運河の建設コストはエジプトの財政を圧迫する。一八六〇年には、フランスの金融機関から初の対外借入を余儀なくされた。この二八〇〇万フランの借入はエジプトの財政破綻、そしてその後の植民地化への一里塚となった。サイード自身、有名なダイヤモンド「エジプトのパシャ」をはじめ愛蔵していた宝石類を手放すことを余儀なくされた。また、運河の開削工事にはのべ二〇〇万人のエジプト人農民が動員されたが、そのうち一二万人が過酷な労働環境のなかで命を落とした。皮肉なことに歴代の君主のなかでも最も善良で、貧しい農民の生活向上に意をくだいたサイードが最も悲惨な強制労役を課す結果となった。サイードは財政悪化への懸念などから健康を害し、一八六三年一月一七日、運河の完成を見ないまま、四〇歳の若さで死去した。即位時に潤沢だった国庫は大幅な赤字に転落し、そのあとには三二九万三〇〇〇スターリング・ポンドの対外債務が残った。

サイードは幼くして父を亡くした前総督のアッバース・ヒルミーとともにムハンマド・アリーのもとで教育された。アッバース・ヒルミーが勉学を嫌い、常に叱責を受けていたのとは対照的に、サイードは勉強熱心でフランス語も流暢に話し、太り過ぎの体型を除けば父親の自慢の種だった。また、アッバース・ヒルミーがヨーロッパ文明やヨーロッパ人の意図についてきわめて懐疑的な見方をしていたのに対し、サイードは常にその美点を礼賛していた。特に、フランスに対する思い入れは強く、死の直前の一八六二年一二月末にはナポレオン三世からの要請に応え、スーダン兵からなるエジプト軍を遠くメキシコに派遣すらした。他方、兄のイブラーヒームやアフマド・トゥーソンなどが父とともにその権力獲得過程で辛酸を舐めたのとは対照的に、一八二二年生まれのサイードが物心ついたときには、すでに父親のエジプト総督としての地位は確立していた。サイードはいわば「善良で寛容な御曹司」だった。しかし、そのサイードでも仮にレセップスが旧知の間柄でなければ無警戒にあれほど不利な条件をのむことはなかったであろう。

エジプト財政破綻の素因をつくり、結果的に旧友、サイードの死期を早めることになったレセップスは、その後、運河を完成させ、「歴史的偉業を成し遂げた偉大な技術者」として欧米社会で名を馳せた。その後も運河会社の経営にあたる一方、エジプトの財政破綻のあとでは「エジプト財政高等調査委員会」の委員長を務めるなどエジプトと関わり続けた。私生活でも六四歳のときに四四歳年下の女性と再婚し、一二人の子供をもうけるなどきわめて精力的だった。晩年は「夢よもう一度」と今度はパナマ運河の開削に取り組むが、失敗（一八八一～八九年）。運河開削のために設立した「パナマ運河会社」の再建を巡る疑獄事件（パナマ事件）に巻き込まれて、一八九四年一二月七日、失意のまま世を去った。享年八九。

現在、サイードの名はスエズ運河の地中海側入口にある街の名前、ポート・サイードとして残って

レセップスの銅像跡
（ポート・サイード）

いる。一八五九年に運河開削に動員された労働者の宿営地として造られたこの街は、今日、アレキサンドリアと並ぶ重要な港湾都市に発展している。一方、ポート・サイード港を見下ろしていたレセップスの銅像は、一九五六年七月二六日の運河国有化後に撤去され、今ではその礎石のみが残っている。国有化後、スエズ運河は第三次中東戦争（一九六七年）によって一時、閉鎖されたものの、一九七五年に再開された。数次にわたる拡張・増深工事の結果、幅は二〇五～二二五メートルに、深さは二四メートルにまで拡張・増深され*、二〇〇八年には航行船舶の数は二万一四一五隻を数えた。エジプト中央銀行によると、二〇〇八年のスエズ運河の通航収入は五三億八二〇〇万ドルに達し、石油収入、観光収入、海外出稼労働者等の送金と並ぶエジプトの主要な外貨獲得源となっている。

*――スエズ運河の拡張・増深工事には日本の五洋建設が参加し、その優れた浚渫技術でプロジェクトの成功に多大な貢献を行った。

9 脱亜入欧◎イスマーイールの挑戦

《総督から副王へ》

サイードの死後、世襲総督位を継いだのは甥のイスマーイール（在位一八六三～七九年）である。イスマーイールは一八三〇年一二月一二日に第二代君主イブラーヒームの次男としてカイロに生まれた。母のホシャールはオスマン皇族につらなる家系の出身だった。幼いときから聡明さで知られたイスマーイールは、祖父ムハンマド・アリーの命令で十代のときに兄のアフマド・リファート（一八二五～五八年）や年下の叔父のムハンマド・アブドゥルハリーム（一八三一～九四年）らとともにフランスに送られ、サン・シール陸軍士官学校などで学んだ。帰国してからは、父親に反感を持っていた、ときの総督、アッバース・ヒルミーから警戒されることを恐れて、特に公職に就くことなく、農園の経営などに従事していたが、一八五八年五月一五日、その運命を大きく変える事件が起こる。アフマド・リファートが鉄道事故で急死したのである。この事故は、鉄道開通式典に出席していた総督一族を乗せていた列車がナイル川デルタ地帯の街タンタの近郊、カフル・エル・ザイヤートで鉄橋から

即位前、十代の頃のイスマーイール

ナイル川に転落したもので、窓際に座っていたムハンマド・アブドゥルハリームを除く全員が死亡した。王朝の行く末を暗示するかのような悲惨な出来事だったが、いずれにしてもたまたま体調をこわして式典に出席していなかったイスマーイールは、図らずも総督位の筆頭継承権者となった。

即位前のイスマーイールは必ずしも目立つ存在ではなかったが、即位後すぐに「アッバース・ヒルミー以降では最もムハンマド・アリーの英傑の血をひく」といわれたその本領を発揮する。イスマーイールはまず、祖父と父が軍事力で挑み、そして果たせなかったエジプトの実質的な独立を外交と経済力、端的にいえば「金の力」で実現しようとした。おりしも宗主国のオスマン帝国では「タンズィマート」（組織化、再編成）と呼ばれた総合的な近代化・改革運動を推進して、クリミア戦争でロシアの南下をまがりなりにも阻止したアブデュルメジト一世が三八歳の若さで死去し、帝位には異母弟で浪費癖があり、金銭に対する執着が強いアブデュルアジズ一世（在位一八六一～七六年）が即位していた。新スルタンとイスマーイールとは従兄弟同士（母親が姉妹関係）でもあった。

イスマーイールはアブデュルアジズ一世の心をたくみに掴んだ。スルタンならびにオスマン政府要路への巨額の裏献金と贈物、そして年間貢納金の増額によって、一八六七年六月八日にこれまでの

「総督」（ワーリー）に代わり、「副王」（ヘディーウ）の称号を得た。すでに、世襲制のエジプト総督の地位は、オスマン政府から期限を限って任命される帝国内の他の総督とは異なっていたが、このペルシャ語源の新しい称号（支配者ないしは王子の意）を得たことで、イスマーイールは他の総督より明確に上位の位置につくことができた。例えば、オスマン帝国の宮廷プロトコルでも、エジプト副王は臣下最高位の大宰相（サドラーザム）やイスラーム長官（シェイヒュル・イスラーム）と同格とみなされることになった。新しい称号は、エジプトとその支配者の国際的地位の向上にも貢献した。ちなみに、イスマーイール自身は当初、「高貴な」を意味する「アジズ」の称号を希望したが、これはスルタンの名前がアブデュルアジズ（アジズの奴僕の意）だったことから認められなかった。副王の称号は、一九一四年一二月一八日にエジプトが英国の保護領になるまで用いられた。これに先立ち、一八六六年三月二七日には「ムハンマド・アリー一族の男子のうち最年長者がエジプト・スーダン総督職を継ぐ」という従来の相続制度に代わり、イスマーイールの嗣子とその系統が副王職を相続することも認定された。それまでエジプトの支配圏外に置かれていたスーダンの紅海沿岸の重要な港湾都市、サワーキンとマッサワの世襲支配権も、この

即位後のイスマーイール

とき、あわせて認められた。

続いて、一八七三年六月八日には、再びアブデュルアジズ一世への巨額の献金と年間貢納金の倍増によって、実質的な国家主権にも相当する広範な自治権を認定された。認定された自治権のなかには、諸外国との非政治的な条約（通商・関税協定など）の締結権や法律の発布権、軍隊の自由な増強権なども含まれていた。一八四〇年の「ロンドン条約」でオスマン政府の事前承認を得ることとされていた海軍艦艇の建造についても、当時の最新鋭艦である甲鉄艦（鉄板で装甲された木造軍艦）を除いて自由に建造することが認められた。こうした宮廷工作は、コンスタンティノープルに常駐したアルメニア人の敏腕外交官、アブラハムが担った。アブラハムは個人的にもアブデュルアジズ一世と親しい間柄であった。

《不平等条約改正交渉》

ヨーロッパ列強との関係では、日本の明治政府も対応に苦慮した治外法権特権の弊害緩和に一定の成果をあげた。当時、エジプトでは宗主国のオスマン帝国がヨーロッパ諸国に与えた「キャピチュレーション」（capitulations）と呼ばれる治外法権特権のため、在留欧米人はエジプトの法律に従う必要はなく、それぞれの領事館（領事裁判所）において母国法で裁かれることになっていた。当然のことながら、エジプト人と欧米人との紛争の場合、エジプト人には著しく不利であり、また当時、エジプトにはキャピチュレーションを有する一四ヶ国の領事館があったため、一四の異なる法律が併存するという混乱を招いていた。

キャピチュレーションとは、そもそも一四五三年にオスマン帝国がイタリアの都市国家、ジェノヴァに与えた領事裁判権などを認める通商特権に端を発する制度で、当初は大国から小国に与える一種の「恩恵」として始まった。この制度には、外国商人への規制を撤廃することで、貿易、特に輸入を振興して関税収入を増大させるという現在のフリーゾーンに似た経済目的もあり（フリーゾーンの場合には主に輸出振興だが）、オスマン帝国はその後、フランスや英国、オランダなどにも同様の特権を認めた。近代になって、オスマン帝国とヨーロッパ諸国との力関係が逆転してからもキャピチュレーションは既得権益として継続され、次第に帝国領内のヨーロッパ人に治外法権特権を認める片務的な不平等条約に変質した。さらに、一九世紀に入ると、ヨーロッパ列強による帝国主義的な経済進出の有力な手段として活用されるようになり、帝国をその内部から蝕む癌となった。ムハンマド・アリーはキャピチュレーションの弊害を知っていたため、これを事実上、骨抜きにしていたが、一八四〇年の敗戦によってオスマン帝国の一属州としてその適用を公式に認めさせられた。そして、イスマーイールの代になると経済発展に伴い数多くの欧米人がエジプトに居留するようになり、欧米人同士、またエジプト人と欧米人との間の法律紛争が急増し、深刻な問題になっていた。正確な統計はないが、一八三〇年代半ばにおよそ三〇〇〇人だったエジプト在住欧米人は、一八七〇年代には八万人を超え、総人口のおよそ一・五％に達したとみられている。

イスマーイールは、前出のアルメニア人官僚政治家、ボゴス・ヌバール（一八二五〜九九年）の尽力で、一八六六年からフランス法にならって国内の法整備を進める一方、治外法権特権を有する各国

ボゴス・ヌバール

政府を説得し、一八七六年二月一日にエジプト人と欧米人の裁判官から構成される「混合裁判所」（Mixed Courts）を設立し、外国人が関与した紛争を一元的に審理するよう改めることに成功した。混合裁判所はカイロ、アレキサンドリア、そしてナイル川デルタ地帯の工業都市、マンスーラの三ヶ所に設置された。アレキサンドリアには控訴裁判所も設けられた。裁判官は当初、エジプト人二一人、欧米人二四人の計四五人で構成されていたが、エジプトの実質的な英国植民地化に伴い、次第に欧米人の比率が高まり、一九三〇年代には六九人のうち三分の二にあたる四六人が欧米人で占められるようになった。

混合裁判所制度については、「治外法権特権の廃止ではなく、事実上、列強の領事裁判権を一括する形で存続させた制度にすぎない」とする評価もある。たしかに、混合裁判所が設立されたのとまさしく同じ一八七六年にエジプトの財政が破綻し、ヨーロッパ債権国の行財政介入が始まったこと、そしてその六年後の一八八二年からは英国の実質的な植民地支配下に置かれるようになったこともあり、この制度は治外法権の弊害を改めるという所期の成果をあげるには至らなかった。また、本来、より重要であるはずの刑事裁判については、当初の合意にもかかわらず、一九一七年まで領事裁判所で審理された。さらに、混合裁判所設立に先立ってヨーロッパの資産法が導入された結果、土地を担保に金を借りる慣習が広まり、結果として特権階層や外国人を含む富裕層への土地の集中と貧富の格差の拡大を招くなどの弊害も生んだ。しかし、当時、エジプトが置かれた国際環境のなかではこれが最大限、実現可能な治外法権特権の弊害緩和措置であったこともまた事実である。

混合裁判所制度は、一九三七年五月八日締結の「モントルー条約」でエジプトのキャピチュレーションが廃止されるまで続き、裁判所自体は一二年の残務処理期間を経て、一九四九年に廃止された。なお、エジプトの混合裁判所制度は、同じように不平等条約の改正に努めていた明治期の日本でも注目され、多くの研究がなされた。のちに初の平民宰相となる原敬も一八八九年（明治二二）に『埃及混合裁判』という本を著している。一八八〇年代には、エジプトにならった混合裁判所制度の導入が検討されたが、ときの伊藤博文内閣（第一次）の農商務大臣でスリランカに流刑されていたオラービー革命の指導者アフマド・オラービーと会見した（後述）谷干城や、「日本近代法の父」と呼ばれる司法省のフランス人顧問ギュスターヴ・エミール・ボアソナード、エジプトを実地調査してボゴス・ヌバールから同制度の問題点を聴取した司法省官吏の長谷川喬などの反対もあって実現しなかった。ちなみに、日本が治外法権の撤廃に成功するのは（対英国）、エジプトが混合裁判所を設立してから一八年後の一八九四年（明治二七）のことである。

《領土拡張と奴隷交易》

イスマーイールの在位時期、欧米では奴隷制廃止の世論が高まっていた。一六世紀から一八世紀に

19世紀半ばのハルツーム

かけて英国、フランスをはじめとするヨーロッパ諸国は、西インド諸島やブラジルでの砂糖生産や北米での綿花・煙草生産の労働力にあてるため、多数の奴隷を西アフリカから「輸出」していた。奴隷貿易は死亡率の高さからリスクも大きかったが、逆に利潤も大きく、英国では産業革命の主たる資金源にもなっていた。しかし、一八世紀後半から英国の福音主義者による啓蒙運動やフランス革命などを契機に奴隷貿易に対する反対世論が強まり、一八〇七年に英国が「奴隷貿易廃止法」を制定したのをはじめに、デンマーク、オランダ、フランスなどが次々と奴隷貿易を禁止した。植民地に多くの奴隷を抱えていた英国とフランスは、その後、奴隷制そのものも廃止した。綿花生産などの労働力を奴隷に依存していた米国でも、南北戦争中の一八六三年一月一日にエイブラハム・リンカーン大統領が「奴隷解放宣言」を発布、戦争終結後の一八六五年一二月には憲法を修正して奴隷制を廃止していた。

これに対し、一八二〇年代以降、エジプトがその領域としていたスーダンは奴隷交易の主要ルートのひとつであり、青ナイルと白ナイルが合流する首邑、ハルツームはその交易センターとしての役割を果たしていた。このルートで売買される奴隷の数は年間およそ四万人から五万人にのぼり、少なくとも一万五〇〇〇人が交易に従事していた。前総督、サイードのときに奴隷交易を禁止する布告が出されていたが、スーダン総督をはじめエジプト政府関係者が交易から多大な利益を得ていたため、この布告は事実上、死文化していた（前述）。スーダン経由で交易されていた奴隷の境遇はアメリカ大陸に運ばれた奴隷ほど悲惨ではなかったものの、ヨーロッパ諸国に「文明国の一員」として認められることを目指していたイスマーイールにとって、自国領内に奴隷交易が存在していること自体が外交政策上の障害となっていた。むろん、サイードと違って現実主義者のイスマーイールはスーダン地域の経済が奴隷交易にかなりの程度依存していることは熟知していたが、少なくともヨーロッパ列強に対しては奴隷交易根絶に取り組んでいる姿勢を示す必要があった。

一方、奴隷交易ルートのあるナイル川上流地帯や赤道地帯はまだヨーロッパ列強が進出しておらず、一八四〇年の敗戦で多くの「海外領土」を失ったエジプトにとって新たな領土獲得の可能性を秘めた土地でもあった。当時、赤道アフリカ地帯では英国やフランスが西アフリカ沿岸の一部地域を、ポルトガルがアンゴラ、モザンビークなどを領有しているだけで、ヨーロッパ列強にとってはほとんど「無主地」だった。列強がベルリン西アフリカ会議で「アフリカ分割の原則」を定めて植民地化を本格化するのは、この一四～一五年後の一八八四～八五年以降のことである（一八七六年時点で植民地化された地域は、全アフリカの約一一％にすぎなかった）。

イスマーイールは奴隷交易の根絶、ないしは根絶に取り組んでいる姿勢を示すことによる国際的評価の獲得と領土拡大という一石二鳥を目指して、この地域への進出を図った。ここでもイスマーイールの手法は巧みだった。ヨーロッパ列強の警戒を招かないよう、遠征隊の指揮官には国際的に名の通ったヨーロッパ人をあてた。まず、白羽の矢が立てられたのは一八六四年三月一四日にアルバート湖を

ベイカー

「発見」して有名になっていた英国の探検家、サミュエル・ホワイト・ベイカー（一八二一～九三年）だった。一八六九年、スエズ運河開通式典に先立ってエジプトを訪問したエドワード英国皇太子夫妻に通訳として同行していたベイカーに対し、イスマーイールは四年間で四万スターリング・ポンドの俸給と「パシャ」の称号をもつ陸軍少将の地位、そしてほぼ無制限の費用という破格の条件を提示した。

一八七〇年二月八日、ベイカーは騎兵隊、砲兵隊を含む総勢一六五四人の遠征隊を率いて、ハルツームからナイル川を南に向けて出発した。途中、浮遊草塊が密集した水域、サッドを突破するのに難儀したが、翌一八七一年四月には現在のスーダン最南部にあったゴンドコロに到着し、同五月二六日には周辺の広大な地域を「エクアトリア」と命名してエジプトへの併合を宣言した。ゴンドコロはエジプト副王を記念して「イスマイリア」と改名された。そして、一八七二年五月一四日には現在のウガンダにあったブニョーロ王国のエジプト併合を宣言、同王国との抗争で一度は撤退を余儀なくされたものの、ウガンダ北部のファティコに恒久的な砦を築き、一八七三年に四年間の契約期間を終了して帰国した。ベイカーは、この間、奴隷交易の抑止にも力を尽くした。

ベイカーの帰国後、イスマーイールは同じ英国人で太平天国の乱（一八五一～六四年）で常勝軍

（ヨーロッパ人士官と中国人兵士からなる混成軍）を指揮して名を馳せたチャールズ・ジョージ・ゴードン（一八三三～八五年）を招いた。奴隷交易の根絶を「クリスチャンの使命」と考えていたゴードンは、ベイカーが受け取っていた年俸（一万スターリング・ポンド）を断り、二〇〇〇スターリング・ポンドのみを受け取った。こうした態度は、当時、拝金主義者に囲まれていたイスマーイールに強い感銘を与えた。ゴードンは、一八七四年から三年間の任期の間に白ナイル上流のファショダ（コドク）から赤道地帯に至るおよそ九六〇キロメートルの間に合計一二の砦を築き、エジプトの支配をほぼ確立させた。一八七六年にゴードンは職を辞するが、この廉直で有能な軍人を高く評価していたイスマーイールは、一八七七年一月に再び全スーダンの総督として招く。ゴードンはイスマーイールの退位後、この職も辞するが、一八八四年に今度は英国政府によってハルツームに派遣される。そして、翌一八八五年一月二五日、この地で悲劇的な最期をとげることになる（後述）。

イスマーイールは、さらに別の遠征軍を派遣して、ナイル川上流やソマリア沿岸方面に向けた領土拡大を図った。一八七〇年には、アデン湾岸のザイラを占領して、いわゆるアフリカの角《つの》の先端にあたるラアス・アシールまでの領有を宣言した。一八七四年には、奴隷・象牙の交易商でもあった有力者、ラハマ・ズベイル（一八三〇年～没年不明）の私兵を派遣し、現在のスーダン西部地帯にあったダール・フール・スルタン国を滅ぼし、その支配下に置いた。一八七五年には、エチオピア東部のハラールを併合する。だが、同じ一八七五年に英国人のマッキロップ退役海軍将校と米国人のシャイエ・ロン率いる遠征隊を派遣して試みたザンジバル領のキスマユ、バラワ、ラムなど東アフリカ沿岸地帯への進出が英国の駐ザンジバル領事、ジョン・カークの介入で阻止され、エチオピア方面への領土拡大も一八七五年一一月、一八七六年三月と二度にわたって国王ヨハネス四世（在位一八七一～八九年）率いる精強なエチオピア軍に阻まれ、領土拡大政策はここで行き詰まった。五〇〇〇人以上の死傷者を出したエチオピアでの惨憺たる敗戦は、エジプトの財政悪化の一因ともなった。

なお、イスマーイールは領土拡大に先立って軍の増強、近代化にも着手した。一時は「ロンドン条約」で定められた平時編成一万八〇〇〇人近くにまで縮小された軍は、およそ八万の兵力を持つまでに増強され、外国人軍事顧問の指導で近代的な参謀本部制度や士官養成制度などが導入された。ムハンマド・アリーの近代的常備軍創設の際にはセーヴなどナポレオン戦争に従軍したフランス軍人が貢献したのに対し、イスマーイールの軍の近代化には南北戦争に従軍した米国軍人が活躍した。一八七〇年代には、これら米国人軍事顧問の数は五四人に達した。なかでも、一八六八年に招かれた元北軍士官のチャールズ・ポメロイ・ストーン（一八二四～八七年）は、一八八二年にその職を辞するまでの一四年間、エジプト軍の要職を占め、上記参謀本部制度の導入や参謀将校養成のための陸軍大学の開設など、軍の近代化に多大な貢献を行った。現在でも、エジプト軍の士官養成制度は基本的にこのときストーンが導入した制度を踏襲している。

チャールズ・ポメロイ・ストーン

《欧化政策》

イスマーイールが国際的地位の向上や領土拡張と並んで、いやそれ以上にエネルギーを傾けたのは、かつて祖父と父が推進した近代化政策である。ただ、ムハンマド・アリーやイブラーヒームが、あくまでも富国強兵のための「手段」としてヨーロッパの先進技術の移入を進めたのに対し、イスマーイールはエジプトそのものを「アフリカではなくヨーロッパの一部にする」（イスマーイール）ことを目的に猛烈な勢いで各種インフラの建設を進めた。言い換えれば、ムハンマド・アリーとイブラーヒームの近代化政策が「和魂洋才」であったのに対し、イスマーイールは「脱亜入欧」を目指した。イスマーイールが在位中に実施した公共事業は、鉄道の延長（九一〇マイル）、橋梁の建設（四二九橋梁）、港湾の整備（アレキサンドリア、スエズ）、灯台の建設（一五ヶ所）、灌漑用水路の開削（一一二ヶ所、総延長八四〇〇マイル）、電信線の敷設（五一九〇マイル）、製糖工場の建設（六四工場）、学校の建設（四六三二校）、道路の建設（数千マイル）など莫大な数にのぼった。

直系の子孫ハサン・ハサン（一九二四〜二〇〇〇年）によると、イスマーイールは常に「人にはそれぞれ弱みや執着というものがある。自分の場合には、それは石とモルタルだ」と語るほど建築に熱心だったが、即位後はこの情熱を都市建設プロジェクトに傾け、首都カイロの大改造に乗り出した。湖を埋め立てたイズベキーヤ地区には、パリのリュ・ド・リヴォリをモデルに当時の国際的水準からみても最も進んだ計画都市が造られた。建設された新市街には、碁盤の目のようにまっすぐな道路に高さを揃えた最新デザインのビルが並び、アーケードや下水道、ガス灯なども備え付けられた（ガス灯

19世紀当時のアブディン宮殿（カイロ）

の設置はパリよりも早かった）。新市街の中央には、カフェや遊園地、コンサート会場、人工の滝などを持つフランス風の公園も造られた。イズベキーヤ地区の隣、アブディン地区には新しい欧風の王宮、アブディン宮殿（一八七四年完成、現在は大統領府保有）が建設された。この王宮は、イスマーイールが政治の中心をより開放的な場所に移すことを目的に一八六三年に着工したもので、完成までに一〇年以上の歳月を要した。新王宮の完成によって、シタデルはサラディン以来、七世紀近くにわたった支配者の居城としての歴史を終えた。また、一八二〇年代までは無人だったナイル川の中州のひとつゲジラ島が開発され、宮殿や動植物園などが造られた。一八七一年には全長四〇六メートル、幅一〇・五メートルの鉄製のカスル・エン・ニル橋（現在のタハリール橋）が架けられ、ゲジラ島とカイロ市街とがつなげられた。現在のイズベキーヤ地区やゲジラ島（ザマレク地区）は建物の老朽化が進み、アラブ風の混沌とした埃っぽい街並みに変わったが、依然として欧風の趣を残している。

イスマーイールはまた、国民の教育水準の向上にも情熱を注いだ。一八六八年には「教育基本法」を制定、四六〇〇以上の学校を新設するとともに、ヨーロッパ型の近代的教育制度を整備した。ムハンマド・アリー時代には理工科系に偏っていた高等教育を改め、新たに音楽学校や法律学校など文科・芸術系の高等教育機関を設けた。一八七二年には教員養成のための高等師範学校（ダール・アル・ウルーム、現在の国立カイロ大学教育学部の前身）を開設した。このとき、設立された法律学校はその後、高級官僚の登竜門となり、高等師範学校は文化・教育を担う多数の人材を輩出することになる。一八七三年には、イスマーイールの后によってエジプト初の女学校も開設された。アッバース・ヒルミー時代以来、中止されていたヨーロッパへの留学生派遣も再開され、およそ一七〇人の国費留学生が派遣された。国立図書館（ダール・アル・クトゥブ）やエジプト地理学協会をはじめ、様々な文化関連施設もイスマーイールによって開設された。国立図書館は、前出のアリー・ムバーラク（当時、教育大臣）の提言を受けて、イスマーイールが一八七〇年に開設したもので、当初はイスマーイールの弟でオスマン政府の教育大臣などを務めたムスタファ・ファーディル（一八三〇～七五年）の宮殿の一角にモスクや各種政府施設からコーランや手書の写本・稿本などが集められて収蔵された。一八七五年に設立されたエジプト地理学協会では、ナイル川上流地域の探査に来たヨーロッパの探検家や研究者などと提携して各種の調査・研究が行われたほか、フランス語を中心に多数の文献や地図が収集された。

19世紀当時のカスル・エン・ニル橋（カイロ）

政治制度面では、一八六六年一〇月に「名士代表諮問議会」が設立された。エジプトには、以前にもムハンマド・アリーが第一次シリア戦役に向けて国論の統一を図る目的から設立した諮問会議、「マジュリス・アッ・シューラ」があったが、イスマーイールが設立した新しい議会は公選によって議員が選ばれるという点で画期的なものだった。同議会は、全国の選挙区から選ばれた任期三年の七五人の議員から構成され、副王に対して内政面での答申を行う機能を担っていた。副王には同議会の解散、延期、休会を命じる権限があり、さらに議会の答申を受け入れるかどうかも副王の権限に属していた。その点では、副王専制の政治体制そのものには変わりはなく、しかも選挙権は都市や村落の有力者などごく一部の階層に限定されていたが、エジプト人を議会制度に習熟させるのに、この議会は大きな役割を果たした。ちなみに、現在のエジプトにも国会にあたる「人民議会（マジュリス・アッ・シャーブ）」（任期五年、四五四議席）のほかに立法権を持たない大統領の諮問機関として「シューラ評議会（マジュリス・アッ・シューラ）」（任期六年、二六四議席、うち三分の二が公選、三分の一は大統領による任命、一九八〇年一〇月開設）が設置されている。

《頂点：スエズ運河開通式典》

一八六九年一一月に行われたスエズ運河の開通式典は、こうしたイスマーイールの欧化政策の頂点をなしたイベントである。イスマーイールは、同式典を戦後日本の東京オリンピックや大阪万博のようにエジプトの発展を国際社会にアピールする絶好の機会としてとらえ、莫大な資金とエネルギーを投じた。新しく開発されたカイロのゲジラ島には、来賓のための迎賓館、アル・ゲジラ・パレスがわずか六ヶ月の突貫工事で建設された。ピラミッド訪問を希望していた主賓のフランス皇后、ウージェニーのためにカイロ市街とギーザを結ぶ直線道路（ピラミッド・ロード）がこれも三ヶ月の突貫工事で建設され、ピラミッドは多数のマグネシウム灯でライトアップされた。六〇〇〇人を招待する大宴席用に一万個の照明が用意され、フランスやイタリアなどから五〇〇人の料理人と一〇〇〇人を超える給仕が呼ばれた。

イスマーイールはまた、式典に華を添えるため、当時、ヨーロッパ最高の人気作曲家だったイタリアのジュゼッペ・ヴェルディ（一八一三〜一九〇一年）にオペラの作曲を依頼した。今日、世界四大オペラのひとつとされる「アイーダ」である。古代エジプト第二五、二六王朝を舞台にしたこのオペラの草稿は、エジプト考古学局長でエジプト博物館（現在のエジプト考古学博物館の前身）の初代館長を務めていたフランス人考古学者のオーギュスト・マリエット（一八二一〜八一年）が書いた。エジプト南部に居住していたクシュ人が紀元前八世紀にエジプトを征服して築いたのが第二五王朝で、アッシリア帝国によってその王朝が倒されたのちにエジプト人が再興したのが第二六王朝である。マリエットは、クシュの元王女アイーダとエジプトの将軍ラダメス、そしてエジプトの王女アムネリスを主人公にした悲恋の物語をわずか一晩のうちに

19世紀当時のオペラ・ハウス（カイロ）

スエズ運河開通式典（エジプト地理学協会蔵）

書きあげた。ヴェルディは当初、遠いアフリカの王侯からの要請を断るつもりだったが、親しい間柄だったフランス人オペラ台本作家のカミーユ・デュ・ロクルからマリエットの草稿を見せられて俄然、乗り気になったと伝えられている。草稿をもとにデュ・ロクルが台本を書き、イタリアの音楽評論家でオペラ台本作家のアントニオ・ギスランツォーニがイタリア語に翻訳、作曲が始められた。カイロの新市街、イズベキーヤ地区には、「アイーダ」の初演のため、イタリア人建築家のアフォスコーニとロッシーニの設計による八五〇人収容の木造のオペラ・ハウスがこれも六ヶ月の突貫工事で建設された。

現在でも開発途上国で開催される国際イベントには遅れや変更がつきものだが、一九世紀に開催されたスエズ運河開通式典は、開催間際になってポート・サイードに集積されていた花火が爆発したり、船の一隻が運河のなかで座礁するなどトラブルが続出したものの、一八六九年一一月一七日の朝、予定どおり開催された。最後のツルハシでビター湖を塞いでいた堰が切られ、地中海と紅海がつながると、ポート・サイード側からはウージェニー皇后が乗ったフランス皇室用ヨット「鷲号」を先頭に満艦飾に飾り立てられた世界各国の艦艇四八隻が南下、スエズ側からはエジプト海軍艦艇が北上し、中間地点のティムサーハ湖で合流した。招待客はここで湖畔の新しい街、その名もイスマイリアに上陸。続いて、六〇〇〇人が出席する大宴会が開催された。式典には、ウージェニー皇后のほか、オーストリア皇帝、フランツ・ヨーゼフ（在位一八四八〜一九一六年）をはじめとするヨーロッパ各国の王侯貴族や政府高官、実業家、マスコミ関係者などが多数、出席した。招待客のなかには、フランスの作家、エミール・ゾラ（一八四〇〜一九〇二年）やノルウェーの劇作家、ヘンリック・イプセン（一八二八〜一九〇六年）といった当代一流の文化人も多数含まれていた。式典の前後、招待客はピラミッドを訪ね、新しく建てられたオペラ・ハウスでオペラを鑑賞して、暖かい南国の秋を満喫した。もっとも、予定されていた「アイーダ」の初演は間に合わず、オペラ・ハウスの柿落としでは代わりに同じヴェルディの「リゴレット」（一八五一年作曲）が演奏された。まさに、これは二年前の一八六七年に開かれたパリ万博にも匹敵する当時最大の国際イベントであり、イスマーイールにとっては生涯最高の晴舞台だった。しかも、イスマーイールはこの大イベントをほとんどひとりで企画・立案し、指揮・遂行した。そのエネルギーと情熱には驚嘆するほかない。

現在のオペラ・ハウス（カイロ）

ちなみに、この式典のために建設された施設の多くは現在でも使用されている。来賓が宿泊したアル・ゲジラ・パレスは、イスマーイールの退位後、ホテルに転用されたり、シリア人資産家の手に渡るなどの遍歴を経たのち、国際的ホテル・チェーンのマリオット・グループに売却され、一九八二年からは客室数一二〇〇を数える中東最大級のファイブ・スター・ホテルとして営業している。ホテルのロビー棟には、スエズ運河開通式典の様子を描いた様々な絵画や二大来賓のウージェニー皇后とフランツ・ヨーゼフ皇帝の肖像画が飾られている。カイロ市街とギーザのピラミッドを結ぶ直線道路は、無秩序な都市開発の結果、ナイトクラブや中低級ホテルなどが建ち並ぶ味気のない通りに変わったものの、現在でも世界各国からの観光客がここを通ってピラミッドを訪れている。式典の二年後、一八七一年のクリスマス・イヴに「アイーダ」が初演されたオペラ・ハウスは、それからちょうど一〇〇年後の一九七一年に失火のため焼失したが、一九八八年に日本政府の援助でゲジラ島に総合教育・文化センターとして再建され、エジプトの音楽・芸術活動の中心となっている。

10 転落◎植民地化への道

《バブル崩壊》

イスマーイールの統治前期、エジプト経済は綿花等農産品輸出の拡大と無制限ともいえる外資の流入で空前の活況を呈した。カイロやアレキサンドリアには、ビジネス・チャンスを求めてヨーロッパ各地から数多くの企業家や投機家が集まった。一八七〇年代初めにカイロを訪ねた英国の作家で旅行家のウィリアム・ウィンウッド・リード（一八三八～七五年）は、次のように記している。

「カイロの街にはガス灯がともり、公園では毎晩、軍楽隊による演奏が行われている。ヴェルディのオペラ、アイーダが柿落としに初演されたすばらしいオペラ・ハウスもある。通りに沿ってパリ風の最新式のアパートが次々と建設されては、完成を待たずに借りられていく。カイロとハルツームの間には電信線が引かれており、鉄道も開通しようとしている。」（抄訳）

イスマーイール統治期のエジプトの対外借入（単位：スターリング・ポンド）

年	名目上の借入額	実際の借入額（比率）
1864年	5,704,200	4,864,063 (85.3%)
1865年	3,387,000	2,750,000 (81.2%)
1866年	3,000,000	2,640,000 (88.0%)
1867年	2,080,000	1,700,000 (81.7%)
1868年	11,890,000	7,193,334 (60.5%)
1870年	7,142,860	5,000,000 (69.9%)
1873年	32,000,000	19,973.658 (62.4%)
（合計）	65,204,060	44,121,055 (67.7%)

イスマーイール自身、「エジプトはもはやアフリカではない。ヨーロッパの一部である」と豪語した。しかし、その繁栄はきわめて脆い基盤の上に立っていた。

イスマーイールの即位当初、エジプトの積極拡大政策を支える経済力の背景となったのは、一八五〇年代のクリミア戦争（一八五三～五六年）と一八六〇年代の米国の南北戦争（一八六一～六五年）に伴う綿花ブームである。特に、一八六一年四月一二日に始まった南北戦争では世界最大の綿花産地である米国南部からヨーロッパへの供給が急減し、代替供給源としてエジプト綿に対する需要が急増した。一方的な売手市場で価格も急騰し、ヨーロッパ最大の綿花集散地だった英国のリバプール市場では平均品質の綿花の価格が一八六一年の一重量ポンド当たり七・五～八・〇ペンスから一八六四年には同三一・五ペンスにまで高騰した。クローチェリーによると、[*1] エジプトの綿花輸出量は一八六〇年の五〇万一四一五カンタールから一八六五年には二〇〇万一一六九カンタールへと約四倍に増加し、平均輸出価格も同期間に一二タラリ（リアル）[*2]から四五タラリへと、三・七五倍に上昇した。増大する取引に対応するため、一八六一年にはアレキサンドリアに世界で初めて綿花の先物取引所が開設された。[*3]

「綿花バブル」は一八六五年四月九日の南北戦争終結とともに終わりを告げ、エジプトの輸出収入も減少した。しかし、それにもかかわらずイスマーイールは積極財政路線を継続、その資金を主として海外の金融機関からの高利の借入でまかなおうとした。借入の利率は一件を除き、年利七％になっていたが、巨額の手数料を加えると、実際上の利率は多くが年利一〇％を超えていた。例えば、一八六八年に行われたオッペンハイムからの借入の場合、一一八九万スターリング・ポンドのうち、実に四割近いおよそ四七〇万スターリング・ポンドが銀行や仲介業者への「手数料」として差し引かれていた（前頁表）。そのかなりの部分が財務大臣はじめエジプト政府高官の懐に入ったことは想像に難くない。そして、借金の利払いのためにまた新たな借金を重ねるという自転車操業に陥り、債務の総額はみるみるうちに膨れ上がっていった。結局、イスマーイールの統治期間の一八六三年から一八七三年までに行われた海外の金融機関からの借入総額は、実に六五二〇万四〇六〇スターリング・ポンドにのぼった。これは、歳入がおよそ八〇〇万スターリング・ポンド（後述する英国のエジプト財政調査団、ケイヴ・ミッションが把握した数値）の財政にとって、とうてい担いきれない負担であった。

海外の金融機関ばかりでなく、イスマーイールは国債を発行して国内からも半ば強制的な借入を行う一方、税率を次々と引き上げていった。農民には地租や人頭税のほか、家屋やデーツ（なつめや

＊1―― A.E. Crouchley : *The Economic Development of Modern Egypt* (Cairo,1938) p263
＊2―― 一タラリ（リアル）は五分の一エジプト・ポンド（二〇ピアストル）。
＊3―― アレキサンドリアの綿花先物取引所の開設は、ニューヨーク綿花取引所の開設よりも九年早く、リバプール綿花取引所の開設よりも一二年早かった。

し）の木、塩、家畜などを対象に新たな税が課せられた。相次ぐ増税は、農村を疲弊させ、経済活動を萎縮させた。イスマーイールはまた、土地や建物など不動産の購入に異常なほどの熱意を燃やし、すでに即位前の時点で三万フェッダンの農地を所有していた。即位後は、こうした傾向に一層、拍車がかかり、最終的には全国の農地のおよそ二割を所有するに至った。当時のエジプトの財政制度では、国家財政と宮廷経費ないしは副王の個人的な支出の区別はなく、イスマーイールの不動産取得経費は実質的に国庫からまかなわれた。絶対君主制のもとでは、こうした財政紊乱《びんらん》を規制するすべはなかった。一八四〇年の敗戦で、専売制が廃止され、関税が低率に抑えられた結果、エジプト政府はその歳入の多くを地租に依存していたが、実際上、課税が不可能な副王所有地の急増は財政をさらに圧迫する要因となった。

また、一九世紀半ば、エジプトでも商品・貨幣経済が浸透し、先々代のアッバース・ヒルミーの時代から納税方法も収穫物による物納から次第に金納に代えられてきていた。このため、鞭など暴力的手段によって定められた期間までの納税を強制される農民は、現金調達のため、高利貸などからの借金に依存するようになっていった。相次ぐ増税は、税金や借金を払えずに土地を手放す農民を増やす一方で、「ザワート」と呼ばれる副王家につながる特権階級や村落有力者、高利貸、外国人など富裕層への土地の集中を招いた。一八七一年には、債務返済資金調達の窮余の一策として、「六年分の地租を前払いした者には以降、地租を半額にし、あわせてその土地の完全な所有権を与える」という「ムカーバラ税法」が導入された。「天下の悪法」と呼ばれたこの新税法導入によって、資産力のある富裕層と一般農民との格差がさらに拡大し、土地の集中に一層、拍車がかかった。さらに、新しく生まれたこれら大地主階層は、その政治的、経済的な影響力を駆使して合法的ないしは非合法な手段で徴税を逃れようと努めた。こうして、税収が落ち込むと、政府はさらに増税を繰り返すという悪循環に陥り、エジプトの財政は破綻への道を突き進んでいくことになる。

《財政破綻》

一八七五年秋、ヨーロッパの投資家の間で密かに囁かれていたエジプトの財政危機が次々と表面化し、イスマーイールは急速に転落の道を辿る。それは、「オスマン政府は、一八七六年一月一日から向こう五年間、現金による公債の利払いを半分にして、残る半分を五パーセントの利子割増の公債証券で支払うことを決定した」と報じる英紙『タイムズ』の記事（一八七五年一〇月五日付）から始まった。オスマン帝国は、奇しくもエジプトがレセップスにスエズ運河の開削権を与えた一八五四年にクリミア戦争の戦費を調達すべく初の外債を発行したが、短期間で英国、フランスに次ぐ規模の大艦隊（総トン数ベース）を建設するなどの無理な財政運営がたたり、莫大な対外債務を抱えるに至っていた。実質的な債務不履行宣言にも等しいこの知らせにロンドンの金融市場はパニックに陥り、ヨーロッパの投資家の間ではオスマン帝国と一体と思われていたエジプト政府の公債も暴落した。

同一一月一六日、債務の利払いに行き詰まったイスマーイールは返済資金調達のため、国際スエズ運河株式会社のエジプト政府持株（一七万六六〇二株）を三九七万六五八三スターリング・ポンドで英国政府に売却した。運河会社株式の購入が国益に与える影響を重大視した当時の英国首相、ベンジャミン・ディズレーリ（一八〇四〜八一年）が独断で購入を即決したことはよく知られている。議会の事前承認を得る余裕がなかったため、購入資金はディズレーリの友人の金融資本家、ライオネル・ロスチャイルド（一八〇八〜七九年）からの借入でまかなわれた。運河開削でライバルのフランスに出遅れていた英国政府は、これで一転、運河会社の筆頭株主となった（フランスの方が持株比率は高かったが、その株式は多数の株主に分散していた）。歴代の英国首相のなかで最もヴィクトリア女王に好まれていたディズレーリは、この日、女王に「陛下、これで運河はあなたのものです」と報告した。英国の風刺雑誌『パンチ』には、スフィンクスの前で「インドの鍵＝スエズ運河」と書かれた大きな鍵を手にして、ほくそ笑むディズレーリの風刺画が掲載された。他方、エジプトにとってこの売却は多大な費用と労力を投じて建設した運河経営への発言権を喪失させた*ばかりか、英国による植民地化の端緒ともなった。

狂い出した歯車は止まらない。運河会社株式の売却はエジプトの財政危機を印象付け、一八七五年末までにエジプト公債の価格はさらに三割下落した。イスマーイールは、市場の不安を沈静化する目的で英国政府に財政顧問の派遣を依頼する。英国側は当初、躊躇したが、国内の投資家の危惧を考慮して、ひとまずエジプトの財政状況を調べるため、財務閣僚のスティーブン・ケイヴ（一八二〇〜八〇年）を団長とする調査団、ケイヴ・ミッションを派遣することを決定した。財政調査団の派遣は、イスマーイールの意図とは全くかけ離れたものであったが、これを拒否することは市場の不信感を増幅することになる。結局、イスマーイールは調査団の受け入れに同意した。一八七五年一二月から約三ヶ月にわたって行われた調査の結果、ケイヴ・ミッションが明らかにしたエジプトの財政状況はまさに悲惨なものであった。一八六四年から一八七五年までの歳入が九四二八万一四〇一スターリング・ポンドであったにもかかわらず、イスマーイールは総額で一億四八二一万五〇四七スターリング・ポンドを支出し、一八七六年初め時点での累積債務残高は七七五七万五六八七スターリング・ポンドに達していた。

ケイヴ・ミッションの帰国後、投資家の間ではその調査結果について様々な噂が飛び交った。一八七六年三月二五日、英国下院で調査結果について質問されたディズレーリ首相は、「エジプト副王の事前合意が必要」との理由で公表を拒否した。投資家は疑心暗鬼になり、エジプト公債の価格はさらに暴落した。結局、イスマーイールは市場の沈静化のため公表に同意、同四月三日、調査結果は公表された。調査結果は投資家の予想の範囲内であったにもかかわらず、市場はより一層、混乱した。五日後の四月八日、ついにイスマーイールは実質的な債務不履行に陥った。エジプトの財政は破綻した。これによって以降、エジプトの財政はヨーロッパ主要債権国の代表から構成される「公債整理委員会」（一八七六年五月二日設立）の管理下に置かれることとなった。公債整理委員会は、英国、フランス、イタリア、オーストリアの四ヶ国の代表から構成されていたが（一八八五年からはドイツとロシアも参加）、実際には二大債権国である英国とフランスの代表が財政管理にあたった。そのため、この

*——ただし、経済的観点からみると、この時点では運河会社の株式は何ら配当をもたらしていなかった。イスマーイールは、エジプト政府に収益の一五％を配分するという利権には手をつけなかった。この利権が八八万スターリング・ポンドというほとんど捨値同然の価格でフランスの金融団体に売却されるのは、イスマーイールが廃位されたあとの一八八〇年三月のことである。

管理体制は（英仏）「二元管理」（Dual Control）と呼ばれた。

《揺らぐ政権基盤》

イスマーイールは、債権国相互の利害対立を利用して債務危機を乗り切れると見込んでいた。それには裏付けもあった。エジプトと同様に一八七五年に財政が破綻したオスマン帝国に対し、ヨーロッパ債権国は相互不信から統一した行動をとっていなかったのである（債権国によって「オスマン債務管理委員会」が設立されるのは、六年後の一八八一年のことである）。しかし、イスマーイールの期待は裏切られた。英仏両国をはじめ債権国は、エジプトからの債権回収については一致して臨んだ。

財政破綻と並行して、それまで盤石とみられていたイスマーイールの権力基盤にも次々とほころびが出始める。発端は、財務大臣、イスマーイール・シッディーク（一八二一～七六年）の突然の死去だった。一八七六年一一月一〇日、シッディークは地方での反政府騒擾を煽動した容疑で逮捕、即決裁判でスーダンのドンゴラへの流刑を宣告されたあと、不可解な状況のなかで死亡した。公式の死因は過労による自然死とされたが、状況証拠からみても他殺であることは明らかだった。放漫財政の実態を知られることを恐れた副王イスマーイールが口封じのため殺害したとも噂されたが、臣下に寛容すぎるのが欠点といわれたイスマーイールの性格からみてそれは考えにくく、むしろ君主の意を誤って忖度《そんたく》した一部警察官僚が暴走したか、ないしは弱みを握られていた何者かが手を回したものとみられている。

これまでも何度か触れたとおり、当時のエジプトの政権上層部にいるアラブ系エジプト人の数はごく限られていた。その限られたアラブ系高級官僚も宗教指導者や村落有力者の子弟など上流階級の出身者が占めており、いずれも国内、ないしはヨーロッパで高等教育を受けていた。アラブ系エジプト人で初めて大臣の地位にのぼった前出のアリー・ムバーラク（村落有力者の家系の出身でカイロの高等工業専門学校、フランスの理工科学校、メッツ砲兵士官学校を卒業）などがその典型である。貧しい農家の出身で、正規の教育をいっさい受けていないシッディークは、二重三重の意味で希有な存在だった。シッディークが権力の階段を昇るきっかけは、母親がイスマーイールの乳母を務めたことから始まった。イスマーイールは乳兄弟として育ったシッディークを信頼し、即位後は副王所領地の監督官をはじめとして、次々と要職に取り立てていった。養女をその長男、ムスタファに嫁がせ、縁戚関係さえ結んだ。シッディーク自身は副王の父、イブラーヒームのもとで働いていた女性と結婚していた。

イスマーイール・シッディーク

シッディークはアラビア語以外全く理解できず、教養もなかった。だが、ものごとの本質をとらえる勘や理解力に優れていたらしく、ヨーロッパの金融機関との借款交渉でも国際金融に関する知識をいっさい持っていなかったにもかかわらず、たちどころに交渉の要点を把握したといわれている。官僚を統御することにも長けており、自身の専門知識の不足はアラブ系エジプト人が主流を占める中堅官僚のなかから適切な専門家を登用することで補った。こうした能力に加え、副王との個人的な信頼関係、そして長らく監察総監として構築してきた官僚機構内での影響力や貯えてきた莫大な資産を背景に、のちに「小副王」と称されるほど絶大な権力を握るようになる。下エジプト（エジプト北部）の行財政監督官、監察総監、内務大臣、財務大臣など一貫して、財政、または歳入の大本である地方の行財政監督を取り仕切り、副王の金庫番として辣腕を振るった。財政破綻後は君主の意を受けてヨーロッパ債権国の財政介入に強く抵抗していた。

シッディークはその権力が主として副王との個人的な関係に依拠していたこともあり、政権内で副王専制支配を擁護する勢力を代表していた。この勢力は従来、官僚機構のなかで最大の派閥を構成しており、イスマーイールの主たる権力基盤でもあった。債権国の介入に対する防波堤となっていた「小副王」の突然の死はヨーロッパ列強の影響力の強さを見せつける結果となり、政権内で大きな反動を生んだ。死後、まもなく副王府（前の総督官房）の要職にあった長男、ムスタファをはじめ追随者の多くが地位を追われた。そして、逆にヨーロッパ列強の力を借りて副王専制支配を是正しようとする官僚グループの力が強くなっていった。こうした官僚の多くは、かつてはイスマーイールの近代化政策を支えてきたいわば改革派で、その代表的な人物が前出のボゴス・ヌバールである。

ボゴス・ヌバールの経歴は、全ての面でシッディークと好対照をなしている。エーゲ海岸の港町、スミルナ出身のアルメニア人で、スイスやフランスなどで高等教育を受けたあと、一八四二年に当時、ムハンマド・アリー政権の外務・通商大臣を務めていた伯父、ボゴス・ユスフィアンに招かれて、エジプトに渡った。イブラーヒームやアッバース・ヒルミーの通訳官などを経て、公共事業、鉄道・通信、外務・通商などの各大臣を歴任。この間、さきに触れた条約改正やオスマン政府との自治権拡大のための交渉、さらには国内の法整備などに辣腕を振るったほか、海外からの借款交渉にも従事した。フランス語、ドイツ語、イタリア語をはじめヨーロッパのほとんど全ての主要な言語を流暢にあやつり、その国際知識の豊富さはエジプトの政治家、官僚のなかでは群を抜いていた。フランス国王、ルイ・フィリップをはじめボゴス・ヌバールに接したヨーロッパの政治家や外交官は、ほぼ例外なくその能力や識見を高く評価した。『近代エジプトの興隆』（一九九四年）を著した英国人のジョージ・アンズレーは、「一九世紀エジプトが生んだ最も偉大な政治家」とさえ評している。

しかしながら、日本でも海外通の知識人などに時折みられる一種の対内ヒステリー気質を持っており、強制労役や鞭を使った徴税に代表されるようなエジプトに色濃く残る前近代的な要素がどうにも我慢できなかったようである。それが、個人としての政治的野心や国家近代化の理想と入り交じり、のちに執拗なまでの副王批判に発展する。一八七五年一二月にケイヴ・ミッションが来埃した際には、自ら団長のケイヴを訪ねてエジプト財政の惨状とそれが副王の失政によってもたらされたことを訴えた。イスマーイールの不興を買って、翌一八七六年一月五日に外務・通商大臣の地位を追われてからは、ヨーロッパ各国の有力者を訪ねては「エジプトの財政破綻の主因は副王の不正蓄財にある」として副王批判を繰り返した。ヨーロッパのマスコミを活用して、反イスマーイールの世論喚起すら行った。一方、君主の不正蓄財を非難しながら、自らは職権を利用して莫大な私財を貯えていた。例えば、ヨーロッパの金融機関からも密かに多額のコミッションを受け取っていたといわれている。この点だけはシッディークと共通している。伯父のボゴス・ユスフィアンが長年、要職にありながら常に清貧を保ったのとは対照的である。ボゴス・ユスフィアンが王朝の勃興に貢献したのに対し、甥は結果的にその没落に大きな役割を果たすことになる。

政権内での批判勢力の台頭に加え、イスマーイールは次第に在野世論からの批判にもさらされるようになった。イスマーイールは、世論を喚起してヨーロッパ債権国の介入を阻止する目的で、新聞の発行を奨励、支援したが、皮肉なことにこれらの新聞はヨーロッパ債権国への批判に加えて、間接的ながら副王の専制批判をも展開するようになっていった。イスマーイールによって副王位継承権を奪われた一歳年下の叔父、ムハンマド・アブドゥルハリームもイタリア系ユダヤ人のジャーナリスト、ヤコブ・サヌァ（一八三九～一九一二年）が発行していた『アブー・ナッダーラ・ザルカ』を通じて活発な反イスマーイール論陣を展開した（ちなみに、この『アブー・ナッダーラ・ザルカ』はエジプトで初めて漫画を掲載した新聞でもある）。

《ヨーロッパ内閣》

「小副王」、イスマーイール・シッディークの排除にもかかわらず、公債整理委員会の債務返済資金の調達は、はかばかしく進まなかった。ナイル川の水位不足や家畜疫病の蔓延による農作物の不作で税収が落ち込んだうえに、露土戦争（一八七七～七八年）への派兵で歳出がかさみ、財政はさらに悪化した。鉄道収益や関税収入なども予想を大幅に下回った。こうして債務返済が危うくなると、債権国の間でそれまで公債整理委員会の管理外に置かれていた副王一族の資産も管理下に置くべきであるとする意見が強くなっていった。そして、一八七八年四月四日、エジプトの財政状況を再度、調査するための委員会、「エジプト財政高等調査委員会」が設立された。同委員会はエジプトの歳入のみならず歳出まで調査することとなった。イスマーイールは財政の実態が明らかにされることを恐れ、歳出面の調査には強く抵抗したが、債権国、とりわけ英国からの圧力には抗しきれなかった。それでも、最初は同委員会の首班に「生涯の友」と呼んでいたスーダン総督のゴードンを据えることで事態を乗り切ることを試みた。しかし、そもそも理想主義的な軍人であるゴードンは財政や金融に全く疎いばかりか、その能力もなく、すぐに職を辞して、ハルツームに戻った。後任には、エジプトの財政破綻の素因をつくったレセップスが就いたが、これもまもなくエジプトを離れ、結局、公債整理委員会の英国代表のチャールズ・リバース・ウィルソン（一八三一～一九一六年）が委員長に就任した。

エジプト財政高等調査委員会の調査で、これまで公表されなかったさらなる債務の存在が次々と明らかにされると、債権国は次第に財政破綻を招いたイスマーイールの専制に代わる「開かれた政体」への移管を求めるようになっていった。債権国の介入は、ついに財政のみならず政治の根幹にまで及んだのである。ここで、イスマーイールは再び大きな過ちを犯した。窮状を打開するため、よりによってヨーロッパ亡命中のボゴス・ヌバールの帰国を求めたのである。たしかに、ボゴス・ヌバールは過去、幾度も重要な外交交渉を成功させた実績があり、債権国の受けが最もいい政治家でもあった。しかし、その心は完全にイスマーイールから離れていたばかりか、債権国の協力で副王専制支配体制を覆すことさえ画策していた。

ボゴス・ヌバールは、再び解任されることがないこと、旧知の間柄であるチャールズ・リバース・

ウィルソンを財務大臣に据えることなどを条件に一八七八年八月一五日に帰国した。イスマーイールはボゴス・ヌバールに自分の主張に沿って債権国との交渉を行うことを望んでいたが、当然ながらその期待は裏切られた。ボゴス・ヌバールは、逆にイスマーイールの権限委譲と資産の国庫返納を主張した。一週間後の八月二二日、万策尽きたイスマーイールはついに債権国の要求に全面的に従って、副王資産を国庫に返納すること、政治体制を改め、新たに内閣に相当する「閣僚評議会」を組織することを認めた。そして、同八月二八日、ボゴス・ヌバールに組閣を委嘱した。

ボゴス・ヌバールは、ウィルソンを入閣させることで副王の介入を阻止し、真に独立した責任内閣を組閣することを望んでいた。しかし、その期待は甘かった。ウィルソンの入閣は、ヨーロッパ列強によるより直接的な政治介入という「パンドラの箱」を開ける結果となった。英国の影響力が突出することを嫌ったフランス、そしてイタリアも同様に自国人の閣僚の入閣を要求してきたのである。さらに、フランスが公共事業大臣のポストを要求すると、今度は英国とフランスとの間で両大臣の所管事項、すなわち鉄道や税関、アレキサンドリア港などといった収益の大きい事業を財務大臣と公共事業大臣のどちらが管轄するのかを巡って対立が始まった。組閣人事は完全にボゴス・ヌバールの手を離れ、ロンドン、パリ、ローマの間で協議されるようになってしまった。三ヶ月にわたる債権国間の交渉の結果、ようやく組閣は完了した。結局、エジプト財政高等調査委員会に名を連ねていた英国人のウィルソンが財務大臣として、フランス人のエルネスト・ガブリエル・ド・ブリニエール（一八三四〜一九〇〇年）が公共事業大臣として入閣した。「ヨーロッパ内閣」の誕生である。エジプトの歳入は英国人に、そして歳出はフランス人に直接、管理されることになったのである。（イタリアは閣僚ポストこそ得なかったものの、公債整理委員のバラヴェリィが会計検査院長官に就任した。）

公債整理委員会は、エジプトの歳入の実に六割以上を債務返済にあてた。この重圧下、農民は重税にあえぎ、アラブ系エジプト人が多くを占めるようになっていた軍の中下級士官や中堅以下の官僚は給与削減や支払遅延に不満を強めた。他方、債権国から派遣されていたヨーロッパ人の姿勢はまさにダブル・スタンダード（二重基準）の典型で、エジプト政府や国民に厳しい負担を強いながら、その国庫から法外な給与を得ていた。例えば、ヨーロッパ人閣僚の給与は首班であるボゴス・ヌバールの倍だった。また、エジプト人の官僚、軍人を解雇、休職や給与遅配に追い込みながら、鉄道や税関など各機関に新たに高給でしかも経験不十分なヨーロッパ人スタッフを多数、配置していった。

《廃　位》

ヨーロッパ債権国への反感はエジプト社会の各層に浸透し、次第に沸騰点に向かう。エジプト社会で「ザワート」と呼ばれる特権階層を構成していた副王家につながるトルコ・チェルケス系の高級官僚やアラブ系の地方名士などは、ヨーロッパ内閣による政治・財政改革でそれまで保持していた政治・経済的な特権を喪失することを恐れた。農民は貧困と飢えに苦しみ、高利貸からの借金で土地を手放すものが相次いだ。イスマーイールの統治末期、土地を持たない農民は農村人口の約三分の一を占め、農民が失った農地の面積は三〇万フェッダンにのぼったとみられている。将来の税収を担保にとった外国金融機関の代理人による過酷な徴税や高利貸（多くはギリシャ人などが占めた）による強引

鞭を使った過酷な徴税

な取り立ては、ヨーロッパ人に対する草の根レベルでの反感を増幅した。他方、イスマーイールの欧化政策でヨーロッパの民族主義思想に触れていた知識層の間では、「エジプト人のためのエジプト」を求める民族運動が盛り上がり、エジプト初の民族主義結社であるワタン党が結成された。こうした社会各層の不満を背景に、イスマーイールは失いかけていた支配権の回復を図る。

一八七九年二月一八日、首都カイロは不穏な空気に包まれていた。月初めにヨーロッパ内閣が歳出削減のため決定した休職・解雇処分などに憤慨した軍士官およそ二五〇〇人が前日から抗議デモを展開していたのである。この日の朝、デモ隊はちょうど登庁の途上だったボゴス・ヌバールとウィルソンの馬車を襲い、両者を財務省に監禁した。このデモが副王イスマーイールによって企図、煽動されたものであったのかどうかは不明だが、イスマーイールはまさに絶妙のタイミングで現場に現れて、デモ隊を解散させた。そして、翌一九日、各債権国の領事に対して、「ボゴス・ヌバールが首班である限り、国内の治安には責任が持てない」旨、通告した。ボゴス・ヌバールは抵抗したが、治安悪化による債権回収の滞りを懸念した英仏両国の領事から支持を得られず、結局、その日のうちに辞任を余儀なくされた。イスマーイールは後任に嗣子のムハンマド・タウフィーク（一八五二～九二年）を任命した。ウィルソンとド・ブリニエールは留任した。

「逆クーデター」は、成功したかにみえた。しかし、イスマーイールはさらにもう一歩を踏み出す。これが致命的な過ちとなった。一八七九年四月七日、ヨーロッパ内閣に対する国内の不満が深刻化していることを理由にウィルソンとド・ブリニエールを解任し、副王家に終始、忠実だったトルコ・チェルケス系の官僚政治家、ムハンマド・シェリフ（一八二六～八七年、前出とは別の人物）を首班とする新内閣を組閣することを発表したのである。これに対する英仏両国の対応は徹底していた。両国は、同六月一九日、イスマーイールに退位を迫る一方、他の列強とともにオスマン政府にイスマーイールを廃位するよう要求した。イスマーイールは、宗主国からの支援に最後の期待をかける。だが、かつてその心を掴んでいたアブデュルアジズ一世は財政破綻の責任を問われてすでに廃位されており、帝位にはアブデュルメジト一世の子で、のちに専制政治を布くことになるアブデュルハミト二世（在位一八七六～一九〇九年）が就いていた。しかも、副王一族のなかで最大の批判勢力である叔父のムハンマド・アブドゥルハリームは、オスマン政府に頻繁に出入りしてはイスマーイールの廃位と自身の副王位任命を働きかけていた。

　一週間後の六月二六日、イスマーイールは帝都から一通の電報を受け取った。封を開くまでもな

ムハンマド・シェリフ

晩年のイスマーイール

かった。宛先は「前副王イスマーイール・パシャ宛」と書かれていた。多大な努力を払って得た副王の地位を一片の紙切れで追われたイスマーイールは抵抗を諦め、六月三〇日、イタリアに亡命すべく、カイロからアレキサンドリアに向かった。カイロ駅には知らせを伝え聞いた多数の群集がつめかけた。イスマーイールは汽車に乗る前に国民に短い別れの挨拶を行った。現場に立ち会った英国人が残している記録によると、その光景はきわめて感動的で群集は皆、一様に目に涙を浮かべていたという。イスマーイールに終始、批判的だったのちの駐エジプト英国総領事兼代表、クローマー卿（イーヴリン・ベアリング、一八四一～一九一七年）ですら、「イスマーイール・パシャの統治は悪かった。だが、少なくともその最後は威厳に満ちたものだった」と記している。厳しい夏の日差しが和らいだその日の夕刻、イスマーイールはかつてその名を世界に知らしめた歴史的イベント、スエズ運河開通式典の際に搭乗した「マフルーサ号」に乗って、イタリアに亡命した。

イスマーイールは当初、イタリアのウンベルト国王（一世、在位一八七八～一九〇〇年）の招きでナポリに滞在したが、のちにコンスタンティノープルに居を移した。そして、一八九五年三月二日、その近代化に情熱を傾けたエジプトの地を再び踏むことなく、失意のまま世を去った。享年六五。叔父のサイードと同様、その名はスエズ運河中間地点にある街の名前、イスマイリアとして残っている。イスマーイールの没落に結果的に大きな役割を果たしたボゴス・ヌバールは、次の副王、タウフィーク（在位一八七九～九二年）、さらにその次の副王、アッバース・ヒルミー二世（在位一八九二～一九一四年）の治世でも首相を務め、一八九四年に政界を引退した。この間、長年、エジプトの前近代性の象徴とみなされていた強制労役の廃止などに貢献した。引退後はオスマン帝国内におけるアルメニア人の権利擁護などに取り組み、一八九九年一月一三日、七四歳で世を去った。

《イスマーイールの功罪》

ムハンマド・アリー朝の歴代君主のうち、イスマーイールほどその評価が分かれている人物はいない。イスマーイールの廃位後、四半世紀にわたってエジプトを統治したクローマー卿は「エジプト破滅の元凶」（『近代エジプト』一九〇八年）と断じ、同じく一八九〇年から一八九二年にかけて財務次官としてエジプト統治に携わったのちの英国の植民大臣、アルフレッド・ミルナー（ミルナー卿、一八五四～一九二五年）はその治世を「浪費と圧制のカーニバル」（『エジプトにおける英国』一八九二年）と酷評している。ただ、クローマー卿にしてもミルナーにしてもイスマーイールの治世を否定するところからそのエジプト統治を始めたことに留意する必要がある。これに対し、直接の利害関係が薄かった米国の駐エジプト総領事、エドウィン・ド・レオンは「すばらしい働き手」と評し、イスマーイール在位時にエジプトを訪ねた英国人の作家、ウィリアム・ウィンウッド・リードは「驚くべき知性と精力の持ち主」と評している。また、フランス人と似て総じて華やかなものを好む傾向にあるエジプト人の間でもその評価は概して悪くない。国立図書館やメナハウス（現オベロイ・ホテル）などイスマーイールが建てた各種施設には、今でも誇らしげにその銅像が飾られているほどである。

たしかに、クローマー卿やミルナーの指摘どおりイスマーイールは放漫財政によって国を誤らせた。しかし、当時の世界においてなにもエジプトのみが外債に依存したわけではない。一八六〇年代から一八七〇年代にかけては、英国やフランスなど先進工業国における余剰資本の蓄積に伴い、国際的な資本移動が活発になった時期で、ロシアやオーストリア、中南米諸国、そして米国もこぞってインフラ整備などの資金を外債に頼った（例えば、一九世紀に膨大な借入をしてインフラ整備を行った米国は一九一四年まで世界最大の債務国だった）。また、イスマーイールの投資は一般にその批判者が評しているような浪費ではなく、綿花バブル崩壊後の外貨獲得源として需給状況を考慮することなく進め、惨憺たる失敗に終わった製糖工場の建設などを除いて、むしろそのほとんどは必要、かつ有効なものだった。例えば、ムハンマド・アリーの統治期に三割以上拡大した耕作地面積は、イスマーイールの灌漑政策でさらに二割増加した。港湾設備も近代化され、全国各地が鉄道や電信で結ばれた。一八八〇年代時点でのエジプトの鉄道システムは、世界でも有数の効率的なものであったといわれている。カイロ・アメリカン大学のマイケル・レイマー教授は、「英国は常にエジプトの財政を建て直したことを植民地統治の最大の功績としていたが、実はその成功はイスマーイールが築き上げたインフラに多くを依存していた」とさえ言っている。

イスマーイール統治期のエジプトの発展

	1862年	1879年
人口	488万3000人	551万8000人
運河・灌漑設備	4万4000マイル	5万5180マイル
電信	630マイル	5820マイル
鉄道	275マイル	1185マイル
学校（公立）	185校	4817校

出所：Pierre Crabitès: *Ismail, the Maligned Khedive*（London, 1933）

イスマーイールの近代化政策が特に教育・文化・思想面でその後、エジプトがアラブ世界をリードする基盤を築いたのもまた事実である。ムハンマド・アリーは近代化政策を支えるごく限られたエリート層への高等教育に力を注いだが、イスマーイールは在位中に四六〇〇以上の各種学校を新設するなど国民全般の教育水準の向上に尽力した。国立図書館や高等師範学校、エジプト地理学協会をはじめイスマーイールが設立した文化・教育施設は現在でも活動を続けている。また、イスマーイールはヨーロッパ債権国の介入に対する反対世論を喚起するため、新聞の発行を奨励、支援したが、これはエジプトがその後、アラブ世界における言論・出版活動の中心になるきっかけをつくった。例えば、一八七六年にレバノンから亡命したビシャラ・タクラ（一八五二～一九〇一年）、サリーム・タクラ（一八四九～九二年）の兄弟が発行した『アル・アハラム』紙（当初は週刊、のちに日刊）は、その後、民族主義を唱える代表的な新聞となり、第一次世界大戦後には当時最大の発行部数（四万部）を数えるに至った。現在では発行部数一〇〇万部を超える（同紙発表値）アラブ世界の代表紙に成長している。

ただし、その産業政策には問題も多かった。イスマーイールはその統治期、一貫して外貨獲得につながる綿花の栽培を奨励した。統治末期の一八七〇年代後半には耕地面積の一割以上が綿花の栽培に割り当てられ、綿花・綿実の輸出額は総輸出額の七割から八割を占めるに至った。こうした特定の農産品に特化した産業育成策は、一次産品の国際市場価格に左右される脆弱な経済構造、換言すれば綿花モノカルチャー経済をもたらした。また、綿花価格の高騰に伴って農地の評価額が上がったこと、債務返済資金の調達のために相次いで税率が引き上げられたことなどによって、前述したとおり税を払えずに農地を手放す農民が相次ぐ一方で、富裕層への農地の集中が進んだ。これら富裕な大地主階層は、余剰資本を先行投資が必要な製造業よりも安易に収入拡大が見込める農地の買収に使ったため、これもその後の工業化を妨げる要因になった。

「財政の破綻」もさることながら、イスマーイールの最大の失政は支配階級の「モラルの破綻」を招いたことであろう。「魚は頭から腐る」とも「国家の衰退はそれを支える階級の腐敗から始まる」ともいわれるが、イスマーイールの統治期、エジプトは「貧官汚吏の巣窟」と評されるほど、支配階級のモラルが失墜し、拝金主義がはびこった。「ナイル河谷に洪水のように金が溢れた」と評されるほど膨大な資金が流入したことが政府高官をはじめ支配階級の金銭感覚を狂わせた。それでも、ムハンマド・アリーやイブラーヒームのように支配者自身が身を律し、しかも部下の不正に対し厳しく臨んでいれば、「モラルの破綻」は防げたであろうが、イスマーイールは自身でも国庫の資金を流用しては不動産購入に血道をあげた。さらに、イスマーイールは厳格な祖父や父とは異なり、きわめて寛容な君主でもあった。例えば、ムハンマド・アリーの統治期であれば、ヨーロッパ債権国に通じたボゴス・ヌバールのような人物は直ちに処刑されていたであろう。こうした君主の公私混同ぶりや悪い意味での寛容さが支配階級のモラルをさらに失墜させ、そして「体制の破綻」をもたらす大きな要因となったのである。

イスマーイールの歩みはイラン最後の国王、モハンマド・レザー・シャー（一九一九～八〇年）と多くの共通点を持っている。両者とも一次産品の国際価格の高騰（かたや綿花、かたや原油）で拡大した外貨収入を梃子に精力的な近代化政策を展開した。オーストリア皇帝やフランス皇后が出席したスエズ運河開通式典が一九世紀中東における最大の国際イベントであったとすると、世界各国から三四人の国家元首が出席したペルシャ帝国建国二五〇〇年式典（一九七一年）は二〇世紀中東最大の国際イベントだった。出自が必ずしも定かでない軍人がたてた王朝の後継者で、それがゆえに王朝の権威と国際的地位の確立に多大な努力を払ったこと、個人としても友情に厚く、魅力的な人物であったことなども共通している。だが、社会の実情を軽視したあまりにも急速な近代化政策は貧富の格差の拡大など社会矛盾を深刻化させ、両者ともその絶頂期を標した国際イベントからおよそ一〇年後にその地位を追われ、亡命を余儀なくされた。現在、両者はカイロ市内のアル・リファーイ・モスクにともに葬られている。ちなみに、シャーの最初の妻（一九三九年結婚、四五年離婚）はイスマーイールの孫、ファウジア（一九二一年～、ムハンマド・アリー朝の実質的に最後の国王となるファルークの妹）だった。

《エジプトと日本：近代化の明暗》

それでは、最初の知日派エジプト知識人の疑問に立ち返って、なぜ明治維新と異なり、ムハンマド・アリーからイスマーイールまでのおよそ七〇年間のエジプトの近代化政策は十分に実を結ばなかったのだろうか。

最も直接的な原因としては、重大な局面における為政者の判断ミスがあげられる。ムハンマド・アリーは第二次シリア戦役の際、ヨーロッパ列強の出方、とりわけ英国の強硬姿勢を読みきれず、結果的に広大な領土を喪失したばかりか、政府専売制の廃止や関税自主権の実質的な放棄などを認めさせられ、経済自立、工業化の芽を摘まれた。日本も同様に日清戦争で地域大国である清を破ったあと、遼東半島の割譲を巡り、ロシア、フランス、ドイツのいわゆる三国干渉（一八九五年：明治二八）を受けたが、彼我の国力の差とロシアの強硬姿勢を踏まえて妥協した。もし、このとき、三国の干渉に挑戦していたなら、治外法権の撤廃や関税自主権の回復どころか、列強の実質的な植民地支配下に置かれていたであろう。また、イスマーイールは近代化資金の調達のため、エジプトの経済規模や返済能力をほとんど考慮することなく、法外な利息の外債に頼り、結果的に財政破綻と植民地化を招いた。これに対し、オスマン帝国やエジプトの失敗を知っていた明治政府は、外債依存にきわめて慎重で、日露戦争中に外債発行を余儀なくされた際も、その規模や利率は返済能力を踏まえた現実的なものであった。もっとも、日本が外債に頼らなかったのには、豊かな農産物を生み出す肥沃な農耕地や東西世界をつなぐ重要な運河・港湾・鉄道を有するエジプトとは異なり、担保になる十分な資源や資産がなかったことも一因としてあげられる。日露戦争の際の外債も将来の関税収入を担保にしたほどであった。

為政者の判断ミスに関連して、明治日本には「有司専制」（藩閥政府の専制）などの批判があったものの、基本的には政府に対する健全な批判勢力（国会や民権政党、マスコミなど）があり、総督・副王専制のエジプトに比べ、為政者の政策に対するチェック機能が働きやすかったことも一因として指摘できる。専制政治は、専制者が有能かつ公平で、私心がない場合にはきわめて高い効率性を発揮する。ムハンマド・アリーからイブラーヒームまでのエジプトは、まさにこの「専制政治の効率性」によって短期間のうちに近代国家の建設という大業を成し遂げた。だが、それ以降の支配者はいずれも能力において劣っていたばかりか、政策に個人的な感情や私欲を反映させた。アッバース・ヒルミー一世は祖父と伯父に対する反感から有為な人材を数多く放逐した。サイードは、家庭教師であったレセップスに対する必ずしも裏付けのない信頼感から国家財政の破綻につながる致命的な利権供与を行った。イスマーイールは、土地の購入など私的な蓄財に走り、財政破綻の一因をつくったばかりか、高級官僚をはじめとする支配階級のモラルの破綻を招いた。後年のエジプト大統領、ナセルも自ら執筆し、一九六二年六月三〇日に採択された「アラブ連合共和国国民憲章」のなかで、エジプトの近代化挫折の原因を為政者の失政に見出して、次のように記している。

「エジプトがその眠りから醒めた時期に、近代日本は進歩に向かって歩み始めた。日本が着実な歩みを続けるのにともかく成功したのと対照的に、個人的な冒険によってエジプトの覚醒運動は妨げられ、悲しむべき弊害を伴った挫折がもたらされた。」

より構造的な要因としては、ヨーロッパ列強にとっての戦略上、通商上の重要性の違いがあげられる。ナポレオンのオリエント遠征によってインド・ルートの要として浮上したエジプトの戦略的重要性は、スエズ運河の開通によって飛躍的に増大した。通商面でも、長繊維綿花の導入と南北戦争によって、ヨーロッパ、特に英国の綿産業への原料供給源として重要性が増した。これに対し、幕末・明治初期の日本の価値は基本的には遠洋航海の薪炭や水の補給地にとどまっていた。通商面でも、当時の日本には生糸以外さしたる輸出産品もなく、列強にとっては大市場である中国に次ぐ、あくまでも副次的な存在にすぎなかった。オラービー革命の挫折後、セイロン島（現スリランカ）に流刑されたアフマド・オラービーも、日本の地理的な好条件を羨んだと伝えられている。

また、日本が主として中下級武士が主導した明治維新によって国民国家として生まれ変わったのに対し、ムハンマド・アリー朝は地場のアラブ系エジプト人にとってはあくまでも「輸入王朝」であり、近代化政策も基本的にはこれら外国人支配層による「上からの改革」にとどまっていたことも一因として指摘できよう。ムハンマド・アリーの政権は宗教指導者や有力商人などによる一種の市民運動に助けられて誕生したが、政権基盤確立の過程でこうした勢力は圧殺されていった。「アラブ民族の再生」を謳ったイブラーヒームのシリア統治は国民国家の誕生を予感させるものだったが、性急な改革が住民の反発を招き、きわめて短命に終わった。ムハンマド・アリーはまた、前述したとおり地場のアラブ系エジプト人を全くといっていいほど重用せず、政権支配層は一族や同郷のカヴァラ出身者を中心とするトルコ・チェルケス系が占めていた。サイードの時代から軍の上級士官などにアラブ系エジプト人が登用され始めたが、ムハンマド・アリー政権の誕生から七四年を経たイスマーイールの統治末期でも非アラブ系とアラブ系との間には厳然たる待遇差別があった。古くはアレキサンダー大王による征服（紀元前三三二年）以来、一貫して異民族支配のもとに置かれ続けてきたエジプトが真に国民国家として生まれ変わるのには、一九五二年七月二三日のナセルなどによるエジプト革命の成功を待たなければならなかった。

近代化に着手した時点での人口の差もまた、大きな要因としてあげられる。一八七二年（明治五）の日本の人口が三四八〇万人だったのに対し、一八二〇年代前半のエジプトの人口は二五一万人、一八七〇年代前半でも五二〇万人にすぎなかった。人口の少なさは軍事・産業への動員規模の違い、すなわち国力の差につながった。さらに、日本が江戸時代を通じて識字率が向上し、武士や富裕な商工業者、豪農など社会を担う中産階級が育成されていたのに対し、オスマン帝国とマムルークの支配下、長らく中世の沈滞のなかにあったエジプトには急速な近代化を支えるに足る十分な人材が育成されていなかった。ムハンマド・アリーが導入し、イスマーイールが拡充した近代的な教育制度によって人材の育成が進み、地場のアラブ系エジプト人から人材が輩出する時代になると、エジプトは英国による植民地支配の重圧下にあり、これら人材のエネルギーはまず英国への抵抗の方に向けられていったのである。

11 最初の革命◇そしてその挫折

（一）思想家　アフガーニー

《点　火》

一八〇五年五月一四日にムハンマド・アリーが（世襲制でない）エジプト総督の地位に就いたときから数えると、ムハンマド・アリー朝は一九五三年六月一八日の王制廃止まで一四八年間続いた。しかし、イスマーイールの廃位までの前半とその後（いずれも奇しくも七四年間になる）とでは、まるで別の王朝であるかのように様相を異にする。日本のバブル崩壊とそれに続く経済低迷は「第二の敗戦」とも呼ばれているが、一八七九年のイスマーイールの廃位はムハンマド・アリー朝のエジプトにとって、まさに一八四〇年の「ロンドン条約」受諾に次ぐ、「第二の敗戦」であった。「一八四〇年の敗戦」のあとも王朝の政権基盤は動揺したが、このときは多くのエジプト人にとって遠いシリアの戦場やヨーロッパの外交舞台での敗戦であり、ムハンマド・アリーのエジプトにおける支配者としての

アフガーニー

地位にはいささかも変わりはなかった。これに対し、「一八七九年の敗戦」は列強の圧力によってエジプト人のまさに目の前で絶対君主であるはずの副王が廃位されたもので、その政治的・社会的影響ははかり知れないものがあった。この「第二の敗戦」を契機に、それまでも多少、揺らぎ始めていた副王専制支配は崩壊し、以降、副王（のちにスルタン、国王と呼称が変更）の影響力は限られたものとなる。そして、時代の主役は副王一族を中心とするトルコ・チェルケス系から地場のアラブ系エジプト人へと移っていく。

　イスマーイールの廃位後、エジプトは革命の季節を迎える。革命は通常、はじめに革命の理念を打ち出す「思想家」が現れ、次いで既存の体制を打破する「革命家」が現れる。そして、最後に「実務家」が現れ、革命後の新しい社会体制を築く。エジプトの、この場合、未成就に終わった最初の革命でもまずその端緒をつくったのは「思想家」だった。ジャマール・アッディーン・アル・アフガーニー（一八三八〜九七年）である。

　アフガーニーの生い立ちは謎に包まれている。「アル・アフガーニー」（アフガン人）という名のとおり、本人はアフガニスタン東部の街、アサダーバードの出身と称したが、実際にはイランにある同じ名前の街に生まれたイラン人で、イスラーム教シーア派に属し、教育もテヘランや現在のイラク中部にある同派の聖地、カルバラーやナジャフなどで受けた。このため、イランでは「アサダーバーディー」と呼ばれている。スンニー派が多いアフガン人を自称したのは少数派のシーア派の出身であることを伏せる方が、汎イスラーム運動を指導するのに有効と考えたためといわれている。アフガーニーは一八五七年にインドでインド大反乱の挫折とムガール帝国の滅亡に接したことでヨーロッパの帝国主義に対する危機感を強め、以後、世界各地を回ってイスラーム世界の団結やイスラームの改革、再生を説き続けた。政治面では、イスラーム世界の停滞をもたらした主因と考えた専制政治の打破を訴えた。そして、その約六〇年の生涯を通じて、イラン最初の民族運動といわれる「タバコ・ボイコット運動」（一八九一～九二年）をはじめ、当時、イスラーム世界で起こった様々な革命や蜂起に関与した。一八八四年には、パリでエジプト人の高弟、ムハンマド・アブドゥフ（一八四九～一九〇五年）とともにアラビア語の政治評論誌『固き絆（アル・ウルワ・アル・ウスカー）』を刊行。ヨーロッパの帝国主義を批判し、イスラーム教徒の連帯を促す論陣を展開、世界各地のイスラーム教徒に多大な影響を及ぼした。「東方の覚醒者」とも呼ばれる近代イスラーム史上、最大の革命思想家を得たことで、エジプトの民族運動は大きなうねりを迎える。

アフガーニーは、イスラーム復興・改革運動に理解のあったエジプトの官僚政治家、ムスタファ・リヤド（一八三四～一九一一年）の招きで、一八七一年にカイロに活動の拠点を置いた。当時、エジプトではイスマーイールの統治下、比較的、自由な思想・評論活動が許されていた。アフガーニーはイスラームの最高学府といわれるアズハル学院で教鞭をとったのち、思想サロンを設けて後進の育成に努める一方、シリア人ジャーナリストのアディブ・イスハーク（一八五六～八五年）が発行していた『ミスル』紙を通じてイスラーム改革、専制批判の論陣を展開した。また、単なる「思想家」や「覚醒者」であるのにとどまらず、一八七九年にはヨーロッパ債権国による行財政介入の排除と立憲制の確立を目指す秘密結社を組織、二年後におこるオラービー革命の下地をつくり上げるなど、実際の革命活動にも従事した。だが、イスマーイールの廃位後、副王の地位に就いたムハンマド・タウフィークに警戒されて、同じその年、国外に追放される。アフガーニーは以後、エジプトに戻ることなく、一八九七年三月九日にコンスタンティノープルで客死したが、ムハンマド・アブドゥフやサアド・ザグルールをはじめ、のちの民族指導者の多くを育成するなどエジプトの民族運動にはかり知れない影響を与えた。

《後継者》

奇しくもほぼ同時期に起こった、いずれも財政破綻をきっかけとした、①イスマーイールの廃位(一八七九年)、②列強によるオスマン帝国債権管理体制の確立(一八八一年)、③フランスによるチュニジアの軍事占領(一八八一年)という一連の事件は、ナポレオンのオリエント遠征に代表される「西洋の衝撃」以来、中東・イスラーム世界の指導者がヨーロッパの資本と技術を導入して進めていた近代化政策の挫折を意味した。これらの政策は、いずれもオスマン帝国という既存の体制の枠組みを基本的に維持した形で行われた、いわば「上からの改革」でもあった。その挫折を受けて、今度は体制変革を求める「下からの改革」の動きが盛り上がる。こうした動きは、①ヨーロッパ興隆のエネルギー源をナショナリズムにあるとみて、脱宗教的、世俗主義的な国民国家の建設を目指そうとするものと、②イスラームの再生に活路を見出そうとするものというふたつの潮流に分かれ、いずれもアフガーニーによって感化、啓蒙された後継者たちがそれを担っていくことになる。

前者の脱宗教的、世俗主義的なナショナリズムは、のちに「エジプト独立の父」と呼ばれることになるサアド・ザグルールらが担い、一九一九年の宗教や階級を超えた民族独立運動、「一九一九年革命」（第二次エジプト革命）と一九二二年の英国保護領からの独立達成につながっていく（後述）。もともと、エジプトは周囲を砂漠と海に囲まれた地理的特性から中東・北アフリカ諸国のなかでは例外的に歴史的な国境を持ち、しかも住民の構成が民族的にも、また宗教的にも比較的、等質であることから、国民意識が芽生えやすい環境にあった。このナショナリズムの流れは、アラブ諸国がイスラエルに完敗したパレスチナ戦争（第一次中東戦争、一九四八年）以降、従来の一国民族主義からアラブ民族の統一を目指すアラブ民族主義に主役が移り、一九五二年のエジプト革命を経て、ナセルの主導のもと、一九五〇年代から一九六〇年代前半にかけて最大の高揚期を迎えることになる。

後者のイスラーム復興・改革思想は、「近代エジプトが生んだ最も偉大なイスラーム思想家」と呼ばれるムハンマド・アブドゥフが担った。アブドゥフは、一八四九年にナイル川デルタ地帯のガルビーヤ県シャンラで小農の子として生まれた。タンタのアフマディ・モスクを経て、アズハル学院に入学、そこでアフガーニーと出会い、多大な影響を受ける。アズハル学院卒業後は高等師範学校で教鞭をとるかたわら、立憲運動にも加わり、アフガーニーが追放された一八七九年には同様にカイロを追放された。だが、翌年にはその識見を買われて、官報『エジプトの出来事』の編集長として首都に

アブドゥフ

戻り、今度はオラービー革命に参加して、国外追放処分となる。国外追放中にパリで師のアフガーニーとともに発行したのが、前出の『固き絆』である。同誌が発行停止処分を受けてからは、マフディー運動が盛り上がっていたスーダンへの潜入を企てたり、ベイルートで教鞭をとったりしたが、一八八八年に副王の恩赦によって帰国した。オラービー革命の挫折から革命を通じた性急な社会改革の限界を感じていたアブドゥフは、帰国後は政治運動から離れて、もっぱら教育を通じたイスラーム教徒の意識改革に努めた。一八九五年にはアズハル学院の運営委員となり、伝統偏重の傾向が強かった同学院の改革に取り組み、一八九九年にはエジプトの最高ムフティー（イスラーム法学の権威者）の地位にまでのぼった。

アブドゥフは、思想家としてよりも革命活動家としての性格が強かったアフガーニーが打ち出した理念をイスラーム復興・改革思想として体系的に展開した。その思想は、「サラフ主義」（サラフィーヤ）と呼ばれている。アラビア語で祖先や先人を意味する「サラフ」という言葉は、この場合、イスラームの成立期の人々を指す。そして、彼らが築いていた社会を「本来、あるべき姿」とみなすのがこの思想である。こうした考えは一八世紀にアラビア半島で広まったワッハーブ派の考えとも共通しているが、アブドゥフの思想は単なる復古主義や原理主義ではなく、合理主義の立場からイスラームと近代文明との調和を説き、「それまでムハンマド・アリーやイスマーイールなどが実施してきた西洋的な近代化に代わるイスラームのアイデンティティを保持、確立したかたちでの近代化のあり方を提示した」（カイロ・アメリカン大学、アブドゥルラフマーン・アフマド・サーリム教授）ところに大きな特色がある。すなわち、「かつてイスラーム社会が科学技術や思想・文化面で世界をリードしたように真のイスラームはそれぞれの時代の条件や要請にも応えうるものであり、合理的な思考を求める真のイスラームに回帰することこそが近代化につながる」（サーリム教授）と主張したのである。そして、イスラーム世界の停滞をもたらした主因と考えた本来のイスラーム精神にもとるような旧習を排除するため、教育の振興に努める一方、コーラン（クルアーン）を合理的かつ柔軟に解釈することで、電気や電信・電話などといった科学技術の積極的な導入を図った。アブドゥフはまた、ヨーロッパの帝国主義を批判しながらも、ヨーロッパ文明の長所については積極的に取り入れようと努めた。「その蔵書には、ルソーやスペンサー、トルストイ、ギゾーなども多数含まれていた」（サーリム教授）といわれている。

英国のイスラーム研究者のバーナード・ルイス（プリンストン大学名誉教授）は著書『イスラーム世界はなぜ没落したか？』（臼杵陽監訳、日本評論社）のなかで、イスラーム世界衰退の原因として、自由の観念や立憲制の欠如、科学の停滞、女性差別、そして他の文明に対する関心の欠如などをあげているが、師アフガーニーとともに立憲制の確立を目指し、ヨーロッパ文明に深い関心を持ち、その先進的な科学技術などの導入を図り、さらにはカースィム・アミーン（一八六三～一九〇八年）のように後年のアラブ世界のフェミニズム運動を先導する人材を育成したアブドゥフの歩みは、すでに一九世紀後半という早い段階でイスラーム世界自体が自らの衰退の原因を的確に把握し、それを打破するために取り組んでいたことを示すものといえる。

アブドゥフが展開した思想の国際的普及に貢献したのが、シリア人の高弟、ムハンマド・ラシード・リダー（一八六五～一九三五年）である。一八六五年に現在のレバノン北部トリポリ近郊のカラムーン村に生まれたリダーは、一九歳のときにオラービー革命に参加して国を追われたエジプト人がもたらした『固き絆』を読んでイスラーム復興・改革思想に目覚め、さらにベイルートで教鞭をとっていたアブドゥフと接することで、多大な思想的影響を受けた。一八九七年にはエジプトに居を移し、一八九八年からはアブドゥフの協力を得て、『アル・マナール（灯台）』誌を刊行した。同誌はリダーが世を去る一九三五年まで計三五巻発行され、西は北アフリカから東はインドネシアに至る世界各地のイスラーム教徒に多大な影響を与えた。

例えば、東のインドネシアでは一九一二年、その思想的影響を受けたジャワ島中部ジョグジャカルタのイスラーム指導者、アフマド・ダフラン（一八六八～一九二三年）によって改革派イスラーム団体、ムハマディヤが結成された。ムハマディヤは、現在、会員数二九〇〇万人を抱えるインドネシア第二のイスラーム団体に発展し、ワヒド政権とメガワティ政権の誕生に大きな役割を果たしたアミン・ライス元国民協議会議長の国民信託党（PAN：Partai Amanat Nasional、一九九八年結成）の支持基盤となるなど、現代インドネシア政治においても重要な役割を果たしている。他方、西のアルジェリアではアブドゥフのアルジェリア訪問で影響を受けたアブドゥルハミード・イブン・バーディース

（一八八九～一九四〇年）らによって一九三一年にアルジェリア・ウラマー協会が設立された。同協会は、アルジェリア民族解放戦線と提携して、フランスからの独立達成に大きく貢献した。一九八九年二月には、複数政党制の導入とともに、その流れをくむアッバースィー・マダニー（一九三一年～）らによって、イスラーム救済戦線（ＦＩＳ：Front Isramique du Salut）が設立される。ＦＩＳは一九九〇年の地方議会選挙と一九九一年の国政選挙（第一回選挙）で圧勝するが、一九九二年の軍事クーデターによって非合法化され、以後、分裂した急進派などが軍事政権に対する武装闘争を展開、アルジェリア内戦へとつながっていく。

そして、エジプトでイスラーム復興・改革思想を大衆運動に発展させ、その後の世界のイスラーム復興運動に大きな影響を与えたのが、アブドゥフとリダーが講師を務めた高等師範学校で学んだ小学校教師、ハサン・アル・バンナー（一九〇六～四九年）によって一九二八年に結成されたムスリム同胞団である。ムスリム同胞団は、バンナーのカリスマ的な指導力のもと急速に勢力を拡大し、最盛期の一九四〇年代には団員五〇万人、シンパ五〇万人を抱える一大政治・社会勢力となったが、一九五四年のナセル暗殺未遂事件を契機に政府から過酷な弾圧を受けることになる（後述）。

（二）革命家　アフマド・オラービー

《革命への道》

一八八二年九月、英国はオラービー革命による混乱を収拾することを理由にエジプトを軍事占領した。以後、一九二二年まで約四〇年間、エジプトは事実上、英国の植民地支配下に置かれる。エジプトから英軍が完全に撤退するのは、それからさらに三四年を経た一九五六年六月一三日のことである。

この事件の評価は、当然のことながらエジプト側と英国側（特に当時の英国）とでは異なる。エジプト側では、英国の軍事介入を「債権回収を大義名分としたヨーロッパ列強の行財政介入と搾取に抗してエジプト人が立ち上がった民族運動を武力によって潰した侵略」（オラービー）であり、「スエズ運河の支配を目指して英国が企図した謀略行為」（エジプト国立ヘルワン大学、アリー・バラカート教授）であるとしている。これに対し、英国側では「オラービーの反乱を契機に治安が悪化し、暴徒によるテロ行為によって在留ヨーロッパ人などの生命・財産が脅かされたため、やむをえず行った正当な行為」（アルフレッド・ミルナー『エジプトにおける英国』一八九二年）であるとしている（英国側ではオラービー革命を「Arabi Revolt」と呼んでいる）。前者にあっては英国はまさに「暴慢な帝国主義国家」そのものであり、後者にあっては自ら進んでテロと戦う「世界の警察官」の姿である。戦争や紛争の原因はしばしば時が経てば経つほど単純化される傾向にあるが、この場合も例外ではない。

実態は、多くの戦争や紛争がそうであるように、当事者間の思惑が複雑に絡み合い、そして相互の錯誤が積み重なった結果、招いた破局（主としてエジプト側にとっての）だった。

イスマーイールの廃位後、オスマン帝国スルタンの詔勅によってその嗣子、ムハンマド・タウフィーク（在位一八七九〜九二年）がエジプト副王の地位に就いた。タウフィークは、即位早々、財政管理体制の再確立を進める英仏両国、支配権回復を図るオスマン政府、そして副王専制支配の是正を目指す国内の民族主義勢力の三方面からの強い圧力にさらされた。タウフィークがもしその曾祖父や祖父、そして廃位された父親のように強力な指導力とカリスマ性を備えていれば、逆に各勢力からの圧力を利用して政権の安定を図ることができたであろうが、二七歳の新副王は個人としては誠実で敬虔なイスラーム教徒であったものの、未曾有の難局を乗り切るだけの政治力には欠けていた。むしろ、その即位当初の優柔不断で中途半端な対応がエジプトの混迷をさらに深める結果となった。

タウフィーク

滑り出しは一応、順調だった。タウフィークは一八七九年九月二一日、外務、法務、教育の各大臣を歴任したムスタファ・リヤドに組閣を命じた。実務能力が高く、かつ以前に財政高等調査委員会のエジプト側代表としてヨーロッパ債権国とも良好な関係を築いていたリヤド首相は、自ら財務と内務の両大臣を兼任し、財政の建て直しを進める一方、内政の安定に向けて様々な手を打った。

この時期、当初、秘密結社的な色彩が強かった民族主義組織、ワタン党は様々な勢力を糾合して一大政治勢力に成長していた。ワタン党は、大きく分けて、前副王イスマーイールが導入した名士代表諮問議会（以下、国会）の議員らを中心とする穏健な立憲主義者、アブドゥフを中心とするイスラーム改革派、そしてアラブ系軍士官の三つの勢力から構成されていた。ムスタファ・リヤドは、立憲主義勢力を抑える一方、カイロから追放されていたムハンマド・アブドゥフを官報の編集長に据えることでイスラーム改革派を取り込むことに成功した。こうして、一八八〇年まではエジプトの政治はそのまま安定するかにみえた。だが、混乱は首相が軽視していた第三の勢力、アラブ系軍士官から始まった。

発端は、いつの世も組織で働く者の最大の関心事、「人事」だった。タウフィークの即位にあたり、ときのオスマン帝国のスルタン、アブデュルハミト二世は先々代のスルタン、アブデュルアジズ一世が前副王イスマーイールに与えた様々な特権（諸外国との通商・関税協定などの締結権や法律の発布権、軍隊の自由な増強権等）を撤回することで、エジプトの支配権を回復することを図った。だが、これは英仏両国の反対にあってその多くを果たせず、結局、タウフィークの即位を認めた一八七九年八月二日の詔勅で各種特権のうち諸外国から借款を行う権利と軍の増強権のみが撤回された。エジプトはすでに債権国の財政管理下に置かれていたため、前者については実質的な影響はなかったが、問題は後者、軍の増強権の撤回であった。この措置により、エジプト軍の規模はイスマーイール統治末期の四万五〇〇〇人から、かつて「ロンドン条約」で受け入れさせられた平時編制一万八〇〇〇人にまで縮小されることとなり、軍は大規模なリストラを余儀なくされた。緊縮財政のもとすでに長らく給与の遅配や減額に苦しんでいた軍士官にとって、これは文字どおり死活問題だった。

事態をさらにこじらせたのが、軍における差別人事である。当時、エジプト軍士官はトルコ・チェルケス系とアラブ系のふたつの派閥に分かれていた。すでに述べたとおり、エジプト軍の士官はもともとトルコ・チェルケス系が占めていたが、第四代君主サイードの政策で地場のアラブ系エジプト人からも数多くの士官が登用された。こうして生まれた両派閥は、ちょうど昭和期の日本陸軍における皇道派と統制派のような対立関係にあった。チェルケス系の軍事大臣、ウスマン・リフキー（一八三九～八六年）が露骨なトルコ・チェルケス系優遇人事を行い、リストラのしわよせをアラブ系士官に集中したことが対立をより深刻なものとした。この対立のなかから、アラブ系士官の指導者として浮上してきたのが、第四連隊長のアフマド・オラービー大佐である。

《民族主義政権の成立》

オラービーは、一八四一年四月一日、ナイル川デルタ地帯のシャルキーヤ県ザガジーク郡の農村で村落有力者の子として生まれた。先祖は、イラクのベドウィン出身ともいわれている。二年間、アズハル学院で学んだのち、サイードが進めていた軍の（アラブ系）エジプト人化政策で一八五四年一二月、一三歳のときに士官学校に入学した。士官学校卒業後、この背が高く聡明な青年士官は君主にいたく気に入られ、侍従武官を務めながら、一七歳で中尉、一八歳で大尉、一九歳で少佐、そして二〇歳で中佐と異例のスピード昇進を遂げる。だが、イスマーイールの即位とともにその昇進はストップ

アフマド・オラービー

した。イスマーイールは軍のエジプト人化政策は継続したものの、高級士官の昇進にあたっては自らと同じトルコ・チェルケス系を優遇した。閑職に回されたオラービーは、民族意識、政治意識に目覚め、次第にアラブ系士官の不満を糾合する存在となっていく。そして、一八八一年一月一五日、のちに「オラービー革命」（第一次エジプト革命）と呼ばれることになる民族運動の第一歩を踏み出した。

この日、オラービーは同じアラブ系士官のアリー・ファハミー大佐（第一連隊長）、アブドゥルアール・ヘルミー大佐（黒色連隊長）とともに、リヤド首相に対し、軍の差別人事の是正と軍事大臣の解任を求める請願書を提出した。自らも軍の出身である首相は事態を穏便に収めようと図ったが、オラービーらの姿勢は固く、結局、この問題は閣議に付されることとなった。ここで、政府側は致命的な失敗を犯す。疎漏な罠を仕掛けて、三大佐を排除することを狙ったのである。請願書提出の翌月、副王の妹の結婚式典の打ち合わせという名目で軍事省に呼び出されたオラービーらは直ちに逮捕され、軍法会議にかけられた。だが、罠の情報はすでに洩れていた。軍法会議の最中、軍事省に乱入した指揮下の将兵によって救出されたオラービーはアブディン宮殿に直行して、副王に軍事大臣の解任を要求した。手元に忠実な将兵を配置していなかったタウフィークは威嚇に屈し、リフキー軍事大臣を解任するとともに、その後任にオラービーらが指名していた民族主義派のマハムード・サーミー・アル・バールーディー将軍（一八三九〜一九〇四年）を任命した。

次の衝突は、例年になく蒸し暑いその年の夏に起こった。オラービーらが武力を背景にさらなる要求を突き付けてくることを警戒したタウフィークは、一八八一年八月中旬、バールーディー軍事大臣を解任して、オラービーとアブドゥルアール・ヘルミー指揮下の二連隊の地方移動を命じた。これに対し、両大佐は同九月九日、二五〇〇の将兵と八門の大砲でアブディン宮殿を包囲して、今度は「エジプト人民の名のもとに」、内閣の更迭と国会の召集、憲法の制定、そして軍の拡充を要求した。ついに、オラービーらの要求は軍の人事問題を離れ、政治の領域にまで踏み込んだ。そして、今回もまた副王は完敗した。ムスタファ・リヤドは更迭され、新たにイスマーイール統治末期に首相を務めたムハンマド・シェリフが内閣を組閣した。この新内閣でバールーディーは軍事大臣に返り咲き、オラービーは軍事次官に就任した。

副王タウフィークの支配力の急速な弱体化は、ヨーロッパ債権国、とりわけ英仏両国の懸念を招いた。両国は債権管理体制の維持のため協調して「エジプト問題」に取り組むことでは一致していたが、その手法においては意見が分かれた。英国はオスマン帝国の軍事介入によって事態の沈静化を図ろうと企図したが、フランスはオスマン帝国の支配権回復で債権回収がより困難になることを警戒した。結局、オスマン政府は使節団を派遣して、副王側とオラービー側との仲介を図った。事態はこれで沈静化するかにみえた。シェリフ首相は債権国とも調整したうえで、割当可能な予算の範囲内で軍を増強するようオラービーらを説得することに成功し、大佐は指揮下の連隊をスエズに移動させることに

オラービー革命を主導した三大佐
左より、アブドゥルアール・ヘルミー、
オラービー、アリー・ファハミー

同意した。一八八一年一二月には国会も再開され、翌一八八二年一月にはエジプト初の憲法の草案が国会に上程された。

だが、ここで急転直下、事態を混迷させる要因が生じる。フランスの政変である。一八八一年一一月一四日、フェリー内閣が倒れ、かつて普仏戦争で徹底抗戦を主張した対外強硬派のレオン・ガンベッタ（一八三八〜八二年）を首班とする新内閣が発足した。エジプトでの民族運動の盛り上がりによってフランスが新たに獲得したチュニジアやアルジェリアの支配が脅かされることを警戒したガンベッタは、英国政府に働きかけて、一八八二年一月八日、エジプト政府に「英仏両国は一致して副王を支持する」旨の（英仏）「共同覚書」（Joint Note）を送り付けた。「共同覚書」は慎重に事態の収拾を図っていた当事者の努力を台無しにした。その内容は一見したところ威嚇的なものではなかったが、すでにフランスのチュニジア占領でヨーロッパ列強の意図にきわめて懐疑的になっていた民族主義勢力は態度を硬化、それまで必ずしも協調していなかった穏健な立憲主義者と急進的な軍士官勢力が列強の介入を阻止することで団結する。おりしも、憲法草案を審議中だった国会はヨーロッパ債権国が抵抗していた予算の審議権を要求するとともに、シェリフ内閣の更迭を求めた。タウフィークは三度、圧力に屈し、新たにバールーディーを首班とする民族主義内閣が発足した（一八八二年二月四日）。オラービーは、新内閣の軍事大臣に就任した。

《挫折：テル・エル・ケビール》

大衆に歓迎されるオラービー（エジプト軍事博物館蔵）

バールーディー新内閣は、発足早々、長年の懸案だったエジプト初の憲法を制定するなど順調な滑り出しをみせた。だが、実権を握ったオラービーは軍の拡充や軍人給与の引き上げ、トルコ・チェルケス系士官の解雇とそれに代わるアラブ系士官の大量昇進を矢継ぎ早に実施するなど、次第に独走色を強めるようになる。そして、次の危機が訪れた。後年、同じアラブ系士官のナセルが権力を握ったとき、ナセル暗殺未遂事件が発生して、主たる対立勢力であったムスリム同胞団などが弾圧された（一九五四年）。興味深いことに、七二年前のこのときもまさしく同様の事件が起こった。一八八二年四月、オラービー暗殺の陰謀が発覚したとして、リフキー元軍事大臣など一六人のトルコ・チェルケス系士官が逮捕されたのである。逮捕者はのちに五〇人にまで増え、同五月二日には軍法会議でそのうち四〇人に対し、実質的な死刑宣告にも等しいスーダンへの終身流刑が言い渡された。だが、陰謀そのものの真偽に疑問を持っていたタウフィークは判決に承認を与えるのを拒んだ。オラービーらは、これに強く反発、ついに副王の廃位を要求する動きに発展した。

政権内における民族主義急進派の勢力の強まりと並行して、民衆の間でも反ヨーロッパ感情が急速に高まり、各地で外国人に対する排斥運動が展開された。在留ヨーロッパ人は各国領事館に生命の危機を訴えた。事態を重くみた英仏両国は、一八八二年五月二〇日、艦隊をアレキサンドリア沖に派遣するとともに、同二五日、エジプト政府に対して「第二次共同覚書」を送り付け、今度はバールーディー内閣の更迭とオラービーらの退任を求めた。覚書を受け入れて、タウフィークは同二七日にバールーディー首相を更迭したが、オラービーについては軍の反発を恐れ、軍事大臣として留任させた。今や、オラービーは外国人とトルコ・チェルケス系の支配に唯一、対抗できる人物、「アル・ワヒード」(唯一の人)として民衆から崇拝され、実質的なエジプトの指導者となった。民族運動は大きなうねりとなり、シリア・レバノン系の新聞が打ち出した「エジプト人のためのエジプト」というスローガンがいたるところで叫ばれた。副王の権威を否定し、オラービーを「祖国防衛の代表」として認める署名運動が各地で展開された。在留ヨーロッパ人には恐慌が走り、その多くがアレキサンドリアの沖合いに停泊していた英仏艦隊に保護を求めた。

そして、ついに危機の最終局面、一八八二年六月一一日を迎える。この日の夕刻、アレキサンドリアの街角で泥酔したギリシャ人高利貸がロバの使用料を請求した少年を殴ったことをきっかけに市民の外国人への怒りが爆発、大暴動に発展した。ヨーロッパ人の住居や商店が略奪、破壊されたほか、

アレキサンドリア大暴動

英国領事のチャールズ・クックスンはじめヨーロッパ人およそ五〇人が死傷した。オラービーは翌日、軍を派遣して暴動を鎮圧するが、治安回復を名目に英仏軍が上陸してくることを警戒して、アレキサンドリア要塞の修復に取り掛かった。これを警戒した英国地中海艦隊のビーチャム・セイマー提督は、要塞の修復を「戦争行為」とみなし、同七月六日、エジプト軍に砲台の撤去を要求する最後通告を突きつけた。最後通告の期限が切れた同一一日早朝、英国艦隊は沿岸砲台に向けて砲撃を開始。戦闘は夕方五時半まで続き、砲台は壊滅した。英国側の損害はきわめて軽微だった。翌一二日、アレキサンドリアでは火災が発生し、街の多くが焼け落ちた。エジプト側は英国艦隊の砲撃によるものと非難し、英国側は暴徒による放火が原因と主張した。同一三日、エジプト政府は英国に宣戦を布告するが、生命の危機を感じていた副王タウフィークは二日後の一五日、逆に英国艦隊に保護を求めた。オラービーらは、「オスマン帝国スルタンに対する反逆者」と宣告された。

ときの英国首相は自由党のウィリアム・エワート・グラッドストン（一八〇九〜九八年）である。グラッドストンは、アイルランド自治問題に取り組んだことが示すように民族運動に理解があり、また第二次アフガン戦争や南アフリカにおける紛争を終結させたことにみられるようにきわめて非帝国主義的な平和

（上）攻撃を受けるアレキサンドリア要塞
（下）廃墟と化したアレキサンドリア市街

主義者であった。当然のことながら、エジプトへの軍事介入にも消極的だった。だが、スエズ運河を通航する船舶の八割が英国船で占められるなど、すでにエジプトは英国にとって国際戦略上、欠かせないほどその重要性が高まっていた。英国内には、著述家のウィルフリッド・スコーウェン・ブラント（一八四〇～一九二二年）に代表されるようにエジプトの民族運動に同情的な意見もあったが、英国領事をはじめ在留ヨーロッパ人から多数の死傷者が出たことで世論は硬化していた。また、立憲君主国である英国では武力による威嚇で君主に政治的要求をのませたオラービーらに対する反感は根強く、その政権を軍事独裁政権とみなす意見すらあった。エジプト情勢に最も精通したクローマー卿ですら、はるかな後年になってやっとオラービー革命を「単なる反乱ではなくある程度は真剣な民族運動としての性格を持っていた」（『近代エジプト』一九〇八年）と認めたほどである。さらに、奴隷交易に反対する人権主義者やエジプトに債権や利権をもつ有権者からも強い圧力があった。そして、派遣艦隊がアレキサンドリア砲撃に踏み切ったこと、エジプトから宣戦を布告されたことで、英国政府はもはや引き返すことができないところまで来てしまった。

このあと、英国がエジプトへの単独軍事介入に踏み切るまでの経緯は、二〇〇三年三月に米英両国が国連決議を待たずにイラク攻撃に踏み切った状況とも類似している。グラッドストンは、エジプトへの軍事介入を当時のヨーロッパの基準でいう「国際社会」、すなわちヨーロッパ列強の総意として実施しようと考え、各国に共同行動を打診した。だが、頼みのフランスでは事態紛糾の原因をつくったガンベッタはすでに亡《な》く、アルジェリアでの経験*から戦争の長期化を懸念していたフランス国会は四一六対七五の圧倒的多数で軍事介入を否決した。同じくエジプトに多額の債権を有していたイタリアも共同介入を断った。英国は、やむなく単独での軍事介入に踏み切らざるを得なかった。

オラービー側は英軍の進攻に対する防備を固めたが、スエズ運河方面に対してはエジプトに戻っていたレセップスに「スエズ運河の中立性を侵す国はない」と保証されたことから特段の対策をとらなかった。英軍はこの死角から来た。一八八二年八月一九日にアレキサンドリアに到着したガーネット・ウルズリィ将軍（一八三三～一九一三年）率いる英軍の精鋭二万は、間髪を入れずにスエズ運河地帯を占領。同九月一三日には、夜陰に乗じてイスマイリアの西およそ五〇キロメートルのテル・エ

*――フランスは一八三〇年にアルジェを軍事占領したが、アブドゥルカーディル（一八〇七～八三年）率いる地元勢力の武力抵抗に悩まされ、アルジェリア全土を制圧するまでに実に一七年を要した。

テル・エル・ケビールの戦い

ル・ケビールに陣を構えるエジプト軍を奇襲攻撃した。一般に、アラブ諸国の軍隊は勢いに乗って攻撃するときや予想されたタイミングに予想された方角から攻撃を受けたときにはその力を十分に発揮するが、奇襲攻撃にはきわめて脆いといわれている（一九六七年の第三次中東戦争などがその好例）。このときのエジプト軍もその例に洩れなかった。戦闘はわずか一時間強で終わり、二万二〇〇〇のエジプト軍は壊滅した。英軍側の損害はきわめて軽微だった。英国側では、あまりにもあっさりと終わったこの戦闘を「軍事的散歩」（ミリタリー・プロムナード）とさえ呼んだ。英軍は、続いてカイロに無血入城する。オラービーは「反逆者」として逮捕された。同一二月三日、オラービーはじめ革命の主導者六人は死刑を宣告されたが、前出のブラントなどの働きかけもあり、副王の恩赦で減刑され、英領のセイロン島（現スリランカ）に流刑となった。エジプト軍は解体され、ワタン党は解散させられた。最初の革命はこうして挫折した。

テル・エル・ケビールの戦いでなぜこうも簡単にエジプト軍が壊滅し、革命が挫折したのかについては、様々な要因があげられる。軍事的には、エジプト軍は派閥対立などで士官が分裂していたうえに、急場凌ぎに徴兵された農民兵は練度がきわめて低く、精鋭を集めた英軍の敵ではなかった。オラービーが「スルタンへの反逆者」と宣告されたことも大きかった。当時、エジプトでもまだスルタンの権威は強く、この宣告はエジプト軍将校にとって、幕末日本の鳥羽伏見の戦いで錦の御旗が幕府軍に与えたのにも似た効果があった。政治的には、一部軍士官のあまりにも急進的な姿勢に対し、一度は団結した穏健な立憲主義者やイスラーム改革派などはすでに距離を置いていた。軍士官のなかには、テル・エル・ケビールで戦死したムハンマド・オベイド（生年不明〜一八八二年）のように副王の処刑と共和制への移行を主張する動きすらあった。これは、保守的な村落有力者や宗教指導者などにはとうてい受け入れられないものだった。すなわち、革命指導層が分裂していたのである。

オラービーは、一九〇一年まで流刑先のセイロン島で過ごした。その間、同志社を創設した新島譲や軍人で政治家の谷干城、政治家で作家の柴四朗（東海散士）などがこのエジプト民族運動の指導者を訪ねている。それらの日本人が書き残しているところによると、オラービーはヨーロッパ列強の意図を正確に見抜き、後発の日本に対し、的確なアドバイスを行っている。そこからは有能な政治家の姿が窺える。だが、実戦経験を積まずに昇進してきたオラービーは、本業の軍事の面では必ずしも有能ではなかった。テル・エル・ケビールの戦いでもほとんど指揮らしい指揮をしないまま惨敗を招いた。また、英国との戦争突入に際して諸外国の支持をとりつける外交能力にも欠けていた。オラービーは、一九〇一年にときの副王、アッバース・ヒルミー二世の恩赦でエジプトに戻るが、すでに若い世代からは忘れられた存在となっていた。当時の民族指導者からも性急な革命で英国の軍事占領を招いたとしてその評価は低かった。オラービーは以後、いっさい政治に関わることなく、一九一一年九月二一日にカイロで静かに世を去った。享年七〇。「エジプト民族主義の父」（ナセル）として大佐がその名誉を回復するのは、同じようにアラブ系軍士官が主導し、そして成功した一九五二年のエジプト革命以降のことである。

一方、急展開した時勢に翻弄された副王タウフィークは、その後、英国の占領当局と協調しながら、エジプトを復興の軌道に乗せるのに少なからぬ貢献をした。その貢献は決して目立つものではなく、しかも「占領者との協力」という屈辱的なものですらあったが、徐々に失った威信と国民からの尊敬を回復していった。そして、オラービーに先立つことおよそ二〇年、一八九二年一月七日にカイロ南郊の保養地、ヘルワンで悪性のインフルエンザにかかって急逝した。享年三九。その若すぎる死が伝えられたとき、首都カイロは深い悲しみに包まれたといわれている。

(三) 革命家　マフディー

《「救世主」の登場》

二〇一一年の南部独立前までのスーダン共和国の国土は約二五〇万平方キロメートル、アフリカ大陸で最大、日本のおよそ六・六倍に相当した。この広大な領域は、一九世紀、ムハンマド・アリー朝エジプトによる征服・統治下で形成された。エジプトによる征服以前、スーダンには北部にフンジュ・スルタン国、西部にダール・フール・スルタン国というイスラーム国家があり、南部にはディンカ、ヌエル、シルク、アザンデ、バリなど伝統的なアニミズム（精霊崇拝）を信仰する諸民族が居住していた。フンジュ・スルタン国は青ナイル川沿いのセンナールを首都として一時は広大な領域を有したが、一八世紀半ば以降、相次ぐ内憂外患で衰退し、一八二一年にムハンマド・アリーが派遣したエジプト軍によって征服、併合された。他方、ダール・フール・スルタン国はイスマーイールの領土拡大政策で一八七四年に奴隷交易を手掛けていた有力者、ラハマ・ズベイルの私兵によって滅ぼされ、南部スーダンは同じくイスマーイール統治期にエジプトに併合された。

エジプトの統治はスーダンに商品経済の発達をもたらし、広大な領域が電信や汽船など近代的な通信・交通手段によって結ばれた。一方で、エジプト政府は特にイスマーイール統治期以降、スーダン住民に重い税を課した。農民には水車を単位に現金による納税が義務付けられ、交易や塩の売買などに対しても税が課せられた。スーダン勤務は当時のエジプトでは左遷というよりほとんど流刑に近いものであり、それだけにハルツームの総督はじめ官吏の腐敗は著しかった。英国人のゴードン総督による短期間の統治で改善が試みられたものの、その「改革」もスーダンの実情を踏まえた効果的なものではなかった。民衆の不満は沸騰点に達し、あとは広大な地域に散らばる多様な人々を結集する指導者の登場を待つばかりの状況となっていた。そして、奇しくも北のエジプトでオラービー革命が起こったのとまさしく同じ一八八一年にその指導者が現れた。

西暦一八八二年一一月一二日はイスラーム暦（ヒジュラ暦）では一三〇〇年の元旦にあたる。これに先立ついわゆるイスラームの世紀末、スーダンでは「マフディー」（神に導かれた者、ないしは救世主）が現れるという噂が広まっていた。そして、イスラーム暦一二九八年（一八八一年六月二九日）、

マフディーの出現を告げるマフディスト

ハルツームの南およそ一五〇キロメートルにある白ナイル川の中州、アバー島でひとりの男が、自らがマフディーであることを宣言し、全スーダンのイスラーム教徒に自分のもとに結集するよう呼びかけた。マフディー運動の始まりである。オラービー革命が英国の軍事介入によってきわめて短命に終わったのに対し、マフディー運動は以後、数次にわたる英国およびエジプトの軍事介入を退け、およそ一六年間、独自の国家を維持することになる。

予兆はあった。すでに一八二〇年代からスーダンと接する上エジプトで宗教指導者に導かれた大規模な農民反乱が続発していたのである。前出のアリー・バラカート教授（エジプト国立ヘルワン大学）の研究によると、ムハンマド・アリー朝下で最初に発生した大規模な農民反乱は一八二〇年から一八二一年にかけてケナー県（主要観光地ルクソールのある地域）で起こったもので、「アル・サーリフ」（改革者）と呼ばれたシャイフ・アフマドのもとに重税に喘いでいた農民が結集した。続いて、一八二二年から一八二三年にこれもケナー県で同じくシャイフ・アフマドという人物に率いられた農民反乱が発生、この指導者は自らをマフディーと称した。その翌年の一八二四年四月には、同じくケナー県で今度はアフマド・イブン・イドリースという人物に率いられた農民反乱が発生、一時は南のアスワン県にまで広がったが、ムハンマド・アリーが新設した洋式陸軍によって鎮圧された。さらに、イスマーイール統治期の一八六五年にはアスュート県で同じくマフディーを称したアフマド・タイイブという人物による反乱が発生している。奇しくもこれら一連の農民反乱の指導者はいずれも「アフマド」であった。そして、一八八一年六月にスーダンでマフディーを宣言した男の名もまた「アフマド」だった。

「マフディー」ことムハンマド・アフマド（一八四四〜八五年）は、一八四四年八月一二日にスーダン北部、ドンゴラの近くラバブ島で敬虔なイスラーム教徒の船大工の三男として生まれた。幼い頃からハルツームなどでイスラームの諸学を学び、長じてからは新興スーフィー教団（革新的なイスラーム神秘主義教団）のサンマーニーヤ教団に属し、二十代の頃からアバー島を拠点に布教活動を始める。

のちに捕虜として身近に接したヨーロッパ人が残している記録によると、マフディーは肩幅が広いがっしりとした体型で、非常に黒い肌と禿げ上がった前頭部、それに特徴的な鷲鼻を持っていた。その態度は常に穏やかでありながらも堂々としており、人を惹きつける魅力に溢れていたといわれている。雄弁の才にも恵まれており、その説教は常に多くの聴衆を集めていた。

マフディー

ムハンマド・アフマドがマフディーを宣言したとき、スーダンのエジプト当局はこれを深刻なものとは考えていなかった。ムハンマド・ラウーフ総督はマフディーにハルツームに出頭するよう求め、これを拒否されると二個中隊、約二〇〇人の部隊を派遣した。マフディー側（以下、マフディスト）は槍と棍棒以外、武器らしい武器を持っていなかったにもかかわらず、銃を持った鎮圧軍を待ち伏せて、撃退した。ちょうどマフディーの三七回目の誕生日にあたる一八八一年八月一二日のことだった。その後、マフディーはアバー島からより支持者の多いコルドファーン地方のジャバル・カディールに拠点を移した。マフディストは以後、これをイスラームの宗祖、ムハンマドが西暦六二二年に反対勢力が多かったメッカからメディナに移ったことになぞらえて「ヒジュラ」（聖遷）と呼んだ。ジャバル・カディールでもマフディスト側は征討に来たより規模の大きいエジプト軍を二度にわたって壊滅させた。マフディーの信奉者はみるみるうちに膨れあがった。こうして、マフディー運動は「宗教運動」から「革命戦争」へと発展した。

一八八二年夏、大勢力に成長したマフディスト軍はスーダン解放に向けての軍事行動を開始。同九月にはコルドファーン地方の中核都市、エル・オベイドを包囲した。およそ四ヶ月にわたる包囲戦の結果、一八八三年一月一九日にエル・オベイドは陥落、エジプト軍守備隊が保有していた大量の武器・弾薬がマフディスト軍の手に渡った。守備隊のスーダン兵の多くもマフディーに降った。エジプト軍に徴兵され、銃火器の使用訓練を受けていたスーダン兵の参加は、マフディスト軍の戦力を飛躍的に向上させた。事態の悪化に驚愕したエジプト政府は、本格的な征討軍の派遣を決める。エジプト軍はオラービー革命後に解体されていたため、急遽、テル・エル・ケビールの戦いの敗残兵が駆り集められ、インド軍を退役していた英国人のウィリアム・ヒックス大佐の指揮下、およそ九〇〇〇の遠征軍が編成された。ヒックス軍はハルツームからエル・オベイドに向かった。これに対するマフディスト軍の指揮官、アブドゥルラフマーン・アン・ネジューミーの用兵は巧みだった。遊牧民騎兵のゲリラ攻撃によってヒックス軍の補給線を断つ一方、ガイドにスパイをまぎれ込ませ、エル・オベイド南方、シャイカーンの乾燥した叢林地帯に誘い込んだ。一八八三年一一月五日、飢えと渇きに疲弊したヒックス軍をおよそ五万のマフディスト軍が襲った。遠征軍は壊滅し、ヒックスとヨーロッパ人幕僚は全て戦死した。

全スーダンがこの戦勝に沸いた。マフディーの盛名はさらに高まった。一九九一年の湾岸戦争の際、戦争の勝利の概念が中東と欧米などでは異なることがよく指摘された。サダム・フセインは欧米の軍隊に立ち向かったという事実だけで中東の民衆の間では英雄視された。マフディーの場合、ヨーロッパ人が指揮する軍隊に完勝したのである。スーダン民衆に与えた衝撃ははかり知れないものがあった。

ヒックス

蜂起はたちまち全土に拡大した。東の紅海沿岸では、英国当局によって奴隷交易などを摘発されて生活の糧を失っていたウスマン・ディグナがベジャ系部族とともに蜂起する。ウスマン・ディグナはゲリラ戦の達人で、エジプト軍の攻撃をたびたび撃退し、その拠点、シンカットとトーカルを包囲するとともに、紅海沿岸の重要な港湾都市であるサワーキンを脅かした。エジプト政府は、守備隊救援のため、一八八三年一二月に残る唯一の戦力である憲兵隊三六〇〇を派遣した。遠征隊の指揮は、探検家でエジプトの領土拡大にも貢献したサミュエル・ホワイト・ベイカーの弟のヴァレンタイン・ベイカーがとった。だが、このベイカー遠征軍も一八八四年二月四日にウスマン・ディグナの部隊に襲撃されて、壊滅する。ベイカーはヨーロッパ人の幕僚とともに血路を開いて脱出したが、遠征軍が保有していたライフル三〇〇〇丁、大口径のクルップ砲六門などの近代兵器がマフディスト軍の手に渡った。それから二〇日を経ずしてシンカットとトーカルは陥落した。他方、西部ではマフディスト軍が元オーストリア軍人のルドルフ・カール・フォン・スラティンが統治していたダール・フール地方を攻略（一八八三年一二月）、西南部では英国人のフランク・ラプトンが統治していたバフル・エル・ガザル地方を占領（一八八四年四月）、首都ハルツームの陥落ももはや時間の問題となった。

《ハルツームの陥落》

スーダン情勢の急速な「悪化」は、エジプトを占領統治している英国でも大きな政治問題になっていた。こうしたなか、主要閣僚やマスコミからは、かつてスーダン総督を務めたゴードンを事態打開のため、ハルツームに派遣すべきであるとの意見が出された。政府内では自由党政権における帝国主義派といわれた外務大臣のグランヴィル卿や陸軍大臣のハーティングトン卿がこの意見を支持し、ゴードン自身も乗り気になっていた。だが、すでに自らの主義に反して軍事介入に踏み切らざるを得なかった首相のグラッドストンはこれ以上、「エジプト問題」に関与することを嫌った。英国政府は残留しているエジプト軍守備隊をスーダンから撤退させることを決定した。そして、グランヴィル卿とハーティングトン卿は「ゴードン将軍は、現状を報告し、エジプト軍守備隊などのスーダンからの撤退のための最もよい手段を助言するためのレポーターとして、スーダンに赴く」という官僚的な玉虫色の説明で渋る首相を説得した。

ゴードンは一八八四年一月末にエジプトに到着し、同二月一八日にはハルツームに着任した。だが、事態は英国政府の想定をはるかに超えるほど悪化していた。蜂起はすでに全国各地に広がり、ハルツームとカッサラ、センナール、サワーキンに残留していたエジプト軍守備隊は相互に連絡を絶たれ、孤立していた。いったんエジプト軍の撤退が発表されると、それまでエジプト側につくか中立的な立場をとっていた部族が一斉にマフディー側につくことは明白で、しかもエジプト軍の撤退をマフディー側が黙って見過ごすとは考えられず、増援軍の派遣なしでの撤退は実際上、不可能だった。ゴードンは英本国に増援軍の派遣を要請した。これに対し、グラッドストンは将軍がレポーター（報告者）としての任務を逸脱しているとして、態度を硬化させた。そうこうしているうちに事態は急速に悪化、ゴードンがハルツームに到着した翌月の三月一二日にはハルツーム北方の部族がマフディー側につき、カイロとの電信線を切断して

ゴードン

河川交通を遮断、三一七日間にわたるハルツーム包囲戦が始まった。

他方、英本国では「ゴードン将軍を救出すべきである」との世論が日に日に強まっていった。敬虔なキリスト教徒の将軍は国民の英雄だった。ヴィクトリア女王もハーティングトン卿を呼び出し、ゴードンを救出するよう言い渡した。一八八四年八月八日、グラッドストン首相はついにスーダンへの遠征軍の派遣を発表。同九月末、ゴードンの友人でテル・エル・ケビールの戦いを指揮したガーネット・ウルズリィの指揮下、救援軍七〇〇〇がエジプトを発ち、スーダンに向かった。ヒックス軍壊滅の記憶はまだ生々しく、ウルズリィ軍は慎重に南下した。一方、救援軍の南下を知ったマフディスト軍はハルツームへの攻勢を強める。翌一八八五年一月一五日、白ナイル川を挟んでハルツームと向かい合うオムドゥルマーンの要塞が陥落した。そして、一月二六日の午前三時、ナイル川の減水で干上がった壕を越えて五万のマフディスト軍がハルツームに突入した。ハルツームは陥落、ゴードンは総督官邸で奮戦し、戦死した。ナイル川を遡行してきた救援軍の先遣艦艇がハルツームに差し掛かったのは、そのわずか二日後、ちょうどゴードンの五二回目の誕生日にあたる一月二八日のことであった。

ゴードン将軍戦死の報に英国の世論は激昂した。国民の怒りは救援軍派遣をためらい続けたグラッドストンに向けられた。それまで「GOM」（Grand Old Man：大老人）と呼ばれて敬愛されていた七五歳の老宰相の評判は地に落ち、官邸に押し寄せた群集は逆に「MOG」（Murderer of Gordon：ゴードン殺し）と呼んで罵倒した。英国政府は一時はウルズリィにマフディスト軍征討を命じるが、救援軍の規模や装備が本格的な軍事作戦を展開するには不十分なことを指摘されると、態度を変え、撤退を命じた。英国・エジプト軍はナイル川第二カタラクト（岩礁の多い急流）の北、ワーディ・ハルファーと紅海沿岸のサワーキンを除いて全面撤退した。当時の英国でも世論は熱しやすく、また冷めやすかった。数ヶ月もたつと世論の関心はインドで起こった別の危機に移り、総選挙でグラッドストンを破って政権を握った保守党のソールズベリー内閣（第一次、一八八五〜八六年）もスーダン不関与政策を継続した。

スーダンでは、今やマフディーの権威に異を挟む者はいなかった。マフディーは三度までもヨーロッパ人が指揮する軍隊を打ち破り、ハルツームを陥落させた。ウルズリィ軍の撤退も「マフディーを恐れたため」と解釈された。全土からマフディーを称える民衆がオムドゥルマーンに集まった。マフディストが着ているつぎあてのついた粗末な服、ジュッバは正しいイスラーム教徒の象徴となった。ここに、マフディーは新しい神政一致の国家を創設した。この新国家では、マフディーに従う者のみが「真のイスラーム教徒」とされ、その間では肌の色や部族の違いなどによる差別は撤廃された。他方、マフディーを信じない者は「不信仰者」（カーフィル）とされ、オスマン帝国のスルタンやエジプト副王など既存の権威は完全に否定された。オラービーらの革命が既存の体制のなかでの権力闘争の域を脱し得なかったのに対し、マフディーは全く新しいビジョンに基づく独立国家を建設した。

マフディー廟（オムドゥルマーン）

このマフディスト国家は一九九〇年代半ばにアフガニスタンに誕生したタリバン（ターリバーン）政権と多くの類似点を持っている。双方とも当初はさほどたいした勢力とはみられていなかったが、急速に勢力を拡大して、その時点の世界の大国を翻弄するに至った。また、双方とも厳格なイスラーム国家の建設を目指した。マフディスト国家でも、飲酒や喫煙、歌舞音曲は厳禁された。裁判はイスラーム法に基づいて行われ、窃盗に対する手首切断などの刑も厳格に執行された。欧米世界の多くから「前近代的で野蛮な政権」とみられていたという点でも共通している。大きな違いは、マフディーにはタリバン指導者のムハンマド・オマルよりはるかに強烈なカリスマ性があったことである。だが、そのマフディーはスーダン解放の栄光を十分に享受することなく、ハルツーム占領後、間もない一八八五年六月二二日に急逝した。享年四〇。後宮の女性による毒殺も噂されたが、一般にはチフスないしは天然痘による病死といわれている。

《後継者：アブドゥッラーヒ》

マフディーは生前から自らの補佐として、イスラームの預言者ムハンマドのあとを継いだ四人の「正統カリフ」にならって同じく四人の「カリフ」（アラビア語ではハリーファ）を指名していた。マフディーのあとを継いだのは、そのうちの最有力者で「第一カリフ」のアブドゥッラーヒ・イブン・ムハンマド（一八四六〜九九年）である。アブドゥッラーヒはコルドファーン地方のバッガーラ遊牧民タアーイーシャ部族の出身で、マフディーのようなカリスマ性はなかったが、きわめて用心深く、かつ精力的な人物だった。組織を作り上げ、それを運営する能力にも優れていた。アブドゥッラーヒの統治は、イラクを支配したサダム・フセイン政権とも類似している。サダム・フセインが親族と同郷のティクリート出身者で政権を固め、強力な秘密警察で国民を支配したように、アブドゥッラーヒも親族を筆頭とするバッガーラ遊牧民で要職を固め、全国にスパイ網を張り巡らせて反対勢力を摘発した。牛の放牧を生業とするバッガーラ遊牧民は貧しいスーダンのなかでも特に貧しく、それだけに精悍で、かつ団結力が強かった。これが、マフディー亡きあと、アブドゥッラーヒの政権が一四年間にわたって続き得た大きな要因となった。

アブドゥッラーヒは政権掌握後、マフディーの遺志を継ぎ、版図の拡大を図った。東部では、一八八九年三月にエチオピアと交戦し、かつてエジプトの侵入を撃退した敵王ヨハネス四世を戦死させた。北部では、実質的な国境となっていたワーディ・ハルファーを越え、エジプト領内およそ六〇キロメートルまで進出した。さらに、ドイツ人医師のエドワード・シュニッツァー（エミン）が統治していた南部赤道州（エクアトリア）にも遠征軍を派遣した。だが、一八八九年を境にその勢いは止まる。北部では、ヒックス軍壊滅とハルツーム陥落の立役者、ネジューミー率いる遠征軍がワーディ・ハルファーの北、トゥーシュキー村の戦いでエジプト軍に惨敗する（一八八九年八月三日）。国境を越えて北上した五〇〇〇人の部隊のうち、生還したのは八〇〇人強にすぎなかった。ネジューミー自身もこの戦闘で戦死した。紅海沿岸では、英軍の攻勢にウスマン・ディグナが拠点のトーカルを奪われ、後退を余儀なくされていた（一八九一年二月）。東部でも、態勢を強化したエチオピア軍の前に敗退。エリトリアを併合していたイタリア軍からも攻撃を受け、一八九四年七月にはバラティエリ将軍によってスーダン東部の交通の要衝、カッサラを奪われた。さらに、支配部族のバッガーラ遊牧民とマフディーの親族など北部のナイル沿岸部族との間で内紛が続いた。相次ぐ外征と内紛、腸チフスや天然痘など疫病の蔓延、そして飢饉で、一説では、当初、およそ九〇〇万あった人口は二〇〇万程度にまで激減したといわれている。アブドゥッラーヒ以降のマフディスト国家は民生にあまり意を払わなかったという点でもタリバン政権と共通している。このため、産業は衰退し、交易は途絶、国力は極端に疲弊していった。

他方、英国では一八九〇年代に入り、再びスーダン派兵に向けての議論が高まっていた。当時、英国はじめヨーロッパ世界ではマフディスト国家を一種の絶対悪とみなす傾向が強かった。前出のミルナーが著した『エジプトにおける英国』（一八九二年）やマフディストの捕虜となり、のちに脱出したフォン・スラティンやオーストリア人のヨーゼフ・オールワルダー神父らの手記（フォン・スラティン『スーダンの火と剣』、オールワルダー『マフディー陣営での一〇年間の捕虜生活』）によってマフディスト国家の実情が伝えられると、その（ヨーロッパ人にとっての）「野蛮さ」や「非人道性」が盛んに喧伝された。奴隷交易が復活したこともこうした嫌悪感を増幅させた。すでにオラービー革命の頃から英国などヨーロッパ世界では「イスラームの脅威」が声高に議論されていたが、マフディスト国家の伸長についてはこれを「キリスト教信仰に対する挑戦」とみなす極端な意見すらあった。こうした世論の高まりに加えて、英政界では一八九五年、グラッドストンを継いだローズベリーの自由党内閣が倒れ、ソールズベリーが率いる保守党の長期安定政権（第三次、一八九五～一九〇二年）が誕生していた。

国際情勢も英国にスーダン派兵を急がせた。ベルリン西アフリカ会議以降、ヨーロッパ列強はアフリカの植民地化を進め、一八九〇年までにはその多くが分割され、残る土地を巡って各列強はしのぎを削っていた。そして、一八八二年以来、アフリカの分割を巡って英国と対立していたフランスは、ヨハネス四世の死後、エチオピアを再統一したメネリク二世（在位一八八九～一九一三年）と結び、ナイル川上流地帯の領有を目指して、ジャン・バチスト・マルシャン少佐（一八六三～一九三四年）率いる約二〇〇人の遠征隊を組織し、フランス領コンゴからスーダン南部に向けて出発させた。フランスにナイル川の水源地帯、すなわちエジプトの貴重な水資源を扼されることは、英国にとって死活問題だった。マルシャン遠征隊の到着以前に南部スーダンを制圧することが喫緊の課題として急浮上した。さらに、エジプトの財政や軍備もこのとき、大規模な軍事作戦が実施できるまでに再建されていた。スーダン派兵に向けての全ての条件は揃った。

《挫折：オムドゥルマーン》

一八九六年初頭、失敗に終わったウルズリィ救援軍に少佐として従軍したホレイショ・ハーバート・キッチナー将軍（一八五〇～一九一六年）率いる英国・エジプト連合軍がワーディ・ハルファーに集結した。キッチナーはこのとき四五歳、すでに英軍きっての有能な指揮官としての評価が確立していた。そのもとには、のちに駐エジプト高等弁務官としてエジプト統治にあたることになるレジノールド・ウィンゲイトや弱冠二三歳のウィンストン・チャーチル、いずれも英国海軍の指揮官とし

（上）マフディスト軍の武器
（下）英軍が使用した機関銃
（オムドゥルマーン・ハリーファ・ハウス博物館蔵）

て名を残すフッドやケッペル、ビーティ、コルヴィル（いずれも砲艦を指揮）など有能な人材が集った。一八九六年三月、遠征軍はハルツーム目指して出発した。これまでのスーダン遠征は補給線が伸びきったところを地勢に習熟したマフディスト軍に襲われて失敗しており、作戦成功の鍵は、いかに兵站を確保するかにかかっていた。この点、工兵科出身のキッチナーはまさに適任だった。将軍は鉄道を敷設しながら慎重に南下した。一八九六年九月二三日には北スーダンのドンゴラを占領。その間、ワーディ・ハルファーからヌビア砂漠を越えて鉄道の建設が進められ、翌一八九七年一一月四日には鉄道はナイル川第四カタラクトと第五カタラクトの中間地点にあるアブー・ハマドに到達した。川沿いの小村は一転して、一大兵站基地となった。

迎え撃つマフディスト軍は、支配部族バッガーラ遊牧民の騎兵隊、北部ナイル沿岸地帯のジャアリー、ドンゴラ両部族の駱駝部隊、元エジプト軍兵士を中心とする銃火器部隊、そして様々な部族からなる刀槍部隊で構成され、最盛期にはその戦力はおよそ一〇万五〇〇〇人に達していた。兵器もエジプト軍から捕獲した約四万丁の小銃と大口径のクルップ砲を含む六七門の大砲を保有しており、銃砲弾の自製能力も持っていた（現在は博物館になっているオムドゥルマーンのアブドゥッラーヒの邸宅跡にはマフディスト軍が使った銃弾製造機械が残されている）。だが、兵器の多くは老朽化が進み、なかには世紀初頭の主力兵器であるマスケット銃などもあった。これに対し、キッチナー軍は機関銃やボルトアクション式のライフル、駐退機付きの大砲、そして飛躍的に破壊力を増した新兵器のリダイト弾などを携行していた。すなわち、両軍の兵器の間にはすでに著しい隔たりが生じていたのである。しかも、国力が著しく疲弊していたうえに、内紛で北部ナイル沿岸部族と対立したことなどから、マフディスト軍は南下するキッチナー軍に対して有効な手が打てなかった。

マフディスト軍の砦（オムドゥルマーン）

一八九八年初め、それまで水源がなく、南下が困難とみられていたヌビア砂漠に鉄道が敷設されたことを知ったアブドゥッラーヒは、急遽、甥のマハムード・アフマドとウスマン・ディグナ率いる一万九〇〇〇の軍を北上させた。同四月八日、両軍はナイル川とアトバラ川が合流する要衝、アトバラで激突した。結果は、マフディスト軍の惨敗に終わった。指揮官のマハムードは捕虜となった（ウスマン・ディグナは危うく戦場を逃れた）。同九月一日、キッチナー軍はついに首都オムドゥルマーンの北方一〇キロメートル地点に到達した。翌九月二日に行われたオムドゥルマーンの戦いは、チャーチルの自伝『わが半生』とそれを映画化した『戦争と冒険』（コロンビア映画）のクライマックスにもなっている。砂漠の波頭を越えて雲霞のごとく押し寄せてきたマフディスト軍は、英国・エジプト軍の一斉射撃とナイル川に停泊した砲艦からの砲撃によって次々と薙ぎ倒された。払暁に始まった戦闘は、午前一一時半には終了した。マフディスト軍は総兵力の実に半数以上にあたる二万七〇〇〇人の死傷者を出して壊滅した*。一方、キッチナー軍の損害は戦死四八人、負傷三八二人にすぎなかった。その多くは、「戦史上、最後の騎兵突撃」（チャーチル）といわれる第二一槍騎兵連隊の突撃の際に生じたものだった。オムドゥルマーンの戦いの二日後、キッチナーはハルツームに入城し、ゴードンが戦死した旧総督官邸にエジプトと英国の国旗を掲揚した。知らせを聞いたヴィクトリア女王は、その日の日記に「ゴードンの復讐はたしかに果たされた」と記した。

ハルツーム占領後、フランスのマルシャン遠征隊がスーダン南部のファショダ（コドク）に到着したという情報を得たキッチナーは、急遽、三〇〇人の将兵を率いてナイル川を南下し、一八九八年九月八日にマルシャンと会見して、フランス軍の撤退を求めた。マルシャンは撤退に応じず、会見は不調に終わった。問題の解決は本国政府間の交渉に移されたが、両国ともスーダン南部の領有権を主張、世論も激昂し、あわや戦争の一歩手前というところまで事態は緊迫した。いわゆる「ファショダ事件」である。結局、スーダン南部に十分な兵力を配置していなかったフランスが妥協した。翌一八九九年三月二一日、「英仏協定」が成立し、英国・エジプト領とフランス領との国境が画定された。これに先立つ一八九九年一月一九日には、英国・エジプト両政府の間で「スーダン・コンドミニウム協定」が調印され、スーダンは両国が主権を行使する「共同統治下」（コンドミニウム）に置かれること

陥落したオムドゥルマーン

となった。ただし、「立法および行政の運用は英国政府の手に帰する」とされたため、実質的には英国による統治であった。初代スーダン総督にはキッチナーが就任した。

アブドゥッラーヒはオムドゥルマーンの戦場から危うく逃れたが、一八九九年一一月二四日、マフディー運動発祥の地であるアバー島の南、ウンム・ディワイカラートでウィンゲイトの部隊に捕捉され、付き従っていた政権幹部とともに戦死した。ゲリラ戦の達人、ウスマン・ディグナはこのときも危地を脱したが、翌一九〇〇年一月一九日、紅海沿岸のサワーキン近郊で警官隊によって捕縛された。逮捕されたときすでに六四歳だったウスマン・ディグナは、その後も長生し、一九二六年に九〇歳で没した。死の二年前には許されてメッカ巡礼を果たすなど、最後まで精力的だった。マフディストの残存勢力は、その後も各地で抵抗を続けたが、次第にそれも終息した。その後、

＊――英軍がこの戦闘で初めて新兵器のリダイト弾を使用したことは、湾岸戦争で米軍が劣化ウラン弾を使用したことを想起させる。リダイト弾の破壊力は凄まじく、戦場には首や手足をもぎ取られたマフディスト兵の死体が散乱した。スーダンの歴史研究家のハミード・マハムード氏は、このことを取り上げて、「仮に交戦相手が欧米のキリスト教国であれば一八九〇年代の英国も一九九〇年代の米国も新兵器の使用をためらったであろう」と述べている。

現在のマフディスト

マフディスト勢力はマフディーの末子で卓越した指導力を持つアブドゥルラフマーン・アル・マフディー（一八八五〜一九五九年）のもと再び結集するが、以後は穏やかな社会改革を目指す立場に移行した。アブドゥルラフマーンの孫、サーディク・アル・マフディー（一九三五年〜）は、オックスフォード大学を卒業後、一九六一年にマフディスト勢力を基盤とするウンマ党（一九四五年結成）の党首となり、一九六六〜六七年、一九八六〜八九年と二度にわたって首相を務めるなど、現代のスーダン政治において重要な役割を果たした。

マフディスト軍を破ったキッチナーは、スーダン総督を務めたのち、ボーア戦争（第二次、一八九九〜一九〇二年）でも英軍を指揮、そして一九一一年から一九一四年までは英国の駐エジプト総領事兼代表としてエジプトの統治に携わった（後述）。元帥に昇進した一九一四年には、アスキス首相に要請されて陸軍大臣として入閣、第一次世界大戦の戦争指導にあたった。開戦時からすでに長期戦や総力戦を予想するなど、その先見性は各国の戦争指導者のなかでも群を抜いていた。そして、戦争中の一九一六年六月五日、巡洋艦ハンプシャーに乗って同盟国ロシアに向かう途上、北海で触雷、沈没した乗艦と運命を共にした。享年六五。ロンドンでもこよなく愛したエジプト・スーダンの地に戻ることを望み続けていたと伝えられている。なお、熱帯植物の収集が趣味だったキッチナーはオムドゥルマーンで戦勝を収めた帰路、アスワンに立ち寄り、ナイル川の中州に様々な種類の熱帯植物を植えさせた。それらの植物は一〇〇年以上経った今日でも花を咲かせ、その中州、キッチナー島はアスワンの主要な観光スポットになっている。キッチナー軍に従軍した主要人物のなかでおそらく最も長生したのはチャーチルであろう。チャーチルは、その後、植民大臣としてハルツームを再訪したほか、オムドゥルマーンの戦いから実に半世紀以上経った一九五三年二月一二日には今度は英国首相として革命後のエジプト政府とスーダンの行く末を決める「スーダンの自治および自決に関する英国・エジプト協定」を締結するなどこの地と関わり続けた。

「歴史は繰り返す」とはよくいわれるが、このオラービー革命からオムドゥルマーンの戦いに至る諸情勢は、二〇世紀末から二一世紀初頭にかけての国際情勢とも多くの類似点を持っている。一九九〇年代以降、冷戦の終結とともに欧米世界ではそれまでの共産主義に代わって、イスラーム、とりわけイスラーム主義を脅威とみなす傾向が強まっている。他方、イスラーム世界ではいわゆるグローバリゼイションの名のもとに逆に欧米文明に飲み込まれるのではないかとの警戒感が強く、これがイスラーム回帰の大きな原動力ともなっている。同様に、一九世紀後半にオラービー革命とマフディー運動が盛り上がったとき、ヨーロッパでは「イスラームの脅威」が声高に議論され、一方、イスラーム世界ではヨーロッパ列強が「白人の重荷」(ラドヤード・キプリング)の美名のもとに植民地化を進めるなか、「キリスト教による脅威」が叫ばれた。ナイル川水源探索の歴史を追ったアラン・ムーアヘッドの『白ナイル』(一九六〇年)は、オムドゥルマーンの戦いで締めくくったその最終章を「キリスト教の勝利」(*The Christian Victory*)と題している。

（四）実務家　クローマー卿

《英国統治の始まり》

一八八二年九月一四日にカイロを軍事占領した英国は、以後、第一次世界大戦勃発後の一九一四年一二月一八日に保護領化するまできわめて特異な形態でエジプトを統治した。この間、エジプトは名目的にはオスマン帝国の一属州であり、そこには独立国家とほぼ同等の広範な自治権を持つ世襲制の副王がいた。しかし、エジプトの実質的な支配者はスルタンでも副王でもなく、「総領事兼代表」という地味な肩書を持つ英国人官吏であった。そして、一八八三年から一九〇七年までその任にあって辣腕を振るったのが、イーヴリン・ベアリング、のちのクローマー卿（一八九二年叙位）である。オラービー革命は挫折したが、エジプトはこの極め付きの「実務家」を得たことで、経済的には目覚しい「戦後復興」を果たすことになる。

クローマー卿は、一八四一年二月二六日にイングランド東部ノーフォーク州クローマーに生まれた。有名なマーチャント・バンカーであるベアリング一族*の出身で、ウーリッジ陸軍士官学校を卒業後、砲兵将校となるが、一八七二年、三一歳のときに従兄弟にあたるインド総督、トーマス・ジョージ・ベアリング（ノースブルック卿）の秘書としてインドに渡り、以後、文官に転身する。インドでその卓越した行政手腕を認められ、一八七七年、三六歳のときに公債整理委員会の英国側委員としてエジプトに着任した。これが、およそ三〇年近くにわたるエジプトとのつながりの始まりだった。一八八三年、再びインドに戻っていたクローマー卿は、今度は総領事兼代表としてエジプトに呼び戻され、オラービー革命後のエジプトの統治という重責を任された。そして、ほぼ四半世紀にわたる任期を通じて、破綻状態にあったエジプト経済を再建し、行財政改革や司法改革など一連の改革を実施した。その統治に対しては、「エジプト人を対等の人間として扱わなかった」（アリー・バラカート教授）、「英国にとって利益になる農業振興のみを重視して、工業化を阻害し、教育等を軽視した」（エジプトの歴史家、アファフ・ルトフィー・アッ・サイイド・マルソー教授）などの批判もなされている。だが、戦勝国による敗戦国の再建統治という試みは第二次世界大戦後のＧＨＱによる日本占領政策を七〇年以上先取りするものであり、少なくとも経済・財政再建面では目覚しい成果をあげた。

クローマー卿の統治について詳述する前に、英国がエジプトを統治することになった経緯について触れておかなければならない。少なからぬ歴史書が英国のエジプト統治について、「スエズ運河の独占的支配のため、オラービー革命による混乱の収拾を口実にエジプトを軍事占領し、その後は〝治安が回復次第、撤退する〟を繰り返しながら占領を既成事実化し、実質的にエジプトを植民地化した」

＊——一七一七年にドイツから移民し、繊維製品のビジネスで財をなした。一七六二年にフランシス・ベアリングが英国最古のマーチャント・バンク、ベアリングズ銀行を設立。同行は、一九九五年二月にシンガポール支店のトレーダー、ニック・リーソンがデリバティブ取引で出した巨額の損失により破綻した。

クローマー卿

としている。だが、スターリン時代のソ連ならばともかく、選挙と世論に左右される英国のような国で、政府が数十年間、一貫した戦略に基づいて外交政策をとり続けることは不可能ではないまでもきわめて困難である。むしろ、すでにオラービー革命の稿でもみてきたように英国は情勢に半ば押し流されるような形で軍事介入に踏み切り、そして少なくとも一八九〇年代の前半までは諸般の事情により「占領の継続を余儀なくされた」というのが実情に近い。

まず、オラービー革命後、エジプト軍は副王の命令で解体されており、国内の治安回復のためには英軍の駐留が必要であった。エジプト人は認めたがらないが、在留ヨーロッパ人のみならず、政治的混乱による治安悪化に辟易していた少なからぬエジプト人が当面の間、英軍の駐留を受け入れたのはまぎれもない事実である。治安がある程度、回復してからは、今度はマフディスト軍によって憲兵隊等エジプトの残存戦力が壊滅させられたことで、エジプトの防衛のために英軍の駐留が不可欠となった。当時、カイロやアレキサンドリアではマフディスト軍のエジプト占領の危険性が現実味を持って語られていた。マフディスト軍の脅威がある程度去ったあと、英国はオスマン帝国にエジプトの防衛を肩代わりさせ、撤兵することを図った。一八八七年五月二二日に外交当事者間で調印された「英土協定」では、「英軍は、同協定の締結後、三年以内にエジプトから撤退し、その後、万が一、エジプトの安全が脅かされるような事態が生じた場合には、英国とオスマン帝国が共同軍事行動をとる」とされていた。だが、この協定は英国のエジプトにおける「優先権」が条約に明記されることを嫌ったフランスがロシアとともに強硬に反対したため、スルタンの批准が得られず、結局、流産した。こうして、英軍の駐留は長期化し、次第に既成事実化していったのである。

二〇〇一年のアフガニスタン戦争の際も、またその二年後のイラク戦争の際も、戦争そのものよりも戦後の国家再建の方がはるかに困難であることがよく指摘された。一八八二年にエジプトを軍事占領した英国も同様の困難な課題を抱え込んだ。長年にわたる政治的混乱で、エジプトの支配者である副王の権威は失墜し、軍は解体され、統治機構も財政も破綻状態にあった。さらに、マフディストの蜂起によってエジプトそのものが危険にさらされていた。外交面でも、英国が突如、エジプトにおいて圧倒的な地位を占めたことに他の列強は反感と嫉妬を抱いており、長く友好関係にあったオスマン帝国との関係もぎくしゃくし始めていた。英国としては、スエズ運河の安全と自国の債権者の利益を守るため、また外交上の見地からも、一刻も早くエジプトの統治機構と財政、それに軍備を再建させ、駐留英軍を撤退させる必要があった。

英国政府はエジプト占領後、まず駐コンスタンティノープル大使であるダファリン卿（一八二六～一九〇二年）を派遣し、現状の調査と今後の対策についての報告書を作成させた。一八八三年二月六日に本国政府に提出されたこの報告書が、その後の占領統治の指針となった。二ヶ月後の五月一日には、同指針に基づいて（エジプト国家）「組織法」が制定され、エジプトの国家機構として内務大臣を兼任した首相以下、六人の大臣から構成される「閣僚評議会」のほかに、諮問機関として「地方評議会」「立法評議会」、それに「国会」の三つの機関が創設された。このうち、全国一四ヶ所に設けられた地方評議会は、有権者（一年間で五〇エジプト・ポンド以上を納税した三〇歳以上の読み書きができる男子）の選挙によって選出される三人から八人の議員で構成され、道路や灌漑設備の整備など地域の問題を扱うこととされた。立法評議会（月一回、カイロで開催）は、副王が任命する一四人の議員と一六人の地域代表から構成され、予算や立法に関する諮問機関としての役割を担わされた。国会は、八二人の議員で構成され、これも基本的には諮問機関であったが、例外として新税については国会の承認なしでは導入できないことが定められた。国会議員（任期六年）のうち四六人は選挙で選ばれ、その他三六人のうち六人は各省の大臣が、三〇人は立法評議会議員が兼任した。（国会は、二年に一回、カイロで開催されることになっていたが、実際にはめったに開催されなかった。）

英国統治の拠点となったカイロの英国領事館

そして、実質的な権限は総領事兼代表を筆頭に各省庁に「アドバイザー」として配置された英国人官吏が握った。例えば、閣僚評議会に出席する権利を持っていた英国人財政顧問には拒否権が与えられていた。副王ですら英国当局の決定事項については拒否権を行使しえなかった。クローマー卿がエジプトに着任したのは、「ヴェールに包まれた保護領制度」（veiled protectorate）とも呼ばれるこうした占領統治政策の基本が固まった一八八三年九月一一日のことであった。

《戦後復興》

クローマー卿は着任後、まず各省庁の歳出にシーリングを設けるなどの財政改革を進める一方、農地の質に応じて税率を見直すなどの税制改革を実施した。そして、財政基盤の強化のため、灌漑設備の建設、拡充など大規模な農業開発に着手した。一八八五年三月一七〜一八日に英国政府がアレキサンドリア大暴動による火災（一八八二年七月）の損害賠償を条件に各債権国を説得して、九〇〇万スターリング・ポンドの新規融資を取り付けたことで、こうした大規模な灌漑プロジェクトの実施が可能になった。この新規融資はアレキサンドリア大火災の損害を賠償し、しかも一八八二年来の混乱による財政悪化を補って余りある規模のものであった。新規融資のうち、一〇〇万スターリング・ポンドが灌漑プロジェクトに割り当てられた。技術・ノウハウ面でも、英国はウィリアム・ウィルコックス（一八五二〜一九三二年）やウィリアム・エドムンド・ガースティン（一八四九〜一九二五年）などに代表されるようにインド亜大陸での灌漑プロジェクトに従事した経験を持つ優秀な技術者を多数抱えており、これが効果的で効率的な灌漑プロジェクトの推進を可能とした。

デルタ・バラージュなど既存の灌漑設備が修復されたほか、それまであまり着手されていなかった上エジプトにおける灌漑設備の建設が進められ、一九〇二年にはアスユート・バラージュが、一九〇八年にはエスナ・バラージュが完成した。一八九八年には、アスワン市街の南、五キロメートル地点で前出のウィルコックスとガースティンの設計による大規模なダムの建設が着工された。この五七年

19世紀末、クローマー卿統治期のカイロ
（上）中央駅。駅の建物は現存
（下）アタバ広場。中央消防署（中央後方）の建物は現存

後にナセルがアスワン・ハイ・ダムの建設を発表したときに世界的規模で沸き起こった「遺跡かダムか」の議論はこのときもあった。ダムの建設によって水位が上がり、フィラエ島にあるイシス神殿やハトホル神殿など古代エジプトの遺跡が水没することが指摘されたのである。[*1]だが、このときも建設推進派の意見が通り、四年の歳月を経た一九〇二年、アスワン特産の花崗岩を積んだ一〇億トンを貯水するアスワン・ダム[*2]が完成した。

灌漑設備の建設・拡充によって、上エジプトにおいても通年灌漑が可能となり、パトリック・オブライエンによると、[*3]エジプトの作付面積は一八八〇～八四年の五七五万四〇〇〇フェッダンから一九〇五～〇九年には七五九万五〇〇〇フェッダンに拡大した。この間、主要な外貨獲得源である綿花の年間生産量は二七三万三〇〇〇カンタールから約二・五倍の六七五万一〇〇〇カンタールに拡大した。綿花の年間輸出量（平均）も一九〇五～〇六年には六〇三万三〇〇〇カンタールに達した。農作物の

書籍のタイトル

◆本書を何でお知りになりましたか？

□新聞・雑誌の広告…掲載紙誌名[

□書評・紹介記事……掲載紙誌名[

□店頭で　□知人のすすめ　□弊社からの案内　□弊社ホームペー

□ネット書店 [　] □その他[

◆本書についてのご意見・ご感想

■定　価　□安い（満足）　□ほどほど　□高い（不満）

■カバーデザイン　□良い　□ふつう　□悪い・ふさわしくな

■内　容　□良い　□ふつう　□期待はずれ

■その他お気づきの点、ご質問、ご感想など、ご自由にお書き下さい。

◆本書をお買い上げの書店

[　市・区・町・村　書店

◆今後どのような書籍をお望みですか？

今関心をお持ちのテーマ・人・ジャンル、また翻訳希望の本など、何でもお書き下さい。

◆ご購読紙　(1)朝日　(2)読売　(3)毎日　(4)日経　(5)その他[　新

◆定期ご購読の雑誌 [

ご協力ありがとうございました。

ご意見などを弊社ホームページなどでご紹介させていただくことがあります。　□諾　□

◆ご 注 文 書◆　このハガキで弊社刊行物をご注文いただけます。

□ご指定の書店でお受取り……下欄に書店名と所在地域、わかれば電話番号をご記入下

□代金引換郵便にてお受取り…送料+手数料として300円かかります（表記ご住所宛の

書名	
書名	

ご指定の書店・支店名	書店の所在地域 都・道 府・県　市 町
	書店の電話番号　(　)

郵便はがき

料金受取人払郵便

神田支店
承認

9124

差出有効期間
2013年 3 月
13日まで

切手を貼らずに
お出し下さい。

101-8796

5 3 7

【受 取 人】

東京都千代田区外神田6-9-5

株式会社明石書店 読者通信係 行

お買い上げ、ありがとうございました。
今後の出版物の参考といたしたく、ご記入、ご投函いただければ幸いに存じます。

ふりがな お名前	年齢	性別

ご住所 〒 -

TEL ( ) FAX ( )

メールアドレス	ご職業（または学校名）

図書目録のご希望 □ある □ない	＊ジャンル別などのご案内（不定期）のご希望 □ある：ジャンル（ ） □ない

アスワン・ダム

品種改良や二年周期輪作農法の普及、農産物の効率的な輸送のための軽鉄道や農業道路の建設なども進められた。英国の統治のなかでも、この農業開発はエジプトの国民各層から非常に高く評価された。ガースティンがエジプトでの勤務を終えたとき、反英民族主義を唱えていた新聞ですら、「農民、商人、そして資本家に至るまですべてのエジプト国民がガースティンの名を唱えるとき、その業績に対する尊敬と感謝の念を禁じ得ない」と報じたほどであった。

一連の政策が功を奏し、英国による占領統治の開始から九年後の一八九一年には財政収支は黒字に転換し、一八九六年までにはエジプトの財政再建は完了した。歳入は一八八三年の八九三万四六七五エジプト・ポンドから一八九六年には一一〇一万五七〇二エジプト・ポンドに拡大し、同年からは大規模な減税も実施された。減税は直接税、間接税双方に及

＊1――フィラエ島の遺跡は、ユネスコとエジプト政府によって地勢がよく似たアギルキア島に移築され、現在ではアスワンの主要な観光スポットになっている。

＊2――アスワン・ダムは、その後、一九〇七年、一九一二年、一九三四年と三回にわたり、拡張工事が行われた結果、容積は五三億立方メートルにまで拡大した。

＊3――Patrick O'Brien : *The Revolution in Egypt's Economic System 1952-65* (London, 1966) p5

び、直接税の減税規模は一九〇六年時点でおよそ二〇〇万エジプト・ポンドに達した。間接税も長年、貧困層を苦しめていた塩税や船舶税（河川交通や沿岸漁業の船舶に対する税）が廃止されたのをはじめ、タバコ税を除き全ての税が軽減された。郵便や電信、鉄道などの公共料金、燃料や家畜、肉などの輸入関税も大幅に引き下げられた。

クローマー卿はまた、長年にわたってエジプトの前近代性の象徴といわれていた「三C」、すなわち「corruption」（汚職・腐敗）、「corvée」（強制労役）、「curbāj」（鞭などを使った強引な徴税）の根絶にも力を注いだ。強制労役制度は廃止され、鞭など暴力的手段を伴った徴税は禁止された。大土地所有者に偏っていた農業用水の配分も公平化された。行政機構も近代化され、かつて「貧官汚吏の巣窟」と評されたエジプト官僚の綱紀は粛正された。これには、常に沈着冷静で厳格なクローマー卿の個性が大きく反映された。さらに、高利貸からの借金で農地を失う農民が多かったことから、一九〇二年五月一七日には専門の融資機関として農業銀行（The Agricultural Bank of Egypt）が設立された。だが、クローマー卿は農地所有の不平等には手をつけなかったばかりか、むしろ大地主階層を英国統治の支持基盤にしようと図った。そのため、この間、富裕層への農地の集中はむしろ進んだ。

クローマー卿の統治は、ムハンマド・アリーの治世に次ぐ一九世紀エジプトにおける第二次政治・経済改革とでもいうべきもので、とりわけ経済、財政の再建では目覚しい成果をあげた。しかし、一方でその改革、とりわけ経済政策があくまでも英国にとっての利益を前提としていたものであったこともまぎれもない事実である。一九世紀末の時点でエジプトは英国の海外投資額の一・四％（四三七五万一〇〇〇スターリング・ポンド）を占め、その多くが農業や綿花輸出に向けられていた。クローマー卿の農業振興策は、これら英国の投資家の利益と密接に結びついていたのである。それだけではない。クローマー卿は英国の産業界にとって潜在的な競争相手をつくることになる工業化には着手しなかったばかりか、むしろ積極的にその芽を摘もうとさえした。例えば、一八九九年にエジプト在留のヨーロッパ人やエジプト人有力資本家などによってアングロ・エジプシャン紡績・織物社（Anglo-Egyptian Spinning and Weaving Company）とエジプシャン・コットン・ミルズ社（Egyptian Cotton Mills）という近代的な設備を持つ繊維メーカーがカイロとアレキサンドリアにそれぞれ設立されたが、これに対しクローマー卿はわざわざ新法を制定して、両社の製品に輸入関税と同じ八％の物品税を課した。このため、両社は品質に優る輸入品との競争に耐えきれず、欧米での金融恐慌とエジプト国内での農地・宅地への過剰投機を原因とした一九〇七年の不動産バブル崩壊（海外短期資本がいっせいに引き揚げた）のあおりを受けて破綻した。[*1] 結果として、クローマー卿の統治期、総輸出額に占める綿花輸出の割合（年平均）が七四・三％（一八八三〜八七年）から八四・四％（一九〇三〜〇七年）に上昇する[*2]などエジプト経済の綿花モノカルチャー化はさらに進展した。これは、その後のエジプト経済に深刻な構造的課題を残すことになる。

＊1――アングロ・エジプシャン紡績・織物社の方は、一九一一年にエジプト在住スイス人のリヌス・ガッシュらによって、エジプト・ナショナル紡績社（Filature Nationale d'Egypte）として再建され、第一次世界大戦前には約一二〇〇人の従業員と二万の紡錘、四〇〇機の織機を有するまでになった。

＊2――Charles Issaw : *Egypt in Revolution* (Oxford, 1963) p28

《ディンシャワーイ事件》

クローマー卿の統治、特にその前半は「最良の植民地統治」であったともいえる。だが、「最良の植民地統治は最悪の同民族統治にも劣る」という言葉はエジプトの場合にも当てはまる。クローマー卿の統治による経済的繁栄もエジプトの民族主義の炎を消し去るまでには至らなかった。国家再建のための暫定的な措置として英国統治に協力した官僚はじめ知識人も、当面の課題である軍や経済の再建が進展する一方で、英国の統治が長期化、既成事実化していくとともにそれに対する反感を強めていった。事実、当初、早期の撤退を目指していた英国政府の政策はいつのまにか忘れ去られ、逆にエジプト統治という「既得権益」を保持する方向に転換していった。エジプトの国家機構や軍、財政が再建された今、統治の大義名分がなくなったにもかかわらず、である。

また、英国は当初、公債整理委員会による強引な行財政介入がオラービー革命を招いたことを考慮して、統治にあたっては厳選された少数の優秀な英国人官僚を配置した。これらの官僚は反感を招かないよう慎重に行動し、エジプト人官僚とも良好な関係を築いた。一八九一年までエジプト統治に携わった英国人官僚がわずかに三九人であったことはこうした政策の有効性を物語っている。だが、官僚機構はしばしば自己増殖する。時が経つにつれて英国人官僚の数は増え始め、それと反比例してその質は劣っていった。他方、すでに近代的行政手法を身につけたエジプト人官僚はいつまでも実質的な権限が委譲されないことに不満を募らせた。こうした不満は、ヨーロッパで教育を受けた知識人を中心とする新たな民族運動と結びつき、次第に英国の統治を脅かすようになっていく。クローマー卿

ディンシャワーイ事件
（ムスタファ・カーメル博物館蔵）

自身も年をとるにつれて次第に柔軟さを欠き始め、強圧的な姿勢が目立つようになった。そして、一九〇六年、ナイル川デルタ地帯メヌーフィーヤ県の農村でクローマー卿の退任を決定付ける事件が起こった。

きっかけは「鳩」だった。エジプトの農村では、昔から副業としてよく食用の鳩を飼っている。一九〇六年六月一三日、カイロからアレキサンドリアに移動中の英軍将校五人が途中のディンシャワーイ村で飼育されていた鳩を撃ち始め、これに怒った村民との間で抗争が発生した。この事件で、英軍将校一人が死亡し（正確には事件後の手術が原因で死亡）、残る四人も重軽傷を負った。いわゆる「ディンシャワーイ事件」である。それまでも英軍将兵など外国人が狩猟代わりに鳩撃ちをして農民と衝突する事件は起きていたが、この場合、英軍側に死者が出たことでクローマー卿は厳罰を求めた。特別法廷でのわずか三〇分の審理で、五二人の被告（いずれも村民）のうち四人に死刑、二人に無期懲役、残る四六人にも懲役や鞭打ちといった異常なまでに過酷な刑が言い渡された。しかも、絞首刑は公開処刑で行われた。農民に恐怖心を与えることで反英民族運動を抑えつけることを目的に言い渡されたこの判決は、逆に（もともときわめて乏しかった）英国の統治の正当性を根本から揺るがすものとなった。

英軍の監視下、処刑される被告のエジプト人農民
（ムスタファ・カーメル博物館蔵）

ディンシャワーイ事件は、その後、エジプト各地で語り継がれ、堂々と胸を張って絞首台にのぼった被告のひとり、ザハランは農民の英雄となった。ディンシャワーイ村から五キロメートルのメヌーフィーヤ県ミート・アブル・クーム村に生まれたのちの第三代大統領、サダト（ムハンマド・アンワル・アッ・サーダート、一九一八〜八一年）も自伝（『サダト自伝』朝日イブニングニュース社）のなかで幼い頃からザハランに憧れを抱き、民族の誇りに目覚めたことを紹介している。無責任な英国人将校の気慰みに始まった鳩撃ちは、結局、その後のエジプトと英国の歴史を大きく変えることになったのである。そして、事件の翌年の一九〇七年五月六日、クローマー卿は約四半世紀に及んだエジプト勤務を終え、帰国の途についた。

経済的にも、ディンシャワーイ事件の前後、クローマー卿の農業（綿花）偏重政策の弊害が顕在化し始めていた。一八九七年から一九〇七年にかけての一〇年間、エジプト経済はアスワン・ダムの完成や綿花市場の好況などによって、好景気が続き、貿易額も大幅に拡大し、外資によるエジプト投資ブームが起こった。クローマー卿によると、[*1]国際スエズ運河株式会社及びに外国企業の支店・駐在員事務所などを除く、エジプトのみで活動している株式会社だけでみても、その払込資本金及び社債の総額は一八九二年の七三二万六〇〇〇エジプト・ポンドから、一九〇二年には二六二八万エジプト・ポンドへ、さらに一九〇七年には八七一七万六〇〇〇エジプト・ポンドへと急増した。一九〇二年時点での払込資本金・社債のうち、八四・二％に当たる二二一三万エジプト・ポンドが海外で保有されていた。また、K・M・バーバーによると、[*2]一九〇〇年から一九〇七年の間に新たに設立された企業は一六〇社以上にのぼり、[*3]その資本総額は四三五〇万エジプト・ポンド、一九〇三〜〇七年の年平均輸出額の半分近くに達した。投資の多くは、綿花農地など不動産への投機に向けられた。行き過ぎた投機はエジプト版の不動産バブル崩壊を招き、クローマー卿が離任した一九〇七年には深刻な経済危機が発生した。農民の生活向上を目的に設立されたはずの農業銀行は、この危機の間、経営維持のため債権の回収に走り、かえって多くの小農民が農地を失う結果となった。

クローマー卿は、エジプトを去った一〇年後の一九一七年一月二九日、かつてスーダン作戦に従事したキッチナー（陸軍大臣）とチャーチル（海軍大臣）が発案し、惨憺たる失敗に終わった英仏軍のガリポリ作戦（第一次世界大戦中の一九一五年に英仏軍が試みたダーダネルス海峡制圧作戦）の敗因究明委員会の委員長を務めているときに悪性のインフルエンザにかかって急逝した。享年七五。生前の業績を称えられ、遺体は英国王室の戴冠式場でもあるロンドンのウェストミンスター寺院に埋葬された。

＊1——A.E.Crouchley : *The Economic Development of Modern Egypt*（Cairo,1938）p273
＊2——K.M.Barbour : *The Growth ,Location and Structure of Industry in Egypt*（New York, 1972）p57
＊3——このうち、一一九社は一九〇五年から一九〇七年までの三年間に設立された。

それは、官僚として最も幸福な人生であったといえよう。なお、クローマー卿はエジプトから帰任した翌年、そのエジプト統治を『近代エジプト（*Modern Egypt*）』（ロンドン、一九〇八年）という一冊の本にまとめたが、この本は英国の植民地統治のノウハウを学ぶ参考書として各国で翻訳された。韓国併合後、間もない日本でも大日本文明協会によって翻訳され、『最近埃及』（上下、安田勝吉・古屋頼綱訳）として一九一一年（明治四四）に刊行されている。大日本文明協会の会長を務めていた大隈重信は同書に寄せた序文で、「（クローマー）卿の埃及における経営は我韓国に於ける保護政治の上に参考すべきもの多きを思い、之を当時の統監伊藤侯に送りたることあり。」（同書 p12）と記している。

12 第二の革命◎独立回復への長い道

（一）不世出の革命家　ムスタファ・カーメル

《言論による革命》

前章でもみてきたとおり、オラービー革命の挫折によって下火になっていたエジプトの民族運動は、クローマー卿の統治の後半から再び高まりをみせ始めた。このいわば第二次民族運動の特色はマスコミが大きな役割を果たしたことである。英国は、エジプト統治にあたって、副王や官僚などには露骨に圧力をかけたものの、民主主義の基本であると考えていた報道の自由は規制しなかった。このため、外国占領勢力である英国の統治期間、報道・言論活動はむしろ活発になった。一八九八年時点で、エジプト全土でおよそ二〇〇の新聞・雑誌が発行され、カイロで発行されているアラビア語紙だけで一五を数えた。そして、当初は治外法権で守られているヨーロッパ系の新聞が、あとからは現地系の新聞も英国統治に反対する論陣を展開するようになっていった。なかでも、主要な役割を担ったのは軍

ムスタファ・カーメル

事介入を躊躇したことで結果的に英国にエジプトの単独支配を許すことになってしまったフランスで、マスコミに資金・技術面の支援を行って反英キャンペーンを展開した。例えば、最も熾烈に反英論陣を張った新聞の編集長はフランス人であった。こうしたマスコミの活動は、前述した英国統治に対する官僚や専門職など知識人の不満と結びついて、新たな民族運動を生み出す土壌を形成していく。

だが、これを国民的な規模のものに発展させるためには強力なリーダーシップが必要であった。そして、このときも時代が求めていたリーダーが現れた。ムスタファ・カーメル（一八七四〜一九〇八年）である。

カーメルは、一八七四年八月一四日、カイロで生まれた。父親は第四代君主サイードの幕僚を務めたアラブ系の元軍人で、イスマーイール統治期にはダカフリーヤ県の技術総監の地位にあった。富裕な家庭に生まれたカーメルは、カイロのフレンチ・ロー・スクールを卒業後、フランスに留学し、一八九四年にトゥールーズ大学で法学士号を取得した。一流の政治家になる人物は、しばしば人との出会いにおいて天運に恵まれているが、のちに「不世出の革命家」と呼ばれることになるカーメルも留学を終え、帰国するやいなや民族指導者としての将来を決定付けることになる多くの人物と出会った。

その代表例が副王の恩赦によって国外追放処分を解かれて帰国していたオラービー革命の指導者のひとり、アブダッラー・アン・ナディーム(一八四五~九六年)で、「革命の宣教者」とも呼ばれたこの思想家からカーメルはアフガーニーの思想をはじめ多くを学んだ。また、ナディームを通じて奇しくも同じ年の同じ日に生まれた副王、アッバース・ヒルミー二世の知遇を得て、当時、副王のもと秘密裏に結成されていた民族主義結社、国家再生会のメンバーにもなった。この結社は、のちにカーメルが結成する国民党(ワタン党)の基盤になる。一八九五年、副王の指示でエジプト独立に向けた世論喚起のためフランスに渡ったカーメルは、今度は英国のエジプト支配を覆すことを画策していた国会議員のフランソワ・デロンクル(一八五六~一九二二年)や代表的なジャーナリストで『ヌーヴェル・レヴュー』誌創立者のジュリエット・アダム(一八三六~一九三六年)、ファショダ事件のジャン・バチスト・マルシャン、そして著名な小説家のピエール・ロティ(一八五〇~一九二三年)など多くの著名人と親交を深めた。これらの人物からは、政党の組織化や運営、マスコミを活用した世論喚起について学んだ。

一八九六年一月にフランスから帰国したカーメルは、活発な政治活動を展開し、みるみるうちに民族運動の指導者としての声価を高めていく。オラービー革命の挫折の原因を、①革命指導層の分裂、②大衆動員・組織化の不足、③諸外国からの支持を取り付けるための外交努力や対外広報の欠如にあると分析していたカーメルは、活動の重点を、①世論の形成、②教育の振興、③対外広報の三点に置いた。エジプト全土を遊説し、多数のパンフレットや著書を発行することで国民の啓蒙に努める一方、ヨーロッパ諸国を歴訪してエジプトの独立に対する支持を訴えた。各種学校を設立するなど教育の振

اللواء
خطبة صاحب اللواء بمدينة الاسكندرية

1907年10月23日発行のアル・レワー紙
添付写真は同紙社屋
（ムスタファ・カーメル博物館蔵）

ムハンマド・ファリード

興にも尽力した。一九〇〇年一月には、富裕な弁護士、ムハンマド・ファリード（一八六八～一九一九年）の支援を得て、アラビア語紙、『アル・レワー（旗）』を発行、以後、同紙を拠点に反英民族主義の論陣を展開する。同紙は最盛期には発行部数一万部を超えた。こうした活動は、英国当局を著しく苛立たせ、クローマー卿をして「ムスタファ・カーメルこそ英国最悪の敵である」さえ言わしめた。

《国民党の結成》

現在でも年配のエジプト知識人の多くが流暢にフランス語を話すことに代表されるように、ムハンマド・アリー以降、エジプト人はフランスに対して強い憧れを抱き続けてきた。この傾向は、英国による実質的な植民地支配下でむしろより一層強まった。カーメルらが独立を目指すのに際してフランスに支援を求めたのは、英国のエジプト支配への最大の批判勢力であったからだけではなく、エジプト知識人として自然な選択でもあった。一九〇四年四月、エジプトの民族主義者を驚愕させるニュースが伝わる。フランスがモロッコでの優先権との交換で英国のエジプト支配を認める「英仏協商」を締結したのである。フランスという国の外交には、どこか性悪で移り気な美人を思わせるものがある。特に、エジプトに対しては常に笑顔を見せながら、しばしばその利益に反することを行い続けた。エジプトの財政破綻の素因となったスエズ運河利権協定を結ばせたのはフランス人のレセップスとナポレオン三世であり、イスマーイールが治外法権の弊害緩和のため導入を進めた混合裁判所制度に最後まで抵抗したのもフランスである。エジプト国民を憤激させ、アレキサンドリア大暴動に至る騒乱状況を生み出した「共同覚書」を出すことを強硬に主張したのもまたフランスだった。エジプト軍を過大評価してぎりぎりの段階で軍事介入を躊躇したにもかかわらず、英国による占領後は、再び「エジプトの友人」として反英民族運動を支援、そして今度は自己の利益のため英国と結ぶやいなや直ちに支援を打ち切る。これが、フランスにならった国民国家の建設とその支援を期待していたカーメルらに与えた落胆ははかり知れないものがあった。

だが、ちょうどこの「英仏協商」の締結時、エジプトの民族主義者にとって新たな近代化のモデルが現れた。日露戦争（一九〇四〜〇五年）でヨーロッパの軍事大国、ロシアを破りつつあった日本である。日露戦争における日本の勝利がトルコやインドなどに与えた影響はよく指摘されるが、アラブ地域、とりわけ「ロンドン条約」、イスマーイール廃位、オラービー革命と三度にわたって国家近代化、民族自立の試みをヨーロッパ列強によって挫折させられていたエジプト人に与えた影響もきわめて甚大であった。例えば、エジプトの国民的詩人で「ナイルの詩人」とも呼ばれているハーフィズ・イブラーヒーム（一八七二～一九三二年）は、日露戦争における日本人従軍看護婦を「日本の乙女」（一九〇四年）という次のような詩に詠んだ。この詩は、エジプト人の間に日本への憧れを増幅し、その後も長くエジプトはじめアラブ地域の教科書などに掲載された。


私は日本の女性です。

たとえ、死ぬことがあっても自らの望みを達するまで諦めません。

たとえ、銃を撃つことが適わず、剣を持って戦うことができなくとも、戦場で傷ついた兵士を介護し、慰めることはできます。

ミカドはこう教えられました。

祖国を父とも母とも思うがよい、と。

ミカドは東洋を目覚めさせ、西洋を揺るがせました。（中略）

ミカドが祖国を死の眠りから甦らせて、祖国の栄誉のため一身をささげるよう訴えられるや、国民は栄誉の高みを目指しました。そして、あらゆる望みを達したのです。

（アブドゥルカーディル・ムハンマド訳）

カーメルもすでに日露開戦直後の一九〇四年六月に『昇る太陽』という著書を著し、エジプトの近代化、民族独立達成のモデルとして日本の急速な興隆の要因を分析した。近代化の先達であるエジプトの成功と失敗に学び続けていた日本はついに学ばれる側になったのである。しかし、日本はエジプトからは距離的にも、また心理的にも遠い。しかも、エジプト民族主義の最大の敵である英国の同盟国でもあった。カーメルは、フランスに代わる支援を汎イスラーム思想によって国家再生を目指していたオスマン帝国のアブデュルハミト二世に求めた。だが、エジプト民族主義者の間の反トルコ感情は根強く、しかも汎イスラーム思想はイスラーム、キリスト教、ユダヤ教など宗教宗派の違いを超えた国民国家の建設を目指していたカーメル自身の考えとも相容れないものであった。結局、この連携は実を結ばないまま終わる。

こうして民族運動が行き詰まりをみせたかにみえたときに起こったのが、前述のディンシャワーイ事件である。この事件はエジプト全土に反英感情を燃え上がらせ、民族運動にとって最大の追い風となった。カーメルは、事件後、さっそく英国に渡り、エジプトの民族運動の理解者だったブラント（前述）の紹介で、ときの英国首相、ヘンリー・キャンベル＝バナーマン（自由党、一八三六〜一九〇八年）と会見し、エジプトの自治拡大に向けての約束を取り付ける一方、冷却化していた副王との関係を修復し、その支援でヨーロッパでの世論喚起のため、『アル・レワー』の英語版『エジプシャン・スタンダード』と仏語版『レトンダール・エジプシャン』を発行した。そして、一九〇七年一二

ムスタファ・カーメルの葬儀
（ムスタファ・カーメル博物館蔵）

月にはファリードらとともに民族主義政党、国民党（ワタン党）を正式に設立し、その初代党首に就任した。国民党は、憲法の制定、教育の振興（特にアラビア語教育）、行政機関のエジプト人化、混合裁判所の刑事事件審理による治外法権の弊害緩和、エジプトおよびスーダンの独立を綱領に掲げた。この綱領は、フランスの新聞『ル・フィガロ』にも掲載された。

国民党正式設立のわずか二ヶ月後の一九〇八年二月一〇日、独立への希望が芽生え始めていたエジプトを思わぬ悲劇が襲った。カーメルが急逝したのである。享年わずかに三三。死因は肺結核とされたが、突然のその死に対しては、英国当局による毒殺の噂さえ立った。全エジプトが深い悲しみに沈んだ。エジプト社会のあらゆる階層が参加したその葬儀は、「近代エジプト史上で最も印象的な光景であった」（当時のフランス人ジャーナリスト）と伝えられている。カーメルが死の前に残した次の言葉は、以後、長くエジプト各地で語り継がれた。

「私の心臓が左から右へ移るとも、たとえピラミッドが動き、ナイルがその流れを変えようとも、私は自分の信念を変えない。」

カーメルの死後、国民党の党首にはムハンマド・ファリードが就任した。ファリードは高い知性と誠実な性格を持ち合わせた民族主義者だったが、前党首ほどのカリスマ性はなく、しかもトルコ系であるためアラブ系エジプト人を主体とする党員から十分な支持を得ることができなかった。また、アッバース・ヒルミー二世が国民党への支持を撤回したため、党内の親宮廷派は名士党を結成して離脱した。国民党は次第に過激な路線を歩み始め、一九〇九年には機関紙が発行停止処分を受ける。そして、一九一〇年二月二一日には党支持者の薬剤師、イブラーヒーム・ナシーフ・アル・ワルダニがブトロス・ガーリ首相を暗殺（後述）。ファリードも事件への関与を疑われて、亡命を余儀なくされた。その後、党勢は急速に下降の一途を辿り、第一次世界大戦後にサアド・ザグルールがワフド党を結成すると、親ワフド派と反ワフド派に分裂、以後は一九五三年に解党するまでほとんど影響力のない小政党に転落した。ファリード自身は再びエジプトの地を踏むことなく、一九一九年一一月一五日に亡命先のベルリンで客死した。享年五一。

ムスタファ・カーメル広場（カイロ）

　現在、カーメルとファリードの遺体はシタデルの近くに建てられた霊廟に並んで葬られている。この霊廟は、ふたりの業績とエジプトの民族運動を紹介する博物館にもなっている。そして、カイロの中心街のその名もムスタファ・カーメル広場には大衆に語りかける姿を表した「不世出の革命家」の銅像が建てられている。

（二）反骨の副王　アッバース・ヒルミー二世

《反発から協調へ》

話は前後するが、タウフィークの急逝に伴い、嗣子のアッバース・ヒルミー二世（一八七四～一九四四年、在位一八九二～一九一四年）がエジプト副王の地位を継いだ。アッバース・ヒルミー二世は、一八七四年八月一四日にタウフィークと第三代君主アッバース・ヒルミー一世の孫、アミーナ・イルハミとの間の長男としてカイロに生まれた。宮廷の付属学校を卒業後、スイスへの留学を経て、ウィーンのテレジアヌム陸軍士官学校で学ぶ。それまで、副王一族の留学先はもっぱらフランスだったが、当時、エジプトは英国による実質的な植民地統治下にあり、フランスへの留学は英国当局を刺激する。かといって英国に留学することは、英国への従属関係を内外に印象付けることにもなる。結局、折衷案として採用されたのがウィーンへの留学だった。多感な少年期を皇帝の権威が強いオーストリアで過ごしたことは、のちのその政治思想に大きな影響を与えることになる。

一八九二年一月、父の急逝に伴い、アッバース・ヒルミー二世は急遽、留学先から呼び戻され、一七歳で副王の地位に就いた。祖父を廃位し、父を従属下に置いた英国に強い反感を持っていた若い新副王は、即位後、さっそく親英的な宮廷官僚を更迭する一方、英国当局に対する露骨な挑戦を始めた。即位の翌年の一八九三年一月には、英国当局の了解を得ずに、病気になった親英派のムスタファ・ファハミー首相（一八四〇～一九一四年）を更迭し、後任に親仏派のフセイン・ファハリ内務大臣（一八四三～一九一〇年）を任命することを発表。翌一八九四年一月には、スーダン国境のワーディ・ハルファーに駐屯していたキッチナー指揮下のエジプト軍を視察中に英国人将校による教練に対し、強い不満の意を表明する。だが、いずれの場合もクローマー卿によって措置や発言を撤回させられ、とりわけ後者の際には屈辱的な陳謝を余儀なくされた。以後は表立って反英的な行動はとらなくなったものの、前項でも紹介したように民族主義の秘密結社、国家再生会を結成するとともに、カーメルら民族主義者に様々な支援を与えることで英国支配への挑戦を続けた。しかしながら、君主主導の国家再建を目指していたその政策とフランスにならった民主国家の建設を目指していたカーメルらとは明らかに路線が異なり、両者の連携はあまり実を結ばないまま終わった。

アッバース・ヒルミー２世

　一九〇七年五月六日、一五年以上にわたってアッバース・ヒルミー二世の頭をお

エルドン・ゴースト

さえ続けてきたクローマー卿が退任。後任には、エジプト駐在経験が長く、民族運動にも理解があったエルドン・ゴースト（一八六一～一九一一年）が就任した。アッバース・ヒルミー二世は、新しい総領事兼代表とは一転、友情を育み、その在任中は英国当局との協調関係を維持する。ゴーストは、軍人からのいわば中途採用組のクローマー卿とは異なり、名門イートン校、ケンブリッジ大学トリニティ・カレッジを卒業した生え抜きの外務官僚で、しかも一八八六年から一八年間、エジプトに駐在し、財務次官や内務省顧問などの要職を歴任していた。ディンシャワーイ事件後の対エジプト関係の改善を図っていた英国政府が期待を寄せたのは当然であった。だが、その期待は裏切られることになる。

クローマー卿に身近に接し、その統治の問題点を高圧的な姿勢と英国人官僚による権限の独占にあるとみていたゴーストは、副王やエジプト人官僚へ宥和的な姿勢で臨み、漸進的な権限委譲を図った。だが、こうした姿勢は長年、クローマー流の統治手法に慣れていたエジプト側には「善意」としてよりは「弱さの現れ」として受け取られた。また、ゴーストが専制志向の副王と接近したことで、本来、その権限委譲政策を歓迎するはずの民族主義者からも反発を受けた。それまで副王の不興を買いながらも英国統治に協力してきたファハミー首相はじめ親英派の政治家や官僚も離れていった。ゴーストは結局、エジプトの当事者全てを満足させようとして、逆に副王を除く全てから反発を招いてしまったのである。

なかでも、ゴーストの最大の失策は一九〇八年一一月に辞意を表明したファハミー首相の後任にコプト教徒の外務大臣、ブトロス・ガーリ（一八四六〜一九一〇年）を就けたことであった。ブトロス・ブトロス・ガーリ元国連事務総長やユーセフ・ブトロス・ガーリ前財務大臣の祖先にあたるガーリは、財務大臣や外務大臣を歴任した有能な官僚政治家で、英国当局からの受けもよかった。だが、エジプト人の多くがスーダンの主権を喪失することにつながったと批判していた「スーダン・コンドミニウム協定」を締結した当事者（外務大臣）であったこと、また過酷な判決で国民の憤激を招いたディンシャワーイ事件の特別法廷の主席判事を務めたことなどから、民族主義者からは敵視されていた。ガーリ首相自身、熱心な民族主義者であり、オラービー革命後には副王と民族主義者の関係修復を図ったことにも代表されるように常に現実を踏まえて、エジプトの国益にとって最大限、メリットになるような妥協や調整を図り続けてきた。「スーダン・コンドミニウム協定」の締結もそうした流れのなかで行ったものだった。だが、沸騰する民族主義感情のなかでは逆にそうした妥協姿勢は「裏切り行為」と受け取られた。さらに、反英民族運動の先鋭化を警戒したゴーストの指示で報道規制を復活したこと、スエズ運河の利権協定延長*を支持したことで民族主義者の憎悪を一身に受ける結果と

*——国際スエズ運河株式会社は、一九〇九年にエジプト政府に対し、利権協定の四〇年延長（二〇〇八年まで）を申し入れたが、エジプト国会（立法評議会）はこれを否決する。

なり、一九一〇年二月二一日、法務省の玄関前で国民党支持者の薬剤師、イブラーヒーム・ナシーフ・アル・ワルダニによって暗殺された。

《協調から決定的対立へ》

ガーリ首相の暗殺は、宥和政策の完全な破綻を意味した。ゴーストは暗殺事件の翌年、癌に倒れ、まもなく死去する。宥和政策の破綻を踏まえて、キャンベル＝バナーマン政権を継いだアスキス政権（自由党）は後任の総領事兼代表に、より強いカリスマ性と指導力を持つ人物を送った。オムドゥルマーンの戦いの凱旋将軍、キッチナーである。キッチナーはいわば天才肌の人物で、自分の直感に基づいて正しいと判断した政策は断固として実行した。その政策が対照的にきわめて慎重で計画的なクローマー卿と共通するところが多かったことは興味深い。キッチナーは強力な指導力で英国当局の権威を再確立させる一方で、報道規制を撤回し、民主化に向けた措置を実施することで、反英民族運動の沈静化に成功した。一九一三年一一月には、新たな（国家）「組織法」と「選挙法」を制定し、それまでの立法評議会と国会を統合して、より民選議員の比率を増やした「立法議会」を設立した。立法議会は依然として諮問機関ではあったが、新税（直接税）の導入に対する拒否権や大臣の喚問権などを与えられた。のちにエジプト民族運動の中心的指導者となるサアド・ザグルールは、このとき、立法議会の副議長に就任した。キッチナーはまた、クローマー卿と同様、農業振興にも取り組み、専任の所管官庁として農業省を設立したほか、灌漑設備の拡充にも力を注いだ。依然として借金の担保のため農地を失う農民が多かったことから、「所有農地が五フェッダン以下の場合、借金の担保として農地を取り上げることができない」とする「五フェッダン法」も制定した。

アッバース・ヒルミー二世にとって、キッチナーはかつてワーディ・ハルファーでエジプト軍の教練を巡って対立し、屈辱的な謝罪を余儀なくされたまさに当事者だった。すでに三〇代後半に達していた副王とスーダン統治で行政官としての経験を積んだ総領事兼代表は、一応、良好な関係を保ったが、伊土戦争（一九一一～一二年）の結果、トリポリタニアとキレナイカ（現リビア北部）を領有したイタリアとエジプトとの接近を警戒したキッチナーが、アレキサンドリアとリビア国境方面を結ぶ副王所有鉄道のイタリア企業への売却を阻止したこと、副王のワクフ管理権を取り上げて新規に設立された宗教省の管理下に置いたことなどを契機に両者の関係は急速に悪化、キッチナーはアッバース・ヒルミー二世の廃位を検討するに至る。

キッチナー

一九一四年六月二八日に起きたサラエヴォでのオーストリア皇太子夫妻暗殺を巡るいわゆる七月危機の最中、コンスタンティノープルを訪問していたアッバース・ヒルミー二世は民族主義者のエジプト人学生から狙撃され、負傷した。同七月、第一次世界大戦が勃発。

英国大使から帰国を阻止されたアッバース・ヒルミー二世は、それまで対立関係にあったオスマン帝国の青年トルコ党やファリードら亡命中のエジプトの民族主義者と和解するとともに、同一〇月二九日にオスマン帝国がドイツ・オーストリア側に立って参戦すると、エジプト国民に英国支配に抗して立ち上がるよう呼びかけた。これに対して、英国は同一二月一八日、エジプトを保護領化するとともに、翌一九日にはアッバース・ヒルミー二世を廃して、叔父のフセイン・カーメル（一八五三～一九一七年、在位一九一四～一七年）を即位させた。

フセイン・カーメル

第一次世界大戦終結後、アッバース・ヒルミー二世はヨーロッパ各国を転々としながら、自らの嗣子ムハンマド・アブドゥルモネイムが「エジプト国王」（一九二二年の独立後、改称）の地位を継ぐよう画策するが、成功せず、大恐慌のあおりを受けて破産した一九三一年にはエジプト政府から支払われる年金の増額を条件に王位継承権の主張を公式に取り下げた。その後は、ヨーロッパ各地で不動産や金融投資を行う一方、パレスチナ問題の解決などにも関わった。そして、枢軸側を支持していた第二次世界大戦末期の一九四四年一二月一九日、かつて留学した思い出の地、ジュネーブで世を去った。享年七〇。

（三）独立の父　サアド・ザグルール

《第一次世界大戦とエジプト》

第一次世界大戦の勃発は、エジプトに大きな変化をもたらした。前述したとおり、英国はオスマン帝国に対する宣戦布告の翌月、一九一四年一二月一八日にエジプトを一方的に保護領化した。これによって、エジプトは一五一七年以来、約四世紀にわたったオスマン帝国領としての歴史を終えた。そして、翌一九日にはアッバース・ヒルミー二世を廃し、温厚で実務能力の高い叔父のフセイン・カーメルを即位させた。フセイン・カーメルは、「甥こそが正当な副王である」として英国からの即位要請を二度にわたって拒否したが、王朝そのものの廃絶を示唆されて、やむをえずオスマン帝国に対抗して「スルタン」と改称されたエジプト君主の地位に就いた。エジプトの実質的な統治者である英国の「総領事兼代表」は「高等弁務官」に格上げされ、陸軍大臣として入閣したキッチナーに代わり、長年にわたってインド政庁の要職を務めたヘンリー・マクマホン（一八六二～一九四九年）が就任した。エジプトは連合軍の重要な作戦・補給拠点となり、最盛期には英本国軍、アンザック軍（オーストラリア・ニュージーランド軍）など合計二〇万近くが駐留した。のちに「アラビアのロレンス」として名を馳せるトーマス・エドワード・ロレンス（一八八八～一九三五年）も当初、カイロを拠点にアラブの対トルコ反乱工作に携わった。

開戦とともに英国はエジプトを戒厳令下に置いた。厳しい集会・報道規制を布く一方、一九一七年には「武装解除法」を制定し、家宅捜索などを行い、エジプト人が保有していた銃器類を摘発した。こうした措置によって、反英民族運動は表面的には抑え込まれたが、戦争による様々なしわよせは、英国統治に対する社会各層の不満を鬱積させた。戦争特需によって一部の大商人や大地主は潤ったものの、大多数の農民や都市勤労者の生活は戦時にありがちな生活必需品の価格高騰で深刻な影響を受けた。軍需用に大量の食糧が徴発されたこと、綿花価格の高騰によって大地主が穀物から綿花の栽培に転換したことなどで、一九一七年の末頃からは食糧不足も深刻になった。さらに、農民の怨嗟《えんさ》の的になったのが軍役夫としての徴用で、最盛期およそ二五万人のエジプト人が徴用され、イラクやパレスチナ、ガリポリ半島、さらには遠くフランスで、塹壕の掘削や軍需物資の輸送などに従事した。なかでも、パレスチナ戦線向けに徴用された駱駝輸送部隊の死傷率は高く、大戦を通じ、およそ四〇〇〇人が戦死した。こうした軍役は、あくまでも「志願による参加」という建前であったが、実際は英国当局への協力姿勢を示そうとしたエジプト政府が強制的な徴用を行ったため、農民にとってはかの悪名高い「コルベ」（強制労役）の復活にほかならなかった。

大戦中、英国当局は当面の戦争の勝利を優先するあまり、エジプトの統治に対して十分な配慮を払わなかった。このため、すでにクローマー卿の統治末期から顕在化していた英国当局とエジプト人官僚との断絶がさらに深刻なものとなった。例えば、クローマー卿の統治前期には三九人、ゴーストの統治期にも三〇〇～四〇〇人だった英国人官僚の数は、戦争終結時には一六〇〇人以上に達し、主要なポストのほとんどを独占するに至った。開戦とともに高等弁務官の地位に就いたマクマホンがエジプトでの経験を全く持っていなかったことが、こうした断絶をさらに深刻なものとした。英国政府は一九一六年末にマクマホンを解任して、長らくエジプト・スーダン行政に携わってきたスーダン総督のレジノールド・ウィンゲイト（前出）を後任に据えたが、一度、深まった断絶は解消されないまま終戦を迎えることになる。

英国統治に対する不満の高まりと比例して、エジプト国民の独立への期待は高まっていった。大戦前期、マクマホンはメッカの太守フセイン（一八五二頃～一九三一年）に対し、連合国側に立ってオスマン帝国と戦う代わりに戦後のアラブの独立を約束する有名な「フセイン・マクマホン書簡」を取り交わしていた。また、大戦終結間近の一九一八年一一月七日には、英仏両国が「両国の最終的な目的は、長らくトルコのために圧迫されていた諸民族に完全な自由を与え、各民族の自由かつ自発的な選択による権威ある政府を確立することにある」とする共同声明を発表した。エジプト国民は、こうした約束が当然のことながら自らにも適用されるものと期待した。エジプトは旧オスマン帝国領のなかでも社会、産業、文化など各分野で群を抜いて発展しており、なにより前世紀以来、実質的には独立国家であった。さらに、英国当局からの指示で直接的な戦闘にこそ参加しなかったものの、大戦を通じた連合国への貢献は周辺のアラブ地域と比較しても絶大だった。映画『アラビアのロレンス』（コロンビア映画）などの影響で過大に評価されがちだが、戦争（アラブの反乱）に参加したアラブの兵力が最大で数千人単位だったのに対し、軍役や輸送任務などに従事したエジプト人の数は数十万人単位だった。米国のウッドロー・ウィルソン大統領（一八五六～一九二四年）が提唱した「一四ヶ条」も独立への期待を膨らませた。これに対し、英国側にはオスマン帝国の解体によって戦略的重要性をさらに増したエジプトを手放す意図はさらさらなく、（第一次世界大戦の結果）「エジプトはもはや大英帝国に完全に組み込まれた」（クローマー卿）とみなしていた。こうした英国側の意図が明らかになったとき、エジプト国民の英国統治への怒りは爆発し、独立の気運は一気に高まった。そして、このとき一二〇〇万エジプト国民の期待を一身に担い、史上最大の帝国に挑んだのが、「エジプト独立の父」サアド・ザグルールである。

《民族指導者への道》

第二次民族運動を主導したふたり、ムスタファ・カーメルとサアド・ザグルールは、およそ対照的な人物であった。ともにアラブ系の出身ではあったが、前者がカイロに住む都会的で西洋的な知識人の家庭の出身だったのに対し、後者はデルタ地帯の農村の出だった。また、前者がフランス系の法律学校を経てトゥールーズ大学で学位を取得したのに対し、後者は村の学校やアズハル学院で伝統的な教育を受けた。性格や行動面でもカーメルが機転や機知、そして華やかさといったエジプトにおけるいわばフランス的なものを代表していたのに対し、ザグルールは慎重で現実的、そして漸進的といったエジプトにおける英国的なものを代表していた。天は、エジプトの民族主義の炎を再点火させるときには華麗な行動家のカーメルを配し、そしてそれを組織的な民族独立運動に発展させるときには実務的なザグルールを配した。

ザグルールは、一八五九年七月、地中海沿岸の港町ロゼッタに近いガルビーヤ県フワ郡のイビヤーナ村で富裕な村落有力者の子として生まれた。クッターブと呼ばれる村の学校で伝統的な初等教育を受けたあと、ディスーク郡の宗教指導者のもとで学び、一八七三年にアズハル学院に入学する。そこで、アフガーニーとアブドゥフという二大思想家に師事したことが、民族指導者としてのその将来を決定付けた。アズハル学院卒業後、内務省勤務を経て、アブドゥフのもとで官報の編集に携わるが、オラービー革命に参加したことで一時、公職から退く。師のアブドゥフと同様、革命の失敗から性急な社会変革の限界を痛感したザグルールは、その後、法律を学び、裁判官に転身。順調にキャリアを積んで、控訴院の首席判事にまで昇進した。

ザグルールの第二の転機は、結婚とともに訪れた。この朴訥《ぼくとつ》とした農夫の風貌を持つ男は女性を惹きつける魅力に溢れていたようで、社交界に出入りするうちにハディージャ王女（副王タウフィークの長女）やナズリ王女（イブラーヒームの孫）をはじめ多くの上流婦人がその熱心なファンになった。そして、一八九六年二月に親英派の代表的政治家であるムスタファ・ファハミー首相の娘、サフィーヤ（一八七八～一九四六年）と結婚する。トルコ・チェルケス系のファハミー首相は可愛がっていた末娘が一九歳も年上のアラブ系農民の息子と結婚することを好まなかったが、ハディージャ王女やナズリ王女からの説

サアド・ザグルール

得には抗しきれなかった。だが、この結婚は首相にとっても正しい選択であったことが証明される。ザグルールは、政治家としてもめきめきと頭角を現したのである。一九〇六～一〇年には、義父、そしてガーリ首相のもとで教育大臣を務め、高等専門教育や女子教育の充実のために農業学校や工業学校、女子中学校などを設立したほか、教員養成期間の延長など様々な改革を実施した。一九〇八年には、エジプト知識人の宿願だったヨーロッパ型の総合高等教育機関、エジプト国民大学（現在の国立カイロ大学の前身）の設立を実現した。ガーリ首相が暗殺された一九一〇年からは法務大臣として治安の回復に尽力した。その行政能力は、エジプト人のみならず英国当局からも高く評価された。例えば、教育大臣に登用したクローマー卿は、その離任演説のなかでわざわざザグルールについて触れ、次のように激賞した。

「サアド・ザグルール・パシャは国家に奉仕するために必要な全ての資質を備えている。彼は、誠実で、かつ有能である。そして、その信念を遂行する勇気を持っている。」

ザグルールは、一九〇七年一〇月に穏健な民族主義者によって結成されたウンマ（人民）党に参加し、カーメルやファリードら国民党指導者とも親交を結んだが、閣僚ポストにある間は英国当局と協調しながら漸進的な社会改革を目指した。民族主義者を憤激させたスエズ運河の利権延長問題では、政府の方針である利権の延長を支持さえした。しかし、英国統治の長期化とともに、次第に英国当局と距離を置き始め、一九一二年には法務大臣を辞任する。一九一三年に新設された立法議会の議員に選出され、副議長となるが、翌年、英国によって同議会が閉会させられてからは、特に公職に就くことなく、静かに民族指導者としての地歩を固めていった。

《一九一九年革命》

第一次大戦終結の二日後の一九一八年一一月一三日、ザグルールはふたりの同志、アブドゥルアズィーズ・ファハミー（一八七〇〜一九五一年、のちの法務大臣）、アリー・シャアラーウィ（一八四八〜一九二二年）とともにウィンゲイト高等弁務官のもとを訪れ、独立交渉のための代表団（アラビア語で「ワフド」）として渡欧することへの許可を求めた。同日、フセイン・ルシュディ首相（一八六三〜一九二八年）も同様の要請を行う。エジプトの情勢に精通したウィンゲイトからの進言にもかかわらず、英国政府はこれらの要請を、「パリ和平会議の準備のため多忙」という理由で拒否した。これは、英国による一連の重大な判断ミスの始まりだった。仮に公職にないザグルールからの要請だけならばまだしも、首相からの要請を拒絶したことで英国は独立を考慮する意図が全くないことをエジプト人の前に示してしまった。同じ旧オスマン帝国領のヒ

ザグルール（杖を持つ人物）とワフド指導者たち

1919年革命

ジャーズからは代表を招聘してパリ和平会議に出席させる。他方、大戦でそれに優るとも劣らない貢献をしたエジプトとは独立に向けた接触すら拒否する。英国の無神経な対応にエジプト人の誇りはいたく傷つけられた。湾岸危機・戦争の際、日本は多大な財政的支援を行ったにもかかわらず、その貢献は過小評価され、国民の間に「湾岸シンドローム」とも呼ばれる傷を残した。このとき、エジプト人が受けた傷はそれをはるかに凌ぐものがあった。

英国の拒否回答を受け、ザグルールはワフド委員会を組織し、エジプトの独立とパリ和平会議への代表団派遣を求める大々的なキャンペーンに乗り出した。全国各地で独立を訴える集会やザグルールに独立交渉の全権を委ねる署名運動が展開された。ルシュディ首相は、世論の盛り上がりを受けて、一九一九年二月、辞意を表明した。事態の思わぬ進展を憂慮した英国政府はウィンゲイトを情勢報告のため本国に召還するとともに、一九一九年三月八日、ザグルールとイスマーイール・シドキー（一八七五〜一九五〇年、のちの首相）、ムハンマド・マハムード（一八七七〜一九四一年、のちの首相）、ハマド・アル・バシール（一八七一〜一九四〇年）ら三人のワフド指導者を逮捕し、マルタ島に流刑した。これは、英国の最大の失策となった。露骨な弾圧政策はエジプト全土を怒りの渦に巻き込み、全国規模の民衆蜂起を引き起こした。「一九一九年革命」（第二次エジプト革命）の始まりである。翌九日の法科学生のデモを発端に、全土で抗議デモが展開された。これは、エジプト史上で初めての宗教宗派や階級を超えた全国民的な民族運動だった。そこには、イスラーム教徒とコプト教徒の対立も、トルコ・チェルケス系とアラブ系の対立も、大地主と貧農の対立もなかった。女性もこのとき、初めてデモに参加した。ザグルールの妻のサフィーヤは、流刑中の夫に代わって民族運動を鼓舞し、国民から「エジプト人の母」（オム・アル・マスリーン）と呼ばれた。ザグルールの手を離れた運動は一部、過激化し、暴動や破壊活動も頻発した。暴動による英国側の死者はおよそ四〇人に達した。各地で鉄道や電信・電話線が切断され、カイロは一時、完全に孤立した。

ザグルールの妻サフィーヤ

驚愕した英国政府は、一九一〇年にガーリ首相暗殺後の混乱を終息させたのと同様、強い統治者を任命することで事態の収拾を図った。ウィンゲイトを更迭し、パレスチナ戦線の凱旋将軍で「猛牛」の異名をとったエドムンド・アレンビー（一八六一〜一九三六年）をより権限を増した特別高等弁務官として任命したのである。映画『アラビアのロレンス』で奇矯な言動の目立つロレンスを笑って受け入れる剛腹な指揮官として登場するアレンビーは、一九一九年三月二五日にエジプトに着任すると、直ちに暴動を鎮圧するとともに、本国政府に政策転換の必要性を説き、同四月七日にはザグルールらを釈放させた。ザグルールはマルタ島からパリに向かった。だが、民族運動はこれで終息するどころか、より組織的なものに発展した。公務員、法律家、運輸労働者、学生などが次々とゼネストに突入、公共サービスは完全に麻痺した。ザグルールの釈放を受けて再び組閣されたルシュディ内閣はわずか五日で瓦解した。

英国政府は、ようやくエジプトの民族運動が強い統治者の任命や軍事・警察力の行使によって抑え込まれるような単純なものでないことに気付いた。だが、ことここに至っても問題の先送りを図り、調査団の派遣で時間を稼ごうとした。調査団の派遣は、日本の審議会制度同様、当時の英国の官界が多用していた行政手法だった。「騒乱」の原因を究明するための調査団の団長には、南アフリカの統治で実績をあげたアルフレッド・ミルナー植民大臣が任命された。ミルナーはクローマー卿のもとでエジプト統治に携わった実績があり、その著書『エジプトにおける英国』（一八九二年）は英国ではエジプト近代史の代表的な資料のひとつとされるほどの英国政界きってのエジプト通だった（調査団のメンバーには、同じくクローマー期にエジプト統治にあたったレンネル・ロッドやエジプト軍の育成・指揮にあたったジョン・マックスウェルなどが就任）。ミルナー調査団は一九一九年一二

アレンビー

月七日にエジプトに到着する。だが、調査団の派遣発表からすでに八ヶ月がたち、この間、調査団への委託事項が保護領制度の継続を前提としていることがエジプト側に知れわたってしまっていた。ザグルールは滞在中のヨーロッパから調査団の完全ボイコットを指示。結局、ミルナー調査団はエジプト側の協力をほとんど得られないまま調査を終え、翌年三月、帰国した。

ミルナー調査団は、英国に良識があることを証明した。帰国後、提出した報告書のなかで、政府の方針に反して、英国のエジプト統治がそもそもオラービー革命後の混乱を収拾するための暫定的なものであったこと、エジプト人の独立への願望が妥当であり、かつ全国民的なものであることを指摘したうえで、保護領制度の廃止とそれに代わる大英帝国の交通の安全（すなわちスエズ運河の安全航行）や外国権益等を保障するための二国間条約の締結を提言したのである。英国政府は提言の内容に困惑したが、アレンビーからも提言の実行を迫られたため、方針を転換して、大戦中に病没したフセイン・カーメルのあとを継いでスルタンに即位していたフワード（アフマド・フワード一世、一八六八〜一九三六年、在位一九一七〜三六年）に二国間条約交渉のための使節団の派遣を要請した。フワードは、一九二一年三月、アドリー・ヤカン首相（一八六四〜一九三三年）を派遣することを決めた。アドリー・ヤカンは、ムハンマド・アリーの妹の曾孫に当たり、外務、内務、教育大臣などを経て、この年三月一六日から首相の地位に就いていた。

他方、ザグルールがおよそ二年間にわたってヨーロッパで展開していたエジプト独立運動はこの時期、行き詰まりをみせていた。英国の根回しで民族自決を訴えていた米国のウィルソン大統領でさえエジプトの保護領継続を追認。エジプト代表は和平会議に出席することすらできなかった。「ミル

アドリー・ヤカン

ナー報告書」の提出は、窮地にあったザグルールにとってもきわめて好都合だった。英国政府の方針転換を受け、ザグルールは一九二一年四月五日、二年ぶりに帰国した。エジプト全土が沸いた。まさしく凱旋将軍の帰還だった。ヨーロッパでの運動こそ実を結ばなかったものの、ザグルールが国外から指導した粘り強い民族独立運動は、世界最大の大英帝国をして妥協せしめたのである。だが、ここで独立に向けた動きは頓挫する。ヤカン首相がザグルールを対英交渉団の団長にしなかったことにワフド勢力が反発、ザグルールは妥協のない完全独立を求めて首相の交渉姿勢を攻撃する。ヤカン首相は世論の支持を得られないまま、同七月から英国外相、カーゾン卿（一八五九～一九二五年）との交渉に臨むが、英軍の駐留継続などを巡って折り合わず、交渉は決裂した。

交渉決裂を受けて、これまで忍耐強く臨んできたアレンビー特別高等弁務官は「猛牛」と呼ばれたその本領を発揮する。一九二一年一二月二三日、交渉決裂の主因と考えていたザグルールらワフド指導者六名を逮捕して、アデンに追放するとともに、本国政府を説いて、翌一九二二年二月二八日にエジプトの保護領制度の廃止と独立を一方的に宣言したのである。ただし、この宣言には、①大英帝国の交通（すなわちスエズ運河）の安全保障、②第三国の攻撃、干渉からのエジプトの防衛、③外国権益とマイノリティの保護、④スーダンの地位、の四つの留保条件が付けられていた。①と②は英軍の駐留の継続を意味しており、③はオラービー革命の際と同様、外国権益などが脅かされた場合、英国が行動をとる権利を留保するものであった。そして、④は「スーダン・コンドミニウム協定」の継続、すなわち英国による実質的なスーダン統治の継続を意味した。これは、いわば制約された独立であり、エジプトにとっては決して望ましいかたちのものではなかった。だが、エジプトはどのようなかたちであれヨーロッパ列強によって植民地化された中東・アフリカ諸国のなかでは初めて独立を達成した。

同三月一五日、フワードは独立エジプトの初代国王に即位した。

流刑先のザグルール（中央着席）

《独立後の闘争》

エジプトにとっての不幸は、新国家の建設というきわめて重要な時期に最大の民族指導者であるザグルールを欠いていたことであろう。ザグルールは、この時期、アデンからセーシェル、ジブラルタルと流刑先を転々と移されていた。ザグルール自身にも問題はあった。理想をいえば、ヤカン首相が対英交渉に臨んだ際、ザグルールは小異を捨ててワフド勢力をあげてこれを支援すべきであった。だが、この希代の現実的政治家も年齢とともに次第に柔軟性を欠き始めていた。加えて、二年の不在の

フワード

間に高まった国民の完全独立への欲求は指導者に妥協を許さないまでになっていた。無条件完全独立を求めるザグルールの強硬姿勢は、民族主義勢力の分裂を招いた。ともに独立運動の第一歩を踏み出したアブドゥルアズィーズ・ファハミーやマルタ流刑をともにしたムハンマド・マハムードなど穏健な民族主義者は、次々と袂を分かって、ヤカン首相が結成したエジプト独立協会（のちの立憲自由党）に参加した。

国王フワードの存在も事態をより一層、複雑にした。フワードは第五代君主イスマーイールが絶頂期にあった一八六八年三月二六日にその六男としてカイロ近郊ギーザの離宮で生まれた。タウフィークやフセイン・カーメルは異母兄弟に当たる。十代と二十代のほとんどを亡命した父親とともにヨーロッパで過ごし、教育もジュネーブやトリノの陸軍士官学校などで受けた。このため、生涯、アラビア語よりもイタリア語の方が流暢だった。父親の死去とともにエジプトに戻り、参謀将校などを務める一方、エジプト国民大学の設立など教育の振興にも尽力した。だが、即位前のフワードは公職における実績よりも、むしろ離婚スキャンダルの方で有名だった。フワードは従姉妹でもある最初の妻、シヴェキアール（一八七六～一九四七年）を離婚したことで義弟のセイフッディーンの恨みを買い、一八九八年五月七日、カイロの社交クラブ、ヘディーヴァル・クラブの一室で銃撃された。三発の銃弾を浴びたフワードは、危うく一命をとりとめたものの、喉に当たった銃弾のため、終生、金属性の甲高い声を出すようになった。このスキャンダルは、のちに逃亡したセイフッディーンを追って国際的なマンハントが展開されたため、ヨーロッパの社交界でも有名になった。

一九一七年一〇月九日、フセイン・カーメルが六三歳で病死すると、英国当局は反英的なその嗣子、カマルアッディーン（一八七四～一九三二年）ではなくフワードを後継者にたてた。フワード、このとき四九歳。本人にとっても全く予想外の即位だった。フワードは、ムハンマド・アリー一族に共通した端正な風貌は受け継がなかったが、曾祖父や父などの性格は色濃く受け継いだ。毎朝五時に起きて長い時間をかけて身支度するなどの潔癖性は曾祖父のムハンマド・アリーから、不動産購入など蓄財への情熱は父から、極端なまでの暗殺恐怖症は大叔父のアッバース・ヒルミー一世から受け継いだ。そして、これら三者から共通して受け継いだのが、専制志向だった。フワードは、民主主義や議会制度にいっさい信を置かず、全ての物事を自ら決定し、遂行しようとした。そのための能力にも恵まれていた。だが、時代は専制政治を許すような状況にはなく、フワードは結局、その能力とエネルギーの多くを自己の権限を拡大するための政治工作に費やした。結果的には、フワードの政治工作は成功し、民族主義勢力は分裂した。ザグルールにとって、英国は独立への障害であったが、議会制民主主義の理解者だった。他方、国王フワードは独立の支援者であったが、民主国家建設の障害だった。

エジプト政府は、ワフド勢力の協力を欠きながらもアブドゥルアズィーズ・ファハミーら穏健な民族主義者の尽力もあってベルギー憲法をモデルに憲法制定作業を進め、一九二三年四月一九日には独立エジプト最初の憲法を布告した。エジプトは、ムハンマド・アリー家が王位を世襲する王国となり（第一条、第三二条）、議会は上院、下院の二院制とされた（第七三条）。この憲法は、基本的人権の尊重や法の下の平等（第三条）、表現・集会・結社の自由（第一四〜一六条、第二〇、二一条）などを定めた当時としてはきわめてリベラルなものであった。国教はイスラームとされたが（第一四九条）、一方で信教の自由も定められた（第一二条）。他方、フワードの介入で、議会の解散権（第三八条）、閣僚や大使の任免権（第四九条）、上院議長と上院議員の四割の指名権（第七四条、第八〇条）など国王に過剰なほど権限が集中した。これがのちに議会政治の健全な発展を妨げる最大の要因となる。憲法に続いて、選挙法も制定された。

一九二三年九月一八日、ザグルールは一年九ヶ月にわたった海外流刑を終えて帰国した。その指導のもとワフド党は一九二四年一月一二日に行われた総選挙で下院二一四議席中一九〇議席を獲得するという地滑り的大勝を収め、同二六日、ザグルール内閣が誕生した。独立エジプトは議会制民主主義のもと輝かしいスタートを切ったかにみえた。だが、ザグルール内閣はきわめて短命に終わることになる。同三月一五日、英国初の労働党内閣を組閣したラムゼイ・マクドナルド（一八六六〜一九三七年）は、エジプト国会の開会式への祝電のなかで、二国間交渉の用意があることを表明した。マクドナルドは、保守党政権が失敗したエジプトとの交渉をまとめることで、外交における労働党色を強く打ち出そうと考えていた。だが、政権が代わっても英国側には独立宣言の際に付けた留保条件について妥協する用意はなかった。対するエジプト側は留保四条件の撤回や駐留英軍の撤退など完全独立達成に向けての従来からの主張を繰り返した。一九二四年九月から一〇月にかけてロンドンで行われた交渉は決裂した。

リー・スタック暗殺事件
（エジプト警察博物館蔵）

対英交渉決裂の知らせにエジプトの世論は硬化した。そして、一九二四年一一月一九日、民族主義者から英国がエジプトに架した頸木の象徴のようにみられていたエジプト軍総司令官兼スーダン総督*、リー・スタック（一八六八～一九二四年）が白昼、カイロの教育省近くで暗殺された。暗殺の黒幕は不明だが、前の総選挙で落選した元ワフド党幹部だったともいわれている。友人であるスタック暗殺の知らせにアレンビーは激怒し、エジプト政府に対し、①陳謝と犯人の処罰、②英国政府への五〇万スターリング・ポンドの賠償金の支払い、③二四時間以内でのスーダンからのエジプト軍と官吏の撤収、④スーダン・ゲジラ地帯の灌漑面積制限（三〇万フェッダン）の撤回などを求める最後通告を突きつけた。これは、本国政府が意図していたよりもはるかに過酷な要求だった。とりわけ、スーダン問題は暗殺事件とは本来、関係がなく、アレンビーの要求は英国がスーダンをエジプトから完全に切

*――オラービー革命後にいったん解体されたエジプト軍はその後、英国の主導で再建された。そのとき以来、エジプト軍の総司令官は代々、スーダン総督を兼務した英国軍人が就任していた。キッチナーやウィンゲイトもその地位にあった。

国民の館（当時）

り離す意図を持っているものとエジプト側には解釈された。ザグルールは賠償金の支払いは行ったものの、スーダン関連の要求は拒絶して、五日後の一一月二四日、辞任した。エジプト国民の期待を担った民主政権は、わずか一〇ヶ月で瓦解した（エジプト政府は、六日後の一一月三〇日に英国側の要求を全て受け入れ、スーダンからの軍と官吏の撤収に応じた）。

ワフド党はその勢力を削ぐために翌一九二五年三月に実施された総選挙でも勝利するが、これを嫌ったフワードは議会を解散。英国当局からの勧告で一九二六年五月に再び行われた総選挙でもワフド党は大勝する。だが、スタック暗殺事件へのワフド党の関与を疑う英国当局の要求でザグルールは首相の座には就けず、結局、立憲自由党のヤカン首相のもと連立内閣が組閣された。そして、その翌年の一九二七年八月二三日午後九時五〇分、「エジプト独立の父」サアド・ザグルールはカイロの自宅で六八歳の生涯を閉じた。エジプトは独立後の重大な時期に最大の民族指導者を失った。ザグルールは、疑いなく、近代エジプトが生んだ最も偉大な大衆政治家だった。強烈なカリスマ性と雄弁の才を持ち、その一方で実務的な行政能力をも兼ね備えていた。大衆は自らと同じ言葉で話しかけるその演説に熱狂した。国王のフワードですら対立しながらもその人格や政治力を尊重していた。ただ、晩年のその政治手法には問題もあった。

国民の館に立つザグルールの銅像

ザグルールは民主主義の推進者であったが、党内政治においてはきわめて専制的で、同僚という存在を認めることができなかった。そのため、さきに述べたように有為な人材が次々と離れていき、民族主義勢力の分裂を招いた。また、ザグルールは国王の政治介入を排除するために大衆や学生を動員した抗議デモを活用したが、これはその後のより資質の劣る政治家に多用され、議論ではなくデモや威嚇によって政治的要求を通すという悪しき先例を作ることにもなった。

ザグルールの政治闘争を支え続けた妻のサフィーヤは、その後もエジプトの民族運動において象徴的な役割を担い続けた。そして、夫に遅れること約二〇年、一九四六年一月一二日に世を去った。享年六七。ふたりの間に子はなく、ワフド指導者が集い、「国民の館」（ベイト・アル・ウンマ）と呼ばれたその住居は、以後、国有資産とされた。その横には、国民からの募金で当時の代表的建築家のムスタファ・ファハミー（一八八六～一九七二年、のちの公共事業大臣）の設計による壮麗な霊廟が建てられた。「国民の館」は、現在、改装され、ザグルールの業績を紹介する博物館になっている。晩年のザグルールにとっていわば最大の政敵となった国王フワードは、その後も議会の解散権や閣僚の任免権などを通じて、政治への介入を続けた。一九三〇年一〇月二二日には、国王の権限を大幅に拡大

閣僚に囲まれたフワード（中央）

した新憲法を公布するが、世論の強い反発を受けて、一九三四年一一月三〇日には旧憲法の復活を余儀なくされた。そして、懸案の英国との二国間条約締結に先立つことおよそ四ヶ月、一九三六年四月二八日に世を去った。享年六八。

　エジプトの独立に関わった英国人のうち、ミルナーはエジプト独立を勧告する報告書を提出した五年後の一九二五年五月一三日に七一歳で世を去った。英国では、南アフリカ統治で実績をあげた植民地行政官として、より知られている。ウィンゲイトは一九五三年まで長生きした（享年九一）。駐エジプト高等弁務官を更迭されたあとは、ハルツームのゴードン記念大学（現ハルツーム大学）の委員などを務めたが、政府の要職には就かなかった。エジプトの独立運動を抑えきれなかったことで、長年にわたるエジプト・スーダン統治での実績は、生前、必ずしも正当には評価されなかった。現在に至るまでスーダンの重要な農業資源となっている綿花栽培は、ウィンゲイトが総督のときに青白両ナイル間のゲジラ地帯に開発したプランテーションに負うところが大きい。アレンビーはスタック暗殺事件の翌年、特別高等弁務官の職を辞し、帰国した。以後は、公職に就くことなく、一九三六年五月一四日に死去した。享年七五。一般には、エジプト独立を宣言した特別高等弁務官としてよりは、「第一次世界大戦における英軍最良の将軍」（第二次世界大戦でエジプトに侵入したイタリア軍を撃退した英軍指揮官、アーチボルド・ウェーヴェル）として有名である。

13 落日に向かう王朝◇ファルークの時代

（一）明るい滑り出し

《正式独立の達成》

一九二二年二月二八日の英国保護領からの独立達成から一九五二年七月二三日の革命までのエジプトは、「自由主義エジプト」ないしは「議会制エジプト」とも呼ばれている。この時代のエジプトの政局は、議会・政党政治の枠組みのなかで*、①トルコ・チェルケス系の大地主階層を主たる支持基盤とする国王・宮廷勢力、②地場の中小地主や商工業者、専門職などを支持基盤とするワフド党、③旧宗主国の英国、の三者の対立と妥協を軸に展開されていく。そして、一九三〇年代半ば以降のこれら

*——ただし、政情不安や大戦勃発により長期にわたって戒厳令が布かれたこと、国王が閣僚の任免権や議会の解散権などを通じてたびたび政治に介入したことなどで議会の機能は限定的なものとなった。

即位時のファルーク

三者を代表する人物が、①国王ファルーク、②ワフド党首、ムスタファ・アン・ナハス（ナッハース）、③英国大使、マイルズ・ランプソンである。

ファルーク（一九二〇～六五年、在位一九三六～五二年）は、一九二〇年二月一一日、第九代君主フワードとその二番目の妻、ナズリ・サブリー（一八九四～一九七八年）との間の最初の子供としてカイロに生まれた。前妻シヴェキアールとの間にもうけた長男、イスマーイール・フワードをわずか一歳で亡くしていた父親のフワードは、五一歳で久しぶりに持った一人息子を溺愛し、王宮からほとんど外に出さずに育てた。幼いファルークに唯一、許されていた遊び相手は、祖母、フェリアルの名前の頭文字をとって同じくFで始まる名前をつけられていた妹のファウジア、ファイザ、ファイカ、ファティアだけだった。十代初めまで外の世界を知ることなく育ったファルークは、一四歳のとき、王位継承者としての教育を受けるため、初めて王宮を出て、英国に留学する。英国の社交界では、明るく活発なプリンスとして知られ、ウーリッジ陸軍士官学校の同期生からも「フレディ」の愛称で親しまれていた。そして、留学二年目の一九三六年四月二八日、父王の死去に伴い、急遽、エジプトに戻り、第二代エジプト国王に即位した。即位当初のファルークは、「腐ったメロン」と酷評された後年の姿からは想像がつかないほどスリムでハンサムな好男子だった。聡明でもあり、歴代の君主のなかでは初めて公式の演説を全てアラビア語で行うことができた。エジプト国民は、ほぼ半世紀ぶりの若い君主の誕生を歓迎した。即位の翌年に結婚した王妃、サフィナズ・ズルフィカール（のちにファリーダと改名、一九二一～八八年）もその美貌と高い知性で国民に人気が高く、うら若い国王夫妻がカイロやアレキサンドリアを王室専用車でドライブするときなどは市民から熱狂的な歓声で迎えられた。

ワフド党首のムスタファ・アン・ナハス（一八七九～一九六五年）は、一八七九年六月一五日、ガルビーヤ県サマヌードで材木商の子として生まれた。地元のフランス語学校で教育を受けたのち、カイロに移り、一九〇〇年に王立法律学校を卒業する。卒業後、国民党の指導者であるムハンマド・ファリードの法律事務所で働いたことが、民族主義政治家としてのその将来を決定付けた。ナイル川デルタ地帯の中心都市のひとつ、マンスーラで弁護士事務所を開業したのち、一九〇四年に同じくデルタ地帯のタンタの裁判所判事に任命されたが、一九一九年にワフド運動に参加したため、解任される。ワフド党加入後は党幹部としてめきめきと頭角を現し、一九二一年から一九二三年には党首のザグルールと海外流刑を共にした。一九二四年の総選挙で出身地のサマヌードから出馬して当選、ザグ

ムスタファ・アン・ナハス

マイルズ・ランプソン

ルール内閣では通信大臣を務める。一九二六年の総選挙でも再選されるが、このときは英国当局の介入で閣僚ポストには就けず、下院の副議長に就任した。一九二七年八月二三日、ザグルールの死去に伴いワフド党の第二代党首に就任。一九二八年と一九二九年の総選挙に勝利して政権を握るが、いずれの際も国王フワードの介入で退陣を余儀なくされた。そして、フワード死去後の一九三六年五月二日に行われた総選挙で、下院二三二議席中一七九議席、上院七九議席中六五議席を獲得する地滑り的大勝を収め、同五月九日ワフド党単独内閣を組閣した。

最後のひとり、マイルズ・ウェダーバーン・ランプソン（のちのキラーン卿、一八八〇〜一九六四年）は、一八八〇年八月二四日、スコットランド中央部のスターリングシャー州キラーンで生まれた。名門パブリック・スクールのイートン校などを卒業して、一九〇三年に外務省に入省。中国や日本など東アジアでの勤務が長かったが、一九三三年一二月に労働党のラムゼイ・マクドナルド率いる挙国連立内閣によって、エジプト・スーダン高等弁務官（一九三六年以降はエジプト大使）に任命された。以後、第二次世界大戦後の一九四六年三月まで一二年以上にわたってエジプトに駐在し、エジプト側に対する高圧的な交渉姿勢でのちに「第二のクローマー」と呼ばれるようになる。

ファルークが即位し、ナハスが第三次内閣を組閣した一九三六年はエジプトにとって明るい年だった。強力な単独政権を樹立したナハスは、早速、ランプソン高等弁務官と駐留英軍の撤退交渉を開始した。この時期、エジプトを巡る国際環境には大きな変化があった。一九三五年一〇月、イタリアがソマリランドとの国境紛争を口実にエチオピアに侵攻、ナハス政権が誕生した一九三六年五月には首都アディスアベバを占領していたのである。その結果、エジプトは西部（リビア）と東南部（エチオピア、エリトリア）をイタリアに囲まれることになった。英国もイタリアの勢力拡大に神経を尖らせており、両国ともエジプトの安全保障体制を早急に確立させる必要があることで一致した。そして、一九三六年八月二六日、一四年来の懸案だった「英国・エジプト同盟条約」が締結された。同条約は、期間二〇年で、英国はスエズ運河地帯（長さ一〇〇キロメートル、幅三二キロメートル）以外から撤兵することを約束し、駐留英軍の規模は平時編成で陸軍一万人（プラス空軍パイロット四〇〇人）と定められた。だが、戦時には英国は駐留軍の規模を拡充し、エジプトの港湾や飛行場、通信施設など戦略施設を自由に使えることとされた。エジプトにおける英国人の治外法権は撤廃され、英国はエジプトのキャピチュレーションの廃止と国際連盟加盟に向けて支援を行うことを約束した。これまでの交渉で最大の難関であったスーダンの管理問題は、ひとまず棚上げにされた。これによって、一八八二年から半世紀以上にわたった英国の軍事占領は公式に終了した。

翌一九三七年四月一二日には、英国の斡旋で、エジプトとエジプトにキャピチュレーションの特権を有する各国の代表がスイスのモントルーに集まり、キャピチュレーション廃止に向けた交渉を開始した。交渉の結果、同五月八日にキャピチュレーションの廃止協定、「モントルー条約」が結ばれた。

治外法権は撤廃され、エジプトは一八四〇年の「ロンドン条約」受諾以来、喪失していた外国人に対する課税権を回復した。治外法権の弊害緩和のため設置されていた混合裁判所は、一二年間の移行期間を経て、一九四九年一〇月一四日に廃止されることとなった。「モントルー条約」締結の一八日後の一九三七年五月二六日、エジプトは国際連盟に正式加盟し、名実ともに独立国家となった。在野の民族主義者はこの一連の交渉結果を「まやかしの独立」として批判した。だが、当時、エジプトが置かれていた国際環境のなかではこれが最大限達成可能な「独立」であったことはまぎれもない事実であり、それをもたらしたナハスの手腕は高く評価されるべきであろう。

同盟条約締結と前後して、ナハスは一八七五年の株式売却以来、エジプトが運営に関与できなくなっていた国際スエズ運河株式会社と交渉し、その理事会に二名のエジプト人を加えるとともに、運河収益のうち年三〇万スターリング・ポンドをエジプト政府に納めること、さらには運河会社の従業員の三五％をエジプト人にあてることを承認させた。また、軍の拡充にも着手し、新たに庶民階層（中産階級）にも士官学校の門戸を開いた。士官学校の生徒の一割については授業料も免除された。このとき、士官学校に入学した中産階級の子弟（一九三八年卒業）のなかから、ナセルやサダト、アブドゥルハキーム・アメル（一九一九～六七年、のちの陸軍元帥、副大統領）、ザカリア・モヒエッディーン（一九一八～二〇〇九年、のちの副大統領）など将来、エジプト革命を主導する人材が多数、生まれることになる。

《民族資本の台頭》

経済的にもこの時期、長引く不況など様々な問題を抱えながらも明るい兆しが見え始めていた。民族資本が台頭し、経済自立化・多角化の芽が出てきたのである。すでに述べたように、英国の統治下、エジプト経済は綿花依存体質をさらに強めるとともに、英国などヨーロッパ諸国に綿花等原材料を輸出し、繊維製品や機械・機器等完成品を輸入するという植民地型の国際分業のなかに完全に組込まれていた。例えば、一九一四年のエジプト財務省統計によると、一九〇三年以降、エジプトの総輸出に占める綿花の割合がほぼ一貫して八割以上に達する一方、輸入はエジプトが産出しない石炭や木材を除くと、そのほとんどが繊維製品・同材料や機械・金属製品などの製品・半製品だった。しかも、輸入の三割以上、輸出の四割から五割は事実上の「宗主国」である英国が占めた。こうしたなか、農業分野以外の経済活動はほぼ完全に外国、ないしは外国系資本によって占められていた。代表的なところでは、一八九八年六月二五日に著名な英国の銀行家であるサー・アーネスト・キャッセルらによって設立され、通常の銀行業務に加えて、発券業務も行い、準中央銀行としての役割を果していたエジプト・ナショナル銀行（National Bank of Egypt）はイングランド銀行（Bank of England）の実質的な監督のもと、運営されており、頭取は英国人で、株主の大半も英国人を中心とする外国人であった。

また、同行の役員会はエジプトと英国の双方に設置されたが、四名の役員で構成される英国の「ロンドン委員会（The London Committee）」は資本の変化や配当額など重要事項を承認する権限を有していた。その他の金融機関も、アングロ・エジプシャン銀行（Anglo-Egyptian Bank、英国系、一八六四年設立、一九二五年にバークレイズ銀行に吸収）やクレディ・リヨネ（Credit Lyonnais、フランス系、一八七四年にエジプト進出）、エジプト銀行（Bank of Egypt、ギリシャ・英国系、一八五六年設立）、イオニア銀行（Ionian Bank、英国系、一九〇七年にエジプト進出）など、外資系銀行で占められていた。商工業分野でも、例えば数少ない大手製造業者である上記のエジプト・ナショナル紡績社はエジプト在住のスイス人によって、代表的なデパートで一九〇〇年代初めには約六〇店舗を展開していたウマル・エフェンディ（Omar Effendi、一八五六年設立）はハンガリー人によって、菓子メーカーで「地中海の南岸で最も洗練されたティールーム」（当時のエジプト観光案内）を展開していたグロッピー（GROPPI、一八九一年創業）はスイス人によって経営されていた。

既に第一次世界大戦前の時点で、前述した欧米での金融危機と過剰な農地投機を原因とする一九〇七年の不動産バブル崩壊や綿花収穫量の急減による一九〇九年の不況に代表されるように、綿花モノカルチャー型経済の弊害は顕在化してきており、大戦中の一九一六年三月に王制時代の代表的な政治家で、経済開発にも熱心だったイスマーイール・シドキー農業大臣（のちの首相）のもと、設立されていた商工業委員会は、翌年、政府に提出した報告書（Report of the Commission on Commerce and Industry）のなかで、次のような経済多様化策を提言していた。

①綿花への過度の依存を回避するための農業の多様化
②製紙、建設資材、食品加工、陶器、織物、石鹸などの分野での輸入代替工業の育成
③保護関税や税制優遇措置、鉄道輸送料金の優遇など、工業化に対する政府支援
④地場企業重視、特に製造業育成のための金融制度構築の必要性（工業開発銀行の創設など）

⑤工業専門学校の設立など、人材育成のための制度整備

他方、一九世紀前半のムハンマド・アリー統治期以来、続いてきた灌漑プロジェクトなどによる耕作地の拡大もこの時期、ほぼ限界に達し、人口増加に対応するためにも農業に代わる産業の振興が急務となってきていた。政治的にも、民族独立運動の高まりのなかで、「真の政治的独立を達成するためには、工業化に基づく経済面の自立が不可欠である」とする意見が強まっていた。

タラアト・ハルブ

こうした気運を受けて、一九二〇年三月八日、カイロ商業会議所副会頭で上記商工業委員会の委員を務めたタラアト・ハルブ（一八六七～一九四一年）らによって一〇〇％エジプト民族資本のミスル銀行（Banque Misr）が設立された。タラアト・ハルブは「エジプトの渋沢栄一」とでもいうべき人物で、エジプト王立法律学校を卒業後、最初、政府に出仕したが、のちにミスル銀行を通じて、ありとあらゆる分野の産業の育成に関与した。頭取職を辞する一九三九年までにハルブがミスル銀行を通じて設立した企業の数は二〇社に達し、その事業範囲は繊維（綿繰、綿糸・綿織物、毛糸・毛織物、絹織物、リネン）、コンクリート、各種加工食品、タバコ、石鹸などの製造業から、鉱業、建設・土木、貿易（綿花輸出）、航空輸

カイロのミスル銀行本店

送、海運、漁業、保険、流通（衣料品チェーンの展開）、さらには観光、映画製作、劇場運営にまで及んだ。今日の企業名でいえば、従業員二万八五〇〇人を擁し「アフリカ大陸で最大の繊維メーカー」といわれるメハッラ・エル・コブラのミスル紡績・織物会社（Misr Spinning and Weaving Company、一九二七年設立）や世界でも七番目に設立された航空会社で、現在、成田と関西にも定期便を就航させている国営エジプト航空（一九三二年設立、Egyptair、当時の社名は「ミスル航空（Misrair：Societe Misr pour l'Aviation）」）、国内三〇ヶ所以上と日本を含む海外八カ国にネットワークを持つ旅行代理店のミスル・トラベル（Misr Tourisme、一九三四年設立）などが一例である。

ハルブは第一次世界大戦前にドイツを視察し、長期的な工業融資を重点的な業務としていたその銀行制度に強い感銘を受け、同様の機能を担う金融機関としてミスル銀行を設立したが、同行の運営にあたっても経済多様化の鍵を握ると考えていた製造業の育成に注力した。例えば、一九四八年時点でのミスル・グループ企業の払込資本総額五七九万四〇〇〇エジプト・ポンドのうち、七四・四％にあたる四三二万エジプト・ポンドが工業部門に向けられていた（そのうち、九割近くを繊維産業が占めた）。そして、一九二二年から一九三八年までのエジプトの工業関連企業の払込資本総額増加分（五など、エジプトの工業化に大きく貢献した。

両大戦間期の二十年強の間にエジプト経済は、綿花価格の大幅な下落に伴う一九二一年、一九二六年の二度にわたる不況と世界恐慌を経験し、成長が著しく阻害された。特に、一九二九年から一九三二年の三年間に世界貿易が半減し、綿花を含む一次産品の価格がおよそ三分の一から四分の一に下落した世界恐慌は、綿花輸出に依存したエジプト経済に深刻な打撃を与えた。当時のエジプト財務省統計によると、エジプトの輸出額は一九二〇年の八五四六万七〇六一エジプト・ポンドから一九三二年には二六九八万七四一七エジプト・ポンドへと実に七割近くも減少した。こうした点では、工業化を再開するタイミングとしては決して恵まれてはいなかったが、他方で農業、特に綿花栽培部門が深刻な不況に見舞われたことで、それまではもっぱら短期的に利益が見込める農地など不動産への投資に向かっていた国内資本が製造業投資に振り向けられることにもつながった。

エジプト政府も不況対策のため、工業化や民族資本育成のための政策や制度整備に本格的に乗り出した。一九二三年と一九二七年には「会社法」が改正され、最低でも企業の役員二名と従業員の四分の一をエジプト人とすることを義務付けるなど、企業の「エジプト化」が進められた。一九三〇年二月一九日には、「関税保護法」の制定により、国内産業育成のための保護関税の導入が可能になった。一八四一年の「バルタ・リマン協定」の受け入れ以来、エジプトの輸入関税は八%に固定されていたが、一九三七年時点で例えばセメントには四〇%、砂糖には三五%、綿糸には二五%、綿織物には二〇〜二五%の輸入関税が賦課されるようになった。国内製造業に対する各種補助金や鉄道輸送料金などの優遇制度も導入された。一九三二年には、ミスル銀行が新たに設けられた中小製造業に対する政府の優遇貸付資金の一手取扱銀行に指定された。一九四九年一〇月に政府の五一％出資を得て、工業銀行が設立されるまで、ミスル銀行はこの貸付機能を担い続けた。一九三三年には「商業会議所法」が制定され、商業会議所が公的機関として認定され、政府の保護下に置かれた。商業会議所は一九一三年にカイロ商業会議所が、一九二二年にアレキサンドリア商業会議所がそれぞれ設立されたのに続き、ポート・サイード、スエズ、タンタ、ダミエッタ、アスュートなど全国各地の主要都市に漸次、設立され、一九五二年七月のエジプト革命前の時点ではその数は一八ヶ所に達した。

エジプト経済に大きな影響力を持っていた英国もスターリング圏へのエジプトの編入をさらに進める目的もあり、エジプト企業との合弁や技術提携に積極的に応じた。例えば、最新の技術を導入したミスル・グループ企業のミスル高級紡績・織物会社（Societe Misr pour la Filature et le Tissage Fin、一九三八年設立）は英国のブラッドフォード・ダイヤーズ社（Bradford Dyers' Association Ltd）との協力のもと設立された。両国の繊維業界間では、普及品の太番手綿布はエジプト・メーカーが確保し、高級品の細番手綿布は英国メーカーが確保するといった事実上の市場分割も行われた。こうした結果、有力企業による寡占化やカルテル（セメント業界や製糖業界が代表例）などの弊害はあったものの、民族資本の育成が進み、次第に今日のエジプト製造業の基礎が築かれていった。一九五一年七／八月発行の『カイロ商業会議所会報（第一六号）』*によると、一九三三年より以前に設立された株式会社の場合、民族資本の割合がわずかに九・〇％だったのに対し、一九三三年から一九四八年にかけて設立された企業ではその割合は七八・八％に達した。独立の年と同じ一九二二年六月四日に設立され、現在でも活動しているエジプト産業連盟（FEI：Federation of Egyptian Industries）の会員企業数も設立当初の五〇社から、一五年後の一九三七年には四三〇社に増加し、エジプト人会員が占める比率も上昇した。

政府とミスル銀行がともに振興に注力した繊維産業をみても、一九三一年から一九三九年の間にエジプトにおける綿布の生産量は二〇〇〇万平方メートルから一億五九五〇万平方メートルと実に八倍近くに増加した。この間、綿製品の輸入量は一九三一年の一億四七〇〇万四八五九平方メートルから一九三九年には八二四七万四三〇八平方メートルに減少しており（四三・九％減）、輸入に依存してきた工業製品を国内生産に切り替えていく輸入代替工業化が着実に進んだことが窺える。他の工業製品でも、例えば砂糖の生産量は一九一七年の七万九〇〇〇トンから一九三九年には一五万九〇〇〇トンへと拡大し、国内需要をほぼ満たすまでになった。セメントの生産量も同期間に二万四〇〇〇トンから三五万三〇〇〇トンへと大幅に拡大し、こちらは国内需要の四分の三をカバーするようになった。このほか、一九三九年時点での自給率はタバコでは一〇〇％、靴や石鹸、家具では九〇％、マッチでは八〇％に達した。一九世紀のエジプトの工業化を妨げた要因のひとつに石炭や木材など燃料資源の輸入依存があったが、二〇世紀に入ると、それに代わるものとして石油資源の開発が進んだ。一九〇八年には紅海沿岸のゲスマで、一九一三年にはスエズ湾沿いのハルガダで、さらに一九三八年にはラアス・ガリブで、次々と油田が発見された。このうち、ラアス・ガリブ油田は規模が大きく、エジプトの年間産油量は一九三八年の二三万トンから一九四〇年には八一万トンへと大幅に増加し、イラク

＊——同誌　p642-648

から輸入される年間一〇万～一五万トンの原油とともに英国資本によってスエズに建設された製油所で精製された。

ミスル・グループ以外でも製糖業を中心としたアフマド・アッブードやミスル銀行の創設者のひとりであるアリー・ヤヒヤー、同じくミスル銀行の役員だったムハンマド・ファルガリなどの民族資本グループが製造業の育成に貢献した。なかでも英国のグラスゴー大学を卒業した後、英国企業の土木技師を経て、企業経営に転身したアフマド・アッブード（一八八九～一九六三年）はエジプト製糖会社（Société Générale des Sucreries et de la Raffinerie d'Egypte）を基盤に製紙、化学肥料、工業用アルコールなどへと業容を拡大し、とりわけその製糖工場はエジプト政府による手厚い保護もあり、第二次世界大戦後には大規模な拡張投資を実施して、世界でも第三位の規模の設備を有するに至った。アフマド・アッブード自身も一九五〇年代初頭には世界の十大富豪のひとりに数えられるまでになった。このほか、現在、エジプトの有力企業グループに成長しているM・マハムード・アンド・サンズ・グループ（M. Mahmoud and Sons Group、事業内容：靴や紙・ダンボール、家具などの製造、衣料品チェーンの展開）やトライアングル・グループ（Triangle Group、事業内容：皮革、食品加工など）などもこの時期に事業基盤を確立した。

ミスル銀行が設立した企業の事業分野以外では、ガラス、印刷用インク、グリセリン、硫酸、紙製品、鋳物器具、各種化学製品などの企業が第二次世界大戦前までに設立された。第二次世界大戦中には、特に一九四〇年六月一〇日のイタリア参戦以降、ヨーロッパからの消費財の輸入が困難になったこと、一九四一年四月にカイロに設置された連合軍の中東資材調達本部（MESC：Middle East Supply

Centre）が各種物資の現地調達を進めたことなどから、国産化が進展し、新たに金属製品、木製品、プラスチック、ゴム製品、ジュート加工、電灯、バッテリー、煉瓦、野菜缶詰、医薬品などが生産された。第二次世界大戦中の一九三九年から一九四五年までの間に、エジプトの工業生産は三八％拡大し、国内総生産（GDP）に占める工業分野のシェアも八％から一二％に増大した。主要工業製品の国内自給率も上昇した。なかでも塩やアルコールでは一九四四年時点で自給率一〇〇％に、セメントでは同九〇％に達した。

（二）暗転

《二月四日事件》

一九三六年から一九三七年の前半にかけての王制エジプトの明るさは、いわば落日の前の強い残照にすぎなかった。一九三八年を境に王朝は急速に没落の道を辿る。始まりはナハス内閣のあっけない瓦解だった。エジプトの正式独立を導いたナハスには、どこか田中角栄元首相に通じるところがある。学歴こそ異なるものの、いずれも当時のエスタブリッシュメントには属さない階層の出身ながら、政党政治の枠組みのなかで急速に頭角を現した。田中元首相が昭和四七年（一九七二）の自民党総裁選で出自、経歴に優る福田赳夫元首相を破ったように、ナハスもザグルールの死後、その一族に連なる有力政治家、ファタハッラー・バラカート（一八六六〜一九三三年）を破ってワフド党党首に就任した。政策立案能力があり、しかもそれを実現する強力な政治手腕を持っていたところも共通している。英国との同盟条約締結で見せたナハスの外交手腕は、日中国交回復交渉での田中元首相を想起させる。他方、ネガティブな面でも両者には共通点があった。金権体質という批判がつきまとったことである。ナハスの場合、とりわけ夫人のゼイナブとその一族の利権漁りが常に批判を呼び、この第三次内閣（一九三六〜三七年）の際も、また第二次世界大戦中の第四次内閣（一九四二〜四四年）の際も有能であるがゆえに強引な政治手法と金権体質によって足元をすくわれることになる。

一九三七年一二月から翌一月、ワフド党結党以来の幹部であるアフマド・マヘルやマハムード・ファハミー・アン・ヌクラーシーらがナハスの政治手法と金権体質を批判して離党した。両者は、「サアド・ザグルールの正当な後継者」という意味を込めて、新たにサアド党を結成する。これに対し、ナハスはイタリアの黒シャツ隊をモデルに結成していた青年党員の行動隊、青シャツ隊を動員して離党者を威嚇する手段に出た。即位以来、強力なナハスの影に覆われがちだった国王ファルークはこの機をとらえて、ナハスの解任に踏み切った。同三月に行われた総選挙では、宮廷の積極的な介入と分裂の後遺症で、ワフド党は結党以来の惨敗を喫し、最大議席を獲得した立憲自由党のムハンマド・マハムード内閣（立憲自由党・サアド党などによる連立内閣）が成立した。これ以後、エジプトの議会政治は強力なワフド内閣は国王の介入で退けられ、その他の諸政党などによる内閣は首相の暗殺や外交上の失策、ないしは英国の介入によって短命に終わるというパターンを繰り返し、やがて準無政府状態のなかで崩壊に向かうことになる。

アリー・マヘル

一九三九年八月、第二次世界大戦勃発の二週間前、すでに健康を損ねていたマハムード首相が辞任。ファルークは、後任に親宮廷派の有力政治家で教育、財務、法務の各大臣を歴任したアリー・マヘル（一八八二～一九六〇年）を任命した。マヘル首相は大戦勃発に伴う駐留英軍の増強を黙認せざるを得なかったものの、エジプトの中立維持を図り、国会に「エジプトを戦火から守るための法案」を提出した。法案は全会一致で採択され、エジプト軍はリビア国境に近いマルサ・マトルーフから撤退した。エジプト政府の対英協力姿勢の欠如に苛立っていたランプソンは、イタリア参戦の一六日後の一九四〇年六月二六日、ファルークにマヘル首相を解任するよう圧力をかけた。ファルークはやむなくこれに従い、後任に無所属のテクノクラートで運輸・通信大臣や軍事大臣などを歴任したハサン・サブリー（一八七五～一九四〇年）を任命した。サブリー首相は前任者よりさらに困難な立場に立たされる。就任二ヶ月半後の一九四〇年九月一三日、イタリア軍二五万がリビア国境を越えてエジプトに侵攻したのである。第一次世界大戦のときとは異なり、エジプトはすでに独立国であり、その領土が侵された今、駐留英軍と協力してイタリア軍に立ち向かうべきであった。だが、エジプト国内にはむしろ枢軸側の助けを借りて英国の支配を脱すべきであるとする意見も強かった。政界の意見も分かれ、サアド党は参戦を支持したものの、親宮廷派のイスマーイール・シドキーらは中立維持を主張した。サブリー首相は心労がたたってか、二ヶ月後の同一一月一四日、国会での演説中に頓死する。そのあとは、同じく無所属のテクノクラートで財務大臣や公共事業大臣などを歴任したフセイン・シッリー（一八九二〜一九六〇年）が継いだ。

戦局に目を移すと、一九四〇年一二月に反撃を開始した英軍は、二ヶ月後の一九四一年二月には全リビアのイタリア軍を降伏させるという目覚ましい戦果をあげた。だが、その翌月にはエルヴィン・ロンメル将軍のドイツ・アフリカ軍団が反撃を開始、ベンガジ、サルームなどを次々と奪還し、英軍をエジプト領内に押し戻しつつあった。ヨーロッパでもドイツ軍がユーゴスラビアとギリシャを席捲し、英軍は一九四一年六月にはギリシャからも撤退を余儀なくされた。相次ぐ敗戦の動揺は、中東の旧英領にも及んだ。イラクでは英軍によって鎮圧されたもののラシード・アリー・ガイラーニ（一八八二〜一九六五年）が反英クーデターを起こし、エジプトでも反英派で知られたアジズ・アル・マスリ前参謀総長（一八七九〜一九六五年）がドイツ軍との合流を目指して亡命未遂事件を起こした。一九四二年二月二日には、英国当局からの要求でフランス・ヴィシー政権との外交関係を断絶したシッリー首相がファルークによって解任される。カイロやアレキサンドリアでは市民がもはや公然と「ロンメル、前進」と叫んで行進していた。在留英国人は、恐慌をきたし始めた。

事態の急速な悪化に焦った英国政府は、二日後の二月四日、ランプソン大使に命じて最終手段に訴えた。同日午後六時までに解任されたシッリー首相の後任に反英的（民族主義的）である以上に反独的（反ファシズム）だったナハスを任命するようファルークに最後通告を突きつけたのである。ファルークがこれを拒否すると、ランプソンは同日午後九時、戦車、装甲車を含む英軍約二〇〇〇をアブディン宮殿前に集結させ、砲口を王宮へと向けさせた。そして、自らストーン駐留英軍司令官と二名の将校とともに国王執務室に押し入り、ファルークにナハスの任命書を押しつけた。

「それは、また何か別の汚い紙切れですか。」

最後の気概をみせて言うファルークに、ランプソンはもう一枚の書類を突きつけた。譲位書だった。ファルークは要求に屈した。同三月二四日、立憲自由党、サアド党などがボイコットした総選挙でワフド党は二六四議席中二三四議席を獲得し、ナハス「対英協力内閣」が正式に成立した。

この事件、通称、「二月四日事件」はエジプトが独立国家でありながら実際には英国の支配下にあることをエジプト人の前に如実に示す結果となった。威嚇に屈したファルークの威信も、また英軍の助けを借りて政権を握ったナハスの人気も急落した。すなわち、国王とワフド党という二大既成権威が失墜したのである。サダトは自伝のなかで、「一九四二年二月四日という日は、我々の世代にとって、忘れることのできない日となった」（前出『サダト自伝』）と回想している。ナセルも、のちにこの事件が革命を志す大きなきっかけになったと述べている。

英軍は、事件のおよそ八ヶ月後の一九四二年一〇月二三日から始まったエル・アラメインの戦いでドイツ軍を破り、一九四三年五月一二日には米軍とともに北アフリカの全枢軸軍を降伏させた。四ヶ月後の同九月八日にはイタリアが無条件降伏する。エジプトを抑え込むことに成功したランプソンの功績は英国内で高く評価され、一九四三年には男爵に叙せられた。だが、長い目で見ると、この事件で革命への決意を固めたナセルがのちにスエズ運河を国有化し、スエズ動乱（第二次中東戦争、一九五六年）を政治・外交的にエジプト側の勝利に導き、結果的に大英帝国にとどめを刺すことになるのである。

《大戦間のエジプト：長期不況と学園紛争》

国王とワフド党という二大既成権威の低落は新たな政治勢力の台頭を招くことになるが、それについて詳述する前にこうした勢力の台頭を招くことになったエジプトの社会、経済の構造変化について触れておかなければならない。

第一次世界大戦後、エジプト経済は長期不況に陥った。すでに述べたように英国の統治下、エジプト経済の綿花依存体質はさらに進み、大戦後の一九二三〜二七年には総輸出額に占める綿花輸出の割合は九割以上に達していた。一九二〇年代末から一九三〇年代初めにかけての世界不況でこの綿花輸出が激減、エジプト経済はさらに深刻な打撃を受ける。当時のエジプト財務省統計によると、エジプトの輸出額は一九二〇年の八五四六万七〇六一エジプト・ポンドから一九三二年には二六九八万七四一七エジプト・ポンドへと実に七割近くも減少した（別表：エジプトの貿易額の推移と英国のシェア〈一九〇九〜五二年〉）。一人当たりの国民所得も一九一三年の一三スターリング・ポンドから一九三〇年代初めには八スターリング・ポンドに下落した。英国の統治下で進展した耕作地の拡大もこの時期、ほぼ限界に達し、一方で使用過多による農地の疲弊で化学肥料が必要となり、生産コストは上昇した。このため、破産する小農民が急増し、富裕層への農地の集中がさらに進んだ。一九三〇年時点でわずか七%の地主が全国の農地の七割を所有するに至る。一方、一九四七年の住民台帳によると、農地を持たない農民の数は一四一万人以上に達した。小作農の増加は地代をさらに上昇させた。結果として、貧富の格差はより一層、拡大した。小作農は貧困に喘ぎ、そのほとんどはドアも窓もない泥レンガの家で家畜とともに生活し、一〇人に九人はトラコーマなど目の病気に、四人に三人は寄生虫に冒されていた。乳幼児死亡率は一六%に達した。当時、「農業労働者の賃金は騾馬の賃料よりも安かった」(アリー・バラカート教授)といわれている。前述した民族資本の台頭や大都市の繁栄といった明るさと、こうした農村部の悲惨さとが共存していたのが、大戦間のエジプト社会の実態だった。そこには、同時期の日本とも共通するものがある。

他方、貧困層の高い乳幼児死亡率にもかかわらず、高い出生率と主として都市部における医療水準の向上で、人口は一九一七年の一二七五万から一九四七年には一九〇二万と実に五割近くも増加した。この結果、すでに一九二七年の時点で人口の三分の二が三〇歳以下の若年層で占められるようになった。都市化も進展し、例えば一八八二年には三七万だったカイロの人口は一九二七年には一〇六万に、一九四七年には二〇九万に達した。前述した長期不況とともに、こうした都市人口の急増は若年層の失業問題を深刻化させた。現在、中東・北アフリカ諸国では第一次オイルショック以降、医療・保健制度の整備が進んだ結果、人口が急増し、若年層の雇用確保が大きな課題となっている。若年層の失業問題は、急進的なイスラーム主義に代表される反体制運動を生み出す背景となるなど深刻な政治・

エジプトの貿易額の推移と英国のシェア（1909-52年）

年	輸　入			輸　出		
	総額 LE	うち英国 LE	シェア %	総額 LE	うち英国 LE	シェア %
1909	22,230,499	6,743,678	30	26,076,239	13,099,910	50
1910	23,552,826	7,311,218	31	28,944,461	14,343,381	50
1911	27,227,118	8,557,296	31	28,598,991	13,958,058	49
1912	25,908,000	7,991,000	31	34,574,000	16,022,000	46
1913	27,865,000	8,496,000	30	31,662,000	13,648,000	43
1919	47,409,717	21,840,957	46	75,888,321	40,222,821	53
1920	101,880,963	37,894,760	37	85,467,061	36,343,184	43
1921	55,507,984	16,937,815	31	36,356,062	17,045,830	47
1922	43,333,938	14,731,622	34	48,716,418	23,035,915	47
1923	45,276,963	14,771,677	33	58,387,327	28,354,293	49
1924	50,736,918	13,993,584	28	65,733,935	31,955,625	49
1925	58,224,895	14,660,664	25	59,198,662	26,167,972	44
1926	52,400,059	11,405,307	22	41,759,391	18,921,153	45
1927	48,685,785	12,482,606	26	48,340,503	19,138,089	40
1928	52,043,969	11,326,242	22	56,165,258	21,532,193	38
1929	56,089,512	11,895,512	21	51,751,984	17,958,982	35
1930	47,488,328			31,941,592		
1931	31,528,167	7,134,416	23	27,937,113	10,026,508	36
1932	27,425,691	6,586,724	24	26,987,417	10,373,014	38
1933	26,766,991	6,189,520	23	28,842,436	12,004,919	42
1934	29,303,723	6,486,611	22	31,055,759	9,947,871	32
1935	32,238,859	7,360,310	23	35,693,162	12,636,669	35
1936	31,515,555	7,526,926	24	32,978,400	12,491,478	38
1937	38,038,098	8,288,018	22	39,759,066	12,446,625	31
1938	36,934,373	8,496,512	23	29,342,486	9,863,701	34
1939	34,090,716	9,430,273	28	34,080,913	12,322,690	36
1945	60,475,769	10,955,431	18	41,629,998	11,408,030	27
1946	81,094,217	24,954,363	31	63,680,509	21,221,722	33
1947	100,246,974	21,601,771	22	85,716,069	23,781,700	28
1948	161,218,448	36,293,773	23	140,740,670	41,248,174	29
1949	167,519,216	37,984,924	23	135,671,053	23,594,048	17
1950	204,681,999	41,323,182	20	172,958,680	37,090,252	22
1951	235,840,586	41,926,742	18	200,639,051	38,571,673	19
1952	220,690,944	29,649,090	13	142,851,388	6,399,625	4

出所：エジプト財務省統計
注　：第一次、第二次世界大戦中については入手できず
単位：LE はエジプト・ポンド

社会問題でもある。エジプトは、この問題をも七〇年以上、先取りしていたといえる。

また、現在の中東・北アフリカ諸国同様、当時のエジプトでも教育制度の整備が進み、比較的貧しい層にも教育の機会が開かれ、次第に高等教育を受けた中間層が形成されていった。例えば、クローマー卿の統治期には総予算の一％程度だった教育予算は、一九三〇年代初めには同一一％に拡充された。一九二五年には初等教育が義務教育化され、高校、大学など高等教育機関も一九〇八年一二月二一日に現在の国立カイロ大学の前身であるエジプト国民大学（National University）が設立されたのをはじめ、整備や拡充が進んだ。エジプト国民大学は一九二五年には文学部、法学部、理学部、医学部の四つの学部を持つ国立大学に改組され、一九三五年には工学部、農学部、商学部、獣医学部の四学部が増設された。一九三八年にはアレキサンドリア大学も開設された。大学の入学者数は一九三〇〜三一年の四二四七人から一九三五〜三六年には七五一五人に増加した。教育によって高い社会意識を持ちながらも、失業のため社会参加の機会を与えられない若年知識層の関心は、政治や社会改革に向けられるようになる（一九三七年には、学卒の失業者数は三五〇〇人に達していた）。特に、一九三五年から一九三六年にかけては「若者の年」と呼ばれるほど学生によるデモや紛争が頻発した。この間の状況は、学生運動が盛んな頃の日本とも共通している。日本で日米安保体制が争点になったように、エジプトの学生運動の矛先は英軍の駐留とそれを受け入れている国王、政府に向けられた。そして、ワフド党など既存政党の権威低落は、これらの層を新しい政治勢力に吸収していくことになる。そのうちの代表的なものが、ムスリム同胞団、自由将校団、青年エジプト党、そしてハデトである。

《新しい政治勢力の台頭》

ムスリム同胞団は、一九二八年三月、小学校教師のハサン・アル・バンナー（一九〇六〜四九年）によって設立された。創設者のバンナーは、一九〇六年一〇月、アレキサンドリアの近くのブヘイラ県ダマンフール郡マハムディーヤ村で時計修理工の子として生まれた。父親は礼拝の導師を務める敬虔なイスラーム教徒だった。村の学校で伝統的な初等教育を受けたあと、地元の師範学校を経て、一九二六年にイスラーム復興の二大思想家であるアブドゥフとリダーが講師を務めた高等師範学校に入学する。父親の影響を受けてか、幼い頃から宗教心に篤く、当初、スーフィー教団（ハサフィーヤ教団）に所属していた点などは、スーダンのイスラーム革命家、マフディーと共通している。カイロでイスラームの諸学を学んでその思想を固めたバンナーは、高等師範学校を卒業した一九二七年九月、小学校の国語教師として当時、ヨーロッパ租界のようになっていたイスマイリアに赴任した。そこでバンナーが見たものは、独立後五年を経ても依然として異教徒の従属下にあるエジプトの姿だった。「イスラーム世界は真のイスラーム社会でなくなったがゆえにヨーロッパに従属するようになった」と考えたバンナーは、半年後、生活の全ての局面におけるイスラームの徹底と純粋なイスラーム社会の建設を目指して、六人の同志とともにムスリム同胞団を結成した。

ムスリム同胞団は、中小の商工業者や労働者、学生の間に瞬く間に支持者を獲得し、一九三〇年代初頭にはポート・サイード、スエズなど運河地帯の主要都市に支部を持つに至った。バンナーの転勤とともに一九三二年にカイロに本部を移してからは支持者はさらに増大し、最盛期の一九四〇年代半ばには団員五〇万人、シンパ五〇万人を抱えるエジプト最大の政治・社会集団となった。一九四〇年代後半のエジプトの人口が約一九〇〇万なので、国民の実に一九人に一人が関係していた計算になる。支持者は海外にも広がり、シリア、レバノン、パレスチナ、ヨルダン、スーダンなどにも支部が開設された。ムスリム同胞団が急速に支持者を増大した理由としては、まず第一にバンナーの思想がきわめてわかりやすいものであったことがあげられる。バンナーは「国家や社会の救いは個人の救いから」という基本的な考えのもと、個人から家族、地域等社会、国家と段階的にイスラーム化を進めることで、純粋なイスラーム社会の建設を目指すという構想を示した。そして、そのために思想・宗教活動に限らず、教育活動、医療・福祉などの社会活動、イスラーム経済社会建設の試みとしての企業の設立・経営といった経済活動など幅広い取り組みを実施した。経済活動を例にとると、バンナーの存命中、同胞団は投資会社のほか、紡績会社、建材メーカー、建設会社、出版社など様々な分野の企業を設立したが、その多くは商業的にも成功していた。こうした身近なところから始まり、目に見える形での社会改革に結びつく思想や運動が現状に不満を持つ様々な階層を惹きつけたのである。

バンナーの持つカリスマ性も支持者拡大の大きな要因となった。カリスマ性といってもバンナーの場合、強力な指導力で己に従わせる類のものではなく、自然にその周りに支持者が慕い集う不思議な人格的吸引力を持っていた。バンナーは人にものを教えることが嬉しくてたまらないといった天性の教育者で、そのための才能にも恵まれていた。同胞団が数十万人の支持者を抱えるまでに拡大したときでも一教師としての仕事を続けていたところにその人格の一端が窺える。バンナーはまた政治力や組織運営能力をも持ちあわせていた。バンナーは、あらゆる革命組織の模範となるような細胞単位から構成されるピラミッド型の強固な組織を作り上げた。一九三〇年代の終わり頃からは、政治活動に重点を移し、自由将校団など他の政治組織とも接触を持った。パレスチナ戦争（第一次中東戦争、一九四八年）以降は、急進派が「秘密組織（アル・ジハーズ・アル・ハーッス）」と呼ばれる秘密軍事部門を通じて政府要人の暗殺などのテロ活動を展開、エジプト革命に至る混迷した社会状況を醸成していくことになる。

ムスリム同胞団とあらゆる点で対照的なのが、自由将校団である。自由将校団は、ごく少数の青年士官によって設立された秘密組織で、発足の経緯などについてはその性格のためか諸説がある。サダトによると、一九三九年にサダトとアブドゥルモネイム・アブドゥルラウーフ（一九五一年にムスリム同胞団との関係を巡って他のメンバーと対立し、自由将校団を離れる）らを中心に組織され、のちにナセルらが加わり、一九四二年夏にサダトがドイツのスパイと接触した罪で逮捕されたあと、ナセルが組織の主導権を握ったとしている（前出『サダト自伝』）。いずれにしても、一九四〇年代の後半からナセルを中心により組織的な活動を開始し、次第にメンバーを増やしていった。とはいえ、革命前の段階でも数百人単位の小規模な組織であった。* 主たるメンバーは次頁のとおりで、なかでもナセルやサダト、アメルなどアッバシーヤ陸軍士官学校を一九三八年に卒業した同期生が中心となった。

自由将校団は、指導者であるナセルの性格を大きく反映していた。エジプトは、中東・北アフリカ諸国のなかでは気候が比較的、穏やかで天災が少なく、しかも土地が肥沃で物実りがいいため、その国民気質はよくいえば陽気で温厚、悪くいえば物事を徹底して遂行する強い意志や執着力に欠けるところがある。また、日本と同様、基本的には農村社会であるため、相互依存体質が強く、噂話を好み、

自由将校団幹部（革命後撮影）。前列着席左からナセル、ナギーブ、アメル、一人おいてサダト

組織の機密を守るという点では適さない社会でもある。ナセルは、その意味できわめて非エジプト的で、寡黙でかつ革命や陰謀を遂行するのに不可欠な強い意志と粘着的な気質を持っていた。

ナセルは、一九一八年一月一五日、上エジプトのアスユートに近い小村ベニ・モラ出身の郵便局員の父、アブドゥンナースィル・フセインとアレキサンドリア出身の母、ファヒーマとの間の長男としてアレキサンドリアに生まれた。アスユートは今日でもイスラーム急進派の拠点になっていることに代表されるようにエジプトでは例外的に住民の気質が険しい。他方、商業港湾都市であるアレキサンドリアの住民は、開放的な性格のなかに生き馬の目を抜くようなバザール商人的な巧妙さを持ちあわせている。フランスの作家のジャック・ブノアメシャンは、ナセルの性格のなかにその双方の要素を見出している（『オリエントの嵐』牟田口義郎訳、筑摩書房）。ナセルは、サダト

＊——自由将校団の規模については、「カイロでおよそ三〇〇人が絶対的な支持者」（ナセル、一九六二年）、「革命前の時点で七〇人」（ハーリド・モヒエッディーン、一九五八年）、「革命前の時点で三〇〇人」（ジャン・ラクチュール『ナセル』一九七一年）など様々な数字があげられている。

1949年に自由将校団執行委員会を形成したメンバー

ナセル（1918-70年）
陸軍（士官学校1938年卒）

サダト（1918-81年）
陸軍（士官学校1938年卒）

アブドゥルハキーム・アメル（1919-67年）
陸軍（士官学校1938年卒）　のちの国防大臣、副大統領、軍最高司令官

サラーハ・サーリム（1920-62年）
陸軍（士官学校1938年卒）　のちの国民指導大臣兼スーダン問題担当大臣

アブドゥルラティーフ・アル・バクダーディ（1917-99年）
空軍（士官学校1938年卒）　のちの副大統領、計画大臣

ハサン・イブラーヒーム（1917-90年）
空軍（士官学校1938年卒）
のち、大統領府事務担当国務大臣を経て経済関係の要職を歴任

ガマール・サーリム（1918-68年）
空軍（士官学校1938年卒）、サラーハ・サーリムの兄　のちの通信大臣

カマルアッディーン・フセイン（1920-99年）
陸軍（士官学校1939年卒）　のちの社会問題・教育大臣、副大統領

ハーリド・モヒエッディーン（1922年-）
陸軍（士官学校1940年卒）
のちに、左派政党「国民進歩統一党」（タガンマア党）を設立

エジプト革命前の段階で加わった主要メンバー

ユーセフ・マンスール・シッディーク（1910-75年）
陸軍（士官学校1933年卒）

アブドゥルモネイム・アミーン（1912-96年）
陸軍（士官学校1938年卒）、のちの駐オランダ大使、駐西ドイツ大使

ザカリヤ・モヒエッディーン（1918-2009年）
陸軍（士官学校1938年卒）、ハーリドの従兄弟　のちの内務大臣、首相、副大統領

フセイン・アル・シャフアィ（1918-2005年）
陸軍（士官学校1938年卒）　のちの国防大臣、社会問題担当大臣、副大統領

アリー・サブリー（1920-91年）
空軍（士官学校1939年卒）　のちの首相、副大統領

サルワット・オカーシャ（1921年-）
陸軍（士官学校1939年卒）　のちの駐イタリア大使、文化大臣

と同様、幼いときから民族意識に目覚め、アフガーニーやカーメルらの著書を読み耽ったと伝えられている。カイロやアレキサンドリアで初等、中等教育を受けたあと、いったんカイロ大学法学部に籍を置くが、ナハス政権下の軍拡充で念願の陸軍士官学校入学を果たす。この点、同じく士官の門戸開放政策で登用された前世紀のオラービーと共通している。士官学校卒業後は、マンカバードやハルツームでの歩兵部隊勤務を経て、第二次世界大戦中の一九四三年にカイロに戻り、士官学校の教官に就任。このカイロ在勤中に自由将校団の主導権を握り、戦後、それまで同志会的性格の強かった同団を、五人を一単位とする細胞からなるピラミッド型の革命組織に作りかえた。各細胞間には横の連絡はなく、組織の全体像を知っているのはナセルやアメルらごく一部で、エジプトの組織には珍しいこうした強固な機密保持の体制がのちに革命の成功を導くことになる。自由将校団はまた、他の反政府組織とも連絡ルートを確立し、例えばカマルアッディーン・フセインはムスリム同胞団と、ハーリド・モヒエッディーンはハデトとの連絡を受け持っていた。

このほか、一九三〇年代に生まれた主要政治勢力として、青年エジプト党とハデトがある。青年エジプト党（ミスル・アル・ファタート）は、一九三三年八月にアフマド・フセイン（一九一一～八二年）とファティ・リドワンというういずれも当時二二歳の学生によって結成された右翼民族主義組織である。国民から広く募った募金をもとに国内産業（製造業）を育成しようとした「ピアストル運動」（ピアストルはエジプト・ポンドの下の通貨単位）とともに生まれた組織で、一九三六年に正式な政党組織となった（大戦後、社会党と改名）。ナチスやイタリア・ファシスト党などの影響を色濃く受け、「エジプトを至上なるものとし、エジプトとスーダンを統合した強力な帝国をアラブ諸国とともに築き、イスラームを導く」ことを綱領に掲げた。党員はダークグリーンの制服に身を包み、活発なデモや外国製品排斥運動を展開した。ナセルも一時、この政党に所属していたといわれているが、同党が掲げた政策目標のスエズ運河の国有化、農地改革、工業化などはいずれも後年、ナセルが推進した政策と共通している。

最後のハデトは、様々な左翼勢力を糾合して一九二一年に設立された社会党がその前身で、同党は翌年には共産党として改組された。共産党は一九二四年にときのザグルール政権に対抗してゼネストを呼びかけたため、解散させられるが、その後、ナチスに影響を受けた右翼勢力の台頭を警戒したユダヤ系の知識人などによって民主連合として再編された。同連合もすぐに分裂するが、そのうちヘンリー・クリエルが設立したエジプト国民解放運動とヒレル・シュバルツが設立したイスクラが一九四七年に統合して国民解放民主運動、頭文字をとって通称、「ハデト」が結成された。ハデトは最盛期にはおよそ五〇〇〇人の党員を有し、一九四七年にはカイロ近郊で大規模な労働者のストライキを組織、一九五一～五二年にはスエズ運河地帯での反英武装闘争にも参加した。

(三) 第二の衝撃　パレスチナ戦争

《ナハスとシドキー》

一九四二年二月に第四次内閣を組閣したナハスは、英国当局と協力して国内の反英運動を抑え込んだが、その一方で小規模地主への減税、農場労働者の最低賃金制の導入、労働組合の合法化、公立小学校の授業料免除など様々な内政面での改革を実施した。外交面では、イラクがアラブ連盟（Arab League）の結成を提唱した際、親英的なイラク首相、ヌーリー・アッ・サイード（一八八八～一九五八年）が主導権を握ることへの他のアラブ諸国の警戒感を解くため、一九四四年九月、エジプトでアラブ諸国会議を開催、翌月、「アレキサンドリア・プロトコル」の採択にこぎつけ、連盟発足に大きく貢献した。アラブ連盟は、翌一九四五年三月二二日にエジプト、イラク、サウジアラビア、イエメン、レバノン、トランス・ヨルダン（現ヨルダン）、シリアの七ヶ国によって設立された。連盟の本部はカイロに置かれ、初代事務局長にはエジプト人でアリー・マヘル内閣の社会問題担当大臣を務めたアブドゥルラフマーン・アッザーム（一八九三～一九七六年）が就任した。エジプトは、これを機に以降、アラブ世界で積極的に主導権を発揮するようになる。

「対英協力内閣」という批判を浴びながらも、内政、外交両面で大きな成果をあげたナハス内閣だったが、またしてもその金権体質を原因とした内部分裂によって瓦解する。第三次内閣の際と同様、このときも有力議員の離党と新党結成が引き金となった。長年にわたってワフド党の幹事長を務めてきたコプト教徒の財務大臣、マクラム・オベイド（一八八九～一九六一年）がナハス政権の腐敗体質、とりわけ戦争特需を巡る利権漁りを批判して、一六人のワフド党議員とともに離党、新たにワフディスト・ブロック党を結成したのである。オベイドは、辞任の翌年にナハス政権の腐敗体質を告発した『黒い書』を出版する。皮肉なことに、封建的といわれた王制時代の方が革命以降のエジプトよりも報道の自由があり、強力なナハスでさえも『黒い書』の発行を差し止めることはできなかった。『黒い書』は、ワフド党の金権体質への国民の批判を高めるとともに、ナハス政権が英軍の銃口によって成立したことを強く印象付けた。野党勢力は勢いづき、国民戦線を結成して政府攻撃を強める。ファルークはこの機をとらえて、一九四四年一〇月一〇日、ナハスを解任した。ナハスの外交上の華々しい成果である「アレキサンドリア・プロトコル」締結のわずか三日後のことであった。すでに戦局の目処がついていた英国は介入しなかった。ナハスのあとは、開戦時の首相、アリー・マヘルの弟で、サアド党のアフマド・マヘル（一八八八～一九四五年）が継いだが、就任後半年もたたない一九四五年二月二四日、枢軸側への宣戦布告に対する国会の承認を取り付けた直後に青年エジプト党員とみられる人物によって暗殺される。後任には、サアド党の党首を継いだマハムード・ファハミー・アン・ヌクラーシー（一八八八～一九四八年）が就任した。

第一次世界大戦終結の二日後、ザグルールはウィンゲイト高等弁務官のもとを訪れて、独立運動の口火を切った。第二次世界大戦終結間近の一九四五年七月三〇日、今度は「ザグルールの後継者」を任ずるナハスがランプソン英国大使のもとを訪れ、英軍の完全撤退やスーダンのエジプトへの統合などを骨子とするエジプト側の要望書を提出した。これに続いて、同一二月二〇日にはヌクラーシー首相も英国政府に「（一九三六年）同盟条約」の改定交渉を呼びかける。エル・アラメインの戦いからすでに三年以上が経ち、ヨーロッパでの戦争が終結したにもかかわらず、英軍は依然として駐留を続け、あの「二月四日事件」の記憶とあいまってエジプト国民の反英感情は高まっていた。経済的にも、大戦中、エジプトは三億エジプト・ポンド以上に及ぶ英国の戦時支出で潤ったが、一方で多額の資金

イスマーイール・シドキー

流入は深刻なインフレを招いていた。また、大戦中、人口の実に一％以上に相当する二〇万人の雇用を創出していた英軍基地の縮小は失業問題を悪化させていた。経済悪化は反英感情を先鋭化させ、一九四六年二月九日には政府の英国への弱腰姿勢を非難する大規模なデモが発生する。政権維持に悲観的になったヌクラーシー首相は、五日後の二月一四日、辞意を表明した。後任にはイスマーイール・シドキー（一八七五～一九五〇年）が就任した。

シドキーは、ナハスと並んでこの時代のエジプトを代表する有能な政治家だった。ナハスが田中角栄元首相に相当するとすれば、シドキーは岸信介元首相に通じる経歴と政治手腕を持っていた。ナハスとは異なり、エリート階層の出身で（父親のアフマド・シュクリは元内務次官）、当初、官界に入り、その優れた行政能力で異例のスピード出世をとげ、第一次世界大戦中の一九一四～一七年には農業大臣として戦時経済の運営にあたった。大戦後はワフド運動に参加、ザグルールとマルタ流刑をともにするが、帰国後、間もなく袂を分かち、以後は保守派の代表的政治家として活躍する。一九三〇～三三年には首相として、国王の権限を大幅に拡大した「反動的な新憲法」（アリー・バラカート教授）を制定し、不況期の政情・社会不安を力で抑え込んだ。このため、その卓越した政治力にもかかわらず、国民には必ずしも人気がなかった。

首相に就任したシドキーは、早速、懸案の英国との同盟条約改定交渉に乗り出す。就任の翌月の一九四六年三月七日には対英交渉団を任命し、カイロで英国側代表との交渉を開始。六月には、英国側に「英軍の完全撤退の原則」を認めさせた。この合意に基づき、翌七月、英軍が使用していたカイロのシタデルが返還され、英軍司令部のカイロからスエズ運河地帯への移動が発表された。そして、一〇月にはロンドンで英国のアーネスト・ベヴィン外務大臣との直接交渉に臨み、一〇日間にわたる交渉の結果、「将来、エジプトとその隣接地域で戦争が勃発した際の相互協力」を条件として、英軍のナイル川デルタ地帯からの一九四七年三月三一日までの撤退、さらにスエズ運河地帯からの一九四九年九月一日までの撤退を含む条約改定に合意した。長年、両国間交渉の難題のひとつとなっていたスーダンの地位については、「エジプトの共同王冠のもとでのスーダンとエジプトの統一」という文言のもとでエジプトの象徴的な主権を認める折衷案で妥協した。これは、エジプト側の要求をほぼ貫徹したもので、疑いもなく大きな成果だった。エジプトに戻ったシドキーは、条約改定に対する国会の承認を取り付けることにも成功する。

ところが、問題は意外なところから発生した。国会承認の数日後の一二月七日、条約改定がスーダン住民に与える不安を払拭するため、スーダン総督のヒューバート・ハドルストン（一八八〇～一九五〇年）が「条約改定はスーダンの政治的地位には何ら影響を与えない」旨の声明を発表したのである。エジプト側との事前協議を全く欠いたこの一方的な声明によって、シドキーは梯子を外された形となった。二日後の一二月九日、シドキー内閣は総辞職する。あとを継いでサアド党と立憲自由党の連立内閣を組閣したヌクラーシー首相は、翌一九四七年七月一一日、英軍の撤退とスーダンの主権問題を国連安全保障理事会に提訴するが、進展がないまま、王制エジプトに対する第二の衝撃、パレスチナ戦争（第一次中東戦争）を迎えることになる。

《パレスチナ戦争》

英国によるパレスチナ信託統治が終了する一九四八年五月一四日午後四時半、ユダヤ人機関の議長、ダヴィッド・ベングリオン（一八八六〜一九七三年）は、テルアビブ美術館で国連パレスチナ分割案による「ユダヤ人地区」を拠点とするイスラエル国の建国を宣言した。これに対し、エジプト、シリア、トランス・ヨルダン、レバノン、イラクの周辺アラブ五ヶ国はイスラエルに宣戦を布告し、三方面から攻撃を開始した。いわゆるパレスチナ戦争（第一次中東戦争）の始まりである。

ヌクラーシー首相はじめ政府首脳は準備不足を理由に反対したが、高まっていた国民の不満を逸らせるため、国王ファルークは強引に参戦を決めた。戦勝を確信していたファルークは、遠征軍を閲兵する記録映画を作らせ、記念切手すら印刷していた。パレスチナに進攻したエジプト軍は、ガザ、ベエルシェバへと進撃を続けたが、開戦四日後の五月一九日にはイスラエル側の頑強な抵抗にあい、早くも戦線は膠着する。そして、国連の仲介による休戦期間を挟んだ一〇月一六日、態勢を強化したイスラエル軍の総攻撃の前にエジプト軍は次々と撃破され、エジプト領内深くにまで攻め込まれた。このとき、パレスチナ南部ファルージャで包囲されたエジプト軍旅団のなかに、のちのエジプト革命の指導者ナセルがいた。ファルージャで奮戦し、肩に負傷したナセルは以後、「ファルージャの虎」という異名をとる。シナイ半島を席捲されつつあったエジプトを救ったのは、皮肉にも「エジプト民族主義の敵」、英国だった。英国は、翌一九四九年一月一日、イスラエルに対し「エジプト領内から撤収しなければ、対エジプト同盟条約に基づいて軍事介入する」旨の最後通告を突きつけた。同二月二四日、エジプトは参戦したアラブ諸国では最も早くイスラエルとの屈辱的な停戦条約締結を余儀なくされた。

パレスチナ戦争は、ファルークの思惑に反してすでに揺らいでいた国王の権威を完全に失墜させた。問題は、敗戦という事実そのものよりもその敗因だった。エジプト軍は、参戦したアラブ諸国の軍隊のなかではトランス・ヨルダンの精鋭、アラブ軍団とともに最も奮戦した。特に、ファルージャで包囲された部隊は補給を絶たれながらも最後まで降伏を拒否し、イスラエル首相のベングリオンですら「ファルージャのエジプト軍は、尊敬に値する」(『ユダヤ人はなぜ国を創ったか――建国の父ベングリオンの回想録』中谷和男・入沢邦雄訳、サイマル出版会)と感嘆したほどだった。敗戦の理由、それはひとえに政府と軍司令部の準備不足にあった。エジプト軍は、前世紀のオムドゥルマーンの戦い以来、半世紀の間、戦闘らしい戦闘を経験していなかった。補給体制は劣悪で、前線部隊にはまともな地図さえなかった。英軍から支給されていた銃砲弾の多くは射程の短い演習用で、急場凌ぎにベルギーの闇市場で調達された兵器も老朽品や欠陥品が多く、小銃はすぐに弾詰まりを起こし、大砲は暴発した。前線の将兵の間では、国王や宮廷関係者が欠陥兵器の購入で私腹を肥やしているという噂が公然と広まった。事実、闇市場で武器を調達したのは国王の側近で、そのリベートで巨万の富を築いていた。

敗戦は、それまで王制を支えてきた軍の忠誠心を大きく揺るがせた。第一次世界大戦後、ドイツ軍の参謀次長だったエーリッヒ・ルーデンドルフは「ドイツは戦場で敗れたのではない。背後から匕首を突き刺されたのだ」と言ったが、パレスチナ戦争に従軍したエジプト軍将兵の多くが抱いたのもまさしく同じ感情だった。

「最大の戦場は、エジプトにある。」

カマルアッディーン・フセインから、戦死した砲兵将校、アフマド・アブドゥルアズィーズの遺言を聞かされたナセルら自由将校団のメンバーは王制打倒への決意を固めることになる。ナセルは、革命後に書いた『革命の哲学』(一九五四年)のなかで次のように記している。

「あの向こうに祖国がある。はるかに規模の大きいファルージャがある。このパレスチナで我々の身に起こっていることは、エジプトで起こっていることの縮図にすぎない。祖国も多大な困難と敵に包囲されているのだ。祖国は欺かれ、強制されて、準備不足の戦争に追い込まれた。祖国の運命は貪欲や策謀、激情の玩具になっている。」

いまひとつの敗因、それはアラブ諸国間の連携のなさにあった。参戦した五ヶ国の軍隊には統一した指揮系統はなく、それぞれの思惑や利害が複雑に絡み合って作戦はきわめてちぐはぐなものとなった。例えば、トランス・ヨルダンのアブダッラー王が主導権を握ることを嫌ったファルークはヨルダン軍への協力を拒否、これに怒ったアブダッラー王はアラブ軍団の指揮官、グラブ・パシャからの進言にもかかわらず、ファルージャで包囲されていたエジプト軍を見捨てた。結局、連携を欠いたアラブ軍はイスラエル軍に各個、撃破された。この敗戦は、エジプトのみならずアラブ諸国全体に深刻な心理的打撃を与えた。従軍した軍将校を中心に現状を打破するため、政権交代とアラブ諸国の統一を目指そうとする動きが強まった。参戦したアラブ諸国の元首は、いずれも暗殺やクーデターなどで戦後一〇年以内にその地位を追われた。そして、このときまだ無名の少壮士官だったナセルが八年後、アラブ諸国の統一と団結を訴えて、一躍、アラブ世界の主導権を握ることになる。

《ファルークの変貌：略奪婚と巨食》

「ファルークのどこが悪いのか。第一に貪欲さ。第二に淫奔さ。」

米国のジャーナリスト、ジョン・ガンサーは著書『アフリカの内幕』（現代史体系10・11、土屋哲訳、みすず書房）のなかでこう評したが、「二月四日事件」からこのパレスチナ戦争前後にかけて、ファルークはまるで人が変わったかのように乱行痴行を繰り返し、王朝の威信をさらに失墜させることになる。「二月四日事件」の翌年の一九四三年に遭った交通事故で脳に障害を受けたためともいわれているが、いずれにしてもそれは「暴君」と呼ぶにはあまりにも愚かな行為の連続だった。

まずは、その「淫奔さ」。ファルークはこの時期からのちに、その真偽は定かではないものの、生涯で五〇〇〇人の女性と性交渉を持ったといわれるほどの荒淫を繰り返す。カイロやアレキサンドリアの市内各地に愛人を探すための「エージェント」を配置して、目当ての女性を獲得するためには宮廷の秘密機関すら動員した。そのため、「国王の不倫の現場を押さえそうになった陸軍将校が秘密機関によって射殺された」などといったゴシップが絶えなかった。なかでも、国民の信頼を全く損なうことになったのがその離婚と再婚である。ファルークは、こともあろうにパレスチナの前線で将兵が苦戦している最中に国民に人気の高かった王妃のファリーダを「男子を産まなかった」という理由で離婚した。敗戦後にはよりによってユダヤ系の女性と再婚しようと試み、「国民の感情を逆撫でする」として側近に反対されると、今度はその「愛人発掘エージェント」のひとり、カイロの宝石商、アフマド・ナギーブが見つけてきた一六歳のナリマン・サディク（一九三四～二〇〇五年）と強引に再婚した。ナリマンは、このときすでにハーバード大学を卒業したエリート外交官と婚約していたので、これは文字どおりの「略奪婚」だった。婚約者のザキ・ハシェムは宮廷の秘密機関によって自宅に軟禁され、のちにナリマンからの手紙や写真等いっさいを没収されたうえで、ニューヨークの国連本部勤務という形で体

ファルークと新王妃ナリマン

よく国外追放された。贅を尽くした結婚式のあと、ファルークは王室ヨットでヨーロッパに三ヶ月間という長期の新婚旅行に出かける。おりしもイスラームの神聖な月であるラマダーンの期間中で、しかも政府と国民が一致して対英闘争に向かっている最中のことだった。

いまひとつの「貪欲さ」。幼い頃、ファルークは第四代君主のサイードと同様、一族に共通した肥満体質を懸念した父王のフワードから厳しいダイエットを課せられていた。その反動が出たのか、特に「二月四日事件」以降、異常なまでの暴飲暴食に走るようになる。毎日昼過ぎに起床すると、ゆで卵三〇個に始まり、ロブスター、ビーフ・ステーキ、ラム・チョップ、チキンや鳩の丸焼きと続く「朝食」をとり、午後遅くには朝食のさらに倍の規模の昼食を運ばせた。寝る前の「夜食」ですら、キャビアに始まり、フォアグラ、アイスクリーム、二リットルのフルーツジュースと続いた。即位時のスリムな体型はみるみるうちに崩れ、生え際も後退し、次第に「腐ったメロン」とも「肉風船」とも陰口を叩かれる肥満体になっていった。ファルークはまた、自動車マニアでもあり、ギャンブル狂でもあった。長期不況に喘ぐ一般国民の生活とは裏腹に真っ赤に塗った様々なタイプの高級車を乗り回し、夜は愛人を引き連れてナイトクラブやカジノに入り浸った。

乱脈な私生活を続ける一方で、ファルークは先王フワードにならい、閣僚の任免権などを濫用してたびたび政治にも介入した。だが、フワードが政治家としても有能であったのに対して、ファルークにはそうした資質はなく、ただでさえ混迷していたエジプトの政治をさらに混乱させる結果になった。重用した側近もほぼ例外なく腐敗していた。例えば、イタリア人の側近、プーリはパレスチナ戦争の際に劣悪な兵器を購入して、多額のリベートを手にした張本人だった。参戦を強く進言した広報顧問

後年のファルーク

のカリム・サービットには、医療慈善基金からの着服疑惑があった。重用した軍人のフセイン・シッリー・アメルも、第二次世界大戦中に英軍がリビア砂漠に遺棄した兵器を軍に売りつけて私腹を肥やした、いわくつきの人物だった。エジプト国民は、ニュース映画などで見る影もなく肥満した国王の姿を目にし、その醜態と乱行、そして側近の腐敗・汚職の噂は、格好のゴシップ種になった。他方、周辺諸国に目を転じると、サウジアラビアはアブドゥルアズィーズ、トランス・ヨルダンはアブダッラーといういずれも建国の父でもある、優れた君主によって統治されていた。国民は、もともとエジプトにおける統治の正統性に乏しかったムハンマド・アリー朝の存在そのものに対する疑問を強めていくようになる。即位時には、エジプト民族主義の輝ける星であり、青年のアイドルだったファルークは、いまや恥辱と腐敗・汚職の象徴と化した。

14 エジプト革命◇王朝の終焉

《終わりの始まり：カイロ暴動》

パレスチナ戦争の敗戦は、「二月四日事件」で動揺した既成権力の崩壊の始まりとなった。屈辱的な敗戦を経験した軍将校は国王に対する忠誠心を喪失し、反政府勢力は戦争の敗因、特に国王側近の兵器購入スキャンダルを巡って政府への攻撃姿勢を強めた。なかでも、戦争に多数の義勇兵を送っていたムスリム同胞団は、「秘密軍事部門」を使って活発なテロ活動を展開し、長引く不況と深刻化するインフレ、失業問題とあいまって治安は極度に悪化していった。ヌクラーシー首相は、ムスリム同胞団のテロ活動を裏付ける証拠文書が団員である陸軍将校のジープから発見されたいわゆる「ジープ事件」を受けて、一九四八年一二月六日に同胞団の解散命令を出すが、三週間後の一二月二八日、首相執務室で警官に偽装した同胞団員によって暗殺される。エジプトは、わずか三年一〇ヶ月の間に二人の首相を暗殺で失ったことになる。あとを継いで首相に就任した同じくサアド党のイブラーヒーム・アブドゥルハディ（一八九九～一九八一年）は、戒厳令を布き、同胞団の最高指導者、バンナーの暗殺（一九四九年二月一二日）を含む非常手段を使って治安を回復した。だが、兵器購入スキャンダルを調査する意向を示していたため、ファルークによって在任わずか七ヶ月で解任された。続いて第二次世界大戦時に首相を務めたフセイン・シッリーが第二次内閣を組閣するが、これも短命に終わる。

各方面からの強い非難にさらされたファルークは、今度は宿敵であったはずのナハスと提携することで、難局を乗り切ろうと図った。一九五〇年一月三日に行われた戦後初の総選挙で、ワフド党は三一九議席中二二八議席を獲得し、同一二日、第五次の、そして最後のナハス内閣が発足した。ナハスは、「二月四日事件」などで失った国民の支持を回復するため、小作農に農地を分配するなどの社会・経済政策に取り組む一方、懸案の対英同盟条約改定交渉に乗り出した。この時期、英国にとってのエジプトの戦略的な意義は大きく変わってきていた。一九四七年八月一五日にインドが独立、スエズ運河は英国とその最大の植民地とを結ぶ「大英帝国のハイウェー」としての意義を失った。一方で、戦後、中東の石油生産量が急増し、運河は一転、ヨーロッパへの石油供給ルートの要として英国のみならず西ヨーロッパ全体にとって死活的に重要な役割を持つようになった。また、冷戦の開始とともに英国はエジプトに運河の安全保障のみならず「対ソ封じ込め政策」への参加を期待していた。

英軍の撤退を求めるエジプトに対し、英国は（対ソ）「地域防衛構想」への参加を条件として提示した。だが、これはすでに七〇年近くにわたって英国の戦略拠点としていわば利用され続けてきたエジプト側には、とうてい受け入れがたいものだった。加えて、エジプトにとって英国が想定している「ソ連の脅威」は現実感が乏しいばかりか、むしろナハス政権は駐留英軍の存在そのものがソ連との対立を招くと懸念していた。一九ヶ月間に及んだ交渉は、結局、何ら実りがないまま終わった。この間、度重なる分裂で有能な政治家を多数欠いたナハス政権は経済悪化に対して有効な手を打てなかったばかりか、一九五〇年秋にはまたもやナハス夫人のゼイナブが関与したアレキサンドリア綿花取引所の不正取引事件が発覚し、ナハス内閣に対する国民の反発は強まっていた。内外政策の行き詰まりを打開すべく、ナハスは一九五一年一〇月八日、大きな賭けに出る。英国との同盟条約の一方的破棄とスーダン併合を行う旨の法案を国会に提出したのである。これを受けて八日後の一六日には国会が同法案を採択、翌一一月一六日にはファルークが正式に同盟条約の破棄と自らのスーダン王即位を宣言した。

これを機に、エジプト政府と国民は一致して対英闘争を開始する。政府は全土に非常事態を宣言するとともに、英国人官僚を一方的に解雇し、英軍基地への物資や労働力の提供をストップした。英国製品のボイコット運動が各地で展開され、ナハス政権によって再び活動が認められたムスリム同胞団を先頭に右翼民族主義勢力、共産主義勢力、労働者、学生などがスエズ運河地帯の駐留英軍に対するゲリラ攻撃を開始した。軍も密かにゲリラに兵器を供与し、軍事訓練を施した。英国は駐留軍を大幅に増強して対抗する。事態は急速にエスカレートした。翌一九五二年一月三日には英軍とエジプト警官隊が衝突、同一八日には英巡洋艦リバプールがポート・サイード港を砲撃。そして、同二三日にはかつてオラービー革命が挫折を余儀なくされた因縁の地、テル・エル・ケビールにある英軍倉庫をゲリラ隊と警官隊が襲撃した。警官隊の関与を知って激怒した英軍のアースキン将軍は、二日後の二五日、運河地帯のエジプト警察の武装解除を求めてイスマイリア警察署を戦車、装甲車で包囲、降伏を拒否した警官隊との間で激しい戦闘が展開された。この戦闘で、エジプト人警官四六人が死亡、七二人が重軽傷を負った。

イスマイリア警察署の攻撃は、第二のディンシャワーイ事件となった。事件を聞いたエジプト国民の反英感情は一気に爆発した。攻撃の翌日の一九五二年一月二六日土曜日朝、カイロでは警官がストライキに入り、次いでムスリム同胞団、社会党（旧青年エジプト党）、労働者、学生などが参加して大規模な反英デモが行われた。当初、整然と行進していたデモ隊は、正午前のカジノの焼き討ちを機に暴徒化し、欧米系やユダヤ系の銀行や航空会社、映画館、デパート、レストラン、キャバレー、カジノなどを次々と襲撃した。欧米人が好んで宿泊したコロニアル・スタイルの高級ホテル、シェパーズ・ホテルも放火され、完全に焼け落ちた。結局、外国人を含む七六人が死亡、炎上したビルは四〇〇棟に及び、被害総額は約二三〇〇万スターリング・ポンドに達した。この暴動は明らかに周到に計画、準備されたものだった。デモ隊にはあらかじめ火炎瓶や松明が支給されていた。襲撃の対象がバーやキャバレーなどいわば非イスラーム的なところに集中していたことからムスリム同胞団が計画したとも、党勢の低落に焦っていた社会党が計画したとも、またエジプトの共産化を図るため、ソ連の指示を受けたポーランドの諜報組織が企図したともいわれたが、真相は六〇年たった今でも不明のままである。

イスマイリア警察署の攻防戦に参加した警察官
（エジプト警察博物館蔵）

「ブラック・サタディ」とも呼ばれるこの暴動の最中、既成権力は完全に当事者能力を喪失していた。国王ファルークはこの日、アブディン宮殿に政府や軍の幹部を招いて、一〇日前に生まれたばかりの嗣子、アフマド・フワードの誕生パーティを開いていた。王宮の窓からは市内各地に立ち上る炎や煙が見えていたが、ファルークはパーティを続けさせた。このため、治安回復にあたるはずの軍や警察の幹部は王宮にくぎ付けになった。ジェファーソン・キャファリー米国大使から英軍出動の情報を知らされたファルークがようやく重い腰を上げて軍の出動を命じたときには、すでに暴徒は四散し、カイロの目抜き通りは廃虚と化していた。首相のナハスの方は、事態収拾に乗り出すどころか、市内の美容院にいた夫人を救出するため、慌てて軍に命じて装甲車を出させる始末だった。当初、英国に向けられていた国民の怒りの矛先は、惨事を招いた国王とナハス政権に転じた。当時の英誌『エコノミスト』は、「国王と政府が煽り立てた反英民族運動は、ちょうどフランケンシュタインの怪物のように、その主人を脅かすようになった」と論評した。

暴動の翌日、ファルークはナハスを解任する。その後、アリー・マヘル、アフマド・ナギーブ・アル・ヒラーリー、フセイン・シッリー、再びアフマド・ナギーブ・アル・ヒラーリーと超短命な「救国内閣」が続くが、いずれも内政混乱を収拾できないまま、一九五二年七月二三日のエジプト革命を迎えることになる。

《一九五二年七月二三日》

カイロ暴動の前年の一九五一年七月、英国のラルフ・スティーヴンソン駐エジプト大使はハーバート・モリソン外務大臣に対する報告のなかで、混迷するエジプトでただひとつ安定的な要素は軍であるとしながら、ある一定の状況下ではエジプト軍将校が同じ年にイランのモサデク政権が進めていたアングロ・イラニアン石油会社の国有化のように英国の国益にとって重大な事態をもたらす可能性があることを指摘した。以後、事態は一九五六年のスエズ動乱（第二次中東戦争）までほぼこの分析どおりに進行していくことになる。

パレスチナでの敗戦後、自由将校団は執行委員会を組織してメンバーの拡充に努める一方、機関紙『自由将校団の声』（七〇〇部）を発行するなど活発な活動を展開していた。一九五二年一月六日には、それまで国王が推薦する人物が自動的に選任されていた将校クラブの会長選挙にその有能さと誠実な性格で若手将校の信望を集めていたムハンマド・ナギーブ将軍（一九〇一～八四年）をたて、国王の権威に対し露骨に挑戦した。ナギーブは、国王が推すフセイン・シッリー・アメル参謀総長を大差で破って会長に選出された。このとき一五人の将校クラブ運営委員も自由将校団のメンバーかそのシンパで占められた。翌七日には、失敗したもののナセルらがアメル参謀総長の暗殺を図る。そして、同二六日のカイロ暴動で明白になった既成権力の完全な破綻を受け、ナギーブを指導者として迎え、同八月五日にクーデターを決行することを決めた。

一方、カイロ暴動で王朝の行く末に悲観的になったファルークは、資産の一部をスイスに移すなど亡命に向けた準備を進める一方、権力維持の最後の拠り所である軍の統制強化に乗り出した。一九五二年七月一六日に突如、将校クラブ運営委員会の解散と運営委員の地方異動を命じるとともに、同二〇日には退陣したシッリー内閣に代わって組閣されるヒラーリー新内閣の国防大臣に寵臣のアメル前参謀総長、ないしは義弟のイスマーイール・シェリーン（一九一九～九四年）を任命しようと図ったのである。将校クラブ会長選挙に敗れ、さらにその翌日には暗殺されかかっていたアメルは、「ナギーブを退役させ、軍から反逆分子を一掃する」と公言していた。シェリーンの方は、国王の妹、ファウジアと結婚したことで軍高官の地位を与えられた人物で、軍事的な経験は全く持っていなかった。これは、自由将校団のみならず、軍将校のほとんどの要望を頭から無視した人事だった。

　これを機に情勢は一気に緊迫する。一九五二年七月二二日は例年にない猛暑で、気温は夕方、摂氏五〇度近くに達した。この日の午後四時、ワフド党機関紙編集長のアフマド・アブー・ファタハから国防大臣人事の情報を知らされたナセルら自由将校団幹部は、急遽、ハーリド・モヒエッディーンのアパートに集まり、クーデター決行日を早め、七月二三日午前一時とすることを決めた。クーデターの計画はアブドゥルハキーム・アメルとザカリア・モヒエッディーンが作成し、ナセルが最終調整を行った。計画は、①軍の掌握、②行政機構など重要施設の確保、③国王の廃位の三段階からなっていた。だが、こうした動きは国王側にも洩れていた。ファルークはまさしく同じそ

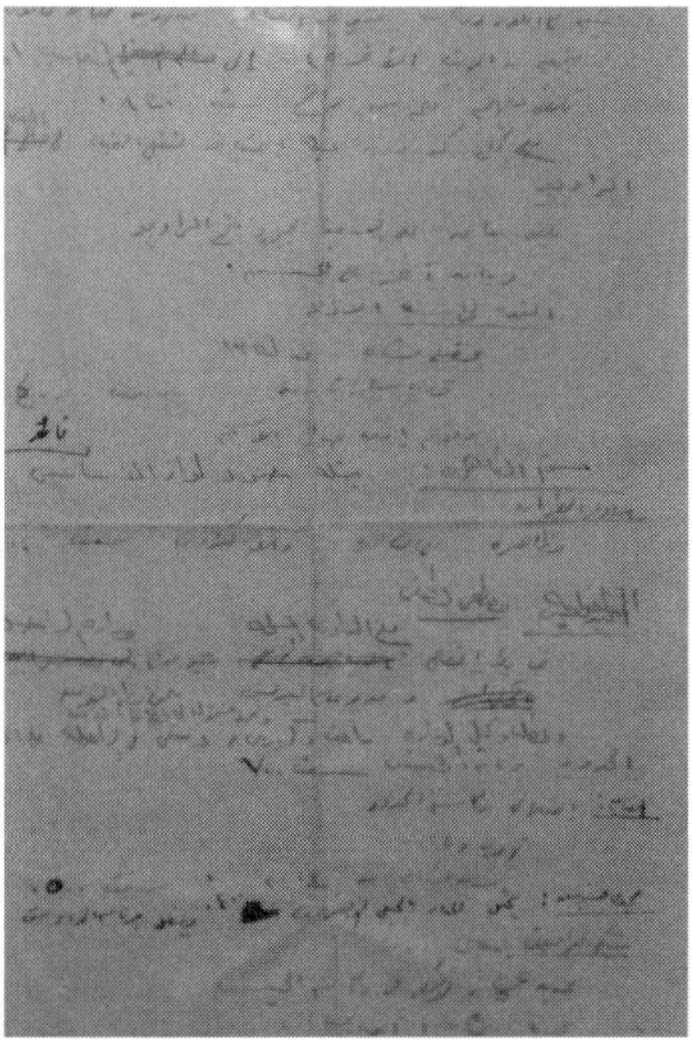

自由将校団幹部が作成した
クーデター計画書の一部
（エジプト軍事博物館蔵）

エジプト革命当日、クーデター部隊に拘束された
フセイン・ファリード参謀総長（エジプト軍事博物館蔵）

の日、フセイン・ファリード新参謀総長に自由将校団メンバーの一斉検挙を命じる。午後七時、諜報部将校のサアド・タウフィークから国王側の動きを知らされた自由将校団は革命の即時決行を決めた。深夜、ユーセフ・マンスール・シッディークが機械化部隊を、アフマド・シャウキィが第一三歩兵大隊を率いて、クブリ・エル・クッバの軍司令部に急行。短時間の銃撃戦で、ちょうど逮捕計画を検討中だった参謀総長ら軍幹部を一網打尽にする。これに続いて、自由将校団指揮下の部隊が、王宮、主要官庁、放送局、郵便局、電話局、駅、空港などを次々と占拠した。明けて七月二三日午前七時半、カイロ放送局から「陸軍少将ムハンマド・ナギーブ」の名で次のような布告が読み上げられた。読み上げたのは、のちの第三代大統領サダトだった。

「エジプトは、汚職、腐敗、そして政治的不安という史上、最も危険な時期にあった。こうした要素は軍に大きな影響を与えた。賄賂を受け取った者、またそれを唆した者こそ、パレスチナ戦争における敗戦をもたらしたのである。戦後、腐敗的要素が増え、反逆者たちは無知で不誠実、かつ腐敗した者たちに軍の問題を委ねようと企図した。このままでは、遠からずエジプトは国を守る強力な軍を持てなくなってしまう。それゆえに我々は今や自らを浄化し、軍の問題は我々が信頼する能力と性格、愛国心を持った者に委ねられた。エジプト全土で、この知らせが喜びをもって迎えられるだろう。

（中略）

私は、今日、全軍が憲法のもとに、いっさいの利己的企図を持たずに祖国の利益のため励んでいることを国民に保証したい。私は、この機会に、いかなる反逆者も、破壊活動あるいは暴力行為に訴えることが許されないことも国民に訴えておきたい。そのような行為は前例のない厳しい措置に直面し、違反者は直ちに反逆者として処罰されることになろう。軍は、警察と協力して、その任務を遂行するであろう。私は、在留外国人および我が同胞の生命と財産を保証する。軍はそれに責任を負うものと考える。

神よ、我らに恵みを与えたまえ。」

ラジオ放送を聞いた市民の多くは通りに出て、クーデター部隊を歓呼の声で迎えた。二三日午後三時、自由将校団は第二次世界大戦開戦時の首相、アリー・マヘルに組閣を依頼した。翌二四日、アリー・マヘル内閣が発足、ナギーブは軍総司令官に、ナセルは参謀総長代理に就任した。

革命が勃発したとき、ファルークは夏の間、執務を行うアレキサンドリアのラス・エッ・ティーン宮殿にいた。ファルークは当初、事態の深刻さを全く認識せず、ナギーブの総司令官就任を追認したり、腐敗した側近を解任することでお茶を濁せると考えていた。だが、七月二六日朝には宮殿がクー

エジプト革命直後のアブディン宮殿

デター部隊に包囲され、同午前九時にはアリー・マヘル首相を介して同日正午までの退位と午後六時までの国外退去を求める最後通牒を突きつけられた。国王側に立って戦おうとする部隊はなかった。ファルークは米英両国の介入に最後の期待をつなぐ。だが、米国は「国王一家の安全な国外退出を保証することを期待する」旨の申し入れをナギーブに伝えるに留まった。米国は腐敗した王制が共産勢力の台頭を招くことを警戒して、むしろ軍によるクーデターを歓迎していたともいわれている。一方、英国にはもはや単独で軍事介入する力はなかった。万策尽きたファルークは最後通牒を受け入れた。退位書を前にしたファルークは、さすがに手が震え、二度目でようやくまともなサインができたと伝えられている。

七月二六日夕刻、四六〇〇トンの王室ヨットの出航準備が整った。ヨットには大慌てで梱包されたファルークの手持資産の全てが二〇七個のスーツケースと金庫に収められて積まれていた。午後六時、白い海軍提督の制服に身を包んだファルークが、生後六ヶ月の嗣子、アフマド・フワードを抱いたナリマン王妃とともに埠頭に姿を見せた。見送りに来たナギーブは握手を交わしながら、「陛下、二月四日事件まで軍は国王と王室に忠誠を誓っていました。たが、その後の状況によってこうした行動をとらざるを得なかったのです」と話しかけた。これに対し、ファルークは「わかっている。あなた方の任務は困難なものだ。エジプトを統治すること、それは容易なことではない」と答えたといわれている。やがて、駆逐艦が二一発の礼砲を轟かせ、軍用機が送礼飛行するなか、王室ヨットはイタリアに向けて出航した。その光景は、細部に至るまで七三年前、一八七九年六月三〇日の再現だった。同じく夏の夕暮れのアレキサンドリア、ヨットの名も同じ「マフルーサ」、亡命先も同じくイタリアのナポリ。唯一、異なったのは、イスマーイールがヨーロッパ列強によって廃位されたのに対し、ファルークは自らの国民の手で廃されたことである。イスマーイールが亡命するときに涙で見送った群集の姿は、このときにはなかった。

ファルークの墓（カイロ）

ファルークは、その後も亡命先のヨーロッパで華やかな生活を続けた。そして、一九六五年三月一八日、最後の愛人となるイタリア人の美容師、アンナマリア・ガッティとローマのナイトクラブで食事中に頓死した。享年四五。突然の死にはナセルの秘密機関による暗殺の噂さえたった。だが、エジプトの六年後にクーデターで倒されたイラク王家のファイサル二世が惨殺されたのと比較すると、むしろ幸運な晩年であったともいえる。

ファルーク統治期のエジプトを代表した人物

のうち、エジプト革命勃発時、ヨーロッパに外遊中だったナハスは革命政権から組閣を依頼されるものと信じて急遽、帰国するが、その期待は裏切られたばかりか、革命政権が各政党に命じた旧体制指導者のパージに強く抵抗した後、妻のゼイナブとともに逮捕された。以後は、自宅軟禁下に置かれ、一九六五年八月二三日に八六歳で死去した。イスマーイール・シドキーは一九四六年一二月に首相の地位を退いてからも上院議員として国政に携わり続け、パレスチナ戦争への参戦に強く反対した。そして、その護持に尽力したエジプトの王制の崩壊をみることなく一九五〇年七月九日に七五歳で没した。大戦時の英国大使ランプソンは一九四六年三月にエジプトとの関係改善を図ったときのアトリー労働党政権によって任を解かれ、駐東南アジア特別高等弁務官としてシンガポールに転任した。約二年、日本降伏後の英領植民地の統治再建などにあたり、一九四八年五月に退官した。その後は上院議員を務め、一九六四年九月一八日にイングランド南東部へイスティングズの病院で死去した。享年八四。エジプトを離れてからの一八年の間にランプソンが二月四日事件に代表されるような非常手段を用いてでも維持を図った中東における大英帝国は完全に瓦解していた。

15 ナセルの時代

《共和制移行》

クーデターの成功後、「革命委員会」と改称した自由将校団執行委員会は、当初、旧体制の代表的政治家であるアリー・マヘルを首相にたてたが、すぐに変革を最小限に止めようとする首相と対立、クーデターの翌々月の一九五二年九月七日にはナギーブを首班とする内閣を組閣し、政治、経済、社会全般にわたって旧体制の一掃を図った。革命直後に行われた「パシャ」や「ベイ」といった称号の廃止*に続いて、九月九日には土地の所有上限を二〇〇フェッダンとする「農地法」(一九五二年法律第一七八号)を発布した。上限を超える農地は有償で接収され、所有農地五フェッダン以下の零細農民に一家族あたり二〜五フェッダンの単位で再分配された。王家の所有地は無償で接収された。あ

*――「パシャ」や「ベイ」という言葉は、今日ではエジプトの大衆がお互いを「よう、大将」といった感じで呼び合うときによく使われている。

ナギーブ

わせて、小作料の大幅な引き下げも実施された。政治面では、同八日に政党や政治結社などを届出制としたのを手始めに、翌一九五三年一月一六日には三年間の過渡的軍政を宣言し、ムスリム同胞団を除く既成政党や労働組合などを解散させ、新たに結成した「解放戦線」と呼ばれる単一の全国組織に統合させた。次いで、同二月一〇日には、前年一二月一〇日に廃止されていた「一九二三年憲法」に代わって期限三年の暫定憲法を公布した。主要な旧政治家や上級将校は、逮捕、ないしは公職を追放された。軍では四〇〇人以上の上級将校が追放され、特に大佐以上ではナギーブと自由将校団に同情的だったムハンマド・イブラーヒーム准将のみがその地位にとどまった。そして、同六月一八日には名目的に国王の地位にあったアフマド・フワード（フワード二世）を廃して、共和制の樹立を宣言した。初代大統領兼首相にはナギーブが、副首相兼内務大臣にはナセルが就任した。希代の英傑、ムハンマド・アリーが築いた王朝は、こうして名実ともに終焉した。

自由将校団は旧体制の弊害を一掃することでは一致していたが、クーデター後の体制については共通した展望を打ち出していなかった。このため、改革が次第に急進化するとともに政策を巡る内部対立が始まる。早くも一九五三年三月には、前年八月一二日に発生したカフル・エル・ダッワルでの綿繊維工場労働者のストライキ弾圧に抗議していたユーセフ・マンスール・シッディークが革命委員会を追われた。同年夏には、軍部への権限集中に懐疑的だったアブドゥルモネイム・アミーンが解任された。翌一九五四年一月には、ムスリム同胞団の非合法化（同一月一五日）を契機にナギーブとナセルとの間で対立が始まる。ナギーブが「軍は基本的に政治に関与すべきではない」として議会制民主主義の復活を主張したのに対し、ナセルは「議会制民主主義への移行は旧体制を復活させるだけである」と主張し、軍主導による急進的な改革を主張した。三ヶ月にわたる紛糾の末、軍と解放戦線を掌握したナセルが全権を握った。ナギーブを支持していたハーリド・モヒエッディーンは革命委員会を追われ、ヨーロッパに亡命した。ナギーブも七ヶ月後の一一月一四日、ムスリム同胞団員によるナセル暗殺未遂事件（同一〇月二六日）に関与したとして大統領を解任され、自宅軟禁下に置かれた。結局、一九五五年までに革命を主導したメンバーのうち、自由主義的ないしは社会主義的思想を持つ者、そしてナセルよりも年長の者はことごとく解任・追放された。こうして、ナセル主導の体制が確立した。

ナセル

一九五六年一月一六日、前年五月に発表された革命の六原則、すなわち、①植民地主義の排除、②封建主義の廃絶、③政治に対する資本支配の終結、④強力な国民軍の創設、⑤社会正義の保証、⑥健全な民主的生活の確立、に基づく新憲法草案が発表された。同三月一日には、エジプト史上で初めて女性にも参政権を認めた新選挙法も制定され、六月二三日に行われた国民投票の結果、新憲法は九六％の支持を得て、翌二四日施行された。同時にナセルが九九・九％の票を得て、第二代大統領に選出された。

旧体制の一掃と並ぶ革命政権の最大の目標は英軍の撤退だったが、これについてはソ連との対抗上、英仏の植民地主義の残滓を一掃することを図っていた米国の圧力、そして年間五六〇〇万スターリング・ポンドにのぼる駐留軍維持経費の負担に悩む英国の財政事情もあり、交渉は紆余曲折を経ながらも進み、一九五四年一〇月一九日には、ナセルと英国のアンソニー・ナッティング外務担当国務大臣との間で、「スエズ運河基地に関する英国・エジプト条約」が締結された。この協定により、駐留英軍は二〇ヶ月以内（一九五六年六月一八日まで）にスエズ運河地帯から撤退し、英軍基地は二年以内にエジプト側に返還されることとなった。「（一九三六年）同盟条約」は破棄されたが、以後七年の間に第三国がエジプトおよび周辺諸国（アラブ連盟加盟国とトルコ）に攻撃を加えた場合、英軍は再び基地を使用できることとされた。エジプトの各紙は「一五一七年のオスマン帝国による征服以来、エジプトは初めて自由になった」と報じた。そして、一九五六年六月一三日、期限より五日早く英軍の最後の一兵がポート・サイードから撤収し、七〇年以上にわたった英軍の駐留は終わりを告げた。五日後、エジプトは英軍基地を正式に接収した。

同じく旧体制時代からの懸案だったスーダン問題についても英国との間で交渉がまとまり、一九五三年二月一二日、「スーダンの自治および自決に関する英国・エジプト協定」が締結された。エジプトとの統合か、分離独立かは、スーダン人自身の決定に委ねられることになった。同一一月二日から七日にかけて行われたスーダン初の国会選挙では、エジプトとの統一を掲げる国民統一党が第一党となったが、スーダン出身のナギーブの解任とナセルの急進的な政策に統一の気運は急速にしぼみ、一九五五年一二月一九日、スーダン国会は独立決議を採択。翌一九五六年一月一日、スーダンは独立した。オムドゥルマーンの戦い以来、半世紀以上にわたってスーダンに駐留した英軍は、一九五五年一一月一五日までに撤退を完了した。

《運河国有化》

革命当初のナセルは国内にあってはあまり表に出ない「影の実力者」であり、対外的には英国との条約で英軍の再駐留権を認めたように西側諸国とも一応、協調姿勢を維持していた。そのナセルが一九五五年を境に変貌する。きっかけは、「対ソ封じ込め政策」の一環として西側諸国が進めていた「バクダッド条約機構」の形成だった。ナセルにとってそれはアラブ諸国を冷戦構造のなかに組み込むものであり、「ソ連の脅威に対する地域防衛」の名を借りた大国の新たな頸木にほかならなかった。一九五五年二月二四日にトルコとイラクが「相互防衛条約」（バクダッド条約）を結ぶと、ナセルは痛烈なイラク非難を展開、米英両国を困惑させた。続いて、同四月にはインドネシアのバンドンで開催されたアジア・アフリカ会議（バンドン会議）に出席し、周恩来やネルーなどが提唱していた積極的中立・反帝国主義思想に共感を持つとともに、会議の主催者であるスカルノの大衆動員型の政治手法に大きな影響を受けた。バンドンからの帰国後、ナセルは非同盟主義をより鮮明にし、ソ連、東ドイツ、チェコスロバキア、ブルガリア、ルーマニアと貿易協定や技術協力協定を締結するなど、共産圏への接近を強めるようになる。なかでも、一九五五年九月二七日に武器供与を渋り続けていた米英仏などに代わって、チェコスロバキア経由で最新鋭のソ連製兵器を購入することを発表したことは、西側諸国に大きな衝撃を与えた。

ナセル政権は、旧体制を一掃するとともに、農業を振興し、工業化を進めることで経済面でも自立を目指したが、その切り札として打ち出されたのがアスワン・ハイ・ダムの建設である。このプロジェクトは、英国統治期に建設されたアスワン・ダムの上流六・四キロメートル地点に当時、世界最大のクイブイシェフ・ダム（ソ連）の二倍以上に相当する貯水量一三〇〇億立法メートルの巨大ダムを建設しようとする野心的な計画で、総建設費は一三億ドル、完成するとエジプトの耕作地面積は三割拡大し、工業化に必要な量を補って余りある九〇億キロワットの電力を供給するとされていた。エジプト政府は、世界銀行などに建設資金の支援を求めた。交渉の結果、一九五五年一二月一七日に米英両国がそれぞれ五六〇〇万ドル、一四〇〇万ドルの支援に応じ、翌一九五六年二月九日には世界銀行も二億ドルの融資に合意した。米国の支援には、プロジェクトにソ連等共産圏諸国を含めないという条件が付けられていた。

米英両国は、共産圏への接近を強めていたナセルをいわば懐柔する目的でダム建設支援に応じた。だが、これは全くの逆効果になった。ナセルは西側と協調するどころか、東西両陣営をいわば両天秤にかけてさらなる利益を引き出そうと独自の外交を展開する。一九五六年四月一日には「ソ連からのダム建設支援の申し出についてもこれを拒絶しない」と発表、同五月一六日には中華人民共和国を承認。さらに、「バグダッド条約機構」への攻撃を続け、英国が同条約への参加を求めていたヨルダンでは親エジプト暴動が発生し、フセイン国王はヨルダンにおける英国のプレゼンスの象徴的存在だったアラブ軍団の英国人指揮官、グラブ・パシャの解任を余儀なくされていた。こうした一連の動きに米国のダレス国務長官が強く反発、米国政府は一九五六年七月一九日にダム建設への支援撤回を発表した。英国政府と世界銀行も翌日、これに同調する。ナセルは、ちょうどユーゴスラビアのブリオニ島でチトー・ユーゴ大統領、ネルー・インド首相と非同盟主義首脳会議を開催中で、米国の支援拒否声明は非同盟主義政策をとるナセルにいわば教訓を与える目的で意図的になされたものだった。

ナセルは、一週間後の一九五六年七月二六日、アレキサンドリアのアル・マンシーヤ広場で行われた革命四周年記念式典の演説でスエズ運河の国有化を宣言し、米英両国の決定に挑戦した。当時、エジプト政府には国際スエズ運河株式会社から年間三〇〇万ドルが支払われていたが、エジプト側によると運河の通航収入は約一億ドルに達していた。この収益をダム建設にあてようとしたのである。政治的にも、スエズ運河は駐留英軍の撤退後、エジプトにただひとつ残る植民地支配の象徴となっていた。エジプト国民は

スエズ運河国有化を宣言するナセル

この発表を熱狂的に支持した。一方、運河に利権を有している英仏両国には衝撃が走った。すでに述べたように戦後、スエズ運河はヨーロッパで消費される石油の三分の二が通過するなど石油供給ルートとして死活的に重要になっていた。英仏両国は、エジプト資産を凍結するとともに、国有化の実質的な骨抜きを図るが、功を奏せず、同九月一五日には一一四人の英仏人水先案内人を引き揚げる。

英仏両国の威信の問題も事態をこじらせた。英国は、戦後、世界最大の債務国に転落し、すでにインド、ビルマ、スリランカを失っていた。フランスは、インドシナで屈辱的な敗戦を経験し、チュニジアとモロッコを失い、第四共和制は崩壊寸前だった。フランスはまた、エジプトが支援していたアルジェリアの独立運動にも苦慮していた。さらに、現在では想像しがたいことだが、当時の英仏指導者はナセルを「ヒトラーの再来」とさえみなし、ナセルとの妥協はナチス・ドイツによるチェコ・ズデーテン地方併合を認めた一九三八年のミュンヘン会議の再現になると警戒していた。英国首相のアンソニー・イーデンは、一九三八年にチェンバレン内閣の対独宥和政策に抗議して辞任した外務大臣だった。大戦中、レジスタンスで活躍したフランス首相のギイ・モレは、ドイツのブーヘンヴァルト強制収容所に入れられた経験を持っていた。ラジオ「アラブの声放送」を通じたナセルの激烈な演説と群集の熱狂的な反応も両者にヒトラーを連想させた。両国は、エジプトへの武力行使を検討する。

同じ西側でも米国の考えは異なった。ドワイト・アイゼンハワー大統領は、新興独立諸国からの支持を得るため英仏の植民地主義とは一線を画そうとしており、スエズ問題における武力行使はかえって中東諸国の間でナセルを英雄にして、サウジアラビアなど親西側的な君主制国家を脅かすことになると考えていた。国内的にも、一一月六日に再選を目指す大統領選挙を控えており、四年前に朝鮮戦争を終結させることを掲げて当選した大統領としては、戦争の勃発は望ましくなかった。アイゼンハワーは英仏両国に強く自制を求めた。

《獲　得》

凋落に焦る英仏両国はアイゼンハワーの忠告を無視して、武力行使を決定する。それは、エジプトの軍備強化を警戒していたイスラエルに先制攻撃を行わせ、英仏は「スエズ運河の安全通航を守る」という口実で運河地帯を占領するという手の込んだ計画だった。だが、英仏両国には大規模な軍事行動を展開する国力も国家的意思もすでに失われていた。三ヶ国の思惑の違いと連絡の齟齬、そして英国指導部、とりわけイーデン首相の優柔不断で作戦は遅延し、非常にちぐはぐなものとなる。

一九五六年一〇月二九日、エジプトによる包囲網の構築と国連主導での事態の平和的解決の進展を警戒したイスラエルは、予定を八日間繰り上げてシナイ半島への攻撃を開始した。スエズ動乱（第二次中東戦争）の勃発である。翌三〇日午後三時二〇分（ロンドン時間）、英仏両国はエジプトとイスラエルに戦闘行為の中止を求める期限一二時間の最後通牒を突きつけ、運河地帯を占領する意図を明らかにし、翌三一日午後六時一五分（カイロ時間）にはエジプト各地の空軍基地を爆撃した。だが、この時点では英仏両国は本格的な軍事作戦を展開できる状況にはなかった。当初、計画していた「電撃作戦」は遅れに遅れ、英仏両軍がポート・サイードに空挺部隊を降下させたのは五日後の一一月五日朝のことだった。

開戦前、英仏両国は攻撃を受ければナセルの権力基盤は揺らぐとみていたが、イスラエルの侵攻を知ったエジプト国民は逆にナセルのもとに結集した。国際的にも両国は予想もしなかった強い反発にあう。ソ連や中国など共産圏諸国のみならず、中東やアジア・アフリカ諸国も英仏の武力行使に強く抗議したのである。親西側的だったイラク、ヨルダン、サウジアラビアも両国との国交を断絶、サウジアラビアは石油供給すらストップした。シリアでは、英国系のイラク石油のパイプラインが爆破された。インドも英連邦からの脱退を警告して、強く撤退を求めた。最も予想外だったのは米国の反応で、事前通告を受けていなかったアイゼンハワーは激怒し、英仏との外交折衝を事実上、断絶した。国内的にも、フランスはまだしも世論の支持があったが、英国では各地で反戦デモが展開され、野党労働党ばかりか与党保守党からも非難が続出した。二〇〇三年のイラク戦争のときと同様、閣僚からも離反者が出、ナッティング外務担当国務大臣とボイル財務次官が相次いで辞任した。しかも、国際金融市場でポンド売りが続いた結果、英国の外貨準備はスターリング圏維持のために最低限必要とされる二〇億ドルを割りつつあり、石油備蓄も底を突きつつあった。万策尽きた英仏両国は、やむなく国連の停戦決議を受諾。地上戦開始の翌日の一一月六日には軍事作戦を停止し、一二月二二日にはエジプトから撤退した。ガザとシナイ半島の大半を占領していたイスラエルも、米国からの強い圧力で、翌一九五七年三月には軍を退いた。

スエズ動乱は、一八八二年の英国によるエジプト占領と多くの共通点を持っていた。いずれの際もエジプト側の指導者は軍の門戸開放政策で将校に登用されたアラブ系出身の軍人で、強烈なカリスマ性を持ち、国民から熱烈に支持されていた。掲げられたスローガンも同じく「エジプト人のためのエジプト」だった。英仏両国の政府がエジプトの革命政権を「軍事独裁政権」とみなしていたこと、武力行使への世論が分かれていたことも共通している。だが、「ヨーロッパ列強＝国際社会」だった一八八二年とは異なり、一九五六年には新たに独立した多くのアジア・アフリカ諸国が国際世論を形成するようになっていた。さらに、英仏両国には二度の大戦を経て、もはや国際政治のメイン・プレイヤーとしての国力は失われていた。これが、きわめて対照的な結末をもたらした。

スエズ動乱は、英仏両国の思惑に反してその凋落を決定付ける結果に終わった。中東に君臨した両大国は、ナポレオンのオリエント遠征以来、一〇〇年以上にわたって覇権を争ったエジプトの地で完全に威信を喪失した。英国にとっては、パレスチナの実質的な放棄（一九四八年）、イラン・モサデク政権によるアングロ・イラニアン石油会社の国有化（一九五一年）に継ぐ衝撃で、中東における覇権喪失のいわば「とどめの一撃」となった。イーデンは、動乱の翌年の一九五七年一月一〇日、首相の地位を退き、政界を引退した。フランスは、エジプトの成功でさらに活発になったアルジェリアの蜂起に悩まされ、モレ政権も同じく一九五七年六月一三日に倒れた。

米ソ両超大国の前での西欧の無力さを印象付けたこの事件はまた、その後の西欧諸国の外交に決定的な変化を及ぼした。フランスやドイツはこれを機に米ソに対抗するため、ヨーロッパの統合を目指して動き始める。他方、従来から大陸諸国と一線を画していた英国は米国の国際戦略との協調の道を選ぶ。こうした構造は、四七年後のイラク戦争の際も基本的には変わっていない。米国にとってもこの事件は大きな誤算に終わった。米国は以後、中東を含む非ヨーロッパ地域で英仏両国の凋落による「力の真空」を埋める役割を果たさざるを得なくなる一方、それまで英仏に向けられていた帝国主義

現在のスエズ運河

批判の矢面に立たされることになった。とりわけ、中東ではナセル流の国家建設を目指した動きが強まり、事件後二年を経ずしてシリアはエジプトと合邦、親西側的だったイラクの王制は倒れ、急進的な政権が誕生することになる。

エジプト側は軍事的には完敗した。ガザとシナイ半島のほぼ全域を占領され、軍は八千人以上の死傷者を出し、ソ連製の近代兵器の半数を破壊された。だが、英仏両国の企図を挫き、運河国有化を達成したことで、政治・外交的には大きな勝利を得た。一二万人のエジプト人労働者の犠牲によって建設されたスエズ運河は、開通後八七年を経てエジプト人の手に帰した。運河は英仏が水先案内人を撤収したあとも何ら支障なく運営された。一八四〇年のムハンマド・アリーの敗戦以来、エジプトに課せられていた欧米列強の最後の頸木は解き放たれ、エジプトは真の意味での民族自立を達成した。

なお、フランスの作家ブノアメシャンは著書『オリエントの嵐』のなかでスエズ動乱前にインタビューしたアラブ人外交官の次のような見解を紹介している。

「エジプトの正規軍はそれほど強くはない。しかし、アラブ人は、一人になると、ゲリラの天性に恵まれている。中東全域がにわかに決起して、気がついてみると、あなたがたの軍隊はつかまえにくい敵によって寸断されてしまっている。パイプラインは爆破される。

（中略）

これはやがて真の混乱を巻き起こす。四方から攻められるあなたがたの軍隊は無能力に陥る。三ヶ月のうちに、この窮地から脱するため、あなたがたは国連に頼らなければならなくなるだろう。（中略）アラブ人はだれ一人として、外国から押し付けられた政府にはもはや従おうとはしないだろう。それゆえにこそ、問題の武力解決はありえないのだ。」

（『オリエントの嵐』牟田口義郎訳、筑摩書房）

英仏を米英に、エジプトをイラクに置き換えると、この見通しは驚くほど二〇〇三年のイラク戦争後の状況と符合する。

《アラブ民族主義：絶頂から転落へ》

「我々の問題はエジプトの問題であって、アラブの問題ではない」というザグルールの言葉に代表されるように、一九世紀から二〇世紀前半にかけてのエジプトの民族主義は基本的に一国民族主義だった。これに対し、パレスチナの戦場でアラブ諸国の分裂が惨敗を招いたことを痛感していたナセルは、既存の国家の枠組みにとらわれずにアラブ民族の統一を目指すアラブ民族主義を唱導した。こうした主張は、スエズ動乱における華々しい成功とあいまって周辺のアラブ諸国に強い刺激を与え、ナセルと協調してアラブ統一を目指そうとする動きが相次いだ。

一九五八年二月一日には、米国の干渉と共産主義勢力の伸張を警戒するシリアからの申し入れで、エジプトとシリアが合邦して「アラブ連合共和国」が誕生した（正式な発足は同二二日）。ナセル自身は拙速な統合には慎重だったが、シリア側の熱意とアラブ統一の第一歩を踏み出すという魅力には抗しきれなかった。同二一日に行われた国民投票の結果、ナセルは九九・九％の票を得て、アラブ連合共和国の初代大統領に選出された。三月には、イエメンもこれに参加。四ヶ月後の七月一四日には、ナセルと対立していたイラクのハーシム王家がクーデターで倒され、実権を握ったアブドゥルカリーム・カースィム将軍はアラブ連合への参加の意思を表明、同一九日にはアラブ連合共和国との「相互防衛条約」を締結する。このときがナセルの絶頂期だった。その歩みは、前世紀のムハンマド・アリーと共通している。ムハンマド・アリーと同様、ナセルはクーデターによって政権を握り、国内の独裁的支配体制を確立し、大国の干渉を耐え抜き、シリアを得、そしてイエメンを得た（イエメンの場合は、多分に名目的ではあったが）。国家主導での経済開発や工業化を進め、教育振興に注力したところも共通している。

イエメンで演説するナセル
（エジプト軍事博物館蔵）

ナセルの躓きは、いったんは連合への参加の意思を示していたイラクのカースィム政権が方針を転換して逆にナセルと対立するようになったことに始まるが、本格的な転落の始まりになったのはこれもムハンマド・アリーの場合と同様、シリアだった。そもそも社会や経済の構造が大きく異なる両国が準備期間を置かずに統合したこと自体に無理があったのに加えて、まさにムハンマド・アリーの統治と同様、エジプトがシリア側の意思と利益を無視して農地改革の導入や経済の国家管理強化などの政策を押し付けたことが反発を招いた。親ナセル派のシリア軍人、アブドゥルハミード・サラージが、批判を封じるため、過酷な弾圧に訴えたことも事態をより悪化させた。さらに、離反を決定的にしたのが、一九六一年七月二〇日にナセルが発表した社会主義化政策だった。シリアの経済活動の主流を占める中小の商工業者にとって、これは死刑宣告にも等しかった。二ヶ月後の九月二八日、エジプトとの統合に反対するシリア軍部隊がクーデターを起こして新政権を樹立、翌二九日にはアラブ連合からの離脱を発表した。アラブ統一の最初の試みは、わずか三年七ヶ月で挫折した。

次の挫折は、イエメンだった。シリアに次いでアラブ連合から離脱していたイエメンでは、一九六二年九月二六日、反王制のクーデターにより親ナセル派の軍人、アブダッラー・アッ・サッラール大佐を首班とする革命政権が発足した。だが、山岳地帯に逃れた王党派は武力抵抗を開始し、そのまま内戦に突入する。ナセルは、サッラール政権からの要請を受けて、エジプト軍を派遣した。共和制革命の波及を警戒したサウジアラビアは、王党派を支援する。イエメン派兵は、まさにエジプトにとってのベトナムだった。エジプト軍は険峻な山岳地帯での泥沼のゲリラ戦に苦しみ、一九六七年一〇月一〇日に撤兵するまで累次の中東戦争を上回る死傷者を出すことになる。

《アラブ社会主義：経済失政》

革命当初のエジプトの経済政策は、エジプト産業連盟（ＦＥＩ）をはじめとする経済界との協議、調整の下、電力など産業インフラの整備や、戦略的に重要で、多額の先行投資を要するヘルワン製鉄所やアスワン化学肥料工場など重化学工業の設立を主導する一方で、経済運営は原則として市場メカニズムに基づき、「一九五三年法律第四三〇号」による各種税制優遇措置の導入や工業銀行を通じた低利の公的融資の拡充、工業化促進に必要な生産財・中間財への輸入関税の免除、国産品と競合する輸入品に対する関税の引き上げ、外資に対する利益送金規制と出資規制の緩和等、一連の措置をとることで、民間資本や外国資本による投資、特に製造業投資を奨励するなど、今日の基準からみても妥当なものだった。当時のサラーハ・サーリム国民指導大臣も「われわれは社会主義者ではない。自由主義経済体制下でのみ、エジプトの繁栄はある」と発言し、アブドゥルモネイム・アル・カイスーニー財務大臣（一九一六～八七年）も「国家はあらゆる面で民間企業の振興と援助に力を惜しまず、内外からの民間投資に好ましい環境を創出する方針である」と語っていた。

だが、政権の安定性や外交政策への不安などから外国資本や民間企業による投資は伸び悩み、期待した成果はあがらなかった。それどころか、民間企業は利益を新規・拡張投資よりも配当の方に優先的に回したため、民間部門の総投資額は一九五〇年から一九五六年の間におよそ三分の一に低下した。しかも、民間投資の多くは不動産投資に向かった。一九五二年九月九日から鳴り物入りで開始された農地改革も農民に所得向上をもたらしたものの、経済的にはかえって生産現場の混乱を招いた。このため、ナセルは一九五六年六月に制定された新憲法「エジプト共和国憲法」で「国家経済は社会正義の原則と一致し、国家の生産を増大し、かつ国民の生活水準の向上を目的とする計画にしたがって組織される」（第七条）とし、国家主導での経済開発を進める姿勢を打ち出した。

新憲法が制定された一九五六年からエジプト政府は外国資産や民間企業の接収を始めたが、この時期の国有化政策は経済政策というよりは、むしろ内外の政治情勢に対応するものとして実施された。同年七月二六日に行われたスエズ運河国有化に続き、スエズ動乱中の同一一月一日には、「軍令第五号」に基づき、英仏及びユダヤ系の資産を接収した。これにより、エジプト政府は四三ヶ所の支店・出張所を有していたバークレイズ銀行（Barclays Bank）をはじめ、商業銀行七行、特殊銀行二行、保険会社五社の計一四社を所有することとなった。同年には、特に政権内左派から「独占資本の象徴」とみなされ、労働者への生活手当の支給を巡り、政府と対立していたアフマド・アッブードのエジプト製糖会社が「税の滞納」などを理由に接収され、政府が五一％の株式を保有する国有企業に再編された。

翌一九五七年からは、中長期的な国家主導の経済運営のための体制整備が進められた。同一月四日には、政府が所有・関与する企業の管理・運営を行い、工業化を推進する実施機関として、経済開発公団（EDO：Economic Development Organization）が設立された。ＥＤＯは一九五九年末時点で金融、保険、製造業、鉱業、商業・貿易、運輸、建設などの分野の主要企業五八社に合計五七七四万五〇〇〇エジプト・ポンドを出資し、「政府管理による持株会社」（エジプト国立カイロ大学、アシュラフ・セイフッディーン教授）としての機能を果たした。同一月一五日には、「国家計画策定に関する大統領令」により、社会・経済開発のための包括的な計画を策定し、遂行する組織として、大統領を長とする国家計画最高評議会と計画大臣指揮下の国家計画委員会が設立されるとともに、銀行や保険会社、輸出入代理店、商代理店の役員構成や株式保有などの「エジプト化」に向けた措置も実施された。続く一九五八年には「工業組織法」（「一九五八年法律第二一号」）が制定され、工業事業所の設立、拡張、設備変更が一九五六年六月に商工省より分離した工業省の許可制となるなど、民間の企業活動に対する統制が強化された。

一九六〇年には、「アラブ社会主義」と呼ばれることになる国家主導での社会主義的な経済体制への転換が決定的となった。この年の七月には、国民所得を基準年次である一九五九／六〇年度の一二億八五二〇万エジプト・ポンドから一〇年後の一九六九／七〇年度には二五億七〇四〇万エジプト・ポンドに倍増させ、農業国から工業国への脱皮を目指す野心的な「社会・経済開発一〇ヶ年計画」*（一九六〇／六一～六九／七〇年度）もスタートし、様々な分野の国有企業が次々と設立され、産業基盤の抜本的な拡充が図られた。工業部門では、進行中の「工業化第一次五ヶ年計画」を実施三年で打ち切り、一九六〇年七月から上記一〇ヶ年計画の一環として、「工業化第二次五ヶ年計画」（計画投資額四億三四〇〇万エジプト・ポンド）が開始された。工業化の重点は化学、石油、金属、機械など重化学工業に移され、計画終了時の一九六四／六五年度までに同分野の生産を三・一倍にするとともに、輸入代替はもちろんのこと、工業製品を中心に輸出を期間中に一億六七三〇万エジプト・ポンドから二億二九三〇万エジプト・ポンドへと三七・一％拡大し、国際収支の黒字化にも貢献することが目標とされた。

国有化や外国資産の接収も本格化した。一九六〇年二月一一日にミスル銀行とエジプト・ナショナル銀行が国有化されたのに続き、同一二月一日にはコンゴ動乱を契機としたベルギー資産接収の一環としてベルギー国際銀行（Banque Belge Internationale en Egypte）が国有化された。一九世紀末以来、商業銀行でありながら発券業務を行うなど準中央銀行的な機能を有し、革命前に制定された「一九五一年法律第五七号」では中央銀行としての法的地位が認められていたエジプト・ナショナル銀行は、一九六〇年七月一九日制定の「一九六〇年法律第二五〇号」に基づき、中央銀行と国営商業銀行に分割され、一九六一年一月一日にはエジプト中央銀行（Central Bank of Egypt）が活動を開始した。これによって、エジプトの金融政策は完全に国家管理の下に行われるようになった。同六月には一〇〇年の歴史を持っていたアレキサンドリアの綿花先物取引所が閉鎖され、同七月二〇日に制定された「一九六一年法律第一二〇号」により、綿花輸出業者に対し、政府が最低でも五〇％出資する措置がとられることとなった。

同じ一九六一年七月二〇日には、全ての銀行・保険会社と主要な企業四二社が全面的に国有化されたほか、八二社については部分的に国有化され、一四八社については民間による株式所有に上限（市場価格で一万エジプト・ポンド）が設けられた。上限を超える株式は政府によって買い上げられ、政府債権と引き換えられた。この一連の国有化法について、エジプト中央銀行の『経済季報（一九六一年

＊——エジプトの年度は七月から六月。

第二号)』は「社会主義的、民主的、協同組合的な社会の実現を目指した社会・経済法制が施行された」と記した。* 産業分野ごとの国有化も実施され、中小規模の企業を除く製造業、野菜・果物など少額の取引を除く輸出業務、輸入業務全般、公共輸送、電力・ガス、大規模な建設業、主要なホテル、卸売段階までの流通業で国有化が進められた。小売業はほとんどが民間部門の手中にとどまったが、ウマル・エフェンディなどのデパートは接収され、供給省の管理・運営下に置かれたほか、同省管轄下の「政府の店」の設立も進められた。一九六三年一〇月九日には銀行業務の再編が行われ、中小商業銀行六行が五大国有銀行に合併された。

農業分野でもエジプト革命九周年を機に第二次農地改革が実施された。「一九六一年法律第一二七号」が制定され、一人当たりの土地所有限度がそれまでの二〇〇フェッダンから一〇〇フェッダン(家族分を含めて二〇〇フェッダン)に引き下げられ、合計で二一万四一三二フェッダンの土地が接収された。一九六三年にはパレスチナ人など一部の例外を除き、外国人による土地所有が禁止され、六万一九一〇フェッダンの土地が接収された。その結果、一九五二年以前には三五・五%であった全農地に占める所有農地五フェッダン以下の農民の所有地の割合が、五二・一%にまで高まった。農業への国家管理の強化も進められ、栽培作物の決定や農民への種子、肥料、殺虫剤、農業機械等の供給、販売価格の決定などは、農業協同組合や農地改革開始後に新たに設立された農地改革協同組合を通じて、政府によってなされるようになった。一連の国有化措置の結果、一九六二/六三年度には国民所得に占める国家セクターの割合は三四・二%に達した。さらに、一九六七年末時点でみると金融部門では一〇〇%、建設部門ではほぼ一〇〇%、製造業部門では企業数で六三・一%、売上高で九四・五

冷蔵庫組立工場

%が国有企業で占められるまでになった。

経済管理・運営のための新機関も次々と設立された。一九六一年三月二日には、国有化されたミスル・グループの企業二二社を統括するミスル公団（Misr Organization）と工業化計画推進のために設立された二四社の企業群を統括するナスル公団（Nasr Organization）が設立されるとともに、同一二月一六日には産業・事業分野毎に国有企業計三六六社を統括する三八の公団が設立された。これらの公団は経済省、供給省、工業省、農業省、農業改革・土地開拓省、国防省、通信省、住宅・公共施設省、公共事業省、労働省、国務省、厚生省、文化・国民指導省の一三の関連省庁によって指導、統制されることとなった。

「社会・経済開発一〇ヶ年計画」の前半に当たる「社会・経済開発第一次五ヶ年計画」（一九六〇／六一～六四／六五年度）では、総額一五億一三〇〇万エジプト・ポンドが投じられ、投資目標に対する達成率は九五・九％、国民生産目標に対する達成率は八一・五％、国民所得目標に対する達成率は八六・〇％に達した。実質経済成長率も年率平均で六・五％という高い伸びを示した。工業部門では投資目標額の九八・七％

＊――Central Bank of Egypt : *Economic Review No2, 1961*, p283

にある四億三九〇〇万エジプト・ポンドが投じられ、工業化も数量ベースでみる限りは大きく進展した。一九六二年には、製糖、製紙、製陶、製塩、ドライミルク、合板、苛性ソーダ等化学品、綿糸、アルミ・ケーブル、トランジスター・ラジオ、ジュート製品などの工場が完成した。続く一九六三年には、自動車、繊維、染料、クラフト紙、絶縁電線などの工場が完成した。「社会・経済開発第一次五ヶ年計画」の終了時点の一九六五年六月末までに完成したプロジェクトの総数は八四九に、試験操業に入ったプロジェクトは三〇に達した。国内総生産（GDP）に占める工業・電力部門のシェアも一九五二／五三年度の一五・三％から、一九六四／六五年度には二三・一％に上昇した。ナセルは革命記念日の演説などで、工業化プロジェクトの成果を「われわれはいまや針からロケットまで、全ての産業分野で生産を行っている」と自賛した。

ナセル政権下のエジプトの開発政策は、基本的に「一次産品の輸出による開発途上国の交易条件は将来的に悪化し、一次産業は経済成長を牽引するものにはならない」とする、いわゆる「輸出ペシミズム論」に基づいて、国家、あるいは公営企業主導で輸入代替工業化を推進するという当時の開発経済学で主流だった考えに基づくものだった。そして、それは輸入代替工業化の失敗を教科書的になぞるような結果となる。まず、海外からの援助や借款に多くを依存した開発計画はすぐにその限界を露呈し、資本調達の隘路（ボトル・ネック）に直面した。あまりにも性急な経済開発の推進に加えて、教育・福祉関連支出や基礎生活物資・サービスの価格維持のための補助金支出、そしてイエメン内戦への派兵費用の拡大、官僚機構の肥大化などにより、財政赤字は急速に膨らんだ。エジプト・ナショナル銀行によると、財政収支の赤字幅は一九五九／六〇年度の六六三〇万エジプト・ポンドから、一九六一／六二年度には二億二九四〇万エジプト・ポンドへ、そして一九六四／六五年度には三億五六一〇万エジプト・ポンドへと急増した。工業化推進のための機械類など生産財や中間財の輸入増加と開発計画策定時の政府予想値の年率二・三％を上回る同二・六％の人口増加に伴う食糧品の輸入増加、そして政府の期待に反した輸出の伸び悩みで、貿易収支も悪化した。貿易収支悪化は工業化プロジェクトにも影響し、輸入部品を使用する自動車や家電製品などの生産の伸びは「工業化第二次五ヶ年計画」の後半には著しく鈍化した。一九六六年には二億二二〇万エジプト・ポンドの記録的な貿易赤字を計上するに至った。

ナセル政権は鉄鋼や電力など工業化に不可欠な基幹産業やインフラストラクチャーの充実を待つのではなく、「内外に経済開発の成果を示す」という政治的目的のために、自動車や家電製品といった高額耐久消費財を含む広範な業種で同時多角的な工業化を図った。結果として、その開発計画は質よりも量的な拡大に重点を置いた総花的なものとなった。エジプトの経済学者のハーゼム・エル・ベブラーウィ教授によると、「当時の工業化プロジェクトは経済的な取り組みと言うよりは、政治的なベンチャーであり、工場は規模が大きければ大きいほどよく、その生産性やそこからあがる利益はほとんど考慮されなかった」という。しかも、繊維産業などが中心だった一九世紀ならばともかく、二〇世紀後半において重化学工業を含む全ての製造業を同時多角的に育成しようと図ることは、特に当時のエジプトの資本蓄積と人的資源、技術水準、狭隘な国内市場などにおいてそれを試みるのは、経済合理性を欠いていた。多くの労働力を吸収するものの、比較的、資本を要さず、綿花に代表されるように良質の原材料を産出し、「労働力過剰・資本不足」というエジプトが置かれている社会・経済状況により適しているはずの繊維や食品加工などの軽工業ではなく、輸出拡大には直接、結びつかず、しかも国内市場規模がごく限られている重化学工業に投資の重点を置く政策にも無理があった。

国家主導の計画経済も深刻な行き詰まりに直面した。経済運営のための各種国家機構は、一九六四年半ばには五四の公団が八六五の企業を統括するまでに肥大化し、既に一九世紀前半からエジプト行政の問題といわれてきた非能率や形式主義など官僚主義の弊害がより深刻化した。各国有企業は、それを統括する公団、産業分野ごとに設置された上部統括機関である部門別高等委員会、所管省庁や経済関係諸官庁、中央会計検査院、中央組織・管理局、中央動員・統計局、国有銀行など複数の機関の統制下に置かれた。政治的にも単一政党であるアラブ社会主義連合（ASU:Arab Socialist Union）の所在地支部の統制下に置かれ、人民議会（マジュリス・アッ・シャーブ）からも予算や事業計画の審議、承認を通して統制を受けた。統括公団や所管省庁も多岐にわたり、綿繊維産業を例にとると、原料となる綿花の集荷や出荷は農業省傘下の農業共同組合公団が、綿花の選別と国内引渡しや輸出は経済省傘下の綿花公団が、繊維製品の生産は軽工業省傘下の繊維公団が、繊維製品の卸売と輸出引渡しは供給省傘下の消費財公団が、原料や生産資材・部品の輸入、完成品の輸出は経済省傘下の貿易公団が、それぞれ管轄していた。

そして、各国有企業は経営に関する実質的な意思決定権を持たされなかった。重要事項に関する決定権を持たなかったという点で、これらの国有企業は自律的な経営主体としての「企業」ではなく、「企業」の中の「一事業部」、ないしは単なる「生産現場」に過ぎなかったといえる。一企業の利潤追求行為でさえ、内外の政治情勢によって左右され、国有企業の経営者は企業経営そのものよりも、しばしばその指示が相矛盾し、権限を巡り対立する各種上部機関との折衝の方に多くの時間と労力を費やさざるを得なかった。こうした制約のもと、行われた製造業投資はその多くが適切で十分な事業化可能性調査を欠く非現実的なもので、生産目標を指示する部局と融資を担当する部局、原材料や資本財、エネルギーを投入する部局、国内販売や輸出を担当する部局との連関が悪いため、外貨不足のため生産に必要な原材料や機械・設備、交換部品が入手できず、建設されたものの、稼働できない工場や遊休設備も続出した。世界銀行によると、一九六五年から一九六八年のエジプトの工業部門における未利用能力は平均で三一%に達した。その一方で、多数の統括機関や調整機関の存在にもかかわらず（むしろ、そのために）、国有企業間の横の連絡は悪く、多くの企業が部品、資材等の供給途絶や減少による計画の未達成を恐れて、過剰な在庫を抱え込み、その量は年々、急速に増加した。一九六六／六七年度には工業部門の国有企業の在庫は二億四七一〇万エジプト・ポンド、年間の工業生産額の二三・一%、粗工業所得の五一・八%に達するまでに膨れ上がった。

ナセル政権は「開発」と「分配」を同時に、しかも性急に達成しようと図った。基礎生活物資・サービスには価格維持のための補助金制度が導入され、雇用政策の重視によって、経済的需要をはるかに超える規模で雇用が拡大された。「社会・経済開発第一次五ヶ年計画」の期間中に雇用は工業、電力、建設分野を中心に一三一万九二〇〇人も増加した。ナセル政権下、急速に拡充が進んだ大学や高等専門学校などの卒業者には省庁や公団、国有企業への就職が保障された。その結果、ありとあらゆる国有企業が過剰雇用状態となった。一九六一年には被雇用者に企業の純利益の二五%の配分を義務付ける法律と労働時間を一日七時間、週四二時間に短縮する法律が相次いで制定された。一九六二

ヘルワン製鉄所

エル・ナスル自動車工場

年には、最低賃金が一挙に二倍に引き上げられた。並行して、ほとんどの産業分野で生産性向上を大幅に上回るペースで賃金の引き上げが行われた。

こうした結果、生まれたエジプトの製造業の生産性は著しく低かった。例えば、イタリアのフィアットと技術提携して乗用車のノックダウン生産を行っていたエル・ナスル自動車（El-Nasr Automobile Manufacturing Company）の製品はイタリア本国でつくるよりも高コストだった。一九五四年に西ドイツのデマーグ（Demag）の技術を導入し、ソ連の援助を得て、鳴り物入りで設立されたヘルワン製鉄所のコストも、アスワンの鉱山から供給される鉄鉱石が低品位であることやコークスを輸入に依存していたことなどもあり、国際水準よりも七割も高いものになった。革命以前からの基幹製造業であり、外貨獲得産業である繊維産業でも人員過剰が常態化した。農業分野でも既存の任意制の農業協同組合や農地改革による裨益農民を対象とした強制加入制の農地改革協同組合への農民の組織化を通じた国家管理の徹底、特に政府による行政的な農産物価格の決定と一九六五年以降、全国で実施されるようになった綿花や米など主要な農産物の農業協同組合への強制引渡し制度は農民の生産意欲を削ぎ、農業生産の停滞を招いた。農業の低迷は農産物の輸入拡大につながり、貿易収支をさらに悪化させた。エジプトの農産物の輸入額は、一九六〇年の三九〇〇万エジプト・ポンドから一九六六年には九〇一〇万エジプト・ポンドへと大幅に拡大した。

こうして、エジプト経済は典型的なハイコスト・エコノミーとなり、外貨不足→輸入引き締め→資材（生産財、中間財、原材料、交換部品）の不足→低生産（生産設備の遊休化）、低投資→消費財の不足と輸入拡大、輸出不振→外貨不足、そして低成長の悪循環に陥った。重化学工業重視による投資案件の大型化は、所得効果と生産効果のタイムラグをもたらした。一九六四年五月にはＩＭＦ（国際通貨基金）から四〇〇〇万ドルのスタンド・バイ・クレジットを取り付けるが、投資削減や消費抑制による財政健全化などの付帯条件を付けられたこともあり、以後、経済成長は急速に落ち込む。米国が最盛期にはエジプトの小麦消費量の六割をまかなっていた「農業貿易開発援助法（Public Law 480）」に基づく余剰農産物援助（年間一億五〇〇〇万ドル規模）を一九六六年六月に打ち切ったことも追い討ちをかけた。

《破綻：第三次中東戦争》

一九六七年に勃発した第三次中東戦争はナセルの凋落を決定付けた。パレスチナ・ゲリラの攻撃に端を発したイスラエル・シリア間の武力衝突を契機に、ナセルは一九六七年五月一六日、スエズ動乱以来、シナイ半島に駐留していた国連監視軍の撤退を要求するとともに、大規模な兵力をイスラエル国境に展開した。ナセルは、後年のイラクや北朝鮮などと同様、危機を作り出すことで、パレスチナ問題への国際社会の関心を喚起し、政治的解決を図ろうと考えていたようだが、国連があっさりと監視軍の撤退に応じたことで振り上げた拳を下ろすことができなくなってしまった。他方、唯一の石油供給ルートであるチラン海峡をエジプトによって封鎖されたイスラエルは、同六月五日、先制攻撃を開始、わずか四〇時間でエジプト、シリア、ヨルダンの三ヶ国を圧倒した。エジプトは、ガザとシナイ半島全域を失い、空軍は壊滅し、ソ連から入手していた近代兵器の多くは破壊、ないしは捕獲された。戦死者は一万人を超えた。ナセルの威信は完全に失墜した。

経済的にも直接的な物的損失だけでも約一〇億ドルにのぼり、このほか合計で年間およそ四億二〇〇〇万ドルにのぼるスエズ運河の通航収入とアブー・ルディス油田などシナイ半島の油田地帯からの石油収入、ガザ地区からのかんきつ類の輸出収入を失い、沿岸漁業は出漁機会を奪われ、外国人観光客も激減し、エジプト経済は破綻状態に陥る。「社会・経済開発一〇ヶ年計画」の後半にあたる「社会・経済開発第二次五ヶ年計画」の策定は国際収支の悪化などから遅れ、結局、規模を縮小した「実行三ヶ年計画」として一九六七年三月一五日に発表され、同七月一日より実施に入ることになっていたが、敗戦によって実際に開始されることなく、中止に至った。ナセルが富の集中や消費主義という資本主義の弊害を改め、共産主義の無神論と階級闘争理論を回避するアラブ世界独自の経済政策として進めていた「アラブ社会主義」の破綻は、決定的なものになった。ナセルは一九六二年六月三〇日に採択された「アラブ連合共和国国民憲章」のなかで、ムハンマド・アリー朝の近代化政策の挫折について、「個人的な冒険によってエジプトの覚醒運動は妨げられ、悲しむべき弊害を伴った挫折がもたらされた」と記したが、そのナセル自身、冒険的な政策によって、エジプトに新たな挫折をもたらすこととなった。

戦後、敗戦の責任を巡り、ナセルと軍部が対立。ナセルは、六月九日に大統領辞任を発表するが、慰留を求める国民の大規模なデモを梃子に、翌一〇日、辞意を撤回、九月四日には軍部を粛正し、権力基盤を再確立した。以後のナセルは、イスラエルとの「消耗戦争」を戦う一方、ヨルダン内戦（一九七〇年、ヨルダン政府軍とヨルダンをベースにしていたパレスチナ・ゲリラとの戦闘）の調停などに尽力するが、一九七〇年九月二八日、カイロで緊急アラブ首脳会議を開催し、ヨルダン内戦の収拾にこぎつけた直後、心臓麻痺で急逝した。享年五二。

ナセルの興隆と凋落は、政権掌握初期に多大な影響を受けたスカルノの歩みとも共通している。ナセルが旧植民地勢力である英仏との対立を耐え抜いて外国支配の最後の象徴だったスエズ運河の国有化に成功したように、スカルノも旧宗主国のオランダとの対立を勝ち抜いて独立戦争の最後の目標であるイリアンジャヤの併合（正確にはオランダからの行政権の委譲、正式な併合はスハルト政権下の一九六九年）を果たした。いずれの場合も決定的な役割を果たしたのは、自国の軍事力や経済力ではなく、ソ連との対抗上、西欧諸国の植民地主義の残滓を一掃しようと考えていた米国の介入だった。だが、その成功があまりにも華々しかったため、ナセルもスカルノも自らの成功神話に拘泥した。そして、経済政策の行き詰まりなどを打開するため、再び対外的な冒険政策に乗り出す。ナセルがイエメンで泥沼にはまり、第三次中東戦争で屈辱的な敗戦を喫したように、スカルノはマレーシアの独立に介入し、米英両国との決定的対立と経済の破綻を招いた。だが、晩年はナセルの方がはるかに幸運だった。スカルノが大統領親衛隊長らによるクーデター未遂事件（一九六五年）を契機に軍部から実権を奪われ、失意のまま死去したのとは対照的に、ナセルはその死まで政権を維持し、「英雄」として世を去った。

16 サダトの時代

ナセルの死後、副大統領の地位にあったサダトが大統領を継いだ。サダトは、自由将校団のメンバーのなかではそれまで実権のない象徴的なポストを歴任しており、その能力は未知数だった。そのため、就任時には「軽量級」とも「暫定政権」とも言われた。政権内でも親米派と親ソ派の対立を調停し、政権のとりあえずの安定を図る中継ぎ的な役割を期待されていた。だが、サダトはすぐにナセルに勝るとも劣らない政治力と構想力の持ち主であることを証明する。就任の翌年の一九七一年五月にアリー・サブリーとそれに連なる親ソ派閣僚を追放して実権を掌握すると、政治・経済の自由化を打ち出してナセル時代の社会主義的政策を修正するとともに、外交面でもソ連の軍事顧問や技術者を追放して西側諸国への接近を強めるなど、大胆な政策転換を実現したのである。

サダトは第四次中東戦争でその権威を不動のものとした。一九七三年一〇月六日、シリア軍とともにイスラエルを先制攻撃したエジプト軍は、スエズ運河の渡河に成功、イスラエル軍自慢の陣地線、バーレブ・ラインを突破し、緒戦を優位に戦った。ソ連から供与された地対空ミサイルでイスラエル空軍にも大きな打撃を与えた。戦局は、その後、態勢を立て直したイスラエル軍の反撃によって、軍

サダト（エジプト軍事博物館蔵）

事的にはイスラエル優位に転じたが、「イスラエル不敗神話」を打ち砕いたこと、またアラブ産油国の石油戦略発動にも助けられて、エジプトは政治・外交的には一応の勝利を得た。この成功を梃子に、戦後、サダトは米国の斡旋を得て、イスラエルとの兵力引き離し交渉を進展させ、一九七五年六月五日にはスエズ運河の再開にこぎつけた。

　国際的にサダトの名声をさらに高めたのが、一九七七年一一月一九日の歴史的なエルサレム訪問である。この日、サダトはイスラエル国会で和平を訴える感動的な演説を行い、全世界に衝撃を与えた。これを機に、一九七八年九月、カーター大統領の立ち会いのもと、サダトとイスラエルのメナヘム・ベギン首相との首脳会談が行われ、一三日間にわたるマラソン交渉の結果、「キャンプ・デービッド合意」が成立、翌一九七九年三月二六日には両国間で平和条約が締結された。イスラエルとの平和条約に対する国際的評価は分かれた。西側諸国では「歴史的な一歩」として高く評価されたが、アラブ諸国は「アラブの大義」に反するものとして反発し、多くの国がエジプトとの断交や経済制裁に踏み切った。エジプトはアラブ連盟も除名され、連盟の本部はカイロからチュニスに移された。

サダトは経済政策面でもそれまでの社会主義的な政策を大幅に転換し、①海外からの投資誘致の促進と東西両陣営への門戸開放、②民間企業の活動奨励、③公的部門の活性化、④工業化の促進、⑤フリーゾーン（自由貿易地域）の設立などを柱とする「インフィターハ*（門戸開放政策）」を打ち出した。

一九七四年六月二七日には、それまで投資誘致の実効をあげえていなかった一九七一年九月三〇日制定の「アラブ資本投資・フリーゾーン法」（一九七一年法律第六五号）に代わり、政府により認定された外国企業に対する、①設立後、最低五年間の各種税の免除、②配当利潤への所得税の特別控除、③利益の外貨での保有と本国送金の自由、④国有化や接収などからの保証、⑤利益の一定率の従業員への分配義務等「会社法」の一部規定からの適用免除などを骨子とする「アラブ・外国資本投資及びフリーゾーン法」（一九七四年法律第四三号）を制定した。翌一九七五年一月には、同法の執行規則が制定されるとともに、専任の投資誘致機関として「アラブ・外国資本投資及びフリーゾーン庁」が設置され、各国でエジプト投資セミナーを開催するなど、本格的な外資誘致活動を開始した。フリーゾーンについては、カイロ（空港近くのナセル・シティ）、アレキサンドリア、スエズ、ポート・サイードの四ヶ所での「公共フリーゾーン」の設置が発表され、一九七六年にはそのうちまずスエズ運河の地中海側に位置するポート・サイード市の全域が「公共フリーゾーン」に指定された。「公共フリーゾーン」とは、政府がインフラストラクチャーを整備して企業誘致を図るフリーゾーンのことで、このほか政府によって承認された民間の保税工場や保税倉庫が「民間フリーゾーン」とされた。フ

*――「インフィターハ」とは、アラビア語で「開くこと」の意。

リーゾーンには一〇〇％外資の進出も可能とされ、関税、諸税の免除や為替面での自由が保証された。

一九七五年には、「輸出入法」により基礎食料品、兵器、石油・石油製品など国家独占貿易品目に指定された一部の特殊な商品（一八品目）を除き、民間部門による輸入が自由化されるとともに、「公団廃止に関する法令」が制定され、公団の廃止が進められた。一九七六年には、エジプト・ポンドの交換性の回復を目指した為替レートの調整や輸入課税評価に際してのインセンティブ・レートの採用、「外貨法」に基づく法人及びに個人による外貨保有の合法化などの措置がとられた。一九七七年には、外資に対する規制をより緩和し、一層手厚い優遇措置を盛り込むとともに、利益の本国等への送金手続をはじめとする関連諸規定をより明確化、具体化した「修正投資法」が制定された。

サダトの「インフィターハ」は、計画経済から市場経済への移行としては国際的にみても先駆的なものであり、①イスラエルとの兵力引き離し交渉の進展に伴うスエズ運河の再開（一九七五年六月五日）とアブー・ルディス油田など占領されていたシナイ半島の油田地帯の返還、②スエズ湾や西部砂漠地帯での新しい油田の開発、③第一次オイル・ショック後の原油価格の高騰による石油収入と産油国への出稼ぎ労働者からの本国送金の増大、④観光収入の回復などもあり、経済は急速に上向き、実質GDP成長率は一九七〇年代前半の年率五％台から一九七〇年代後半には同八～九％台に上昇した。だが、一方で、①度重なる戦争に疲弊した民生の安定と人口増加に対応するため、食料品や消費財の輸入を拡大したこと、②長年の戦時経済、統制経済からの解放感もあって国民の間に消費ブームが起こったこと、③開発投資の活発化に伴い、資本財や中間財の輸入が増加したことなどにより、貿易収支は急速に悪化した。

ＩＭＦ（国際通貨基金）によると、エジプトの貿易収支の赤字幅は一九七〇年の二億六七〇〇万ドルから、一九七九年には三五億七八〇〇万ドルへと急速に拡大した。赤字補塡のため、高利の短期借り入れを繰り返した結果、累積債務も膨れ上がった。世界銀行の『世界債務統計（*World Debt Table*）』（各年版）によると、エジプトの中長期公的債務の残高は一九七〇年の一七億五九九〇万ドルから、一九七五年には四八億四一五〇万ドルへ、さらに一九七九年には一〇〇億ドルの大台を超え、一一四億六一五〇万ドル、対ＧＮＰ（国民総生産）比で五八・七％に達した。財（商品）とサービスの輸出収入に対する債務の元利返済額の割合（デット・サービス・レシオ）も一九七八年には三三・五％と、一般に「危険ライン」といわれている三〇％を上回った。

米国資本や湾岸産油国資本を中心とする外国投資も第一次オイル・ショック以降のエジプト市場への関心の高まりを反映して、投資申請件数は多かったものの、その実施率は低かった。一九七九年末までに承認された投資プロジェクト（フリーゾーン向けを除く）が七六六件であったのに対し、そのうち実際に活動を開始したものは二八〇件に過ぎなかった。業種別でみても、エジプト政府が誘致を図った製造業部門においてエレベーターやかみそり替え刃、アルミ製品などの分野で合弁企業が設立され、生産を開始するといった成果はあったものの、むしろその多くは短期的な収益が期待できる金融や不動産、観光などのサービス部門に集中した。一九七八年までに営業開始ベースで二九行に達した米国を中心とする大手外資系銀行による投融資も製造業より貿易金融などに向かい、エジプトに投資を呼び込むよりは、むしろエジプト国内で調達した外貨を海外で運用した。原材料輸入や利益の本国等への送金のための外貨手当などの面で「修正投資法」の規定には依然として不明確な点が多く、これも海外からの製造業投資を阻害する要因となった。そして、社会主義的な体制を引きずっていた煩雑で不透明な行政手続に加え、通じない電話や頻繁な停電、水質の悪さなど、劣化したインフラも大規模な製造業投資を呼び込めるような状態ではなかった。

製造業が期待されたような発展をみせない一方で、一九六〇年代後半から続いていた農業の低迷は、①一九七三年以降の農業部門に対する開発投資予算の配分の低下、②都市への人口流出や湾岸産油国などへの出稼ぎの増加による労働力不足、③価格統制による農民の生産意欲の減退、④一九七〇年七月のアスワン・ハイ・ダムの完成に伴う塩害と排水不良による地力の低下、⑤農業経営の零細化、農地の細分化などにより、さらに顕著なものとなった。農民が市場価格で売買される野菜や果実の作付けを増やしたため、政府が低い設定価格で買い上げる綿花や米などの生産の低迷が特に著しかった。エジプトが国際競争力を持ち得る綿花や米の生産低迷と主食である小麦の自給率の低下は貿易収支をさらに悪化させた。一九七一年時点では一億四二〇〇万エジプト・ポンドの黒字を計上していた農産物の貿易収支は輸入の急増で年を追うごとに悪化し、一九七四年には赤字に転落し、以後、赤字幅は拡大を続けた。

インフレの加速、そしてナセル時代にはあまり目立たなかった所得格差の拡大と貧困、失業など高成長の歪みも顕在化した。四半世紀にわたる閉鎖経済体制下に構築された国内産業構造や価格・給与体系を変えないまま、第一次オイル・ショック後の世界的なインフレのなかで貿易自由化を進めたことが輸入インフレを呼び込み、低賃金とのギャップは社会不安を醸成した。消費者物価上昇率は、政府発表でも年率一〇%から一五%に達した。生活悪化が政情不安を招くことを警戒したエジプト政府は主要食料品から、電気、石油製品、ブタンガス、衣料、公共交通機関の料金に至るまで補助金を出して価格維持に努めたが、こうした補助金の支出額は都市人口の急増や国際的な小麦価格の高騰などを背景に、一九七〇年の三八〇〇万エジプト・ポンドから、一九七九年には一二億七五〇〇万エジプト・ポンドへと急速に膨らみ、財政を圧迫した。一九七四年に八億八九〇〇万エジプト・ポンドだった財政赤字は一九七九年には三四億一三〇〇万エジプト・ポンドへと拡大した。エジプト政府は開発投資の財源を外国からの援助、借款に頼る一方で、財政赤字を国内金融機関からの借り入れなどで補填してきたが、これは通貨供給量の増大を招き、インフレをさらに加速させ、エジプト経済は「物価上昇→補助金の増大→財政赤字の拡大→国内金融機関からの借り入れ→通貨供給量の増大→物価上昇」の悪循環に陥った。

輸入自由化に伴い、それまで保有資本を退蔵していた旧資本家層や政権とコネクションを持つ新興実業家、高級官僚などが競って輸入・サービス業を始めた結果、都市部の商店には輸入品が並ぶようになったが、こうした商品は極めて高価で、購入できる階層はごく限られていた。国民の不満は次第に高まり、一九七五年一月にはカイロで、一九七六年秋には地方諸都市で、物価上昇などに抗議する大衆暴動が発生する。一九七七年一月一八日には、カイロやヘルワン、アレキサンドリアで、前日にIMFの勧告に基づき発表された基礎的食料品への政府補助金削減に反対する大規模な暴動が起こり、治安部隊との衝突で四〇人以上の死者を出す最悪の事態に発展した（「パン暴動」、暴動を受けて補助金削減は撤回された）。若年層の失業問題も深刻化した。結果として社会不安は増し、治安は急速に悪化した。

サダト廟（カイロ）

政権掌握後のサダトの歩みは、旧ソ連のゴルバチョフ元大統領とも共通している。両者とも、政治・経済の自由化を推進し、従来の社会主義路線を大幅に転換させた（サダトの場合、政治面での自由化は多分に形式的なものだったが）。そして、長年の敵対勢力との劇的な和平を達成し、「ノーベル平和賞」を受賞した。だが、海外（主として西側諸国）での名声の高まりと反比例して、国内では急速に支持を失っていった。加えて、かつてのナハスと同様、サダト一族、特に夫人のジーハーン（一九三三年～）には政権私物化の噂が絶えず、これが国民のさらなる批判を招いた。サダトは、それまでの自由化政策を一転して、一九八一年九月三日には批判勢力の大規模な摘発を行うが、これが同一〇月六日の（第四次中東戦争）戦勝記念式典での暗殺を招くことになる。暗殺の実行犯はハーリド・アル・イスラームブーリー陸軍中尉以下、三人の過激なイスラーム主義者だった。

17 ムバラークの時代とこれからのエジプト

(一) 一九八〇年代：多難なスタート

サダトの暗殺後、副大統領のムハンマド・ホスニー・ムバーラクが大統領の地位に就いた。ムバーラクは一九二八年五月四日、ミヌーフィヤ県カフル・エル・ムスリファ村に生まれた。法務省官吏(監察官)だった父親は息子に高等師範学校に進み、教師になるように望んでいたが、ムバーラクは士官学校に入り、空軍士官(パイロット)の道を選んだ。ソ連の空軍パイロット訓練校やフルンゼ軍事大学などに留学し、第三次中東戦争後には壊滅的打撃を受けた空軍の再建で功績をあげ、一九六九年にナセルによって空軍参謀長に抜擢された。サダト政権下の一九七二年には国防次官兼空軍司令官に就任し、第四次中東戦争後には空軍元帥に昇進した。そして、一九七五年四月一六日にサダトによって副大統領に指名されていた。革命のいわば「元勲」であるサダトが就任したときですら、「軽量級」との声があり、就任当初はその肖像画はナセルの肖像画と並んで掲げられていた。ましてやムバーラクは政治家としてはほとんど未知数の存在で、副大統領のときも万事に華やかなサダトの前に

ムバーラク

どちらかというと影の薄い存在だった。エジプトの民衆の間では、新大統領をその重厚な風貌から「バカラ」（牛）と揶揄する「ノクタ」（冗談）がはやった。しかも、外にあってはアラブ世界における孤立、内にあっては膨大な対外債務に代表される深刻な経済状況やサダト政権末期からの政府批判の高まりなど難題が山積しており、その前途は極めて多難とみられた。

だが、ムバーラクは「鈍牛」ではなかった。サダトの政策を基本的に継承する一方で、冷却化していたアラブ諸国との関係改善を進め、一九八四年には「アラブ穏健派」のヨルダン、モロッコと国交を回復し、「急進派」のシリア、イラクとの関係も改善した。一九八九年二月には、ペルシャ湾岸の君主制産油国（以下、湾岸産油国）による湾岸協力会議（GCC：Gulf Cooperation Council）の結成で疎外感を強めていたイラク、ヨルダン、北イエメンと地域協力機構のアラブ協力会議（ACC：Arab Cooperation Council）を結成するとともに、同五月にはアラブ連盟への復帰を果した。チュニスに移されていたアラブ連盟の本部もカイロに戻された。

より困難な課題はナセル政権下で疲弊し、サダト政権下で混乱していた経済の再建だった。ムバーラクは就任後、生産部門の振興に重点を置く「生産的門戸開放政策」を打ち出した。国民の消費志向を抑制し、生産部門を活性化するため、一九八二年から一九八三年にかけて、消費財の輸入抑制のための輸入制度の改定、国有工場の出荷価格や農家からの穀物の買い上げ価格の引き上げ、農工業部門を優遇した金利の変更などが実施される一方、財政の建て直しのため、電力料金やガソリン価格の引き上げ、補助金対象となっている基礎的生活物資の品目削減などが実施された。

一九八二年七月一日からは、期間が確定された経済開発計画としては一九六〇／六一～六四／六五年度の「第一次五ヶ年計画」以来、二二年ぶりとなる「経済社会開発五ヶ年計画」（一九八二／八三～八六／八七年度）も開始された。同計画では、年率八・一％の経済成長、生産部門の増強と生産性の向上、対外依存度の軽減、国民の生活水準の向上と公正な所得分配などが目標とされ、鉱工業部門（電力、石油を除く）に総投資額（三五四億八六一〇万エジプト・ポンド）の二四・三％、農業・灌漑部門に同一〇・五％を割り当てるなど、生産部門に重点的な予算配分がなされた。

一九八三年八月には、個々の国有企業に権限を移譲し、自主的な経営を認めるとともに、国有企業の株式を公開して、民間企業や外国企業に経営参加の道を開くことで、活性化を図る「国有企業法」も制定された。だが、既得権益保持層からの強い抵抗で国有企業の改革には目立った進展がみられず、肥大化した公的部門の存在や補助金によって歪んだ価格体系などナセル時代からの負の遺産を引きずっていたことに、おりからの原油価格の下落と依然として年率二・六％のペースで続く人口増加が重なり、一九八〇年代後半を通して累積した巨額の財政赤字と対外債務、二ケタ台のインフレなど、厳しい状況下での経済運営を余儀なくされた。

「経済社会開発五ヶ年計画」における経済成長は石油価格の急落などに伴い三年目以降、減速し、結局、期間を通しての年平均成長率は六・八％と目標（同八・一％）を下回った。これに続いて一九八七年七月より開始された「新経済社会開発五ヶ年計画」（一九八七／八八〜九一／九二年度）では、目標成長率が年率五・八％に引き下げられた。この間、国際収支の赤字幅は拡大を続け、対外債務残高は一九八九年央には四五七億ドルにまで膨れ上がった。デット・サービス・レシオは一九八九年には七五％に達し、外貨準備は一九九〇年央には一六億ドルにまで落ち込み、危機的な状況を呈する。消費者物価上昇率も二ケタ台で推移し、一九八九年には二一・二％を記録した。物価上昇は穀物をはじめとする食料品や衣類、医療・保健など国民生活に密接な物資・サービスにおいて特に顕著で、一九七七年の「パン暴動」のような治安悪化につながることを警戒した政府は補助金を出して小麦粉やパンなどの基礎的食料品の価格維持に努めたが、物価抑制効果が少ないわりには支出規模が大きく、苦しい財政をさらに一層、圧迫する要因となった。財政赤字は、一九九〇／九一年度には国内総生産（GDP）の二〇・二％に達した。

低所得層を中心とする生活悪化への不満は、一九八四年九月のアレキサンドリア近郊カフル・エル・ダッワルでのパンとタバコの値上げをきっかけとした暴動や一九八六年二月二五日のカイロでの中央治安部隊（アムン・マルカジ）による暴動などの社会不安を招いた。失業率は公式発表でも一九九〇／九一年度には九・三％に達し、大卒や高卒の肩書きを持つ失業者の数はおよそ二二万人にのぼった。大卒者でも官公庁や国有企業など公的部門に就職するには、卒業後、四年から五年の待機期間が必要といわれる事態が続いた。

（二）一九九〇年代：転機となった湾岸戦争

《外交の成功と経済の再建》

大きな転換点となったのは一九九〇～九一年の湾岸危機・戦争である。イラクによるクウェート侵攻の前月の一九九〇年七月、バグダッドを訪問してサダム・フセインに自制を求めていたムバーラクは完全にメンツを潰されたかたちになり、しかも域内協力の足がかりと考えていたアラブ協力会議（ACC）が事実上、解体するなど重大な危機を迎えた。だが、一転、反イラク陣営の糾合と多国籍軍への参加に踏み切り、結果的にはアラブ世界における最大の「勝ち組」となった。

湾岸危機・戦争におけるムバーラクの卓越した外交力は、エジプトを再びアラブ世界をリードする存在に転身させた。戦後、ムバーラクは中東和平問題で「和平の先駆者」として主導的な役割を果たす一方、域内諸国間やアラブ諸国と欧米諸国との様々な問題についても調停役として積極的な外交を展開する。一九八〇年代、エジプトはアラブ世界への復帰を目指したが、一九九〇年代はアラブ諸国がエジプトの和平路線を踏襲し、エジプトへの接近を強めるようになる。イスラエルとの単独和平によりエジプトがアラブ世界内で孤立した際にサダトが言った「エジプトがアラブ諸国を必要とする以上に、アラブ諸国はエジプトを必要とする」という言葉をまさに実証する結果となった。

湾岸危機・戦争は経済にとっても大きな転機となった。エジプトは一九九〇年一〇月から一九九一年一二月にかけて米国や湾岸産油国などから合計で一三二億七六〇〇万ドルという巨額の債務免除を取り付けるとともに、一九九一年五月には主要債権国会議（パリ・クラブ）との間で約二〇〇億ドルの公的債務の五〇％削減に合意し、それらを梃子に戦後、大胆な構造改革に乗り出した。一九九一／九二年度からエジプト政府が世界銀行・ＩＭＦ（国際通貨基金）との協調のもとで実施した、財政・金融の引き締め、価格統制の削減、為替レートの統一（複数為替レートの廃止）と是正（実勢に合わせた実質的な切り下げ）、民営化・公共企業改革、規制緩和などを柱とする「経済改革・構造調整プログラム（ERSAP：Economic Reform and Structural Adjustment Program）」は目覚しい成果をあげた。最悪の時期には対ＧＤＰ比で二割以上に達していた財政赤字は、投資支出及びに基礎的生活物資・サービスへの補助金の削減などによる歳出の抑制や一般売上税の導入、輸入関税の一律引き上げなどによる歳入の拡大が効を奏して、一九九七／九八年度には同一％にまで縮小した。二桁台だった消費者物価上昇率も二〇〇〇／〇一年度には二・二％にまで低下した。引き締め政策が実施されたにもかかわらず、民営化や規制緩和などに伴うビジネス環境の全般的な好転により、民間部門の経済活動は製造業を中心にむしろ活性化した。ＩＭＦはエジプトの経済改革を「特記すべき成功事例」とさえ評した。

懸案だった製造業の育成も進んだ。世界銀行の『世界開発指標二〇〇〇年版（*World Development Indicators 2000*）』によると、一九八〇年に一二％だったエジプトの国内総生産（ＧＤＰ）に占める製造業部門の比率は一九九八年には二六％にまで上昇した。製造業の発展は国際市場でシェアを伸ばす優良企業を生んだ。代表例が陶磁器タイル・メーカーのセラミカ・クレオパトラ・グループ（Ceramica Cleopatra Group）である。一九八三年に従業員三〇〇人でスタートした同社は、今日、世界八〇ヶ国以上に製品を輸出するエジプト有数の大企業に成長している。同じく、わずか一台の織機と六〇人の従業員で設立されたカーペット生産のオリエンタル・ウィーバーズ（Oriental Weavers）は二〇〇九年にはカーペット、ラグの製造・輸出で世界第三位のシェアを有し、中国の天津と米国のジョージア州にも生産拠点を有するに至っている。

《イスラーム主義勢力との対峙》

一九九〇年代、内政面での大きな課題となったのがイスラーム主義勢力の台頭である。前述したとおり、ナセル政権下、イスラーム主義勢力のムスリム同胞団は非合法化され、同胞団員が関与したとされる一九五四年一〇月二六日のナセル暗殺未遂事件を機に過酷な弾圧を受ける。弾圧はしばしば革命思想や運動を急進化させるが、ナセル政権によるムスリム同胞団の弾圧も急進的なイスラーム思想家、サイイド・クトゥブ（一九〇六～六六年）を生んだ。エジプト中部は一般に住民の気質がエジプトにしては険しく、また開発が遅れ、貧困層も多いことなどから、今日でもイスラーム主義勢力の支持基盤が最も強い地域といわれている。クトゥブは、この中部の主要都市アスュートの近郊でハサン・アル・バンナーと同じ年（一九〇六年）の同じ月（一〇月）に生まれた。父親は民族主義政党の国民党に所属する有力農民だった。

バンナーと同じくカイロの高等師範学校（ダール・アル・ウルーム）を卒業したクトゥブは一九三三年に教育省に入省し、学校査察官としての公務のかたわら、活発な詩作や評論活動を行う。だが、

サイイド・クトゥブ

一九四八年から一九五一年まで教育制度の視察と研修のために派遣された米国で西洋文明の現状（自由な男女交際や飲酒などクトゥブから見た「退廃」）と人種差別、特にパレスチナ戦争以降のアラブ人やイスラーム教徒に対する偏見に強く幻滅して、帰国後は職を辞し、ムスリム同胞団に加入した。以後、バンナー暗殺後の混乱のなかで急速に頭角を現し、機関紙『ダアワ（宣教、呼びかけ）』の編集長を務めるなどイデオロギー面で同胞団をリードする一方、エジプト革命直後には革命政権とのパイプ役も果した。だが、ナセル暗殺未遂事件後に他の同胞団指導者とともに逮捕され、カイロ南郊ヘルワンのトラ刑務所に収監される。

　クトゥブの獄中生活は過酷を極めた。一九五七年には、看守による服役囚の殺害を目の当たりにする。クトゥブは次第にその思想を先鋭化させていき、獄中で著した『道標（マアーリム・フィル・タリーク）』（一九六四年）などの著書を通じて、ナセル政権下のエジプトなどをイスラームが成立する以前の「ジャーヒリーヤ（無知、無明社会）」と同一と見なし、「真正なイスラーム教徒の前衛（タリーア）による政治権力奪取の義務」を説いた。クトゥブは一九六四年末に恩赦で釈放されるものの、一九六五年八月には再逮捕され、イスラーム諸国からの国際的な助命運動にもかかわらず、その思想を極度に警戒したナセル政権によって一九六六年八月二九日に「政府転覆罪」で絞首刑に処せられた。イスラーム主義は、第二次世界大戦後、民族主義を標榜して中東・北アフリカ各地に誕生した政権の諸政策の行き詰まりとともに勢いを増してきたが、脱宗教的な民族主義を掲げたワフド党の党員から出発し、急進的なイスラーム主義に至ったクトゥブの歩みは、それを先取りしていたともいえる。そして、「クトゥブ主義」とも「ジャーヒリーヤ論」とも呼ばれるその思想はエジプト政府による処刑という衝撃的な最期と相まって、その後、世界各地の急進的なイスラーム主義者に大きな影響を与えることになる。

サダトは社会主義的政策の転換に反対する政権内左派への対抗上、自らが「敬虔な大統領」であることを国民にアピールするとともに、国営メディアでのイスラームに関する番組を増やし、大学にもイスラーム学生組織をつくるなどして、イスラーム信仰・復興を奨励したが、それが一九七〇年代以降のイスラーム主義伸長のきっかけとなった。一九七〇年代、サダトが推進した経済政策（インフィターハ）はアラブ資本などの投資を呼び込み、サービス部門を中心に活況をもたらす一方で、インフレと所得格差の拡大、失業などの問題をも引き起こしていた。この間、教育制度の拡充が進んだ結果、高学歴者の数は急増した。ナセル政権下、大卒者にはほぼ自動的に政府機関や国有企業の職場が用意されていたが、大卒者の急増によってこれら公共部門は飽和状態となり、雇用問題が深刻化した。すなわち、ムスリム同胞団が興隆した大戦間期にみられた高等教育の拡充と高学歴の若年層の就職難という状況が、この一九七〇年代にも生じたのである。

サダト政権下、ムスリム同胞団も再び活動を認められ、第三代最高指導者に就任したウマル・ティルマサーニー（一九〇四〜八六年）の下で再建を進めた。ティルマサーニーは政権との直接的な対立を避け、政治的な多元主義や民主主義、そしてコプト教徒の権利を認めるとともに、同胞団からクトゥブの思想的影響を排除しようと試みたが、その結果、「イスラーム解放機構」や「タクフィール・ワ・ヒジュラ（不信仰者の宣告と遷行）」「ジハード団（ジャマーアト・アル・ジハード）」「イスラーム集団（ガマーア・イスラーミーヤ）」といった武装闘争による政権打倒を目指す過激な勢力が生まれることになる。一九七四年四月一八日にはイスラーム解放機構がクーデター未遂事件を起こし、一九七七年七月にはタクフィール・ワ・ヒジュラがイスラーム過激派を強く非難してきたアズハル大学教授のフセイン・ザハビー前宗教大臣を誘拐し、殺害した。サダト政権はこれに対し、イスラーム解放機構の創設者のサーリフ・シッリーヤとタクフィール・ワ・ヒジュラの指導者のシュクリ・ムスタファを死刑にするとともに、両組織のメンバー多数を逮捕し、投獄した。だが、過激派の多くは地下に潜行し、一九八一年一〇月六日には遂にジハード団によるサダト暗殺に発展する。

ムバーラクは就任当初、政治的な自由化路線を打ち出し、暴力で政権に挑む勢力に対しては徹底的な取締りで対応する一方で、合法的な政府批判勢力にはある程度、自由な政治活動を認めた。ムスリム同胞団はティルマサーニー以来の穏健な社会改革を目指す路線を堅持し、一九八〇年代以降、人民議会選挙への参加を進めた。政党の設立を認められていなかったため、無所属候補を立てる一方で、新ワフド党や社会労働党（Socialist Labour Party、一九七八年結成）などの公認野党と連携して、議席を伸ばした。専門職など中間層の利益を集約し、代弁する重要な組織となっている職能別組合（専門職同業組合）においてもムスリム同胞団は影響力を強め、一九八四年に内科医の職能組合で二五議席中七議席を獲得して以降、医師や歯科医、薬剤師、エンジニア、弁護士、ジャーナリストなど各種職能組合において急速に勢力を拡大した。一方で、ムバーラク政権が企図した過激なイスラーム主義勢力の封じ込めも十分な効果をあげず、一九八六年には政府転覆を企てたとして陸軍将校を含む二三人のイスラーム主義者が逮捕された。

伸張する合法、非合法のイスラーム主義勢力に対峙するなかで、ムバーラク政権は一九九〇年代以降、急速に権威主義化していった。おりしもアルジェリアではイスラーム救済戦線（FIS：Front Islamique du Salut）が躍進した一九九一年一二月二六日の国政選挙を軍がクーデターにより無効にしたことを契機に、イスラーム主義勢力と軍との間で熾烈な内戦*が展開されていた。危機感を強めたムバーラク政権は、ムスリム同胞団に対しては、その活動基盤となっていた団体に関する法律を相次いで「改正」することで、規制を強化した。一九九三年と一九九五年には職能別組合におけるムスリム同胞団の活動を規制するため、「職能組合法」を改定した。一九九五年には「メディア法」を改定してジャーナリストへの規制を強め、一九九九年には「NGO法」を改定してNGO（非政府組織）を政府の管理・統括下に置いた。

この間、過激なイスラーム主義勢力の活動は活発になり、一九九三年にはジハード団によるシェ

*――二〇〇二年六月までの一〇年半にわたったアルジェリア内戦での「犠牲者は約一五万人、被害総額は四〇〇億ドルにのぼった」（アブデラズィス・ブーテフリカ・アルジェリア現大統領）ともいわれている。

リーフ情報大臣、アルフィー内務大臣、セドキ首相の暗殺未遂事件が起き、一九九五年にはイスラーム集団によるムバーラク暗殺未遂事件が起きる。そして、一九九七年一一月一七日にはエジプト南部の観光地、ルクソールで日本人一〇人を含む外国人観光客五八人がイスラーム集団のテロリストに殺害される事件が起こった。この「ルクソール事件」の影響は深刻で、外国人観光客は一時、激減し、観光収入に多くを依存するエジプト経済は大きな打撃を受けた。ムバーラク政権は超法規的措置によって過激なイスラーム主義勢力に対する徹底的な取り締まりを行うが、その結果、これら組織のメンバーは海外に活動の場を見出すようになった。長年、「アル・カーイダのナンバー2」とされてきたアイマン・アッ・ザワーヒリィー（一九五一年〜）やニューヨーク世界貿易センタービル爆破事件（一九九三年二月二六日）に関与して終身刑の有罪判決を受けたウマル・アブドゥルラフマーン（一九三八年〜）などはその代表例である。

こうしたエジプト人過激派の海外での活動、とりわけ二〇〇一年九月一一日に起きた米国同時多発テロ事件（九・一一事件）にエジプトやサウジアラビアの出身者が多数関与していたことなどから、米国政府内では「エジプトなど親米アラブ諸国の非民主性こそが国際テロの温床である」（米国外交筋）とする意見が強まり、これはエジプト政府への民主化要求へとつながっていく。イスラーム主義勢力の封じ込めという内政問題が発端となり、外交問題として浮上した「民主化」は二〇〇〇年代を通じて大きな内政上の課題となり、共和制になってから最長の安定政権を維持してきたムバーラク政権を揺さぶり、やがてそれを崩壊させることになる。

(三) 二〇〇〇年代：政権延命・継承への試み

《権威主義的体制》

ムバーラク政権後期における内政の経緯について詳述する前に、その政治体制についてみてみよう。


「中東の産油国の中で民主化が進んでいる国はひとつもない。」

（ジョセフ・E・スティグリッツ）

『世界に格差をバラ撒いたグローバリズムを正す』（楡井浩一訳、徳間書店、二〇〇六年）p216 ~ 217

こうした見方に代表されるように、中東・北アフリカ諸国の民主化度は総じて低く評価されている。「アラブの政治大国」エジプトもその例外ではない。英国の調査機関のエコノミスト・インテリジェンス・ユニット（EIU：Economist Intelligence Unit）が発表している「民主主義指数（Democracy Index）」によると、二〇一〇年時点でエジプトの民主化度は世界一六七ヶ国・地域中一三八位に位置づけられている。世界各国・地域の政治的権利（政治過程への参加の自由）と市民的自由（表現・結社・集会・信教の自由、法の支配など）の度合を七段階で評価し、その平均値で総合的な自由度を「自由」、「部分的に自由」、「自由がない」の三段階で評価しているフリーダム・ハウス（Freedom House）の『世界の自由度二〇〇九年版（*Freedom in the World 2009*）』でもエジプトは「自由がない」、すなわち「基本的な政治的権利を欠き、基本的な市民的自由が広範、かつ制度的に否定されている国」とされている。

エコノミスト・インテリジェンス・ユニット（ＥＩＵ）はエジプトを含むほとんどのアラブ諸国の政治体制を「権威主義的政権」に分類しているが、これらの国々では大統領であれ、国王や首長であれ、国家元首の権限や権威がきわめて強く、総じて国民の政治参加の機会は限定され、法律や統治制度といった「システム」よりも元首やそれと地縁、血縁で結ばれている権力層を中心とする「人のつながり」が国を動かす大きな要因をなしている。ごく少数の例外を除き、自由選挙による実質的な政権交代はなされず、共和制国家でも複数候補による大統領選挙が行われ、かつ大統領の任期に制限があるのはわずかである。ほとんどの共和制国家では、ながらく一党独裁下か、ないしは多分に名目的な複数政党制の下、政権与党が過半数以上（しばしば圧倒的多数）を占める国会が単一の大統領候補を擁立し、それに対し国民が信任投票を行うというかたちをとってきた。

エジプトでは二〇〇五年の大統領選出に関する憲法改正までは一院制の人民議会（マジュリス・アッ・シャーブ、定数四五四議席、任期五年）で議員の三分の一以上の推薦と同三分の二以上の票を得て、大統領候補が指名され、その後に行われる「賛成／反対」の二者択一式の国民投票で信任を問われるシステムになっていた。ムスリム同胞団系（無所属）が躍進した二〇〇五年の国政選挙（後述）まで常に人民議会の議席の八割以上は与党の国民民主党（NDP：National Democratic Party、一九七八年設立）で占められており、過去の信任投票ではいずれも現職の大統領が候補者に指名されてきた。大統領信任投票は一応、秘密投票の形式、建前にはなっているが、投票や開票作業を真に客観的、中立的な立場から監視する公的機関はないといっていい。このため、常に現職の大統領が九〇％台という「高得票率」で「信任」されてきた。こうした方式も「九九・九％の得票」で「信任」された一九五六年六月二三日のナセル政権下の信任投票が先例をつくった。ムバーラク政権下で行われた四回の大統領信任投票の得票率をみても、九八・五％（一九八一年）、九七・一％（一九八七年）、九六・三％（一九九三年）、九三・八％（一九九九年）といずれも九〇％台だった。

国家元首への権限集中は制度的にも保障されている。エジプトの場合、大統領（任期六年）は首相、副首相、閣僚、各省次官、大使等主要な外交官のほか、全国二六の県の知事を任命する権限を持っている。[*1] 陸海空、そして防空の四軍の最高司令官でもある大統領には主要な軍人を任命する権限もある。司法権の独立は憲法で保障されているものの、大統領を長とする行政府の権限が著しく強く、司法府は事実上、そのコントロール下にあるといっていい。[*2] 大統領は国会にあたる人民議会（マジュリス・アッ・シャーブ）の議員四五四名のうち一〇名と立法権を有しない大統領の諮問機関であるシューラ評議会（マジュリス・アッ・シューラ、定数二六四名、任期六年、一九八〇年一〇月設置）の議員の三分

＊1――郡長以下の地方行政府の長も首相によって任命されていた。エジプトでは歴史的に地方農村部の統治で重要な役割を果してきたオムダ（村長）も一九九四年に法律（「オムダ法」）が改定され、それまでの公選制から政府による任命制になった。
＊2――ただし、長い歴史を持つエジプトの司法官には独立の意識も強く、過去の民主化においても判事による選挙監視制度を導入させるなど、主要な役割を果してきた。

の一（八八議席、残る三分の二の一七六議席は三年ごとに半数ずつを公選）を任命する権限を有しており、ムバーラクは政権与党の国民民主党（ＮＤＰ）の党首をも兼ねていた。

エジプトはサダト前政権時代に制定された「政党法」（「一九七七年法律第四〇号」）により従来のアラブ社会主義連合（ASU：Arab Socialist Union、一九六二年設立）による一党独裁から複数政党制に移行したが、政党の設立には様々な規制が設けられた。新政党の設立を希望する場合、シューラ評議会内に設けられた政党委員会に申請書を提出し、許可を受けなければならない。同委員会は委員長であるシューラ評議会議長のもと、法務大臣、内務大臣、人民議会担当国務大臣、そして大統領に任命された元判事、議員からなり（「政党法」第七条）、（控えめに言っても）政権側の意向が反映されやすい制度となっていた。政党委員会には政党の活動や機関紙の発行を禁止する権限もあった（同法第一七条）。「政党法」の第四条第三項では特定の宗教に基づく政党設立は認められないとされており、一九八〇年代以降、人民議会に議員（無所属）を送り込んできたムスリム同胞団は政党を持つことができなかった。ムスリム同胞団の若手メンバーだったアブー・アラー・マーディらが団を離れて結成した穏健なイスラーム主義政党のワサト党（Hizb Al Wasat、「ワサト」はアラビア語で「中道」、「中央」の意）も繰り返し政党委員会に政党設立申請を提出してきたが、「政党法の定めた設立要件を満たしていない」との理由で、却下され続けていた。[*1] 選挙制度も、ナセル時代の一九六四年以来、「公選議員の少なくとも半数は、労働者ないしは農民でなければならない」[*2]とされ、労働組合や地方農村部などに強い基盤や組織票を持つ政権与党に有利な制度となっていた。

設立が認められた後でも、政党、そしてそれに準じる各種職能別組合（専門職同業組合）やＮＧＯ

（非政府組織）には、様々な法的、ないしは行政的な規制が課せられていた。実際、野党政治家やNGOの活動家がこうした規制などをもとに逮捕されることも少なくなかった。後述する二〇〇五年の大統領選挙でムバラークに次ぐ票を獲得したリベラル系の新興野党、ガッド党（Hizb Al Ghad、「ガッド」はアラビア語で「明日」の意、二〇〇四年九月設立）のアイマン・ヌール党首（一九六四年〜）も、「政党設立のための署名に関する文書偽造容疑」で逮捕されて、選挙後の二〇〇五年一二月二四日には禁固五年の実刑判決を受け、健康上の理由で二〇〇九年二月一八日に釈放されるまで、拘禁されていた。

旧ソ連などと同様、こうした体制を維持するための「剣と盾」になってきたのが、強力な治安・諜報機関である。国連開発計画（UNDP：United Nations Development Program）も『アラブ人間開発報告書二〇〇四年版（*Arab Human Development Report 2004*）』のなかで、「諜報機関は立法議会あるいは世論に対する責任を負わない代わりに、大統領または王の直接の支配下にあり、他のどの機関よりも大きな権限を持っている。また、諜報機関は多大な資源を有しており、近代アラブ国家は『諜報国家』とよ

＊1——ムバーラク退陣後の二〇一一年二月一九日に政党としての活動を認める判決が下りている。
＊2——ここでいう「労働者」は労働組合に所属する筋肉労働、ないしは頭脳労働に従事する者で職業高校級以下の学歴保持者に、「農民」は一〇フェッダン以下の土地の所有者で、農業で生計をたてている者に限られていた。全国に二二二の選挙区があり、各選挙区の議席数は二議席で、「労働者、農民」と大学卒業資格を持つ「専門職」に一議席ずつが割り当てられていた。選挙権は一八歳以上の男女、被選挙権は三〇歳以上の男女にあるが、投票権は選挙登録をして初めて行使することができた。

く称されるまでに、人事の決定および結社の法的規制に関する権限をはじめとする行政のあらゆる権限領域に介入している。」と評している。同報告書はまた「アラブの国の中には、非常事態宣言を必要とするような危険がないにもかかわらず、非常事態が恒常化しているところもある。……（中略）……非常事態法（または戒厳令の規制）は、住宅の不可侵権、個人の自由、言論および表現、報道の自由、通信の機密保持、移動と集会の権利など、憲法で定められた数多くの権利を市民から奪い取る。また、選挙で信任を得た議会の主要権限である立法権を剥奪し、行政府または軍司令部（非常時の行政当局）へとそれらの権限を移管してしまうのである。」としたうえで、その代表例としてエジプトやスーダン、シリアなどをあげていた。エジプトを例にとると、サダトが暗殺された一九八一年一〇月六日から現在まで、実に四半世紀以上の間、非常事態令が布かれ[*1]、礼状なしでの逮捕や弁護士がつかない非公開の軍事法廷での裁判なども行われてきた。

情報統制も目立つ。サダト政権下の一九七八年に文化報道省が廃止され、現行憲法では検閲は禁止されているものの、全ての新聞は大統領の諮問機関であるシューラ評議会（マジュリス・アッ・シューラ）に属する最高プレス評議会（Supreme Press Council）の管理下に置かれ、同プレス評議会が報道を監視していた。大統領への個人批判は事実上、禁止され、実際に違反した報道機関やジャーナリストの摘発なども行われてきた。例えば、政権批判を繰り返していた米国籍を持つ人権活動家でカイロ・アメリカン大学教授のサアド・エッディーン・イブラーヒーム教授（一九三八年〜、NGOのイブン・ハルドゥーン開発研究センター所長）は、二〇〇〇年六月に逮捕され、二〇〇一年五月二一日には「海外におけるエジプトのイメージを傷つけた」ことを主な理由として、政治犯を対象とした国家治安裁判所から重労働七年の判決を受けた（米国などからの批判もあり、その後、上訴審で無罪判決）。二〇〇六年秋にはブログにムバーラクを古代エジプトの「ファラオ」[*2]にたとえた記事を掲載した学生が逮捕され、二〇〇七年二月二二日に「侮辱罪」で懲役四年の実刑判決を受けるような事件も起きていた。

治安・諜報機関などによる強権支配が「鞭」とすると、「飴」に相当するのが、富の分配である。個人所得税がない湾岸産油国が最たる例だが、エジプトでも関税を除き、徴税率は総じて低く、政府は国民が納めた税金を社会全体の利益になる形で還元するよりは、むしろ石油・ガス輸出やスエズ運河の通航料、海外からの援助などから得た収入を一方的に分配する役割を担っており、これが政権維持の有効な手段ともなっていた。例えば、政権を直接、支える支配層には有形無形の特権や権益を与え、一般国民にも基礎的生活物資への補助金や低額な公共料金、政府機関への雇用などのかたちで富を分配する。すなわち、国民に納税という義務や負担をあまり求めることなく、レント（地代）的な収入で得られた富を管理・分配し、一応の生活を保障することによって、政治参加を制限してきたのである。「パトロン―クライアント関係」とも呼ばれる政権支配層などへの利益誘導システムには、公正な市場競争を経ない富の集中や構造的腐敗、ネポティズム（縁故主義、身びいき）などの問題が

＊1――ナセル政権下の一九六七年からサダト政権末期の一九八〇年までの間も非常事態令が布かれていた。
＊2――「ファラオ」は「非イスラーム的な専制君主」といった意味合いで、イスラーム主義者がエジプトの統治者を批判する際などに使われることが多い。サダト暗殺犯として処刑されたハーリド・アル・イスラームブーリーも裁判でサダトを「ファラオ」と呼んでいた。

不可分のものとして付きまとう。『アラブ人間開発報告書二〇〇三年版』でも「アラブ諸国では、権力の分布が富の分布と一致していることもあり、そうした権力の分布が社会および個人の道徳に影響を与えてきた。個人的利益の追求、公益に対する私益優先、社会的・道徳的腐敗、誠実さと説明責任の欠如など、多くの病弊のすべてが歪んだ権力の分布とその結果生じた社会格差に何らかの点で関係してきた」と指摘していた。

《顕在化する行き詰まり》

政権の長期化が進む一方で、エジプトでは貧困と人間開発の遅れ、人口の増加と都市への集中、それに伴うインフラと雇用機会の不足などの社会問題が深刻化していった。なかでも大きな課題となっていたのが人口急増に伴う若年層の失業問題である。一九二七年に一四二一万八〇〇〇人だったエジプトの人口は、一九四七年には一九〇二万二〇〇〇人、一九七六年には三六六二万六〇〇〇人、そして二〇〇六年一一月には七二五七万九〇〇〇人と八〇年間で五倍以上に増加している（海外在住エジプト人を除く）。エジプト政府はオベイド内閣時代に策定した「社会経済開発：長期ビジョン」（二〇〇二／〇三～二一／二二年度）でも人口抑制（人口増加率の二％から一％への低減）を重点目標のひとつに掲げて取り組んではいたが、それでも人口増加率は依然、年率二％を超えており、世界銀行による推計では二〇二〇年には九〇〇〇万人を超える見込みである。

人口の急増は当然のことながら若年層の増大、「少子高齢化」に悩む日本とは反対の「多子少齢化」

をもたらす。エジプト中央動員・統計局によると、二〇〇六年時点で二四歳以下の若年層が人口の五四・二％に達している。若年層の増大は本来的には社会のポテンシャルを拡大するものであるが、経済成長による雇用創出が追いついていない状況下では失業問題の深刻化につながる。エジプト中央銀行による公式統計でも二〇〇八／〇九年時点での失業率は八・八％に達しており、実際には「一五歳から二五歳までの若年層では三人に一人が失業している」（在カイロ米国商工会議所のエコノミスト）ともいわれている。人口構成に占める若年層の比率が大きいことからエジプトの労働力人口は、今後、人口増加を上回る年率三％程度のペースで増加していくものと予想されている。

他方で、教育制度の整備を進めた結果、エジプトでも高学歴者が増えてきている。イスラーム社会、特にアラブ諸国では就職と住宅の取得、そして結婚は密接に結びついている。カイロやアレキサンドリアなどの都市部では例外もみられるものの、一般的に言って親元で暮らしながら自由に異性と交際できるような状況ではない。教育により高い社会意識を持ちながら、社会での自己実現の道を閉ざされ、私生活においても希望を見出せない若年人口の増大は、貧富の格差の拡大など社会問題の深刻化と相まって、これまでも過激なイスラーム主義者を生み出す背景となるなど、大きな政治問題となって

人口過密都市カイロの旧市街

いた。こうした「失われた世代」が後にムバーラク政権の崩壊を導く原動力となる。

都市への人口集中も進んだ。一九四七年に二〇九万人、一九七六年には五〇七万人だったカイロの人口は周辺地区（ギーザ県とカルユービーヤ県）を含めると既に一六〇〇万人を超えたと推定されている。もともとエジプトの国土面積は約一〇〇万平方キロメートル、日本の二・六倍あるが、そのほとんどは砂漠か岩山で、居住可能な地域は平均幅が二キロメートルから一〇キロメートルのナイル川の両岸や地中海沿岸のデルタ地帯など全土の六％程度に過ぎない。可住地域の面積だけをみると、北海道よりも小さいことになる。そこに七〇〇〇万人以上の人口がひしめき、さらにはカイロなどの都市圏に集中する。カイロの人口密度は、地区によっては一平方キロメートル当たり一〇万人を超えるともいわれている。結果としてもたらされたのは、主として都市部におけるインフラストラクチャーの著しい不足だ。

既に述べたとおり、エジプトはムハンマド・アリー朝時代に文字通り国家の身代を傾けるような巨費を投じて各種インフラを建設し、一八八二年からの実質的な英国統治時代には英国当局がそれをさらに効率的なものに整備した。その結果、二〇世紀前半にはエジプトは地中海沿岸諸国のなかでも有数のインフラを有するに至っていた。だが、エジプト革命以降は相次ぐ戦争と非効率的な経済運営がもたらした財政逼迫でインフラ整備が立ち遅れたうえに、人口増加がその不足に拍車をかけた。もともとカイロのインフラは、王制時代に現在の八分の一程度の人口二〇〇万人を前提として建設されていた。近年では、人口や自動車の増加などに伴い都市部における大気汚染や水質汚染が深刻化しており、呼吸器感染や下痢などによる乳児死亡率の高さをもたらしている。ごみ処理も著しく遅れ、外国人観光客が宿泊するナイル河畔の高級ホテルや公立病院の周辺の道路にすら、長期間、汚泥やごみの山が放置され、埃や紙くずが風に舞っている状態だ。インバーバやショブラといった地方農村部からカイロに移住してきた低所得層が多く住むエリアの生活環境は劣悪である。インバーバはイスラーム集団が一九九〇年代初頭に実効支配下に置き、一九九二年一二月には掃討を図るエジプトの治安当局との間で激しい銃撃戦が行われた場所としても知られているが、その背景にも低所得層の生活悪化があった。

人間開発の遅れも目立つ。国連開発計画（UNDP）の『人間開発報告書二〇一〇年版（*Human Development Report 2010*）』によると、経済的、社会的な発展の度合いを示す「人間開発指数（HDI：Human Development Index）」[*]では、ムハンマド・アリー朝期には非欧米世界における先進国だったエジプトは世界一六九ヶ国中一〇一位に留まっており、アフリカのボツワナや南太平洋のミクロネシア連邦などと同水準である。アラブ世界におけるエジプトの優位性を支えてきた教育分野でも、湾岸産油国などが第一次オイル・ショック以降、一世代以上を経て、欧米の大学で教育を受けた優秀な人材を輩出し始めたのに対し、エジプトの教育は人口増加に予算と施設が追いつかず、質の低下が指摘されている。識字率も低い。国連統計によると、エジプトの成人識字率は六六・四％であり、世界一七八ヶ国中一四八位に位置づけられている。これは、コンゴ民主共和国やガーナなどと同水準である。

富の集中や貧困層の拡大といった経済構造改革の負の側面もより顕在化してきている。『人間開発

＊——一人当たり国内総生産や平均寿命、就学率、成人識字率などから算出。

報告書二〇一〇年版』によると、エジプトの貧困率は二三・一％である。現状に批判的なエジプトの経済学者が二〇〇〇年代半ばに推計したところによると、人口のわずか〇・二％が国富の八割を握っているという。もし、それが事実であれば、富の集中は「封建的」といわれた王制時代よりもむしろ進展していることになる。

《二〇〇五年の「民主化」とその反動》

二〇〇〇年代に入り、ムバーラクが高齢化し、健康問題が浮上してくると、政権内で大統領の次男のガマール・ムバーラクを後継者に担ぎ出そうとする動きが出てくる。ガマールは一九六三年一二月二七日にカイロで生まれた。カイロのセントジョージ・カレッジ、カイロ・アメリカン大学を経て、バンク・オブ・アメリカ（Bank of America）に勤務し、のちにロンドンで金融関連の業務に従事する。そして、二〇〇〇年二月に国民民主党（ＮＤＰ）の書記局委員に選出され、二〇〇二年九月からは同党の幹事長、副幹事長に次ぐ、政策局長兼幹事長代理の地位に就いていた。既に同じ共和制国家のシリアでは二〇〇〇年六月一〇日に死去したハーフィズ・アル・アサド前大統領から次男のバッシャール現大統領への政権継承が行われ、隣国のリビアではカダフィ大佐（ムアンマル・アル・カッザーフィ）の次男のセイフ・アル・イスラーム・カダフィ開発基金総裁が有力な後継候補と取り沙汰されていた。

二〇〇四年八月のアテネ・オリンピックの終了後、カイロ中心部のタハリール広場などにレスリングのグレコ・ローマン・スタイルでエジプトに久しぶりの金メダルをもたらしたカラム・ガービル・イブラーヒーム選手らとガマール・ムバーラクが並ぶ巨大な広告版が掲げられた。これは、「政権継承のために政府が揚げた観測気球」（野党政治家）ともいわれたが、王制時代にまがりなりにも議会制民主主義の経験をもつエジプトでは「大統領職の世襲」に対する反発は強かった。政権内ですらガマールの「世襲」に対する抵抗感は少なくなかった。ガマールは外国系の教育機関を経て、外資系の金融機関に勤務し、海外で金融ビジネスに携わったというその経歴が示すように、三〇歳代後半まで、深刻な失業や貧困、複雑に絡み合った既得権益など、エジプトの「生の現実」からは乖離した世界で過ごしてきたいわば「国際派」のエリートだった。「平家、海軍、国際派」という言葉があるように日本でも「国際派」は十分な政治力を持ちえないといわれるが、これはエジプトでも同様である。ガマールは過去四代の大統領を出してきた軍にも基盤がなかった。

さらに、米国のブッシュ政権が「中東民主化構想」を掲げ、エジプト政府にも民主化を求めるようになると、長年、抑えられてきた在野の民主化運動が急速に活性化する。このとき、中心となったのは知識階層で、特に二〇〇四年九月にコプト教徒のジョルジュ・イスハーク、アミーン・イスカンダルが呼びかけ、左派系を中心にイスラーム主義者からアラブ民族主義者まで、様々な思想潮流の知識人が集まって、始まった「キファーヤ運動（変革のためのエジプト運動）」はそれまで許されていなかった大統領への直接的な批判を展開した点で画期的なものだった。「キファーヤ」とはエジプト方言のアラビア語で「もうたくさん」という意味で、ムバーラク長期政権とガマールへの「世襲」に反対するデモを活発に展開した。「キファーヤ運動」に触発されて、様々な反政府運動が活性化するよ

2005年の大統領選――ムバーラク支持の立て看板

うになる。

内外からの批判を受けて、ムバーラク政権は二〇〇五年五月に大統領選出に関する憲法改正を行い、それまでの単一候補に対する信任投票から、複数候補による直接選挙方式に変更した。大統領候補に指名される要件としては国会（人民議会とシューラ評議会）及び地方議会で合計二五〇人以上の推薦を受けることが必要とされたが、二〇〇五年の大統領選挙についてはこうした要件は「既存の政党から立候補する場合」には適用しないこととされた[*1]。そして、同九月七日、エジプト史上初の大統領直接選挙が実施された。結果はムバーラクの圧勝だった。ムバーラクが有効投票総数約七〇六万票のうち、約六三二万票（八八・六％）を得た一方、有力な対抗候補として期待されていたガッド党のアイマン・ヌール党首の得票率は七・三％に留まった。

こうした選挙結果をもたらした要因としては、政府側が様々な選挙妨害や不正行為を行ったこと、野党勢力がまとまらず、また準備不足であったことが指摘されている。事実、政権側は二〇〇五年一月に有力候補のアイマン・ヌール党首を逮捕するなど野党勢力に対する締め付けを強化する一方、事前の選挙登録や選挙運動、投票など様々な段階でムバーラクが有利になるような工作を展開した。政府系メディアの報道偏向も著しく、カイロ人権研究所（CIHRS : Cairo Institute for Human Rights Studies）

によると、最も著しかった『アル・グムフーリーヤ（*Al Gomhuria*）』の場合、十人の大統領候補のうちムバーラクに関する報道が七五％を占めていた。他方で、政府発表でも二三・九％という低い投票率[*2]は「お上」（政府）と「持てる者」（知識人）主導の「民主化」に対する大衆の無関心を表していたともいえる。

二〇〇五年の大統領選挙前後の民主化運動の背景には米国からの圧力があり、それが限界をもたらした。草の根レベルでは伝統的な「西洋からの干渉」という反発を招き、「キファーヤ運動」など知識人主導の民主化運動も盛り上がりを欠いたまま終わった。だが、大統領選挙に続いて二〇〇五年一一月九日から一二月七日にかけて行われた人民議会選挙では最大の野党的勢力であるムスリム同胞団系（無所属）が改選前の一七議席から八八議席へと躍進し、全議席の約二割を占めるに至った。国民民主党（ＮＤＰ）は大幅に議席を減らした。知識人主導のリベラル野党よりもはるかに広い支持基盤を持つムスリム同胞団系の躍進は政権側にとって大きな脅威となった。翌月（二〇〇六年一月）のパレスチナの立法評議会選挙でのハマース（イスラーム抵抗運動）の躍進を機に米国の民主化要求が急速にトーンダウンすると、人民議会選挙の結果に危機感を強めていたムバーラク政権は手のひらを返すように民主化に逆行する動きを示した。

二〇〇七年三月二六日に国民投票を経て、行われた「憲法改正」では、二〇〇〇年七月の最高憲法

＊1——例外を「既存の政党から立候補する場合」としたのは、ムスリム同胞団を排除するためである。
＊2——選挙権は登録をして初めて行使できるため、実際に投票した数は人口の十分の一に過ぎなかった。

裁判所の判決により導入されて以来、「エジプトの民主化の大きな原動力」（野党の新ワフド党の活動家）となっていた判事による選挙監視制度が廃止され、代わって政府の意向がより反映できる高等選挙監視委員会制度が導入される（第八八条）一方、宗教を基盤とした団体の政治活動の禁止が憲法に明記された（第五条）。これは、ムスリム同胞団のいっそうの封じ込めのために行われたものである。また、大統領選挙の立候補者を人民議会で三％以上の議席を有する政党からの立候補者に限定する条項（第七条）が加えられた。エジプト内務省はこの二〇〇七年の憲法改正国民投票における投票率は二七・一％で、賛成票は七五・九％であったと発表したが、エジプト人権機構（EOHR：Egyptian Organization for Human Rights）などのNGOでは実際の投票率は著しく低く、二％から三％であったとしている。

翌二〇〇八年四月八日に行われた地方評議会選挙では政府側が大規模な選挙介入を行い、立候補受付の段階からムスリム同胞団のメンバー多数を逮捕・拘禁した。その結果、同胞団は選挙をボイコットし、七割以上の選挙区で対立候補がないまま、国民民主党（NDP）が九割以上の議席を獲得した。二〇一〇年六月に実施されたシューラ評議会の選挙でも国民民主党（NDP）が改選議席八八議席のうち八〇議席を獲得した。さらに、二〇一〇年一一月二八日から一二月五日に行われた人民議会選挙でも政権側がムスリム同胞団への徹底的な締め付けを行った結果、国民民主党（NDP）が三三〇議席から四二〇議席へと大幅に議席を伸ばす一方で、ムスリム同胞団系（無所属）の獲得議席はわずか一議席に留まった。一連の法律「改正」と国政・地方選挙の結果、二〇一一年に予定されていた大統領選挙では国民民主党（NDP）以外、候補者を擁立できる政党はなくなった。政権側はこれによって、ムバーラクの六選、ないしはガマール・ムバーラクへの政権継承を確実にした。少なくとも「確実にしたはずであった」。だが、あらゆる政府批判勢力を封じ込めたことはむしろ危険だった。国民のやり場のない不満は鬱積し、やがて沸騰点に達することになる。

(四) 二〇一一年：ムバーラク退陣とこれからのエジプト

エジプトと同様、権威主義的なベン・アリー長期政権のもと、経済開発重視の政策を採ってきたチュニジアでは二〇一〇年暮に起きたシディ・ブジドでの青年露天商の焼身自殺を契機に反政府デモが急速に拡大し、二〇一一年一月一四日、ズィン・アル・アビディン・ベン・アリー大統領はサウジアラビアに亡命し、二三年以上続いた政権はあっけなく崩壊した。危機感を強めたムバーラク政権は基礎食料品に対する補助金を増額するなどの対策を採るとともに、反政府運動の抑え込みに努めたが、二〇〇七年来の民主化からの逆行で鬱積していた国民の不満は一気に爆発する。二〇一一年一月一四日にカイロのチュニジア大使館前で行われたデモを機に、連日、大規模な反政府デモが続いた。ナズィーフ内閣の更迭や官製デモによる巻き返しも奏功せず、同二月一一日、万策尽きたムバーラクは最後は出身母体である軍に引導を渡されるかたちで、退陣に追い込まれた。全権はエジプト軍最高評議会に委譲された。

ムバーラク退陣に関する報道のなかには、ムバーラクを「独裁者」と呼ぶものも見受けられたが、

カイロのタハリール広場で、ムバーラクが「民衆の金」を運んでいる風刺画を掲げるデモ隊

これは誤解を招く表現である。ムバーラク政権は文字通りの独裁政権だったイラクのサダム・フセイン体制とは大きく異なり、むしろかつての韓国やインドネシアなどの権威主義的政権に近かった。ムバーラク政権は内政の危機（サダト暗殺）を克服する過程で、革命や民族運動を導いた第一世代（サダト）に登用されたテクノクラート的な性格を持つ軍人によって成立した。当初は前政権の基本路線を踏襲しつつも、正統性を国民に訴える目的から政治改革を打ち出したが、その結果、下からの現状変革の動きとして伸長したイスラーム主義勢力に対峙するなかで、一九九〇年代以降、急速に権威主義化していった。他方、経済面では構造改革を推進して実績をあげた。これらの点は先に倒れたチュニジアのベン・アリー政権と共通している。国民の政治参加を制限するなか、両政権とも「開発」や「経済発展」にその正統性の根拠を求め、それはある程度の成果をあげたといえる。

こうした「開発独裁型」の体制は矛盾を内包していた。政権維持に必要な分配政策と持続的な成長に必要な経済政策との間の矛盾である。ムバーラク政権は反体制運動を封じ込める一方で、支配層には様々な権益を与え、一般国民にも基礎的生活物資・サービスへの補助金などのかたちで富を分配した。だが、湾岸産油国とは異なり、人口の割には石油・ガス資源が少なく、分配できる富には限りがある。分配政策はまた財政を圧迫し、経済効率性を損なう。人口が急増するなか、雇用を確保し、インフラの不足などの問題を解決するためには経済を安定的な成長軌道に載せる必要があり、そのためには資本面でも、技術面でも外資導入が不可欠であるが、分配政策はその阻害要因ともなる。アラブ諸国の権威主義的政権には一様に治安維持を優先する保守派と経済発展を志向する実務派との対立があり、指導者はこの両派のバランスをとりながら政権を維持してきた。ムバーラクも二〇〇〇年代以降、ガマール・ムバーラクを中心とする「改革派」を登用する一方、治安維持を優先する「保守派」にも配慮し、巧みに両者を使い分けていた。

エジプト経済は、二〇〇〇年代になると調整局面に入り、米国同時多発テロ事件による観光収入の減少などもあり、一九九〇年代後半には五％以上で推移していた実質GDP成長率も二〇〇〇／〇一年度以降、三年連続して、三％台にとどまった。ムバーラクはここで老練で堅実なアテフ・オベイド首相（一九三二年〜）を更迭して、アフマド・ナズィーフ前情報通信担当国務大臣（一九五二年〜）を首班とするテクノクラート主体の新内閣を発足させた。共和制になってから最も若い首相による新内閣にはガマール・ムバーラクに近い国民民主党（ＮＤＰ）の有力メンバーが閣僚として参加した。ナズィーフ内閣は、①関税改革、②銀行の整理・統廃合と国営銀行の民営化（ミスル銀行とカイロ銀行の統合、アレキサンドリア銀行の民営化等）、③二〇〇三年に導入されていた外貨強制交換令の廃止とインターバンク市場の設立などの為替安定化措置、④所得税法の改正、⑤民営化の促進（テレコム・エジプトの民営化等)、⑥補助金制度の見直しなど、矢継ぎ早に経済改革を実施した。その結果、原油価格の高騰による石油・ガス輸出の拡大と観光収入、スエズ運河通航料、海外出稼ぎ労働者の送金の増加もあって、二〇〇四/〇五年度以降、経済は再び好転した。

マクロ経済指標にも顕著な改善がみられ、実質GDP成長率は二〇〇五/〇六年度以降、三年連続、年率七%台前後で推移した。世界金融危機(リーマン・ショック)の影響を受けた輸出や設備投資の減少などで二〇〇八/〇九年には実質GDP成長率は四・七%に減速するが、二〇〇九/一〇年には再び五・一%に上昇していた。IMFによると、一人当たりGDPは二〇〇三年の一一九七ドルから二〇一〇年には推定で二六一〇ドルと倍以上に増加した。外貨準備高も二〇〇四年末の一四七億九六〇〇万ドルから二〇〇五年末には二二一億三八〇〇万ドルへ、さらに二〇一〇年四月末には三四六億五四〇〇万ドルへと増加した。投資環境の改善を反映して、直接投資流入額(国際収支ベース、フロー)も二〇〇四/〇五年度の三九億一八〇万ドルから二〇〇七/〇八年度には一三二億三六五〇万ドルへと大幅に増加し、過去最高を記録した。二〇〇五年には米国の投資銀行のゴールドマン・サックス(The Goldman Sachs Group, Inc.)が「BRICs」に次ぐ急成長が期待される一一の新興諸国「ネクスト11」のひとつにエジプトをあげて話題を集めたが、二〇〇七年九月二六日には世界銀行/国際金融公社(International Finance Corporation)が『ドゥーイング・ビジネス二〇〇八年版(*Doing Business 2008*)』のなかで、エジプトを「ビジネス環境の改善度」で世界第一位に評価した。

ムバーラク政権崩壊に際して、その「経済失政」を指摘する向きもあるが、上記の通りナズィーフ政権が実施していた成長重視の経済政策は着実な成果をあげていた。アジア経済研究所発行の『アジ

研 ワールド・トレンド』（二〇一一年二月号）の「アフリカの『新興国』」（望月克哉著）も「エジプトが新興国とみなされる経済パフォーマンスを示すことができた背景には、的確で、時宜を得た政治的リーダーシップを発揮する政権が存在したことも見逃すことはできない」と指摘していた。

「政治的な要求と経済的な合理性は、とかく両立しえない。」

中村隆英著『昭和恐慌と経済政策』（講談社、一九九四年） p23

肯定的にみると、ムバーラク政権は大統領が高齢化するなか、安定的な政権の維持と継承を行うことで、効果的な経済政策を実施し、中長期的には停滞が目立つ経済の浮揚と社会の行き詰まりの打開を図ろうとしたともいえる。こうした政策を推進したのが、ガマール・ムバーラクとそれを囲むテクノクラート的な人脈が中心となったナズィーフ内閣である。だが、一方で権威主義的な体制を維持したなかで進められた経済自由化政策は公正な市場競争を経ない富の集中などの弊害をより顕在化させた。それればかりか、ガマールやナズィーフ元首相らには古くは一九世紀のイスマーイールやボゴス・ヌバール、王制後期のナハス（ナッハース）、サダト周辺などの「改革派」に共通する「公的地位を利用した個人的利益の追求」という悪癖を持っていた。さらに、国際派やテクノクラート、成功した実業家が中心となって進めた経済政策には経済的弱者に対する配慮も不足していた。そして、国際的な穀物価格の高騰が一般国民の生活を圧迫するなか、同様の政策をとったチュニジアのベン・アリー政権の「まさかの崩壊」（在チュニスの英国外交官）を引き金として、長期政権への不満が爆発するかたちで、結局、全てが破綻した。

今回のエジプトの政変は外圧や特定の政治勢力によらず、自然発生的な大衆運動として起こったところに特徴がある。そこには、伝統的要素と今日的要素がみられる。伝統的な点は食糧価格の高騰が契機となったことである。エジプトでは過去にも食糧価格の高騰が大衆デモを誘発してきた。サダト政権下の一九七七年一月には基礎的食料品への補助金削減に反対する大規模な暴動（パン暴動）が起こり、ムバーラク政権下の一九八四年九月にもカフル・エル・ダッワルでパンとタバコの値上げをきっかけとした暴動が起こった。これら過去の食糧暴動は連携を欠いていたこともあり、政権を揺することはあっても倒すまでには至らなかった。今回、抗議デモをより持続的で組織的なものに発展させたのは政府による規制が困難なインターネット・メディアである。ネットで結ばれた大衆運動は内外を驚かせるほどの力を示し、長期政権を退陣に追い込んだ。だが、それが故に脆さをも内包していた。大衆運動はいったん結束が解かれると元に戻ることは難しく、戻っても同じ力を持つとは限らない。事態が沈静化すると、通常、より権威と力を持つ勢力が浮上してくる。

今後のエジプトの政治動向を予測するにはまだ十分な材料が揃っていないが、同規模の人口をもつ域内の非アラブの大国、イランとトルコがヒントとなろう。エジプトの民主化運動が「反ムバーラク」の一点でまとまっていたのと同様、一九七九年のイラン革命ではイスラーム主義者から左翼勢力まで広範な勢力が「反国王」で一致し、王制を打倒した。その後、当初はさほど注目されていなかったイスラーム主義勢力が主導権を確立し、現在の体制をもたらした。エジプトでも公正な選挙が実施された場合、これまで世俗主義的な政党が広範な支持を得ていない状況から、ムスリム同胞団が多数を占める可能性が高いとみられる。イスラエルの外交筋は、ムスリム同胞団が主導権を握り、さらには急進的な勢力が台頭することで、同国との対立路線に転じることを警戒している。事実、同胞団の指導者のひとりは時事通信とのインタビューでイスラエルとの平和条約を批判し、米国からの援助を拒否する意向を示している。経済面でも反資本主義的ではないものの、社会の絆や伝統的価値を損なうとして経済自由化には否定的な構成員も多い。ただ、同胞団は長期にわたって穏健な社会改革を目指す路線を堅持しており、構成員の思想潮流も多様で、現時点ではカリスマ性のある指導者が見当たらないのも事実である。さらに、今回のエジプトの政変では同胞団はじめ、イスラーム主義勢力は主導的な動きをみせていない。

他方、世俗主義を国是としてきたトルコは、二〇〇二年以来、イスラーム色の強い公正発展党の政権下にある。同党のエルドアン政権は外交面では欧米諸国との友好関係を維持しながら、イランを含むイスラーム諸国やロシアとの関係も強化し、経済面では成長重視の現実的な政策を展開している。二〇〇二年から二〇〇六年までの平均成長率は七％に達し、世界金融危機に伴う景気後退からも着実な回復過程にある。ＩＭＦによると、一人当たりＧＤＰは二〇〇二年の三五八一ドルから二〇一〇年には推定で一万三九九ドルと三倍近くに拡大した。投資環境の整備も進み、ＥＵ市場向けの製造拠点として注目され、二〇〇八年末時点で操業している外資系企業は二万三〇〇〇社を超える。内政面では、親イスラーム政策を巡って軍など世俗主義勢力との対立はあるものの、むしろこうした緊張関係が中庸な政策をもたらしているとする見方もある。今回の政変にあたって、エジプト軍は中立的な立場をとってきた。エジプトではイスラーム主義勢力が急伸した国政選挙に軍が介入した結果、泥沼の

現在のカイロ

内戦に突入したアルジェリアの記憶が鮮明で、それが軍の抑制した行動の背景にあるとみられる。その結果、最大の物理的強制力を持つ軍が権威や力を損なっていないところが、革命時のイランとは大きく異なる。

大衆運動によって権威主義的政権が崩壊した先例は東アジアにもある。インドネシアではアジア通貨危機に伴う経済的混乱のなかで大規模な反政府デモが続き、一九九八年五月二一日、スハルト大統領が退陣した。三〇年にわたる長期政権だったこと、主として外的要因による物価上昇が反政府運動を誘発し、それに対する治安当局の対応が事態を悪化させたこと、最後は出身母体である軍に引導を渡されるかたちで辞任に追い込まれたこと、大統領が退陣しても体制を支えてきた軍と官僚機構は健在だったことなど、エジプトと共通するところは多い。スハルト後のインドネシアでは混乱が続いた。東チモールやアチェ、パプア（イリアンジャヤ）では独立運動が活発になり、マルク諸島では宗教紛争が深刻化し、カリマンタンでは民族紛争が勃発し、国家の一体性そのものが脅威にさらされた。ジャカルタやバリでは爆弾テロが頻発し、治安も悪化した。腐敗や汚職は権力が分散した結果、より広範で深刻なものとなった。自由化された労働運動は一部先鋭化し、ストライキが続発した。ソニーが生産部門を撤退するなど、外資の投資意欲も冷え込んだ。

現在のエジプトの概況

(1) 面　積：100万1500km²（日本の2.65倍）
(2) 人　口：7870万人（2008年現在）
(3) 首　都：カイロ
(4) 言　語：アラビア語
(5) 宗　教：イスラーム92%、コプト教6%（推定）
(6) 政　体：共和制
(7) 国内総生産（GDP、名目）：1621億6400万ドル（2008年）
(8) 一人当たりGDP（名目）：2450ドル（2009年）
(9) 貿易　輸出：1284億8994万エジプト・ポンド（2009年）
　　　　　輸入：2499億6512万エジプト・ポンド（2009年）
(10) 累積債務残高：332億8730万ドル（2009年12月末）

出所：エジプト中央動員統計局、計画省、IMF等
＊年度（7～6月）

ハビビ副大統領による暫定的な政権を経て、一九九九年六月、四四年ぶりに自由な国政選挙が実施されたが、国民の輿望を担って就任したイスラーム指導者のアブドゥルラフマーン・ワヒド、それに続いたスカルノの長女メガワティ・スカルノプトゥリの政権はいずれも事態を収拾できないまま、短命に終わった。しかしながら、二〇〇四年一〇月に初の大統領直接選挙を経て就任した軍人出身のスシロ・バンバン・ユドヨノの政権の下、様々な問題を抱えつつも総体的には安定を取り戻し、経済的にも世界金融危機の影響を受けた二〇〇九年を例外として、五%から六%台の実質成長を続け、G20の一角を占めるまでになっている。

エジプトでは政権長期化とともに固定化した支配層が保持する既得権益と治安優先のための過剰な各種統制が社会の活力を損なってきた。民主化はエジプトが行き詰まりから脱却するためにも不可欠な課題といえる。権威主義的な長期政権が倒れた後、国家を再建していくことは容易なことではないが、エジプトの場合、イスラーム教徒とコプト教徒の間の対立はあるものの、住民構成が比較的、等質で

あることもあり、国家の一体性が損なわれるような危険性が相対的に低いことは幸いといえる。エジプトは一九世紀前半、明治維新よりも早く、他の非欧米地域に先んじて国家近代化に取り組んだ。大戦間期、王制下のエジプトは国際的にみてもリベラルな憲法を持ち、言論活動も活発で、国王・宮廷勢力や軍隊を駐留させていた英国の介入によってしばしば妨げられはしたものの、男子普通選挙による政権交代もあった。エジプトはまた、ナセル政権下のアラブ民族主義でも、サダト政権下の市場経済移行とイスラエルとの和平でも、ムバーラク政権下の経済構造改革でも常にアラブ世界にモデルを示してきた。

楽観的に過ぎるかもしれないが、エジプトがインドネシアのように混乱や紆余曲折を経ながらも、アラブ世界における新たな政治の枠組み（モデル）を提示していく可能性はあると思われる。その民主化の行方は、アラブ諸国のみならず、権威主義的体制下にある域外の国々にも影響を与えていくだろう。また、人口の急増と若年層の失業問題、それに伴うイスラーム主義勢力の伸張という中東・北アフリカ諸国が共通して抱える課題に最も早く直面した「中東の大国」エジプトが新たな政治体制の下、山積する課題にいかに取組み、長年の文化・社会的伝統に裏付けられた国民の潜在力を引き出していくかは、今後の中東・北アフリカ地域の安定を占ううえでも、非常に重要な要素となろう。その挑戦は、同じように行き詰まりや閉塞感に直面している日本にも大いに参考になるものである。エジプトはこれまで経済・産業政策などで日本に学ぼうとしてきたが、日本もかつてエジプトの近代化の成功と失敗に学んだように再びエジプトに目を向けるときが来ているのではないだろうか。

あとがき

二〇〇五年の大統領選挙でのムバーラク再選のニュースを聞きながら書いた本書初版の「あとがき」では、「エジプトはアラブのなかでもかつての輝きをなくし、いまひとつ精彩を欠いてきている。『もうそろそろ本当の変化が必要だ』、民主化要求の背景にはこうした知識人などを中心とする声がある。ポツダム宣言の表現をかりると、エジプトにも『民主主義的傾向の復活強化』がみられるのである」と記した。あれから五年半、チュニジアでの青年露天商の焼身自殺に始まった政治的変動はエジプトにも波及し、「民主主義的傾向の復活強化」が民主化を求める大衆運動に発展し、二〇一一年二月一一日、ムバーラク政権は退陣に追い込まれた。

本文でも述べたとおり日本とエジプトの近現代史には多くの共通点がある。それは民主化の歩みについても同様である。日本もエジプトも同じ一八八〇年代に初の憲法を制定した。エジプトの名士代表諮問議会がオラービー革命によって本来の国会としての機能を発揮し始めたのは一八八二年で、日本の第一回帝国議会が開催されたのはその八年後の一八九〇年である。日本で大正デモクラシーが花開いた頃、エジプトは英国保護領からの独立を果し、国際的にみてもリベラルな憲法のもと成人男子による普通選挙が行われ、文字通りの政権交代があった。この間、ちょうど憲政会と政友会のように、エジプトでも離合集散しながらも基本的には中小の地主や商工業者、専門職、労働者を主たる支持基盤とするワフド党と大地主や地方名望家などを支持基盤とする立憲自由党などの保守政党が並立していた。憲法上、首相ではなく君主に閣僚の任免権があったことが、日本では重臣や軍部などの、エジプトでは国王とそれに連なる宮廷勢力や英国による政治介入を招く大きな要因となり、結果として民主主義の発展を阻害したことも共通している。そして、日本の戦前の民主主義が国際環境の悪化と不況の慢性化に伴う閉塞感から主として軍部の台頭により挫折したように、エジプトの革命前の体制も第二次世界大戦やパレスチナ戦争に代表される国際的危機と経済不振が続くなか「機能不全に陥った腐敗した政党政治」の打破を目指したナセルら若手軍人のクーデターで倒された。だが、権威主義的な政権が倒れた後の民主化については、エジプトはまだ経験していない。

エジプトの民主化の行方について、悲観的な材料は数多く指摘できる。ムバーラク退陣後、全権はエジプト軍最高評議会に委譲された。エジプト軍は今回の政変で中立的、抑制的な行動をとったことで、その権威を維持したが、軍は過去四代の大統領を出してきたいわば「旧体制」そのものである。他方で、ムスリム同胞団を除いて、広範な国民の支持を集めることができる政治勢力は見当たらない。公正な選挙が実施された場合、過去の選挙結果などからムスリム同胞団が多数を占める可能性が高いとみられるが、仮に政権を握った場合、同胞団がどのような政策をとるのかは必ずしも明らかではない。政治的な不透明感はエジプト経済にも大きな影響を与える。既にイスラーム教徒とコプト教徒の対立や犯罪の増加が指摘されているように、権威主義的政権が倒れた後の社会的混乱、そしてその経済への悪影響も懸念される。

人間は基本的には自らの経験の範囲内でしか、ものごとを評価できないのかもしれない。エジプトに暮らし、多くの友人を得た経験によって多分に影響されているかもしれないが、前記のような懸念材料を考慮に入れたうえでも、「中東の大国」エジプトが混乱や紆余曲折を経ながらも、アラブ世界における新たな政治の枠組み（モデル）を提示していく可能性は十分にあると思われる。アダム・スミスは米国独立戦争で英軍が降伏した際に「ひとつの民族にはたくさんの破滅があるものだ」と語ったが、*過去、破滅的な危機を数多く乗り越えてきたエジプト国民の英知、そしてその明るく寛容な国民性（ときにものごとを徹底して突き詰めない「いい加減さ」も含めて）がムバーラク後の民主的な政治体制の構築においても発揮されることを期待したい。

最後に以下を付記させていただきたい。まず、本書初版の執筆を勧めていただき、かつ本文にも見解や研究成果を引用させていただいた内外の有識者や研究者の皆様、また世界に名だたるエジプシャン・ホスピタリティを発揮し、資料収集や写真提供に快く協力していただいたアハラム社、エジプト国立図書公文書館、エジプト軍事博物館、ムスタファ・カーメル博物館はじめエジプトの関係機関の皆様に厚くお礼を申し上げたい。そして、何より本書初版の刊行、そして中東政変を踏まえて、現代史部分を大幅に加筆した本改訂新版の刊行にあたり、多大なご尽力をいただいた明石書店の大江道雅様に心からお礼を申し上げたい。

二〇一一年六月二六日

山口直彦

*——John Rae : *Life of Adam Smith* (London, 1895) p343

西暦	エジプト史	日本史・日本エジプト交流史
1952	自由将校団によるエジプト革命。ファルーク廃位され、イタリアに亡命（7月） ナギーブ内閣発足。農地法公布（9月） 1923年憲法廃止（12月）	
1953	革命委員会、過渡的軍政を宣言。既成政党を解散（1月） スーダンの自治および自決に関する英国・エジプト協定締結。暫定憲法公布（2月） 共和制移行。ムハンマド・アリー朝終焉（6月）	エジプト、東京に公使館を開設 日本・エジプト通商協定締結
1954	ムスリム同胞団非合法化（1月） ナセル暗殺未遂事件。スエズ運河基地に関する英国・エジプト条約（撤兵協定）締結（10月） ナギーブ大統領解任（11月）	自衛隊発足 在カイロ日本公使館、大使館に昇格　在京エジプト公使館、大使館に昇格
1955	ナセル、バンドン会議に出席（4月） ナセル、チェコスロバキアからの兵器購入を発表（9月） 英軍、スーダンからの撤退を完了（11月） スーダン議会、独立決議を採択。米英、アスワン・ハイダム建設への支援に応じる（12月）	
1956	スーダン共和国独立（1月） 世銀、アスワン・ハイダム建設への融資に合意（2月） エジプト、中華人民共和国を承認（5月） 国民投票でナセル、大統領に選出。新憲法公布。英軍、エジプトからの撤退を完了。エジプト、スエズ運河地帯の英軍基地を接収（6月） 米英、アスワン・ハイダム建設への支援を撤回。ナセル、スエズ運河国有化を宣言（7月） スエズ動乱（第二次中東戦争）勃発（10月） 英仏軍、エジプトから撤退（12月）	国際連合加盟

西暦	エジプト史	日本史・日本エジプト交流史
1937	キャピチュレーション（治外法権）廃止のためのモントルー条約締結。国際連盟に加盟（5月） ワフド党分裂。アフマド・マヘルらサアド党を結成（12月〜翌1月）	盧溝橋事件
1938	総選挙でワフド党惨敗（3月）	国家総動員法発令
1939		ノモンハン事変
1940	イタリア軍がエジプト侵攻（9月）	日独伊三国軍事同盟締結
1941	全リビアのイタリア軍、英軍に降伏（2月） ドイツ・アフリカ軍団、反撃を開始（3月）	太平洋戦争勃発
1942	2月4日事件、ランプソン英国大使、ファルークにナハスの首相任命を強要（2月） 総選挙でワフド党が勝ち、ナハス内閣（第四次）発足（3月） ワフド党再分裂。前幹事長マクラム・オベイドらワフディスト・ブロック党を結成（5〜7月） 英軍、エル・アラメインの戦いでドイツ軍を破る（10〜11月）	
1943	北アフリカの枢軸軍、降伏（5月） マクラム・オベイド『黒い書』を刊行	
1944	アレキサンドリア・プロトコル締結。ファルーク、ナハス首相を解任（10月）	
1945	アフマド・マヘル首相暗殺（2月） カイロでアラブ連盟設立（3月）	ポツダム宣言受諾
1946	シドキー内閣による対英同盟条約改定交渉挫折（12月）	日本国憲法公布
1947	ヌクラーシー内閣、対英交渉打ち切りを宣言（1月） 駐留英軍、スエズ運河地帯以外から撤収（3月） エジプト、英軍の撤退とスーダン主権問題を国連安保理に提訴（7月）	第一回国会
1948	パレスチナ戦争（第一次中東戦争）勃発（5月） ジープ事件（11月） ムスリム同胞団解散命令。ヌクラーシー首相、同胞団員によって暗殺（12月）	
1949	ムスリム同胞団最高指導者バンナー暗殺。エジプト、イスラエルと停戦条約を締結（2月） 混合裁判所廃止	下山事件 三鷹事件 松川事件
1950	総選挙でワフド党勝利、ナハス内閣（第五次）発足（1月）	朝鮮戦争勃発（〜1953）
1951	エジプト・ナショナル銀行、正式な国立中央銀行に（5月） ナハス首相、対英同盟条約の一方的破棄とスーダン併合を表明。対英武装闘争の開始。エジプト政府、全土に非常事態を宣言（10月）	サンフランシスコ条約締結 日米安全保障条約締結
1952	英軍、イスマイリア警察署を襲撃。カイロ大暴動（ブラック・サタディ）。ファルーク、ナハス首相を解任（1月）	日本、第二次世界大戦中に閉鎖していたカイロ公使館を再開

西暦	エジプト史	日本史・日本エジプト交流史
1921	ザグルール帰国（4月） アドリー・ヤカン首相、条約締結交渉のため渡英するも交渉は決裂 英国、ザグルールらを再び流刑（12月）	昭和天皇（当時皇太子）、訪欧の帰路、エジプトを訪問
1922	アレンビー特別高等弁務官、一方的にエジプトの独立を宣言（2月） フワード、初代エジプト国王に即位（3月） エジプト産業連盟設立（6月） アドリー・ヤカンら立憲自由党を結成（10月）	日本政府、エジプト独立を承認
1923	独立後初の憲法(1923年憲法)公布（4月） ザグルール、流刑を終えて再び帰国。ワフド党結成、ザグルールが初代党首に就任（9月）	関東大震災
1924	独立後初の総選挙でワフド党大勝し、ザグルール内閣発足（1月） 対英交渉が決裂（10月） リー・スタック暗殺事件。アレンビー特別高等弁務官、エジプト政府に暗殺事件への謝罪と賠償等を求める最後通告。ザグルール首相辞任（11月）	第二次護憲運動
1925	親宮廷派の政治家、ワフド党に対抗するためイッティハッド（連合）党を結成（1月）	治安維持法公布 普通選挙法公布
1926		大正天皇崩御 NHK設立、ラジオ放送（本放送）開始 日本、アレキサンドリアに総領事館を開設
1927	ザグルール死去。ナハス、ワフド党首に就任（8月）	金融恐慌発生
1928	ムスリム同胞団結成（3月）	第一回普通選挙実施 日本の商工省、カイロに日本商品館を開設
1930	国王の権限を拡大した新憲法公布（10月） イスマーイール・シドキー首相、シャーブ（人民）党を結成（11月） 関税自主権回復	
1931		満州事変勃発
1932		五・一五事件
1933		国際連盟脱退
1934	エジプト放送局（ラジオ局）開局（5月） 1923年憲法復活（11月）	
1935	若者の年（学生による政治運動活発化、～1936）	
1936	フワード死去。ファルーク、第十代君主（国王）に即位（4月） 総選挙でワフド党圧勝、ナハス内閣（第三次）発足（5月） 英国・エジプト同盟条約締結（8月）	二・二六事件 日本、カイロに公使館を開設

西暦	エジプト史	日本史・日本エジプト交流史
1902	アスワン・ダム完成 農業銀行設立（5月）	日英同盟締結
1904	英仏協商締結（4月） 詩人ハーフィズ・イブラーヒーム、長詩『日本の乙女』を発表（4月） ムスタファ・カーメル、日本紹介書『昇る太陽』を刊行（6月）	日露戦争勃発
1905		ポーツマス条約締結
1906	ディンシャワーイ事件（6月）	
1907	不動産バブル崩壊（農地への過剰投機を原因とした経済危機の発生） クローマー卿、離埃（5月） 国民党の正式結成（12月）	
1908	ムスタファ・カーメル急逝（2月） エジプト国民大学（現、国立カイロ大学）設立（12月） クローマー卿、『近代エジプト』を刊行	
1910	ブトロス・ガーリ首相暗殺（2月）	韓国併合
1911		関税自主権回復 大日本文明協会、クローマー卿の『近代エジプト』（1908年）の訳書、『最近埃及』を刊行
1912	5フェッダン法制定	明治天皇崩御 第一次護憲運動
1913	新国家組織法制定（11月） カイロ商業会議所設立	
1914	アッバース・ヒルミー2世暗殺未遂事件（7月） 英仏露、オスマン帝国に宣戦布告（11月） 英国、エジプトを保護領化し、アッバース・ヒルミー2世を廃位。フセイン・カーメルが第八代君主（スルタン）に即位（12月）	第一次世界大戦勃発 日本、ドイツに宣戦布告
1916	商工業委員会設立（3月）	対華21ヶ条の要求
1917	フセイン・カーメル死去。フワードが第九代君主（スルタン）に即位（10月） 商工業委員会、産業多角化、製造業育成等のための提言を発表	
1918	サアド・ザグルールら、ウインゲイト英国高等弁務官に独立交渉のための渡欧の許可を求める（11月）	米騒動 シベリア出兵
1919	英国、ザグルールらをマルタ島に流刑。1919年革命。アレンビー、特別高等弁務官として着任（3月） ザグルールら釈放、和平会議出席のためパリへ（4月） 英国政府、エジプトにミルナー調査団派遣（12月）	カイロ滞在中の徳冨蘆花、1919年革命に遭遇
1920	ミルナー調査団、英国政府にエジプトの保護領制度の廃止とそれに代わる二国間条約締結を提言 タラアト・ハルブ、ミスル銀行設立（3月）	国際連盟加盟

西暦	エジプト史	日本史・日本エジプト交流史
1886	王立法律学校設立 強制労役制度の廃止	谷干城、柴四朗、スリランカでオラービーと会見 司法省官吏の長谷川喬、エジプトの混合裁判所制度の実地調査を実施、帰国後、『埃及国立会裁判所実況慣習取調書・復命書』提出
1887	英国とオスマン帝国、エジプトに関する英土協定を調印（5月） エジプトの財政状況が好転	横浜税関吏の野村才ニ、スリランカでオラービーと会見
1888	『新編地誌』刊行	
1889	トゥーシュキー村の戦いでマフディスト軍が惨敗し、エジプト進攻失敗（8月）	大日本帝国憲法発布 柴四朗（東海散士）、『埃及近世史』を著す 原敬、『埃及混合裁判』を著す
1890		第一回帝国議会
1891	エジプトの財政収支、黒字に転換	大津事件
1892	タウフィーク死去。アッバース・ヒルミー2世、第七代君主（副王）に即位（1月）	
1894		日清戦争勃発 治外法権撤廃（対英国）
1895	イスマーイール、コンスタンティノープルで死去（3月）	下関講和条約締結 三国干渉
1896	英国・エジプト軍、スーダン遠征開始（3月） 英国・エジプト軍、スーダン北部ドンゴラ占領（9月） エジプトの財政再建終了	
1897	アフガーニー、コンスタンティノープルで死去（3月） エジプト初の路面電車が開通	
1898	アトバラの戦いでマフディスト軍敗退（4月） 準中央銀行、エジプト・ナショナル銀行設立（6月） オムドゥルマーンの戦いでマフディスト軍敗退。英国・エジプト軍、ハルツームを占領。ファショダ事件（9月） ムハンマド・ラシード・リダー、『アル・マナール』誌刊行（～1935）	
1899	英国とエジプト、スーダン・コンドミニウム協定締結（1月） アブドゥッラーヒ、ウンム・ディワイカラートで戦死（11月）	
1900	ムスタファ・カーメルとムハンマド・ファリード、『アル・レワー』紙を刊行（1月） エジプト考古学博物館が現在の建物に移転	

西暦	エジプト史	日本史・日本エジプト交流史
1879	イスマーイール、ボゴス・ヌバールを解任（2月） イスマーイール、ヨーロッパ人閣僚を解任（4月） イスマーイール廃位、イタリアに亡命。ムハンマド・タウフィーク、第六代君主（副王）に即位（6月）	
1881	オラービー大佐、ムスタファ・リヤド首相にリフキー軍事大臣の解任を要求（1月） オラービー、副王に軍事大臣の解任を要求。リフキー軍事大臣解任。民族主義派バールーディー将軍が軍事大臣に就任。オラービー革命の開始（2月） スーダンのアバー島でムハンマド・アフマド、マフディーを宣言（6月） マフディスト軍、アバー島でエジプト軍を撃退（8月） オラービー、副王にリヤド内閣の更迭と憲法制定等を要求。リヤド内閣更迭。ムハンマド・シェリフ内閣発足。オラービー、軍事次官に就任（9月）	国会開設の詔 自由党結成
1882	エジプト初の憲法草案、国会に上程（1月） 英仏両国、エジプト政府に共同覚書を送付。エジプトの民族主義勢力反発（1月） シェリフ内閣更迭。バールーディー内閣発足。オラービー、軍事大臣に就任（2月） 外国人排斥運動高まる。英仏、艦隊をアレキサンドリア沖に派遣し、第二次共同覚書を送付（5月） アレキサンドリア大暴動（6月） 英国艦隊、アレキサンドリア砲台を攻撃（7月） 英陸軍、アレキサンドリアに到着（8月） テル・エル・ケビールの戦いでエジプト軍壊滅。英軍、カイロを占領（9月） オラービーら革命指導者、セイロン島（スリランカ）に流刑（12月）	立憲改進党結成 日本銀行設立
1883	マフディスト軍、エル・オベイドを占領（1月） （エジプト国家）組織法が制定（5月） クローマー卿が駐エジプト総領事兼代表に着任（9月） マフディスト軍、エル・オベイド南方で英国人ヒックスが指揮するエジプト軍を殲滅（11月） マフディスト軍、ダール・フール地方を占領（12月）	鹿鳴館完成
1884	ゴードン、ハルツームに到着。マフディスト軍、英国人ヴァレンタイン・ベイカーが指揮するエジプト軍を撃退（2月） マフディスト軍、ハルツーム包囲開始（3月） マフディスト軍、バフル・エル・ガザル地方攻略（4月） 英国政府、ゴードン救出軍派遣を決定（8月） アフガーニー、パリで『固き絆』を刊行（3～10月）	秩父事件 新島襄、スリランカでオラービーと会見
1885	ハルツーム陥落、ゴードン戦死（1月） 英国、エジプト債権国より900万スターリング・ポンドの新規融資を取り付け（3月） マフディー急逝。アブドゥッラーヒ後継に（6月）	

西暦	エジプト史	日本史・日本エジプト交流史
1868	教育基本法制定	鳥羽・伏見の戦い 明治維新
1869	スエズ運河開通。開通式典開催（11月）	版籍奉還 東京遷都
1870	ベイカー、スーダン南部遠征開始（2月） 国立図書館開設（9月）	
1871	ベイカー、エクアトリアのエジプト併合を宣言（5月） アフガーニー、エジプトで活動開始（～1879） ムカーバラ税法公布（8月） ヴェルディのオペラ「アイーダ」、カイロで初演（12月）	廃藩置県
1872	高等師範学校開設	新橋・横浜間に鉄道開通 富岡製糸所開設 福地源一郎らエジプトの混合裁判所制度導入の実地調査を実施、帰国後、『外国人立会裁判報告・復命報告』提出
1873	イスマーイール、オスマン政府より自治権の大幅拡大を承認される（6月） エジプト初の女学校開設	徴兵令公布 地租改正
1874	ダール・フール地方（スーダン）を併合 アブディン宮殿完成	民選議院設立の建白書提出 佐賀の乱
1875	混合裁判所民法典公布 エジプト地理学協会開設 東アフリカ沿岸地方への進出失敗 オスマン帝国財政破綻（10月） イスマーイール、国際スエズ運河会社株式を英国に売却（11月） 英国のエジプト財政調査団（ケイヴ・ミッション）来埃（12月）	千島樺太交換条約締結
1876	混合裁判所設立（2月） ケイヴ・ミッション、英国政府に報告書提出。エジプト軍のエチオピア遠征失敗（3月） エジプト財政破綻（4月） 公債整理委員会設立（5月） 『アル・アハラム』紙発行（8月） イスマーイール・シッディーク財務大臣殺害（11月）	廃刀令 神風連の乱 秋月の乱 萩の乱
1877	露土戦争へ派兵	西南戦争 東京大学創設
1878	エジプト財政高等調査委員会設立（4月） ボゴス・ヌバールを首班とするヨーロッパ人閣僚を含む内閣が発足	
1879	ワタン党の結成	

西暦	エジプト史	日本史・日本エジプト交流史
1848	イブラーヒーム死去、アッバース・ヒルミー1世、第三代君主（エジプト総督）に即位（11月）	
1849	ムハンマド・アリー死去（8月）	
1853	クリミア戦争に派兵	ペリー、浦賀に来航
1854	アッバース・ヒルミー1世死去。ムハンマド・サイード、第四代君主（エジプト総督）に即位（7月） レセップスにスエズ運河開削権を付与（11月）	日米和親条約締結
1855	カイロ・アレキサンドリア間鉄道開通	
1856	レセップス、国際スエズ運河会社設立（1月）	
1858	カイロ・スエズ間鉄道開通 カフル・エル・ザイヤートの鉄道事故で総督一族多数が事故死（5月） サイード農地法制定（8月） エジプト考古学博物館の前身がカイロ・ブーラーク地区に開設	日米修好通商条約締結 安政の大獄（～1859）
1859	スエズ運河工事着工（4月） エジプト学士院再開	
1860	エジプト政府、初の対外借入を実施	桜田門外の変
1861	米国・南北戦争勃発（4月、～1865）。綿花価格の高騰によりエジプトの外貨収入拡大 デルタ・バラージュ完成	
1862	ナポレオン3世の要請でメキシコに派兵（12月）	生麦事件 幕府の遣欧使節団がエジプトを通過。随員の福沢諭吉、のちに著書『西航記』でカイロを紹介
1863	ムハンマド・サイード死去。イスマーイール、第五代君主（エジプト総督）に即位（1月）	薩英戦争
1864	イスマーイール、海外の金融機関からの大規模な借入を開始	蛤御門の変 四カ国連合艦隊、下関攻撃 第一次長州征伐 幕府の遣欧使節団池田筑後守長発一行、エジプトを通過。ギーザのスフィンクス前で記念撮影
1865		第二次長州征伐
1866	イスマーイール、オスマン政府からその嗣子と系統がエジプト総督職を世襲することを承認される。オスマン政府、スエズ運河開削プロジェクトを承認（3月）	
1867	イスマーイール、副王（ヘディーウ）の称号を得る（6月）	大政奉還 王政復古 パリ万博に参加の幕府使節団（徳川昭武、渋沢栄一等）エジプトを通過

西暦	エジプト史	日本史・日本エジプト交流史
1821	長繊維綿花ジュメルの生産開始	
1822	徴兵制の導入	
1824	抜本的な行政改革の開始 上エジプトで大規模な反政府騒乱が発生	
1825	エジプト軍、ギリシャ独立運動鎮圧のためペロポネソス半島（モレア）に上陸	異国船打払令
1826	ギリシャ遠征軍、アテネ占領（6月）	
1827	ナヴァリノの海戦でオスマン帝国・エジプト海軍が列強連合艦隊に惨敗（10月） 医学校開設	
1828	政府公文書館開設 官報『エジプトの出来事』刊行（12月）	シーボルト事件
1829	アレキサンドリア海軍工廠建設 諮問会議マジュリス・アッ・シューラ開設	
1830	カイロの紡績工場に蒸気機関が導入	
1831	エジプト軍、シリア進攻。第一次シリア戦役の開始（11月）	
1832	エジプト軍、アクレ占領（5月） エジプト軍、ダマスカス占領（6月） ホムスの戦い。エジプト軍、アレッポ占領。ビランの戦い（7月） コンヤの戦い（12月）	
1833	キュタヒヤ休戦協定締結（3月） オスマン政府、ムハンマド・アリーとイブラーヒームのシリア、アダナ、クレタの総督等就任を承認（5月） オスマン帝国とロシア、ヒュンキャル・イスケレシ条約締結（7月）	天保の大飢饉（～1836）
1836	エジプト軍、再びアラビアに遠征（～39年）	大塩平八郎の乱
1838	オスマン帝国と英国、バルタ・リマン協定締結（8月） エジプト軍、イエメン・ティハーマ地方を制圧	
1839	英軍、アデンを占領（1月） 第二次シリア戦役。ネジブの戦い（6月） オスマン海軍、エジプトに降伏（7月）	蛮社の獄
1840	英国、オーストリア、ロシア、プロイセン、ロンドン条約締結（7月） 英国・オーストリア・オスマン帝国連合軍、ベイルートに上陸。エジプト軍を攻撃（9月） アクレ陥落（11月） ムハンマド・アリー、ロンドン条約受け入れ（11月）	
1841	オスマン政府、ムハンマド・アリー一族のエジプト・スーダン総督職の世襲を承認（2月、6月）	天保の改革（～1843）
1846	ムハンマド・アリー、コンスタンティノープル訪問	
1848	イブラーヒーム、実質的な第二代君主（エジプト総督）に即位（4月）	

関連年表

（1770年～1956年）

西暦	エジプト史	日本史・日本エジプト交流史
1770頃	ムハンマド・アリー、カヴァラに生まれる	
1772		田沼意次、老中に就任
1787		寛政の改革（～1793）
1798	ナポレオンがエジプトに侵入、ピラミッドの戦いでマムルーク軍を破りカイロを占領（7月） フランス海軍、ナイルの戦いで英国海軍に惨敗（8月） オスマン帝国、フランスに宣戦布告（9月）	
1799	ナポレオン、エジプトを去る（8月）	
1801	英国・オスマン帝国連合軍、エジプト上陸に成功（3月） フランス軍、降伏（8月）	
1802	アミアンの和約（3月）	
1803	英軍、エジプトから撤退（3月） カイロ暴動の開始（～1805）	
1805	カイロ市民、ムハンマド・アリーをエジプト総督に推戴（5月）	
1807	ムハンマド・アリー、エジプトに上陸してきた英軍を撃退（3～9月）	
1808		フェートン号事件
1809	ムハンマド・アリー、ウマル・マクラムを追放 ヨーロッパへの国費留学生派遣の開始	
1811	シタデルの惨劇、ムハンマド・アリー、マムルークを排除し、支配権を確立（3月） エジプト軍、サウード王国征討のため、アラビア半島に遠征（アラビア戦役の開始、～1818）	
1813	上エジプトで大規模な農地測量調査	
1814	下エジプトで大規模な農地測量調査	
1815	士官学校開設	
1816	イブラーヒーム、アラビアに遠征 高等工業専門学校（ムハンデスハーネ）開設	
1817	マフムディーヤ運河着工（1820完成）	
1818	エジプト軍、サウード王国の首都ディライーヤを攻略（9月）	
1820	上エジプトで大規模な農地測量調査（～1821） 政府印刷所開設（9月） エジプト軍、スーダン遠征、スーダン戦役の開始（～1823）	

（朝日新聞社　1993）
バーナード・ルイス著／臼杵陽監訳『イスラム世界はなぜ没落したか？』
（日本評論社　2003）
フィリップ・K・ヒッティ著／岩永博訳『アラブの歴史』（上・下）
（講談社学術文庫　1983）
ブノアメシャン著／牟田口義郎訳『オリエントの嵐』
（筑摩書房　1964）
福井勝義・赤坂賢・大塚和夫『世界の歴史 24　アフリカの民族と社会』
（中央公論社　1999）
宮地一雄編『中東――国境を越える経済』
（アジア経済研究所　1989）
宮地一雄編『中東の開発と統合』
（アジア経済研究所　1985）
山内昌之『世界の歴史 20　近代イスラームの挑戦』
（中央公論社　1996）
山内昌之『民族と国家――イスラム史の視角から』
（岩波新書　1993）
山口直彦『アラブ経済史―― 1810 ～ 2009 年』
（明石書店　2010）
山田俊一編『エジプトの開発戦略と FTA 政策』
（アジア経済研究所　2005）
脇　祐三『中東激変』
（日本経済新聞出版社　2008）
渡辺利夫『アジア新潮流』
（中央公論社　1990）
渡辺利夫『新世紀アジアの構想』
（筑摩書房　1995）
渡辺利夫『成長のアジア　停滞のアジア』
（講談社　2002）

アリー・バラカート著／加藤博・長沢栄治訳『近代エジプトにおける農民反乱』
（アジア経済研究所　1991）

アンワル・エル・サダト著／朝日新聞外報部訳『サダト自伝――エジプトの夜明けを』
（朝日イブニング・ニュース社　1978）

『イスラム事典』
（平凡社　1991）

岩永博・野口勝明『エジプト――その国土と市場』
（科学新聞社　1988）

大塚和夫『イスラーム的――世界化時代の中で』
（日本放送出版協会　2000）

大塚和夫『テクストのマフディズム――スーダンの「土着主義運動」とその展開』
（東京大学出版会　1995）

（財）海外貿易振興会 調査資料『エジプトとは』
（海外貿易振興会　1955）

加藤博『私的土地所有権とエジプト社会』
（創文社　1993）

ガマール・アブドゥンナセル著／西野照太郎訳『革命の哲学』
（角川書店　1971）

クローマー卿著／安田勝吉・古屋頼綱訳『最近埃及』
（大日本文明協会　1911）

小杉泰『イスラームとは何か』
（講談社現代新書　1994）

佐藤次高『マムルーク』
（東京大学出版会　1991）

ジョン・L・エスポズィート著／内藤正典・宇佐美久美子監訳
『イスラームの脅威――神話か現実か』
（明石書店　1997）

J・ガンサー著／土屋哲訳『アフリカの内幕』
（みすず書房　1956）

G・アントニウス著／木村申二訳『アラブの目覚め』
（第三書館・パレスチナ選書　1989）

杉田英明『日本人の中東発見――逆遠近法のなかの比較文化史』
（東京大学出版会　1995）

ダビッド・ベングリオン著／中谷和男・入沢邦雄訳
『ユダヤ人はなぜ国を創ったか――建国の父ベングリオンの回想録』
（サイマル出版会　1972）

東海散士編『埃及近世史』
（八尾書店　1889）

永田雄三・加藤博『地域からの世界史8 西アジア』（下）

Roger Owen : *Cotton and the Egyptian Economy 1820-1914*
(London, 1969)

Roger Owen : *The Middle East in the World Economy 1800-1914*
(London, 1981)

Robert L. Tignor : *Egyptian Textiles and British Capital 1930-1956*
(Cairo, 1989)

Robert L. Tignor : *State, Private Enterprise, and Economic Change in Egypt, 1918-1952*
(Princeton, 1984)

Rudolf C. Slatin : *Fire and Sword in the Sudan*
(London, 1896)

Saad Eddin Iblahim : *Egypt, Islam and Democracy*
(Cairo, 1996)

Samir Radwan : *Capital Formation in Egyptian Industry and Agriculture 1882-1967*
(London, 1975)

Samuel Baker : *Ismailia*
(London, 1874)

Sir Auckland Colvin : *The Making of Modern Egypt*
(London, 1906, 1909)

Sir John Bowring : *Report on Egypt and Candia*
(London, 1840)

Sir John Bowring : *Report on the Commercial Statistics of Syria*
(London, 1840)

Stanford J. Shaw and Ezel Kural Shaw : *History of the Ottoman Empire and Modern Turkey*
(Cambridge, 1977)

Thomas Archer : *The War in Egypt and the Soudan*
(London, 1886)

Wilfrid S. Blunt : *Gordon at Khartoum*
(London, 1911)

Wilfrid S. Blunt : *Secret History of the English Occupation of Egypt*
(London, 1907)

William Willcocks : *Egyptian Irrigation*
(London, 1889)

John Marlowe：*Angro-Egyptian Relations 1800-1953*
(London, 1954)

John Waterbury：*Egypt; Burdens of the Past, Options for the Future*
(Bloomington, 1978)

Jon Kimche：*The Second Arab Awakening*
(London, 1970)

Joseph Ohrwalder：*Ten Years' Captivity in the Mahdi's Camp*
(London, 1892)

Khaled Fahmy：*All the Pasha's Men*
(Cairo, 2002)

Khaled Mohi El Din：*Memories of Revolution —Egypt 1952*
(Cairo, 1995)

K. M. Barbour：*The Growth, Location and Structure of Industry in Egypt*
(New York, 1972)

Lord Cromer (Sir Evelyn Baring)：*Abbas II*
(London, 1915)

Lord Cromer (Sir Evelyn Baring)：*Modern Egypt*
(London, 1908)

Michael J. Reimer：*Colonial Bridgehead*
(Cairo, 1997)

Mohamed Neguib：*Egypt's Destiny*
(London, 1955)

Mostafa Fahmy：*Le révolution de l'industrie en Egypte et ses conséquences sociales au 19e siècle*
(Leiden, 1954)

Mostafa H. Nagi：*Labour Force and Employment in Egypt*
(New York, 1971)

Nazih Ayubi：*Bureaucracy and Politics in Contemporary Egypt*
(London, 1980)

Patrick O'Brien：*The Revolution in Egypt's Economic System 1952-65*
(London, 1966)

Pierre Crabitès：*Ismail, the Maligned Khedive*
(London, 1933)

P. J. Vatikiotis：*The Egyptian Army in Politics*
(Bloomington, 1961)

P. M. Holt：*The Mahdist State in the Sudan 1881-1898*
(London, 1979)

P. M. Holt：*A Modern History of the Sudan*
(London, 1961)

Charles Issawi : *An Economic History of the Middle East and North Africa*
(London, 1982)

Charles Issawi : *Egypt, An Economic and Social Analysis*
(London, 1947)

Charles Issawi : *Egypt at Mid-Century; An Economic Survey*
(London, 1954)

Christina P. Harris : *Nationalism and Revolution in Egypt*
(The Hague, 1964)

Edward Dicey : *The Story of the Khedivate*
(London, 1902)

Edwin de Leon : *Egypt under Ismail Pasha*
(London, 1882)

Edwin de Leon : *The Khedive's Egypt*
(London, 1877)

Eliezer Be'eri : *Army Officers in Arab Politics and Society*
(New York,1970)

F. Robert Hunter : *Egypt under the Khedives (1805-1879)*
(Pittsburgh, 1984)

Fred H. Lawson : *The Social Origins of Egyptian Expansionism during the Muhammad Ali Period*
(New York, 1992)

George Annesley : *The Rise of Modern Egypt*
(London, 1994)

Gianni Guadalupi : *The Discovery of the Nile*
(Cairo, 1997)

Hassan Hassan : *In the House of Muhammad Ali*
(Cairo, 2000)

H. C. Jackson : *Osman Digna*
(London, 1926)

Helen Ann Rivlin : *The Agricultural Policy of Muhammad Ali in Egypt*
(Cambridge, 1961)

Hugh Thomas : *The Suez Affair*
(London, 1966, 1967)

J. Morton Howell : *Egypt's Past, Present and Future*
(Ohio, 1929)

Jean Lacouture : *Nasser*
(Seuil, 1971)

Joan W. King : *Historical Dictionary of Egypt*
(Cairo, 1989)

主要参考文献・資料

エジプト等政府、公的機関の統計等以外で参照した主要文献・資料は次のとおり。

Afaf Lutfi al-Sayyid Marsot：*A History of Egypt*
(Cambridge, 2007)

Afaf Lutfi al-Sayyid Marsot：*A Short History of Modern Egypt*
(Cambridge, 1985)

Afaf Lutfi al-Sayyid Marsot：*Egypt in the reign of Muhammad Ali*
(Cambridge, 1984)

Afaf Lutfi al-Sayyid Marsot：*Egypt's Liberal Experiment*
(Berkeley, 1977)

Afaf Lutfi al-Sayyid Marsot：*Egypt and Cromer—a study in Anglo - Egyptian relations*
(London, 1968)

Alan Moorehead：*The White Nile*
(London, 1960)

Alan Moorehead：*The Blue Nile*
(New York, 2000)

Alfred Milner：*England in Egypt*
(London, 1892)

Amine Youssef：*Independent Egypt*
(London, 1940)

Ann Alexander：*Nasser*
(Cairo, 2005)

Anthony McDermott：*Egypt from Nasser to Mubarak*
(London, 1988)

Arthur Goldschmidt, Jr.：*Biographical Dictionary of Modern Egypt*
(Cairo, 2000)

A. Silva White：*The Expansion of Egypt*
(London, 1899)

A. Wavell：*Allemby in Egypt*
(London, 1943)

Bent Hansen, Girgis A. Marzouk：*Development and Economic Policy in the UAR (Egypt)*
(Amsterdam, 1965)

Charles Issawi：*Egypt in Revolution*
(London, 1963)

272頁　*Independent Egypt* (Amine Youssef, London, 1940)
285頁　*Independent Egypt* (Amine Youssef, London, 1940)
295頁　Al Ahram Foundation 提供
301頁　*Independent Egypt* (Amine Youssef, London, 1940)
320頁　Al Ahram Foundation 提供
329頁　Al Ahram Foundation 提供
348頁右　『世界地理風俗大系13』(誠文堂新光社　1964)
348頁左　『世界地理風俗大系13』(誠文堂新光社　1964)
390頁　ロイター＝共同 提供

※博物館所蔵のものは所蔵元をキャプションに明示した。上記に出所明示のないものは、著者の撮影ないしは所蔵の写真・図版である。

掲載写真・図版出所

26頁　在カイロ・ギリシャ大使館提供
42頁　*The Ottomans* (Istanbul, 1982)
83頁　Al Ahram Foundation 提供
115頁　Al Ahram Foundation 提供
117頁　Al Ahram Foundation 提供
126頁　*Egypt's Past, Present and Future* (J. Morton Howell, Ohio, 1929)
127頁　*The White Nile* (Alan Moorehead, New York, 1960)
130頁　Al Ahram Foundation 提供
132頁　*The War in Egypt and the Soudan* (Thomas Archer, London, 1886)
134頁　*The White Nile* (Alan Moorehead, New York, 1960)
141頁　Al Ahram Foundation 提供
153頁　Al Ahram Foundation 提供
160頁　*The War in Egypt and the Soudan* (Thomas Archer, London, 1886)
161頁　Al Ahram Foundation 提供
162頁　Al Ahram Foundation 提供
174頁　Al Ahram Foundation 提供
186頁　*Independent Egypt* (Amine Youssef, London, 1940)
188頁　Al Ahram Foundation 提供
191頁　*The War in Egypt and the Soudan* (Thomas Archer, London, 1886)
192頁上　*The War in Egypt and the Soudan* (Thomas Archer, London, 1886)
194頁　*The War in Egypt and the Soudan* (Thomas Archer, London, 1886)
198頁　*The War in Egypt and the Soudan* (Thomas Archer, London, 1886)
199頁　*The War in Egypt and the Soudan* (Thomas Archer, London, 1886)
201頁　*The War in Egypt and the Soudan* (Thomas Archer, London, 1886)
203頁　*The White Nile* (Alan Moorehead, New York, 1960)
213頁　*The White Nile* (Alan Moorehead, New York, 1960)
218頁　*The White Nile* (Alan Moorehead, New York, 1960)
220頁　*Allenby in Egypt* (A. Wavell, London, 1943)
223頁　*Egypt's Past, Present and Future* (J. Morton Howell, Ohio, 1929)
234頁右　Al Ahram Foundation 提供
245頁　*The White Nile* (Alan Moorehead, New York, 1960)
246頁　Al Ahram Foundation 提供
251頁　*Independent Egypt* (Amine Youssef, London, 1940)
253頁　Al Ahram Foundation 提供
254頁　Al Ahram Foundation 提供
255頁　*Independent Egypt* (Amine Youssef, London, 1940)
256頁　*Allenby in Egypt* (A. Wavell, London, 1943)
258頁　*Independent Egypt* (Amine Youssef, London, 1940)
259頁　*Allenby in Egypt* (A. Wavell, London, 1943)
260頁　*Egypt's Past, Present and Future* (J. Morton Howell, Ohio, 1929)
264頁　*Allenby in Egypt* (A. Wavell, London, 1943)
271頁　*Independent Egypt* (Amine Youssef, London, 1940)

299, 303, 304, 306, 309, 329, 332, 350, 351, 362
ラアス・ガリブ　281
ラタキア　49, 66
ラバブ島　199
ラム　135
ランカシャー　61
リヴォルノ　81
リバプール　146-147, 313
リビア　245, 273, 285, 286, 384
リビア砂漠　119, 309
リヤド　32
リュ・ド・リヴォリ　137
リヨン　39, 87
ルクソール　198, 372
ルーマニア　328
レバノン　47, 57, 67, 92, 165, 180, 285, 291, 295, 339
ロシア　20, 45-47, 51, 56, 60, 65, 69, 100, 109, 120, 126, 151, 164, 168, 214, 219, 235, 395
ロゼッタ　30, 41, 88-90, 250
ローマ　158, 321, 385
ワーディ・ハルファー　204, 207, 209, 210, 241, 245
ワラキア　45
ワリーディーヤ村　38

ビュユクデレ　56
ヒュンキャル・イスケレシ　56, 60
ビラン　55
ビルマ　330
ビレジキ　64
ピロス　45　→ナヴァリノ（地名）
ファイユーム　92
ファショダ／コドク　135, 212
ファティコ　134
ファルージャ　296-298, 303-306
フィラエ島　222, 223
ブヘイラ県　292
ブーラーク　41, 83, 89, 90
ブラジル　132
ブリオニ島　329
ブルガリア　328
ブレスト軍港　48, 90
プロイセン　51, 65
フワ（郡）　92, 250
米国　60, 87, 132, 146, 163-164, 179, 249, 257, 306, 315, 326, 328, 329, 330, 332, 333, 336, 349, 351, 354, 357, 366, 367, 368, 372, 378, 379, 381, 385, 387, 391, 392, 395, 401
ヘイスティングズ　322
ベイルート　49, 61, 66, 178, 180
ベエルシェバ　303
ベッサラビア　65
ベトナム　95, 337
ベニ・モラ　295
ベルギー　261, 304, 341
ペルシャ　40, 69, 118, 167, 362
ベルリン　239
ヘルワン　196, 359, 368
ペロポネソス半島／モレア　42, 45, 47
ベンガジ　286
ベンハー　113
ボスニア　43, 49
ボスポラス海峡　56, 60
ボツワナ　383
ポート・サイード　123, 124, 142, 280, 292, 313, 326, 331, 355
ホムス　49, 55
ポーランド　314
ポルトガル　17, 118, 133
香港・新界地区　122

[ま行]

マケドニア地方　25
マッサワ　127
マハムディーヤ村　292
マラシュ　55
マルク諸島　396
マルサ・マトルーフ　285
マルタ(島)　24, 67, 93, 252, 254, 256, 260, 301
マレーシア　331, 352
マンカバード　297
マンスーラ　130, 271
ミクロネシア連邦　383
ミソロンギ　45
ミート・アブル・クーム村　228
ミヌーフィヤ県　361
ムーシャ村　179
メキシコ　123
メッカ　32, 200, 213, 249
メッツ　82, 153
メディナ　200
メヌーフィーヤ県　227, 228
メハッラ・エル・コブラ　278
モカッタム　19
モザンビーク　133
モルドヴァ　45
モレア／ペロポネソス半島　42, 45, 46
モロッコ　235, 330, 362
モントルー　131, 273

[や・ら・わ行]

ユーゴスラビア　286, 329
ユーフラテス川　59
ヨークシャー　78
ヨルダン／トランス・ヨルダン　47, 293,

タールスス　55
ダール・フール地方　202
タンタ　125, 177, 271, 280
チェコスロバキア　328
地中海　24, 30, 45, 47, 49, 57, 66, 88, 92, 93, 100, 115, 118, 123, 140, 142, 191, 276, 355, 382
中国　91, 95, 135, 170, 272, 332, 367
中国（中華人民共和国）　329
チュニジア　90, 176, 188, 330, 389, 390, 393, 399
チュニス　92-93, 117, 334, 354, 362, 393
チラン海峡　350
ツーロン港　24
ディーウ島　18
ティクリート　207
ディスーク郡　251
ティハーマ　59
ティムサーハ湖　143
ディライーヤ　32, 52. 53
ディンシャワーイ村　227, 228
テッサロニキ　26
テヘラン　174
テル・エル・ケビール　189, 194, 195, 200, 204, 313
デンマーク　130
ドイツ　50, 94, 151, 155, 168, 207, 217, 246, 278, 286, 287, 294, 296, 305, 328, 330, 333, 348
トゥーシュキー村　207
トーカル　201, 202, 207
トスカーナ　92, 94
トランス・ヨルダン　299, 303, 304, 306, 309
→ヨルダン（地名）
トリノ　260
トリポリタニア　245
トリポリ（レバノン）　49, 66, 178, 245, 293, 299, 303
トルコ　235, 249
——共和国　39, 43, 46, 53, 55-57, 64, 80, 317, 326, 327, 394, 395
ドンゴラ　152, 199, 210

[な行]

ナイル　24, 27, 238
——河谷　166
——川　41, 77, 84-89, 113, 125, 126, 130, 133-135, 138, 139, 156, 177, 185, 197, 198, 204, 209-212, 215, 227, 271, 302, 382
ナヴァリノ／ピロス　45, 47, 48
ナジャフ　175
ナポリ　93, 162, 321
西インド諸島　132
ヌビア砂漠　210, 211
ネアポリス　25　→カヴァラ（地名）
ネジブ　64
ノーフォーク州　216
ノルウェー　143

[は行]

ハイファ　49
パプア　396
バフル・エル・ガザル地方　202
ハラール　135
バラワ　135
バリ　197, 215, 396
パリ　66, 81, 82, 103, 120, 122, 137, 138, 143, 145, 158, 175, 178, 253, 254, 256
ハルガダ　281
バルカン半島　42, 45, 46
ハルツーム　112, 115, 116, 132, 134, 135, 145, 157, 197-200, 202-207, 210, 212, 215, 266, 297
バーレーン地方　59
バンドン　327, 328
東地中海　92, 100
東チモール　396
東ドイツ　328
ピサ　81
ヒジャーズ　251

コンゴ民主共和国　383
コンコルド広場　103
コンスタンティノープル　18, 46, 52, 56, 105, 109, 113, 128, 162, 176, 219, 245
ゴンドコロ　134
コンヤ　51, 55

[さ行]

ザイラ　135
サウジアラビア　32, 299, 309, 330, 332, 337, 372, 389
ザガジーク郡　185
ザマレク　27, 138
サマヌード　271
ザムラック村　26
サラエヴォ　245
サルーム　286
サワーキン　127, 201, 203, 205, 213
ザンジバル　135
ジェノヴァ　129
シディ・ブジド　389
シドン　49, 66
シナイ半島　48, 304, 331, 332, 334, 350, 356
ジブラルタル　120, 259
下エジプト　73, 86, 154
シャイカーン　201
ジャカルタ　180, 396
ジャバル・カディール　200
シャルキーヤ県　185
ジャワ島　180
シャンラ　177
ジュネーブ　238, 246, 260
ジョグジャカルタ　180
ショブラ　90, 383
シリア　17, 20, 24, 32, 46-50, 54-57, 60-63, 65-67, 80, 87, 88, 92, 93, 107, 108, 110, 111, 168, 170, 173, 190
――共和国　47, 49, 293, 299, 303, 332, 334, 336, 337, 350, 353, 362, 378, 384
白ナイル（川）　132, 135, 198, 204, 215
シンヴォロ山　25
シンカット　201, 202
シンガポール　217, 322
スイス　154, 225, 240, 273, 276, 316
スウェーデン　93
スエズ　100, 115, 117-121, 123, 124. 137, 142, 143, 187, 217, 219, 228, 235, 243, 252, 257, 273, 274, 280, 281, 282, 288, 292, 298, 285, 302, 312, 313, 316, 326, 329, 330, 331, 332, 333, 334, 336, 339, 350, 351, 353,354, 355, 356, 379, 392
――地峡　118
スコットランド　272
スターリングシャー州　272
スーダン　37, 38, 56, 65, 68, 109, 111, 116, 123, 127, 132-135, 152, 157, 178, 190, 196-209, 210, 212-215, 229, 238, 241, 243, 245, 249, 259, 263, 264, 266, 272, 273, 292, 293, 296, 297, 300, 302, 303, 313, 326, 327, 378
――共和国　196
ズデーテン地方　330
スミルナ／イズミール　80, 93, 154
スリランカ／セイロン（島）　131, 170, 194, 195, 330
スール　49
セーシェル　259
セルビア　45, 46
セント・ヘレナ島　66
センナール　197, 203
ソマリア　135
ソマリランド　273
ソ連　218, 304, 312, 314, 326, 327, 328, 332, 334, 348, 350, 351, 353, 360, 361, 377

[た行]

タウルス山脈　55
ダカフリーヤ県　232
ダーダネルス海峡　46, 65, 229
ダマスカス　49, 57, 61, 108, 112
ダマンフール郡　90, 292
ダミエッタ　85, 88, 280

216, 217, 221, 235, 312, 327, 329, 330, 332
インドシナ　330
インドネシア　180, 327, 390, 396, 398
インバーバ　24, 84, 383
ウィーン　240
ヴェネティア（共和国）　17, 93, 118
ヴェネティア（都市）　93
ヴェルサイユ　117
ウガンダ　134
ウルファ　55
ウンム・ディワイカラート　213
エクアトリア（赤道州）　134, 207
エーゲ海　25, 80, 154
エスナ　42
エチオピア　135, 136, 207, 209, 273
エリトリア　207, 273
エル・オベイド　201
エルサレム　61, 333, 354
エルズルム　43, 46
オーストリア　65, 67, 81, 94, 151, 164, 202, 208, 240, 245, 246
オムドゥルマーン　204, 205, 209-213, 215, 304, 327
オランダ　20, 129, 132, 296, 331, 351

[か行]

カイロ　17-20, 24, 25, 28, 29, 30, 33, 40, 41, 52, 56, 67, 76, 80-86, 88, 89-92, 103, 109, 111, 112, 114, 115, 125, 130, 137-139, 140-145, 153, 160, 162, 164, 167, 175, 177, 179, 184, 194-196, 203, 216, 218, 220, 222, 225, 227, 231, 232, 239, 240, 247, 250, 252, 255, 260, 261, 263, 264, 270, 271, 277, 278, 280, 282, 286, 289, 291, 292, 295, 297-299, 302, 307, 311, 314, 315, 316, 318, 321, 331, 339, 351, 354, 355, 359, 360, 362, 364, 367, 368, 378, 381, 382, 383, 384, 386, 389, 390, 391, 396, 397
カヴァラ　25-28, 52, 92, 105, 170
ガザ　303, 332, 334, 350
ガジアンテップ県　64
カッサラ　203, 208
ガーナ　383
カフル・エル・ザイヤート　125
カフル・エル・ダッワル　324, 364, 394
カフル・エル・ムスリファ村　361
上エジプト　31, 33, 42, 73, 86, 198, 221, 222, 295
カラムーン村　180
ガリポリ半島　248
カリマンタン　396
ガルビーヤ県　92, 177, 250, 271
カルバラー　175
カルユービーヤー県
ギーザ　138, 141, 144, 260, 382
キスマユ　135
北朝鮮　350
キッチナー島　215
喜望峰　118
キュタヒヤ　56
キラーン　272
ギリシャ　26, 41-48, 57, 65, 276, 286
——共和国　25
キレナイカ　245
クブリ・エル・クッバ　318
クリストゥポリス　25　→カヴァラ（地名）
グルジア　46
クレタ（島）　56, 65
クローマー　162-164, 192, 216-218, 220-222, 224-230, 231, 234, 241, 242, 244, 248, 250, 252, 256, 272, 291
ゲジラ島　27, 138, 140, 144
ゲスマ　281
ケナー県　198
ケープタウン　120
紅海　41, 57, 59, 100, 115, 118, 142
コーカサス地方　19, 20, 45, 46, 114
コルチャ　26
コルドファーン地方　200, 206
コンゴ　209, 341

地名索引

[あ行]

青ナイル（川）　132, 197, 264
アギルキア島　223
アクレ／アッコ　24, 49, 50, 65, 67
アサダーバード　174
アスュート　38, 92, 179, 280, 295, 367
——県　38, 199
アスワン　40, 42, 215, 221, 348, 358
——県　198
アダナ　55, 56, 65
アディスアベバ　273
アチェ　396
アデン　59, 120, 258, 259
——湾　135
アトバラ　211
——川　211
アドリアノープル／エディルネ　46
アナトリア（半島）　42, 43, 46, 53-56, 61, 64, 107
アバー島　198-200, 213
アフガニスタン　174, 206, 219
アブキール湾　24
アブー・ザアバル　80
アブディン地区　138
アブー・ハマド　210
アブハーズ地方　20
アラビア半島　32, 41, 59, 178
アルジェ　65, 193
アルジェリア　65, 180, 181, 188, 193, 330, 333, 371,396
アル・ハサー　59
アルバート湖　133
アルバニア　49
——共和国　26
アル・ハミード　30, 69
アレキサンドリア　24, 29, 41, 48, 67, 76, 80, 88-90, 93, 108, 110, 112, 115, 117, 119, 120, 122, 124, 130, 137, 145- 147, 162, 189, 190-193, 218, 221, 225, 227, 235, 245, 271, 280, 286, 291, 292, 295, 297, 299, 300, 307, 313, 319, 321, 329, 341, 355, 359, 364, 381, 391
——港　48, 88, 93, 119, 158
アレッポ　50, 57
——州　49
アンゴラ　133
アンティオキア／アンタキア　57
イエメン（国）　291, 328, 329, 331, 335
イエメン（地方）　59, 93
イズベキーヤ　137, 138, 142
イスマイリア（エジプト）　143, 163, 193, 292, 313, 314
イスマイリア（エクアトリア）　134,
イスラエル　24, 47, 177, 295, 296, 303, 304, 306, 331, 332, 350, 351, 353, 354, 356, 365, 395, 398
イタリア　81, 92, 93, 119, 129, 141, 142, 151, 155, 156, 158, 162, 163, 193, 207, 245, 260, 267, 273, 282, 284-287, 296, 297, 308, 321, 348
イビヤーナ村　249
イベリア半島　74, 91
イラク（国）　45, 174, 193, 207, 219, 248, 281, 286, 299, 303, 321, 327, 332-337, 350, 362, 365, 390
イラク（地方）　32, 56, 59, 185, 246
イラン　167, 174, 175, 316, 333, 394, 395, 396
イリアンジャヤ　331, 351, 396
イングランド　216, 322
インド　17, 18, 23, 59, 62, 91-93, 112, 117, 120, 121, 150, 169, 175, 180, 200, 205,

ロッド、レンネル　256
ロティ、ピエール　233
ロレンス、トーマス・エドワード　247
ロンメル、エルヴィン　286
ワイアット、ジョン　60
ワット、ジェームズ　60
ワヒド、アブドゥルラフマーン　397
ワルダニ、イブラヒム・ナシーフ・アル
237, 242

マリエット、オーギュスト　141
マルシャン、ジャン・バチスト　209, 233
マルソー、アファフ・ルトフィー・アッ・サイイド　85, 217
マンスール　118
ミセット　77
ミルナー、アルフレッド／ミルナー卿　163, 182, 256
ムーアヘッド、アラン　215
ムスタファ　153, 154
ムスタファ、シュクリ　370
ムスタファ4世　31
ムスタファ・レシト・パシャ　102
ムバーラク、アリー　82, 83, 139, 153
ムバーラク、ガマール　384, 385, 389, 391, 393
ムバーラク、ムハンマド・ホスニー　361
ムハンマド・アリー　17, 20, 23, 25-33, 37, 39-45, 47-49, 52-56, 59-69, 71-83, 85, 87- 89, 91-95, 97, 99-105, 107, 109-114, 119, 122, 125, 126, 129, 136-138, 140, 154, 162-171, 173, 179, 196, 197, 199, 224, 234, 257, 261, 277, 324, 334, 336, 337
ムハンマド・イブン・アブドゥルワッハーブ　32
ムハンマド・イブン・サウード　32
ムラード、ムハンマド　24, 25
メネリク2世　209
メフメット・パシャ　49, 51
メフメット・ヒュスレヴ・パシャ（ヒュスレヴ・パシャ）　29, 43, 103
モヒエッディーン、ザカリア　274, 317
モヒエッディーン、ハーリド　295-297, 317, 325
モリソン、ハーバート　316
モルトケ、ヘルムート・グラフ・フォン　51
モレ、ギイ　330

[や・ら・わ行]

ヤカン、アドリー　257, 258, 262
ヤヒヤー、アリー　282
ユドヨノ、スシロ・バンバン　397
ヨハネス4世　136, 207, 209
ライス、アミン　180
ラウーフ、ムハンマド　199
ラクチュール、ジャン　295
ラドワン、サミール　272
ラプトン、フランク　202
ラマルティーヌ　109
ランプソン、マイルズ・ウェダーバーン／キラーン卿　272, 314
リスト、フリードリッヒ　94
リヤド、ムスタファ　175, 183, 184, 187
リダー、ムハンマド・ラシード　180, 284
リード、ウィリアム・ウィンウッド　145, 164
リドワン、ファティ　297
リナン、ルイ・モーリス　86
リファート、アフマド　125
リフキー、ウスマン　185
リンカーン、エイブラハム　132
ルイス、バーナード　179
ルイ・フィリップ　66, 103, 104, 108, 155
ルシュディ、フセイン　253
ルソー　179
ルーデンドルフ、エーリッヒ　305
ル・ペール、シャルル　118
レイマー、マイケル　80, 164
レオン、エドウィン・ド　163
レシト・メフメット・パシャ　51
レセップス、フェルディナン・ド　117, 233
レセップス、マティユ・ド　117
ロクル、カミーユ・デュ　142
ロスチャイルド、ライオネル　150
ローズベリー　208
ロッシーニ　142

ファリード、ムハンマド　234, 239, 271
ファルガリ、ムハンマド　282
ファルーク　41, 167, 269-271, 273, 275, 277, 279, 281, 283-287, 289, 291, 293, 295, 297, 299, 301, 303, 305-309, 312, 313, 315-317, 319, 320, 321
フェリアル　270
ブシュナク、ユスフ　110
フセイン（メッカ太守）　249
フセイン、アブドゥンナースィル　295
フセイン、アフマド　297
フセイン、カマルアッディーン　297, 305
フセイン（ヨルダン国王）　329
フセイン、サダム　201, 207, 365, 390
フセイン・カーメル　246, 247, 257, 260, 261
フッド　210
プトレマイオス2世　118
ブノアメシャン、ジャック　295, 325
フランサーウィ、スレイマン・アル　41
フランツ・ヨーゼフ　143, 144
ブラント、ウィルフリッド・スコーウェン　192, 235
ブーテフリカ、アブデラズィス　371
プーリ　308
ブリニエール、エルネスト・ガブリエル・ド　158
ブルース、フレデリック　114
ブルートゥス　26
フワード（1世）　257, 259-262, 264-266, 270, 272, 308
フワード2世　→アフマド・フワード
ベアリング、イーヴリン　160, 215　→クローマー卿
ベアリング、トーマス・ジョージ／ノースブルック卿　216
ベイカー（英国領事）　104
ベイカー、サミュエル・ホワイト　134, 135, 202
ベイカー、ヴァレンタイン　202
ベヴィン、アーネスト　302
ベギン、メナヘム　354
ベブラーウィ、ハーゼム・エル　345
ペリー　23, 24
ヘルミー、アブドゥルアール　186, 187, 188
ベン・アリー、ズィン・アル・アビディン　389
ベングリオン、ダヴィッド　303
ボアソナード、ギュスターヴ・エミール　131
ホイットニー、イーライ　60
ボイル　332
ボクティ、ジョセフ　93
ボゴス・ユスフィアン　80, 81, 154-156
ボゴス・ヌバール　80, 129-131, 154, 155, 157, 158-160, 163, 166, 393
ホシャール　125
ボワルコント男爵　79
ボーリング、ジョン　94
ポール、ルイス　60

[ま行]

マクドナルド、ラムゼイ　262, 272
マクマホン、ヘンリー　247
マスリ、アジズ・アル　286
マダニー、アッバースィー　181
マッキロップ　135
マックスウェル、ジョン　256
マーディ、アブー・アラー　376
マハムード、ハミード　213
マハムード、ムハンマド　254, 260, 284
マフディー／ムハンマド・アフマド　198-200, 202, 204-207, 212, 284
マフディー、アブドゥルラフマーン・アル　214
マフディー、サーディク・アル　212
マフムト2世　42, 46, 47, 49, 51, 55, 56, 60, 62-64, 89, 105
マヘル、アフマド　284, 300
マヘル、アリー　285, 299, 300, 315, 319, 320, 323

ナハス（ナッハース）、ムスタファ・アン　270-271, 304, 305, 307, 313, 334
ナポレオン　23, 24, 26-28, 30, 39, 40, 49, 52, 53, 66-68, 74, 75, 79, 91, 101, 115, 117, 118, 120, 123, 136, 169, 176, 333
ナポレオン3世　115, 117, 120, 123, 235
ナリマン（王妃）／ナリマン・サディク　307, 320
新島襄　194
ニコライ1世　56, 110
ヌクラーシー、マハムード・ファハミー・アン　284, 300, 303
ヌール、アイマン　377, 386
ネイピア、チャールズ　67
ネコ2世　118
ネー、ミッシェル　40
ネジューミー、アブドゥルラフマーン・アン　201
ネルー　327, 329
ネルソン　24

[は行]

バイロン卿　45
バウザーニ　93
パウロ　26
バクダーディ、アブドゥルラティーフ・アル　296
ハーグリーヴズ、ジェームズ　60
バシール、ハマド・アル　254
バシール2世（バシール・アッ・シハーブ）　57, 67
バッキ　112
バッシャール（シリア大統領）　384
ハサン・ハサン　137
バーディース、アブドゥルハミード・イブン　180
ハーティングトン卿　202-204
ハドラ　26
ハドルストン、ヒューバート　302
ハビビ　397
ハーフィズ・パシャ　64
バーバー、K・M　229
パーマーストン卿／ヘンリー・ジョン・テンプル　62, 66, 69, 102, 103, 120
バラヴェリィ　159
バラカート、アリー　38, 98, 182, 198, 217, 289, 301
バラカート、ファタハッラー　284
原敬　131
バラティエリ（将軍）　207
バールーディー、マハムード・サーミー・アル　187
バルディシ、ウスマン・アル　29, 71
ハルブ、タラアト　277
バンナー、ハサン・アル　181, 292, 367
ヒックス、ウィリアム　200
ヒッティ、フィリップ・K　105
ビーティ　210
ヒトラー　330
ヒュセイン・パシャ　55
ピョートル大帝　56
ヒラーリー、アフマド・ナギーブ・アル　307
ファイカ　270
ファイザ　270
ファイサル・イブン・トゥルキー　59
ファウジア　167, 270, 317
ファタハ、アフマド・アブー　317
ファティア　270
ファーディル、ムスタファ　139
ファハミー、アブドゥルアズィーズ　253, 260, 261
ファハミー、アリー　186, 188
ファハミー、ムスタファ（政治家、首相）　241, 251, 265
ファハミー、ムスタファ（建築家）　263
ファハミー、ムスタファ（経済学者）　90
ファハリ、フセイン　241
ファヒーマ　295
ファリーダ／サフィナズ・ズルフィカール　307
ファリード、フセイン　318

シャイフ・アフマド　198
シャウキィ、アフマド　318
シャファイ、フセイン・アル　288
シャー、モハンマド・レザー　167
周恩来　327
シュクリ、アフマド　301
シュクリ、アルティン　80
シュニッツァー、エドワード／エミン　207
シュバルツ、ヒレル　298
ジュメル、ルイ・アレックス　87
スカルノ　327, 351, 352, 397
スカルノプトゥリ、メガワティ　397
スカンデルベグ　27
スタック、リー　263
スティーヴンソン、ラルフ　316
スティグリッツ、ジョセフ・E　373
ストーン（駐留英軍司令官）　287
ストーン、チャールズ・ポメロイ　136
スハルト　396
ズベイル、ラハマ　135, 197
スペンサー　179
スラティン、ルドルフ・カール・フォン　202
ゼイナブ　284, 313, 322
セイフッディーン　260, 261
セイフッディーン、アシュラフ　17
セイマー、ビーチャム　191
セーヴ、オクターヴ・ジョゼフ・アンセルム　39, 40-42, 79, 100, 134
セリジー、ルイ・シャルル・ド　48, 90
セリム１世　18
セリム３世　27, 31, 41-43, 52, 101
ゾラ、エミール　143
ソールズベリー　205, 208

［た行］

タイイブ、アフマド　199
タウフィーク／ムハンマド・タウフィーク　82, 163, 176, 183, 184, 186-188, 190, 196, 240, 251, 260, 318
タクラ、サリーム　165
タクラ、ビシャラ　165
ダハブ、ムハンマド・アブ・アッ　20
ダファリン卿　219
タフターウィー、リファーア・ラフィ・アッ　81, 110, 113
ダフラン、アフマド　180
ターヘル・パシャ　29, 43
ダレイオス１世　118
タレイラン　23
ダレス　329
チェズニー、フランシス・ロードン　118
チトー　329
チャーチル、ウィンストン　209
張謇　91
ティエール、ルイ・アドルフ　66
ディグナ、ウスマン　201, 202, 207, 211, 213
ディズレーリ、ベンジャミン　147-149
ティルマサーニー、ウマル
テウヒィーデ　27
デロンクル、フランソワ　233
トゥーラーン＝シャー　19
ドラクロワ　45
トラヤヌス帝　118
トルストイ　179

［な行］

ナギーブ、ムハンマド　316, 318
ナズィーフ、アフマド　391
ナズリ　27
ナズリ・サブリー　41, 270
ナセル／ガマール・アブドゥンナースィル　169, 171, 177, 181, 189, 195, 222, 274, 287, 288, 294-298, 304-306, 316, 317, 319, 321, 324-337, 339, 341, 343, 344, 350-353, 355, 358, 361-363, 367-369, 375, 376, 379, 398, 400
ナッティング、アンソニー　326
ナディーム、アブダッラー・アン　233

ギゾー　179
キッチナー、ホレイショ・ハーバート　209
キプリング、ラドヤード　215
キャッセル、サー・アーネスト　275
キャファリー、ジェファーソン　315
キャンベル＝バナーマン、ヘンリー　237
クックスン、チャールズ　191
クトゥブ、サイイド　367, 368
グラッドストン、ウィリアム・エワート　191, 202-204, 207
グラブ・パシャ　298, 306, 329
グランヴィル卿　202, 203
クリエル、ヘンリー　298
クルーソー、ジョナサン　30
クローチェリー、A・E　86
クローマー卿／イーヴリン・ベアリング　162-164, 192, 216-218, 220-222, 224-231, 234, 241, 242, 244, 248, 250, 252, 256, 291
クロット、アントワン・バルテルミ　80, 85, 100, 110, 113
クロンプトン、サミュエル　60
ケイ、ジョン　60
ケイヴ、スティーブン　150
ケッペル　210
ケンプ、ピーター　83
コスト、パスカル　88
ゴースト、エルドン　242
コドリントン、エドワード　46
ゴードン、チャールズ・ジョージ　135, 201, 202, 203, 211
コルヴィル　210
ゴルバチョフ　360

[さ行]

サイード／ムハンマド・サイード　27, 107, 109-111, 113-119, 121- 124, 132, 142, 163, 169, 170, 185, 232, 308
サイード、ヌーリー・アッ　299
ザグルール、サアド　84, 176, 177, 239, 244, 247, 250-252, 264, 284, 327
ザグルール、サフィーヤ　249, 253, 263
サダト／ムハンマド・アンワル・アッ・サーダート　228, 274, 287, 294, 295, 296, 310, 318, 332-337, 353- 356, 360-362, 365, 369, 370, 376, 378, 379, 390, 393, 394, 398
サヌァ、ヤコブ　156
ザハビー、フセイン　370
ザハラン　228
サービット、カリム　309
サブリー、アリー　353
サブリー、ハサン　285
サミ　112
サラージ、アブドゥルハミード　337
サラディン／サラーフ・アッディーン　19, 138
サッラール、アブダッラー・アッ　337
サーリム、アブドゥルラフマーン・アフマド　81, 83, 179
サーリム、ガマール　296
サーリム、サラーハ　338
ザワーヒリィー、アイマン・アッ　372
シヴェキアール　260, 270
シェリフ、ムハンマド（ムハンマド・アリー統治期）　110
シェリフ、ムハンマド（イスマーイール統治期）　112, 161, 187
シェリーン、イスマーイール　317
シッディーク、イスマーイール　152, 153, 156
シッディーク、ユーセフ・マンスール　296, 318, 325
シッリー、フセイン　286, 309, 312, 315, 316
シッリーヤ、サーリフ　370
シドキー、イスマーイール　254, 276, 286, 301, 322
ジーハーン　360
シャアラーウィ、アリー　253
シャイエ・ロン　135

イスカンダル、アミーン　385
イスハーク、アディブ　175
イスハーク､ジョルジュ　385
イスマーイール(副王)　80, 114, 125-127, 129, 131, 133-141, 143-171, 173-176, 179, 183-187, 197, 199, 232, 235, 254, 260, 270, 276, 286, 317, 393
イスマーイール・アガ　26
イスマーイール・カーメル　27, 109
イスラームブーリー、ハーリド・アル　360, 379
イーデン、アンソニー　321, 322, 324
伊藤博文　131
イプセン、ヘンリック　143
イブラーヒーム　27, 33, 41, 44, 47-50, 52-57, 63, 64, 66, 67, 75, 78, 102, 107-111, 113, 114, 123, 125, 137, 153, 154, 166, 169, 170
イブラーヒーム、サアド・エッディーン　378
イブラーヒーム、ハーフィズ　236
イブラーヒーム、ハサン　296
イブラーヒーム、ムハンマド　324
イルハミ、イブラーヒーム　114
ヴァスコ・ダ・ガマ　17
ヴィクトリア女王　150, 204, 212
ウィルコックス、ウィリアム　220, 221
ウィルソン、ウッドロー　249
ウィルソン、チャールズ・リバース　157, 158, 160, 161
ウィンゲイト、レジノールド　209, 249
ウェーヴェル、アーチボルド　267
ウェリントン　26, 109
ヴェルディ、ジュゼッペ　141, 142, 143,
ウージェニー　117, 120, 141, 142, 143, 144
ウマル・マクラム　30, 31, 102
ウルズリィ、ガーネット　193, 204
ウンベルト（国王）　162
エドワード７世／エドワード皇太子　121, 134
エルフィ　114
オーウェン、ロジャー　75, 144
オカーシャ、サルワット　296
大隈重信　230
オブライエン、パトリック　95, 222
オベイド、アテフ　391
オベイド、ムハンマド　195
オベイド、マクラム　299
オマル、ムハンマド　206
オラービー、アフマド　116, 131, 170, 182, 185, 186, 204, 232, 289
オールワルダー、ヨーゼフ　208

[か行]

カイスーニー、アブドゥルモネイム・アル　338
ガイラーニ、ラシード・アリー　286
カエサル　25
カーク、ジョン　135
カースィム、アブドゥルカリーム　336
ガースティン、ウィリアム・エドムンド　221
カーゾン卿　258
カーター　354
カダフィ、セイフ・アル・イスラーム　384
カッザーフィ、ムアンマル・アル（カダフィ大佐）　384
ガッシェ、リヌス　223
カートライト、エドムンド　60
カニング、ストラトフォード／ストラトフォード・ド・レドクリフ卿　113
カマルアッディーン　261, 296, 297
カーメル、ムスタファ　82, 227, 228, 231, 232, 234, 238-240, 250, 401
カーメル、ユーセフ　112
ガーリ、ブトロス　239, 243
ガーリ、ブトロス・ブトロス　243
ガーリ、ムアッリム　102
ガーリ、ユーセフ・ブトロス　243
ガンサー、ジョン　306
ガンベッタ、レオン　188
ギスランツォーニ、アントニオ　142

人名索引

[あ行]

アイゼンハワー、ドワイト　330
アイン・アルハヤト　112
アークライト、リチャード　60
アサド、ハーフィズ・アル　384
アッザーム、アブドゥルラフマーン　291
アスキス（首相）　214,
アースキン　313
アダム、ジュリエット　233
アッバース・ヒルミー1世　109-113, 117, 120, 121, 123, 124, 136, 146, 152, 167, 238, 259
アッバース・ヒルミー2世　81, 161, 194, 231, 237-240, 243-245
アフォスコーニ　142
アフガーニー、ジャマール・アッディーン・アル　174, 231, 249, 289
アブデュルアジズ1世　126-128, 161, 184
アブデュルハミト2世　161, 184, 237
アブデュルメジト1世　65, 105, 126, 161
アッブード、アフマド　282, 339
アブドゥフ、ムハンマド　84, 175-177, 184, 249, 284
アブドゥッラーヒ・イブン・ムハンマド　206
アブドゥルアズィーズ、アフマド　305, 309
アブドゥルアズィーズ1世　32
アブドゥルアズィーズ（サウジアラビア国王）　301
アブドゥルカーディル　193, 237
アブドゥルハディ、イブラーヒーム　311
アブドゥルハリーム、ムハンマド　125, 126, 156, 161
アブドゥルモネイム、ムハンマド　246
アブドゥルラウーフ、アブドゥルモネイム　294
アブダッラー（ヨルダン国王）　233, 301, 306, 309, 337
アブドゥルラフマーン、ウマル　372
アフマド・イブン・イドリース　198
アフマド・トゥーソン　27, 33, 52, 109, 111, 123
アフマド・フルシッド・パシャ（フルシッド・パシャ）　29, 71
アフマド・フワード／フワード2世　257, 315, 320, 324
アフマド、マハムード　211
アフマド、ムハンマド／マフディー　198-200, 201, 203, 205-208, 213-215, 292
アフメット・フェウズィ・パシャ　65
アブラハム　128
アミーナ・イルハミ　240
アミーナ・ハネム　27, 107-109
アミーン、アブドゥルモネイム　296, 325
アミーン、カースィム　179
アメル、アブドゥルハキーム　274, 296, 317
アメル、フセイン・シッリー　309, 316
アリー・アガ　27
アリー・ジャザイリ・パシャ　29
アリー・ベイ　20, 28, 33, 101
アル・ガウリー　118
アレキサンダー大王　109, 170
アレムダール・ムスタファ・パシャ　31, 42
アレンビー、エドムンド　255
アンズレー、ジョージ　155
アントニウス、ジョージ　108
イサウィ、チャールズ　224

[ら行]

ライプツィヒの戦い　39
ライフル　202, 211
駱駝輸送部隊　248
ラス・エッ・ティーン宮殿　67, 110, 319
陸軍　37, 39-41, 47, 48, 56, 91, 125, 134, 185, 199, 216, 240, 260, 270, 273, 274, 294, 296, 297, 307, 311, 318, 360, 371
——総司令官　44, 47, 51
——大学　136
——大臣　202, 214, 229, 247
力織機　60, 61, 91
理工科学校（エコール・ポリテクニック）82, 153
リズカ地　31, 73
リー・スタック暗殺事件　263
リダイト弾　211, 213
立憲
——運動　177
——君主国　192
——主義者　184, 188, 195
——自由党　260, 264, 284, 287, 302, 400
——制　176, 179
リバプール（巡洋艦）　313
立法議会　244, 252, 377
立法評議会　220, 243, 244, 387
溜水灌漑　87
領事裁判
——権　129, 130
——所　128, 130
リヨネ、クレディ
ルクソール
——神殿　103, 222
——事件　272
『ル・フィガロ』（新聞）　238
ルーム・セルジューク朝　55
レジョン・ドヌール勲章　108
劣化ウラン弾　213
『レトンダール・エジプシャン』（新聞）237
労働
——組合　299, 324, 376, 377
——時間　347
——党　262, 272, 322, 332, 370
——問題　103
ロシア
——軍　46, 47, 56
——皇帝　56
露土戦争　20, 156
ローマ帝国　118
ロマン主義　45
ローラー紡織機　60
「ロンドン委員会」　275
ロンドン条約　65, 67, 68, 128, 136, 173, 184, 235, 274

[わ行]

『わが半生』　211
「若者の年」　291
ワクフ　73
——管理権　245
ワサト党　376
綿繰り機　60, 88
ワタン　82
——党　160, 184, 194, 233, 238
ワッハーブ派　31, 32, 42, 178
ワーテルローの戦い　26, 39, 67
ワヒド政権　180
「和平の先駆者」　365
ワフディスト・ブロック党　299
ワフド　239, 253, 258, 259, 261, 271, 301
——委員会　254
——指導者　253, 254, 258, 265
——党　239, 262-264, 269-272, 284, 287, 288, 291, 299, 300, 312, 317, 369, 370, 388, 400
湾岸
——危機・戦争　45, 254, 365
——協力会議（GCC）　362
——産油国　357, 358, 362, 366, 379, 383, 391

——一族　111, 127, 261
——家　67, 262
——朝　23, 27, 35, 41, 68, 74, 163, 167, 170, 173, 196, 198, 309, 351, 382, 383
ムハンマド・アリー・モスク　103, 110, 111
ムハンマド常勝軍　43, 47, 64
明治
——維新　17, 23, 71, 100, 167, 170, 398
——政府　79, 81, 128, 168
名士代表諮問議会　139, 184, 399
名士党　239
明和年間　26
メガワティ政権　180
メッツ砲兵士官学校　153
「メディア法」　371
メナハウス　164
メルボーン内閣　62
綿
——業資本家　61
——産業　60-62, 170
——製品　60, 61, 90, 91, 94, 281
綿花　61, 74, 86-88, 91, 92, 94, 99, 100, 107, 122, 132, 145-147, 165-167, 170, 222, 224, 225, 228, 229, 248, 266, 275-277, 279, 288, 313, 341, 345, 346, 349, 358
——先物取引所　147, 341
——バブル崩壊　164
——プレス機　88
——モノカルチャー経済　166
綿糸　277, 279, 344
目標成長率　364
モサデク政権　316, 333
「モラルの破綻」　166, 169
モレ政権　333
モントルー条約　131, 273, 274

[や行]

輸出　21, 57, 61, 74, 85, 88-90, 92-94, 99, 122, 129, 132, 145-147, 166, 170, 222, 224, 225, 229, 275, 277, 279, 288, 340-342, 344-347, 349, 350, 357, 367, 379, 392, 397
「輸出入法」　356
「輸出ペシミズム論」　344
ユダヤ
——教　57, 237
——教徒　57
——系　298, 307, 314, 339
——人　156, 303, 304
——人機関　303
『ユダヤ人はなぜ国を創ったか——建国の父ベングリオンの回想録』　304
輸入　61, 85, 87, 90-94, 98, 100, 129, 275, 279, 281, 282, 340, 342, 345, 346, 348, 349, 356-359, 362, 363, 366, 397
——王朝　170
——障壁　98,99
——（関）税　98, 224, 225, 279, 338, 366
——代替　276, 281, 340, 344
——代替工業化　281, 344
——品　98, 99, 225, 338, 359
ユネスコ　223
洋務運動　50, 71
養蚕業者　92
洋式陸軍　41, 199
用排水路　85
余剰農産物援助　349
ヨルダン内戦　351
ヨーロッパ
——債権国　130, 152, 154, 156, 159, 165, 166, 176, 183, 187, 188
——諸国　51, 74, 79, 90, 98, 99, 108, 128, 129, 132, 133, 233, 275
——人　27, 77, 101, 113, 119, 123, 129, 133, 135, 159, 160, 182, 190-192, 199, 201, 202, 205, 208, 218, 225
——内閣　156, 158-161
——文明　123, 179
——列強　37, 42, 45, 54, 55, 63-65, 67-69, 100, 104, 114, 128, 129, 133, 154, 158, 168, 169, 182, 188, 193, 195, 209, 215, 235, 259, 321, 333

（英国）保護領　127, 177, 216, 246, 247, 257, 269, 399
——制度　220, 257, 258
保守党（トーリー党）　62, 205, 208, 262, 332
補助金　279, 344, 347, 359, 363, 364, 366, 379, 389, 391, 392, 394
ホムスの会戦　49, 55
ボーア戦争　214

［ま行］

マグレブ人　53
マジュリス・アッ・シューラ　48, 140, 375, 378
マジュリス・アッ・シャーブ（人民議会）　140, 346, 374
マスケット銃　211
マスムーハ地　73
マーチャント・バンカー　216
マフディー運動　178, 198, 200, 213, 215
『マフディー陣営での10年間の捕虜生活』　208
マフディスト　198, 205, 213, 214, 219
——軍　200-202, 204, 210-212, 214, 218
——国家　206, 208
マフムディーヤ運河　89
マフルーサ（号）　162, 321
マムルーク　18-21, 24, 25, 28-30, 33, 34, 37, 38, 40, 71, 72, 76, 101, 171
——軍団　19, 24, 25
——時代　75
——勢力　29-32,37,52
——朝　17-19, 34, 56, 118
水先案内人　330, 334
ミスル
——銀行　277, 278, 280-282, 341, 391
——・グループ　278-280, 282, 343
——高級紡績・織物会社　280
——航空　278
——公団　343
——トラベル　278
——紡績・織物会社　278
『ミスル』（新聞）　176
「ミソロンギの廃墟に立つ瀕死のギリシャ」　45
ミュール紡織機　60, 61, 91
ミュンヘン会議　330
ミルナー調査団　256, 257
ミルナー報告書　257
民営化　74, 366, 391, 392
民間
——活力　93
——企業（家）　98, 338, 339, 355, 363
——資本　98, 338
——投資　338
「民間フリーゾーン」　355
民主
——主義　231, 261, 262, 265, 325, 370, 373, 385, 399, 400
——主義指数　373
——連合　298
民族
——（独立）運動　39, 82, 116, 160, 175, 176, 182, 186, 188, 190-192, 195, 226, 227, 231-233, 235, 237, 240, 242-244, 248, 250, 255, 256, 265, 315, 390
——主義（者）　39, 82, 160, 165, 177, 183-185, 187, 188, 190, 195, 223, 226, 233-235, 237-239, 241-243, 245, 246, 250, 252, 260, 261, 263, 265, 271, 274, 286, 297, 304, 309, 313, 335, 367, 369, 385, 398
——主義政党　82, 238, 367
——資本　274, 275, 277, 279, 280, 282, 289
ムカーバラ税法　148
ムスタファ・カーメル広場　239, 240
ムスリム同胞団　181, 189, 291-293, 297, 311, 313, 314, 324, 325, 367-371, 374, 376, 387, 388, 394, 395, 400
ムハマディヤ　180
ムバーラク政権　371-373, 375, 382, 386, 387, 389, 390, 392-394, 398, 399
ムハンマド・アリー

富国強兵　71, 137
「不信仰者（カーフィル）」　205, 370
「不世出の革命家」　231, 232, 240　→カーメル、ムスタファ（人名）
フセイン・マクマホン書簡　249
武装解除法　248
ブッシュ政権　385
物品税　225
不動産バブル崩壊　225, 229, 276
ブニョーロ王国　134
不平等条約　128, 129, 131
普仏戦争　51, 188
ブーヘンヴァルト強制収容所　330
部門別高等委員会　346
ブラック・サタディ　315　→カイロ暴動（1952年）
ブラッドフォード・ダイヤーズ社　280
フランス
——・ヴィシー政権　286
——学士院　115
——革命　132
——革命政権　23
——軍　24, 25, 28, 39, 44, 79, 85, 118, 136, 212
——語　82, 123, 139, 155, 234, 271
——皇帝　30
——国王　103, 104, 155
——人　25, 40, 41, 48, 66, 79, 86, 88, 90, 112, 117, 119, 122, 131, 141, 142, 158, 164, 232, 235, 238
——首相　66, 330
——法　129
——領事　40, 79, 117
——領事館　117
フリゲート艦　41, 48
フリーゾーン　129, 355, 356, 357
フリーダム・ハウス　374
プリンストン大学　179
ブルジー・マムルーク朝　19
フルンゼ軍事大学　361
フレンチ・ロー・スクール　232
フンジュ・スルタン国　196, 197
ベアリング一族　216
ベアリングズ銀行　215
ベイ　323
兵器購入スキャンダル　311, 312
米国
——軍人　136
——人　135, 136
——政府　329, 372
——大使　315
米国同時多発テロ事件（9. 11事件）　372, 391
閉鎖経済体制下　358
ベジャ　201
ベドウィン（遊牧民）　37, 73, 76, 116, 185
ベルギー
——憲法　261
——独立問題　60
ベルギー国際銀行　341
ペルシャ
——語　84, 127
——帝国建国2500年式典　167
——湾　59
——湾岸　56, 59, 362
ベルリン西アフリカ会議　133, 209
ヘルワン製鉄所　338, 348
ベン・アリー政権　390, 393
貿易　277
——赤字　345
——・海運事業　92
——協定　98, 328
——自由化　94, 358
——収支　345, 349, 357, 358
——商人　91
——振興　89, 93
——代表　93
——統計　88　←索引ワード無い
——摩擦　60
砲艦　210, 212
報道規制　243, 244, 248
砲兵士官学校　81, 82, 153
法律学校　138, 139, 250, 271, 277
保護関税　276, 279

——貿易開発援助法　349
——用水　224
農地改革　298, 337, 339, 342, 349
農地改革協同組合　342, 349
農地法　115, 323
『昇る太陽』　237

[は行]

ハイコスト・エコノミー　349
「白人の重荷」　215
バクダッド条約　327　→相互防衛条約（イラク・トルコ）
——機構　327
バークレイズ銀行　275, 339
ハサフィーヤ教団　292
ハーシム王家　336
パシャ　29, 50, 75, 122, 134, 323
バスク（民族）　117,120
「8人のパシャの戦い」　50
バッガーラ遊牧民　206-208, 210
ハデト　291, 297, 298
パトリ　82
「パトロン—クライアント関係」　379
パナマ
——運河　123
——事件　123
ハマース（イスラーム抵抗運動）　387
ハラージュ（地租）　73
パリ
——銀行　120
——万博　143
——和平会議　253, 254
『パリの要約における金の精錬の書』　82
バリ（民族）　197, 396
バルタ・リマン協定　98-100, 279
パレスチナ
——・ゲリラ　350, 351
——戦線　248, 255
——戦争　177, 294, 298, 303-306, 308, 311, 318, 322, 368, 400
——問題　246, 350
バーレブ・ライン　353
汎イスラーム
——運動　175
——思想　237
反英民族運動　227, 235, 243, 244, 248, 315
バンク・オブ・アメリカ　384
『パンチ』（雑誌）　150
バンドン会議／アジア・アフリカ会議　327
ハンプシャー（巡洋艦）　214
パン暴動　359, 364, 394
ピアストル運動　297
東地中海貿易　47, 57, 93
ビザンティン時代　25
ヒジュラ（聖遷）　197, 200, 370
非常事態令　378, 379
非同盟主義　328, 329
「秘密組織」　294
ピラミッド　141, 143, 144, 238, 294, 297
——の戦い　24, 25
ファーイド　73
ファショダ事件　212, 233
ファッカーリーヤ　19
ファッラーヒーン　38
「ファルージャの虎」　304　→ナセル（人名）
フィアット　348
フェッダン　86, 89, 148, 159, 222, 245, 263, 323, 342, 377
フェミニズム運動　180
フェリー内閣　188
普墺戦争　51
福音主義者　132
副王（ヘディーウ）　35, 125, 127, 134, 140, 148, 151-156, 158-163, 168, 174, 176, 178, 183, 184, 186-188, 190, 191, 194-196, 205, 216, 218-220, 231, 233, 237, 240, 241-243, 245, 247, 251
——専制　140, 154, 156, 157, 174, 183
——府　154
複式簿記　48
副大統領　274, 296, 353, 361, 397

ドルーズ派　63
トルコ
　——系　19, 239
　——語　76, 84
　——人　19, 39, 53
　——帽（タルブーシュ）　92
トルコ・チェルケス系　39, 159, 161, 170, 174, 185, 186, 189, 190, 251, 255, 269
奴隷　19, 116, 132, 133, 135,
　——解放宣言　132
　——交易（貿易）　116, 131-135, 193, 197, 201, 208
　——商人　116
　——制　131, 132
　——貿易廃止法　132
　——労働力　60
ドンゴラ（部族）　152, 199, 210

[な行]

内務省　76, 242, 251, 388
ナイル
　——沿岸部族　208, 211
　——の戦い　24
「ナイルの詩人」　236　→イブラーヒーム、ハーフィズ（人名）
ナヴァリノの海戦　47, 48
ナショナリズム　82, 177
ナズィーフ内閣　389, 391, 393
ナスル公団　343
ナセル暗殺未遂事件　181, 189, 325, 367, 368
ナセル政権　319, 329, 330
『ナセル』　98, 169, 171, 177, 181, 189, 195, 222, 274, 287, 288, 294-298, 304-306, 316, 317, 319, 321, 323, 325-337, 339, 341, 343-345, 347, 349-353, 355, 358, 361-363, 367-369, 375, 376, 379, 398, 400
ナチス　297, 298
　——・ドイツ　330
ナポレオン軍　23, 39, 40, 52, 67, 91
ナポレオン戦争　30, 39, 74, 79, 136
南北戦争　132, 136, 146, 147, 170
２月革命　103, 104
２月４日事件　283, 287, 300, 306, 308, 311, 312, 320, 322
二元管理　152
ニザーム・ジェディード　41, 43
二層甲板艦　46
日米安保体制　291
日清戦争　50, 168
日中国交回復交渉　284
日露戦争　168, 235, 236
二年周期輪作農法　223
日本
　——軍　50
　——政府　144
　——占領政策　217
　——陸軍　185
「日本の乙女」　236
乳幼児死亡率　289
ニューヨーク世界貿易センタービル爆破事件　372
人間開発　377, 380, 383
　——指数　383
『人間開発報告書2010年版』　383
『ヌーヴェル・レヴュー』（雑誌）　233
ヌエル　197
「ネクスト11」　392
ネポティズム　379
農業　38, 73, 74, 77, 83, 85, 87, 88, 94, 95, 97, 107, 115, 224, 228, 266, 275-277, 279, 289, 340, 342, 343, 346, 349, 358, 363, 377
　——開発　221, 223
　——学校　252
　——規範　88, 107
　——協同組合　342, 349
　——銀行　224, 229
　——省　244, 343, 346
　——振興（策）　84, 89, 217, 225, 244, 328
　——大臣　276, 301
　——道路　223

チェンバレン内閣　330
治外法権（特権）　46, 68, 128-131, 168, 231, 235, 238, 273, 274
地中海貿易　47, 57, 93
地方評議会　220
——選挙　388
中央銀行　124, 275, 341, 381
中央集権　54, 73, 75, 76
——化　20, 101
——国家　71, 100
——制　78
中央治安部隊（アムン・マルカジ）　364
中継貿易　17, 20
鋳造工場　90
駐退機　211
中長期公的債務　357
中東資材調達本部　282
中東戦争　337
第一次——　177, 294, 303　パレスチナ戦争
第二次——　288, 316, 331　スエズ動乱
第三次——　124, 194, 349, 350, 352, 361
第四次——　353, 360, 361
「中東の大国」　18, 97, 398, 401
中東民主化構想　385
中東和平問題　365
駐留英軍　219, 262, 273, 285, 287, 312, 313, 326, 329
徴税　21, 29, 32, 56, 72, 73, 77, 78, 149, 155, 159, 160, 224, 379
——請負制度（イルティザーム）　72
——請負人（ムルタズィム）　72, 73, 75
——官（吏）　75, 76
——責任職　56
長繊維綿花　74, 87, 100, 107, 170
朝鮮戦争　330
徴兵制　38, 39, 62
諜報国家　377
直接税　223, 224, 244
直接投資流入額　392
通貨供給量　359
通商産業政策　97
通年灌漑設備　87
帝国主義　62, 129, 175, 179, 182, 191, 202, 327, 333
ティバーク　19
堤防　85, 87
ディンカ　197
ディンシャワーイ事件　226-228, 237, 242, 243, 314
テクノクラート　95, 285, 286, 390, 391, 393
鉄道　112, 113, 115, 119, 125, 137, 145, 156, 158, 159, 164, 165, 168, 210, 211, 223, 224, 245, 255, 276, 279
——大臣　82, 154
デット・サービス・レシオ　357, 364
テル・エル・ケビールの戦い　194, 195, 200, 204
デルタ　85
——地帯　73, 91, 113, 125, 130, 177, 185, 227, 250, 271, 302, 382
——・バラージュ　86, 221
テレコム・エジプト　391
テレジアヌム陸軍士官学校　240
電信線　115, 137, 145, 203
ドイツ
——・アフリカ軍団　286
——軍　286, 287, 305
——語　155
——人　207
『ドゥーイング・ビジネス2008年版』　392
トゥジャール（貿易業者）　29
『道標（マアーリム・フィル・タリーク）』　368
「東方の覚醒者」　175　→アフガーニー（人名）
トゥールーズ大学　232, 250
特別高等弁務官　255, 258, 266, 322
飛び杼　60
トライアングル・グループ　282

1919年革命　177, 253, 255
「1971年法律第65号」　355
「1977年法律第40号」　376
「1974年法律第43号」　355
「1960年法律第250号」　341
「1961年法律第120号」　341
「1961年法律第127号」　342
セントジョージ・カレッジ　384
専売　90
——収益　74, 90
——制　60, 62, 63, 68, 74, 75, 78, 85, 98, 99, 104, 148, 168
船舶税　224
戦列艦　48, 49
相互防衛条約（イラク・トルコ）／バグダッド条約　327
相互防衛条約（アラブ連合・イラク）　336
相互防衛条約（ヒュンキャル・イスケレイシ条約）　60
総督　17, 18, 20, 27-30, 33, 35, 43, 44, 47, 49, 52, 56, 68, 71, 76, 107, 111, 114-116, 118, 119, 122, 123, 125-127, 132, 133, 135, 157, 168, 173, 197, 199, 202, 204, 212-214, 216, 249, 263, 266, 302
——官房　76, 154
——府　20, 71, 72
造兵廠　76, 89
粗工業所得　347
（エジプト国家）「組織法」　219, 244, 340
ソールズベリー内閣　205
「ソ連の脅威」　312, 327
村落有力者　73, 116, 148, 153, 185, 195, 251

【た行】

タアーイーシャ部族　206
『ダアワ（宣教、呼びかけ）』　368
第一カリフ　206
「対英協力内閣」　287, 299
「大英帝国のハイウェー」　312
対外債務　122, 149, 362, 363, 364
対外債務残高　364
大恐慌　246
大宰相（サドラーザム）　51, 55, 65, 102, 105, 127
大衆運動　181, 394, 396, 399
大生紗廠　91
対ソ封じ込め政策　312, 327
（海軍）大提督（カプタン・パシャ）　43, 44, 65
大統領選挙　330, 374, 377, 386, 387, 388, 399
第二次農地改革　342
第二次民族運動　231, 250
「第二のクローマー」　272　→ランプソン（人名）
「第二の敗戦」　173, 174
大日本文明協会　230
『タイムズ』（新聞）　149
第四共和制　330
大陸封鎖令　30
「タクフィール・ワ・ヒジュラ（不信仰者の宣告と遷行）」　370
多国籍軍　365
「脱亜入欧」　125, 127, 129, 131, 133, 135, 137, 139, 141, 143
タバコ税　224
タバコ・ボイコット運動　175
タハリール橋　138
タハリール広場　384, 390
ダム　85, 201, 207, 221-223, 228, 233, 328, 329, 358, 365, 374, 390, 399, 401
タラリ　146, 147
タリバン（ターリバーン）　206, 208
ダール・フール・スルタン国　135, 196, 197
タンズィマート　126
治安・諜報機関　377, 379
地域防衛構想　312
チェルケス
——系　19, 185
——人　19, 39

167
——地帯　193, 273, 298, 302, 313, 326
——通航収入　124, 329, 350
——利権協定　235
スエズ運河基地に関する英国・エジプト条約　326
スエズ動乱　288, 316, 331-334, 336, 339, 350
裾野産業　99
スターリング圏　280, 332
スーダン
——・ゲジラ地帯　263
——戦役　37, 38, 109
——総督　111, 116, 127, 133, 157, 202, 213, 214, 249, 263, 302
——兵　38, 123, 200
スーダン・コンドミニウム協定　212, 243, 259
スタンド・バイ・クレジット　349
スーダンの自治および自決に関する英国・エジプト協定　215, 326
『スーダンの火と剣』　208
スッカラ　75
スティーヴンソン社　112
スーフィー教団　199, 292
スーリア（軍艦）　46
スルタン　18, 19, 27, 35, 36, 42, 43, 47, 52, 55, 56, 64, 65, 68, 89, 111, 118, 126, 127, 135, 174, 183, 184, 191, 195-197, 205, 216, 219, 247, 257
制海権　24, 67
税金　72, 73, 148, 379
政策局長兼幹事長代理　384
「生産的門戸開放政策」　362
『政治経済学の国民的体系』　94
税制改革　57, 71, 72, 75, 101, 221
製糖工場　137, 164, 282
正統カリフ　206
政党
——委員会　376
——政治　269, 283, 400
——法　376
青年エジプト党（ミスル・アル・ファタート）　291, 297, 300, 314
青年トルコ党　246
政府公文書館　76
「政府転覆罪」　369
「政府の店」　342
「西洋の衝撃」　23, 176
『世界開発指標2000年版』　366
世界銀行　328, 329, 347, 357, 366, 380
——／国際金融公社　392
世界金融危機（リーマン・ショック）　392, 395, 397
『世界債務統計』　357
世界大戦
第一次——　84, 165, 214, 216, 225, 229, 239, 245-247, 250, 266, 276, 278, 285, 288, 300, 301, 305
第二次——　95, 217, 246, 272, 282-285, 290, 297, 300, 309, 312, 319, 369, 400
『世界の自由度2009年版』　374
石炭　92, 98, 275, 281
石油　281, 312, 316, 330, 332, 333, 340, 350, 354, 356, 359, 363, 379, 391, 392
——収入　124, 350, 356
——（オイル）ショック　289
——戦略発動　354
世襲　19, 68, 107, 125, 262, 385
——支配権　127
——制　127, 173, 216
積極財政路線　115, 147
セラスケル（陸軍総司令官）　47
セラミカ・クレオパトラ　366
繊維　74, 87, 90, 92, 107, 170, 217, 225, 275, 277, 278, 280, 325, 344, 346
——産業　21, 61, 91, 99, 100, 278, 281, 345, 346, 348
——摩擦　59
選挙法　244, 262, 326
「1951年法律第57号」　341
「1952年法律第178号」（農地法）　323
「1953年法律第430号」　338
「1958年法律第21号」（工業組織法）　340

「実行三ヶ年計画」　350
「ジハード団（ジャマーアト・アル・ジハード）」　370, 371
ジープ事件　311
資本調達　344
ジャアリー　210
シャイフ・ル・バラド　20
「社会・経済開発10ヶ年計画」　340, 343, 350
「社会・経済開発第一次５ヶ年計画」　343, 344, 347
「社会・経済開発第二次５ヶ年計画」　350
「社会・経済開発：長期ビジョン」　380
社会党　297, 298, 314
社会労働党　370
若年層　289, 359, 369, 380, 381, 398
ジャーヒリーヤ　368, 369
「ジャーヒリーヤ論」　396
州　77
私有化　73, 74, 115
手工業ギルド　90
十字軍　19, 25
「自由主義エジプト」　269
自由将校団　291, 294, 295, 297, 305, 316-319, 324, 353
　——執行委員会　296, 323
『自由将校団の声』（新聞）　316
自由党(ホイッグ党)　62, 191, 202, 208, 237, 244, 260, 264, 284, 287, 302, 400
自由貿易　100
　——主義　62
　——帝国主義　62
14ヶ条　249
「修正投資法」　356, 358
ジュッバ　205
ジュメル（綿花）　87
主要債権国会議（パリ・クラブ）　366
シューラ評議会（マジュリス・アッ・シューラ）　140, 375, 376, 378, 386, 388
巡礼長官（アミール・ル・ハッジ）　20
上院（エジプト国会）　262, 272, 322
蒸気
　——機関　60, 90, 98, 107
　——船　59
商業会議所法　280
商工業委員会　276, 277
将校クラブ　316, 317
常勝軍　43, 47, 64, 134
「職能組合法」　371
職能別組合（専門職同業組合）　370, 371, 376
植民地　20, 23, 95, 117, 132, 164, 226, 230, 240, 266, 312, 322, 325, 326, 330, 351
　——化　114, 122, 130, 133, 145, 209, 215, 217, 259
　——型　100, 275
　——支配　130, 168, 171, 182, 234, 329
シリア人　80, 93, 144, 175, 180
シリア戦役
　第一次——　47, 54, 60, 62, 140
　第二次——　62, 110, 168
シルク（民族）　197
『白ナイル』　132, 135, 198, 204, 215
清　50, 71, 91, 101, 122, 155, 168
「新経済社会開発５ヶ年計画」　364
人口　19, 20, 26, 77, 97, 100, 129, 159, 165, 171, 208, 277, 289, 293, 301, 345, 356, 358, 359, 363, 380-384, 387, 391, 394, 398
人頭税　147
信任投票　374, 375, 386
『新編地誌』　82
人民議会（マジュリス・アッ・シャーブ）　140, 346, 370, 374-376, 386-388
新ワフド党　370, 388
水力紡織機　60
枢軸側　246, 285, 300
スエズ運河　117-119, 121, 123, 124, 149, 150, 163, 170, 182, 192, 193, 217, 219, 228, 243, 252, 257, 258, 274, 288, 298, 312, 329, 330, 331, 334, 339, 351, 353-356, 379, 392
　——開通式典　134, 140, 142, 144, 162,

国家セクター　342
国家治安裁判所　379
国家独占貿易品目　356
ゴードン記念大学　266
コトン・ジン　60　→綿繰り機
５フェッダン法　245
コプト
　——教　76, 77
　——教徒　102, 116, 243, 255, 299, 370, 385, 397, 400
小麦　74, 87, 91, 93, 349, 358, 359, 364
五洋建設　124
コーラン（クルアーン）　139, 179
ゴールドマン・サックス　392
混合裁判所　130, 131, 235, 238, 274
コンゴ動乱　341
コンドミニウム（共同統治下）　212, 243, 259
コンヤの会戦　51

[さ行]

サアド党　284, 286, 287, 300, 302, 311
『最近埃及』　230
最高憲法裁判所　387-388
最高プレス評議会　378
最高ムフティー　178
財政　71, 74, 79, 104, 107, 115, 122, 123, 130, 136, 147-152, 154, 156-158, 164, 166, 176, 182-184, 209, 217, 219-221, 223, 224, 226, 254, 326, 344, 349, 359, 363, 366, 382, 391
　——赤字　344, 359, 363, 364, 366
　——改革　48, 71, 79, 159, 217, 221
　——基盤　52, 71, 102, 107, 221
　——・税制改革　71, 75
　——破綻　117, 122, 123, 149, 152, 154, 155, 157, 161, 168, 169, 176, 235
最低賃金　299, 348
サイード農地法　115
歳入　20, 74, 78, 79, 90, 147, 148, 151, 154, 157-159, 223, 366
財務長官（デフテルダル）　20, 52, 76, 107, 112
債務免除　366
サウード王国　31, 32, 37, 52, 59
ザグルール
　——政権　298
　——内閣　262
サダト大統領暗殺事件　370, 378
『サダト自伝』　228, 287, 294
サッド　134
サファヴィー朝　118
サラフ　178
　——主義（サラフィーヤ）　178
ザワート　148, 159
産業革命　103, 132
三国干渉　168
サン・シール陸軍士官学校　125
暫定憲法　324
参謀　40, 51, 136, 260, 286, 305, 316-319, 361
　——学校　52, 115
　——本部制度　136
サンマーニーヤ教団　199
ＧＨＱ　217
G20　397
シェイヒュル・イスラーム（イスラーム長官）　127
ジェニー紡績機　60
シェパーズ・ホテル　314
士官学校　51, 52, 81, 82, 125, 153, 185, 216, 240, 260, 270, 274, 294, 296, 297, 361
識字率　171, 383
事業化可能性調査　98, 347
資産法　130
シタデル　19, 33, 89, 111, 138, 239, 302
　——の惨劇　30, 32, 33, 75
７月王政　103
７月革命　104
７月危機　245
失業　291, 358, 369, 381, 385
　——問題　289, 301, 311, 359, 380, 381, 398
　——率　364, 381

158, 265, 286, 343
——大臣　158, 265, 286
「公共フリーゾーン」　355
公債整理委員会　151, 156, 157, 159, 217, 226
耕作地　277, 288
——面積　86, 164, 328
香辛料　17, 20, 93
——貿易　17, 118
公正発展党　395
構造改革　366, 383, 390, 398
控訴裁判所　130
公団　339, 343, 346, 347, 356
「公団廃止に関する法令」　356
甲鉄艦　128
高等教育　82, 138, 139, 153, 154, 165, 252, 291, 369
高等工業専門学校（ムハンデスハーネ）　83, 153
高等師範学校（ダール・アル・ウルーム）　82, 139, 165, 177, 181, 292, 361, 367
高等弁務官　209, 247, 253, 255, 258, 266, 272, 273, 300, 322
国営エジプト航空　278
国営工場　90, 98, 100, 104
国際収支　340, 350, 364, 392
国際スエズ運河株式会社／運河会社　120, 121, 149, 228, 243, 274, 329
国際通貨基金（IMF）　349, 357, 366
国際分業　85, 94, 100, 275
国際連盟　273, 274
国内総生産（GDP）　283, 344, 364, 366, 383, 397
国民
——意識　39, 177
——解放民主運動（ハデト）　298
——国家　170, 171, 177, 235, 237
——所得　288, 340, 342, 343
——信託党（PAN）　180
——進歩統一党（タガンマア党）　296
——戦線　300
——総生産（GNP）　357
——党（ワタン党）　233, 234, 238, 239, 244, 252, 271, 367
——統一党　327
——投票　326, 336, 374, 387, 388
——の館（ベイト・アル・ウンマ）　264, 265
——民主党（NDP）　374, 376, 384, 387, 388, 391
国有化　20, 57, 61, 73, 124, 288, 298, 316, 327, 329, 330, 333, 334, 339, 341-343, 351, 355
国有企業　339, 340, 343, 346, 347, 363, 364, 369
「国有企業法」　363
国立
——カイロ大学　17, 82, 83, 139, 252, 291, 339
——ヘルワン大学　38, 182, 198
——図書館（ダール・アル・クトゥブ）　82, 139, 164, 165
国　連　24, 28, 45, 56, 66, 243, 272, 303, 307, 331, 332, 335, 350
——安全保障理事会　303
——開発計画（UNDP）　377, 383
——監視軍　350
——決議　193
——統計　383
古代エジプト　222
——第25王朝　141
——第26王朝／サイス朝　118, 141
国会　140, 184, 187, 188, 220, 244, 285, 286, 299, 300, 302, 313, 366, 374, 375, 386, 399
——（イスラエル）　354
——（エジプト）　243, 262
——（スーダン）　327
——（日本）　168
——（フランス）　193
国家計画委員会　340
国家計画最高評議会　340
「国家計画策定に関する大統領令」　340
国家再生会　233, 241

金権体質　284, 299, 300
近代
——化　17, 23, 25, 26, 39, 41, 44, 50, 65, 71, 79, 81, 89, 91, 93, 95, 97, 103, 104, 110, 113, 126, 136, 155, 163, 164, 168, 169, 171, 179, 224, 235, 237, 398
——化政策　31, 37, 43, 44, 57, 71, 79, 83, 97, 104, 112, 115, 137, 154, 165, 167, 170, 176, 351
——的常備軍　37, 100, 101, 136
——文明　23, 25, 179
『近代エジプト』　84, 107, 155, 163, 177, 192, 230, 238, 264
『近代エジプトの興隆』　155
区　77
クイブイシェフ・ダム　328
クウェート侵攻　365
クシュ人　141
クッターブ　251
「クトゥブ主義」　369
クリミア戦争　113, 114, 120, 126, 146, 149
クルップ砲　202, 210
クルド人　19, 39
グレイ内閣　62
クレディ・リヨネ　275
『黒い書』　299, 300
グロッピー　276
グローバリゼイション　215
郡　77
軍事　19, 32, 34, 39, 40, 48–53, 63-65, 68, 71, 72, 76, 79, 99, 100, 107, 111, 126, 136, 171, 176, 181, 182, 187, 193-195, 198, 200, 202, 204, 209, 216-219, 235, 256, 273, 294, 304, 311, 313, 317, 318, 320, 331, 332, 334, 336, 351, 353, 354, 361, 401
——省　83, 186
——大臣　185-187, 189, 190, 285
——独裁政権　192, 333
——法廷　378
軍需産業　54, 89
「軍令第5号」　339
ケイヴ・ミッション　147, 150, 151, 155
経済　17, 20, 21, 47, 48, 56, 60, 68, 71, 76, 79, 81, 83, 85, 87, 89, 91, 93-95, 99, 100, 102, 112, 114, 120, 126, 129, 133, 145, 146, 148, 149, 151, 159, 166, 168, 173, 197, 216, 217, 224-226, 228, 229, 275-280, 288, 293, 296, 300-313, 323, 328, 336-347, 349-360, 362-366, 369, 372, 380-384, 389, 390-393, 395-398, 400
——構造改革　383, 398
——多角化　275
「経済改革・構造調整プログラム」　366
経済開発公団　339
『経済季報（1961年第2号）』　341
「経済社会開発5ヶ年計画」　363, 364
経済成長　343, 344, 349, 363, 381
軽鉄道　223
毛織物　61, 89-91, 277
ゲリラ戦　201, 213, 337
県　77
権威主義化　371, 390
「権威主義開発体制」　95
「権威主義的政権」　374, 390, 391,396, 400
憲兵隊　201, 218
原理主義　179
交易条件　344
紅海貿易　57
後期サン・シモン学派　118
工業　39, 63, 80, 83, 90, 92, 94, 95, 99, 130, 153, 164, 171, 252, 269, 276-278, 280-283, 292, 336-340, 343-347, 349, 355, 363, 399
——化　17, 89, 92, 94, 97-100, 166, 168, 217, 225, 276, 277, 279, 281, 298, 328, 336, 338, 340, 343-345, 355
——化政策　71, 95, 97, 98
「工業化第一次5ヶ年計画」　340
「工業化第二次5ヶ年計画」　340, 345
工業銀行　280, 338
「工業組織法」　340
公共事業　75, 76, 82, 102, 112, 137, 154,

『固き絆（アル・ウルワ・アル・ウスカー）』
175, 178, 180
カタラクト　204, 210
ガッド党　377, 386
カーシミーヤ　19
ガリポリ作戦　229
カリフ／ハリーファ　118, 206
カルケドン公会議　77
灌漑　83, 86, 87, 115, 137, 164, 165, 221, 222, 263, 277, 363
——設備　18, 77, 85-87, 107, 165, 220-222, 244
——用水　86
換金作物　74, 87
観光収入　124, 356, 372, 391, 392
韓国併合　230
監察総監　154
監察総局　77
関税　68, 92, 98, 148, 338, 356, 379
——自主権　100, 168
——収入　80, 129, 156, 168
——・非関税障壁　62
「関税保護法」　279
間接税　223, 224
カンタール　88, 146, 222
官報　83, 84, 177, 184, 251
生糸　57, 170
議会　139, 140, 150, 158, 180, 181, 184, 219, 220, 243, 244, 252, 253, 256, 261, 262, 264, 265, 269, 340, 346, 370, 374-378, 386-389, 399, 400
——政治　262, 284
——制民主主義　261, 262, 325, 385
「議会制エジプト」　269
基礎的生活物資　363, 366, 379, 391
絹織物　89, 91, 92, 277
キファーヤ　385, 387
キファーヤ運動（変革のためのエジプト運動）　385, 387
喜望峰航路　17, 23
キャピチュレーション　46, 128, 129, 131, 273
キャンプ・デービッド合意　354
キャンベル＝バナーマン政権　244
９・11事件　372
キュタヒヤ休戦協定　56
ギュルハーネ（薔薇園）詔勅　102, 113
教育　19, 38-40, 52, 53, 57, 71, 76, 79, 82, 83 ,94, 103, 104, 108, 111, 122, 138, 139, 144, 153, 154, 165, 174, 178 , 179, 183, 217, 226, 233, 238, 250-252, 257, 260, 263, 270, 271, 285, 291-293, 297, 336, 344, 367, 381, 383, 385
——基本法　82, 138
——制度　82, 83, 138, 171, 291, 368, 369, 381
——大臣　139, 252, 257, 296
行財政改革　71, 79, 217
行政
——改革　75, 76
——機構　54, 57, 75, 76, 102, 224, 317
——用語　76
共産
——圏　328, 332
——主義　215, 313, 336, 350
——党（エジプト）　298
強制労役（コルベ）　75, 122, 155, 163, 224, 248
共同覚書　235
第一次——　188
第二次——　190
強兵策　37, 39, 41, 43,45, 47,49, 51, 53, 55, 57, 71
共和制革命　337
ギリシャ
——系　114
——人　45, 80, 93, 110, 112, 159, 190
——戦役　41, 42, 43, 47, 48, 57, 107
——独立運動　45
キリスト教　26, 77, 208, 215, 237
——国　213
——徒　57, 80, 93, 108, 204
「キリスト教による脅威」　215
「キリスト教の勝利」　215

「ＮＧＯ法」　371
Ｍ・マハムード・アンド・サンズ・グループ　282
エル・アラメインの戦い　287, 300
「エル・キビール」　100, 105
エルドアン政権　395
エル・ナスル自動車　348
欧化政策　137, 140, 160
王立法律学校　271, 277
オーストリア
　——皇太子夫妻暗殺　245
　——人　208
オスマン　49, 52, 64
　——軍　27, 42, 46, 49, 50, 55, 64
　——皇族　125
　——債務管理委員会　152
　——人　53, 109
　——政府　29, 30, 32, 33, 38, 42-44, 47, 52, 56, 65-67, 69, 76, 104, 109, 113, 114, 120, 126-128, 139, 149, 155, 161, 183, 187
　——帝国　18-20, 24, 27-30, 36, 37, 41-46, 50-56, 60, 62, 63, 65-67, 68, 80, 89, 94, 98, 101-103, 109, 111, 113, 118, 126-129, 149, 152, 163, 168, 171, 176, 183, 184, 187, 191, 205, 216, 218, 219, 237, 246, 247, 249, 253, 326
　——帝国領　26, 32, 61, 66, 93, 98, 247, 249, 253
オックスフォード大学　214
オッペンハイム　147
オペラ・ハウス　141-145
オベロイ・ホテル　164
オムダ　375
　——法　375
オムドゥルマーンの戦い　211, 212, 215, 244, 304, 327
オラービー革命　39, 116, 131, 170, 176, 178, 180, 182, 186, 188, 192, 197, 198, 200, 208, 215-218, 226, 231, 233, 235, 243, 251, 257, 259, 263, 313, 399
オリエンタル・ウィーバーズ　367
オリエント遠征　23, 49, 169, 176, 333
『オリエントの嵐』　295, 334, 335

[か行]

海外出稼労働者の送金収入　124
外貨　90, 92, 99, 165, 347-349, 355, 357, 358
　——獲得源　74, 87, 107, 124, 164, 222
　——強制交換令　391
　——収入（源）　167
　——準備　332, 364
　——準備高　392
　——法　356
海軍　18, 39, 41-43, 47, 48, 50, 54, 67, 85, 103, 135, 209, 229, 320, 385
　——艦艇　65, 68, 90, 119, 128, 143
　——工廠　41, 48, 90
　——総司令官　44
「会社法」　279, 355
外債　122, 149, 164, 168, 362-364
開発経済学　344
開発独裁型　390
解放戦線　181, 324, 325
カイロ
　——・アメリカン大学　80, 81, 83, 164, 179, 378, 384
　——銀行　391
　——商業会議所　277, 280
　——人権研究所　386
　——暴動（1803〜05年）　28
　——暴動／ブラック・サタディ（1952年）　314-316
『カイロ商業会議所会報』　280
下院（エジプト国会）　262, 272
科学技術　179
革命委員会　323, 325
「革命の宣教者」　233　→ナディーム（人名）
『革命の哲学』　305
閣僚評議会　158, 219, 220
ガージャール朝　40
カスル・エン・ニル橋　138, 139

——軍総司令官兼スーダン総督　263
——経済　17, 21, 71, 85, 145, 217, 225, 228, 275, 279, 280, 288, 349, 350, 359, 372, 391, 400
——憲法　187-189, 238, 262, 301, 319, 324, 326, 339, 374, 375, 378, 386-388, 398,
——考古学局長　141
——考古学博物館　115, 141
——公債　150, 151
——国王　246, 270
——国民　49, 223, 235, 246, 249, 250, 252, 260, 264, 271, 291, 298, 300, 309, 314, 329, 332, 401
——国民解放運動　298
——国民大学　252, 260, 291
——産業連盟　281, 338
——財政高等調査委員会　123, 157, 158
——財務省統計　275, 279, 288, 290
——人　19, 25, 38, 53, 54, 77, 82, 90, 102, 109, 116, 122, 128-130, 140, 141, 153, 154, 159, 160, 164, 170, 171, 173-175, 180, 182, 185-187, 190, 217, 218, 225, 226, 228, 234-236, 238, 239, 242, 243, 245, 248, 249, 252-255, 257, 274, 279, 281, 287, 299, 313, 332, 334, 372, 380, 381, 388
——人権機構　388
——政府　77, 98, 116, 121, 122, 133, 147-149, 151, 159, 188, 190, 191, 197, 200, 201, 215, 223, 243, 246, 248, 261, 263, 264, 274, 279, 282, 285, 313, 328, 329, 339, 357, 359, 366, 369, 372, 380, 385
——政府印刷公社　84
——総督　27, 29, 43, 44, 52, 107, 123, 127, 173
——独立協会　260
——中央銀行　124, 341, 381
——中央動員統計局　397
——地理学協会　139, 142, 165
——民族主義（者）　195, 237, 304, 309
——綿　84, 88, 146
——問題　187, 202
「エジプト化」　279, 340
『エジプト概要』　80
エジプト革命（1952年）　39, 171, 196, 274, 280, 294, 296, 303, 311, 313, 315, 317-322, 342, 368, 382
第一次——　186　→オラービー革命
第二次——　177, 255　→1919年革命
「エジプト共和国憲法」　339
エジプト銀行　276
「エジプト近代化の父」　26　→ムハンマド・アリー（人名）
『埃及混合裁判』　131
「エジプト人のためのエジプト」　160, 190
「エジプト人の母（オム・アル・マスリーン）」　255　→ザグルール、サフィーヤ（人名）
エジプト製糖会社　282, 339
「エジプト独立の父」　177, 250, 264　→ザグルール、サアド（人名）
エジプト・ナショナル銀行　275, 341, 344
エジプト・ナショナル紡績社　225, 276
『エジプトにおける英国』　163, 182, 208, 250, 256, 273
『エジプトの出来事（アル・ワカーイ・アル・ミスリーヤ）』　84, 177
「エジプトのパシャ」　122
エジプト・ポンド　147, 220, 223, 224, 229, 278, 279, 288, 290, 297, 300, 339, 340, 341, 343-345, 347, 349, 356, 358, 359, 363, 397
「エジプト民族主義の父」　195　→オラービー（人名）
「エジプトを戦火から守るための法案」　285
エスナ・バラージュ　221
エチオピア軍　136, 207
ＮＧＯ（非政府組織）　371, 376, 377, 378, 388

『イスラーム世界はなぜ没落したか？』 179
「イスラームの脅威」 208, 215
イタリア
——軍 207, 267, 285, 286
——語 142, 155, 260
——人 93, 142, 308, 321
——・ファシスト党 297
一般売上税 366
伊土戦争 245
イートン校 242, 272
イフサニア（軍艦） 46
イブラーヒーム事件 338
イブン・ハルドゥーン開発研究センター 378
イラク戦争 219, 332, 333, 335
（政府）印刷所 83, 84
イラン革命 394
イングランド銀行 275
インセンティブ・レート 356
インド
——・極東貿易 120
——大反乱／セポイの反乱 62, 175
——・モスリン 91
——・ルート 59, 62, 117, 169
インフィターハ（門戸開放） 355, 356, 369
インフラ（インフラストラクチャー） 79, 88, 98, 137, 164, 338, 345, 355, 358, 380, 382, 391
インフレ 301, 311, 358, 359, 363, 369
ウェストミンスター寺院 229
ヴェルサイユ条約 68
「ヴェールに包まれた保護領制度」 220
ウマイア朝 108
ウマル・エフェンディ 276, 342
ウラマー（宗教指導者） 29, 181
ウーリッジ陸軍士官学校 216, 270
運河 76, 85, 88, 89, 118, 119, 121-123, 142, 150, 168, 312, 329, 330, 334
ウンマ党（エジプト） 250
ウンマ党（スーダン） 213
英国
——海軍 67, 85, 209
——下院 94, 120, 151
——人 90, 118, 134, 135, 155, 158, 162, 164, 197, 200, 202, 216, 220, 226, 228, 241, 242, 248, 266, 273, 275, 286, 313, 329
——政府 61, 99, 112, 119-121, 135, 149, 150, 188, 193, 202-204, 213, 219, 221, 226, 242, 249, 253-258, 263, 286, 300, 329
——総領事兼代表 162
——大使 246, 270, 300, 322
——当局 201, 220, 234, 238, 240-244, 248, 249, 252, 261, 264, 272, 286, 299, 382
——領事 77, 104, 114, 191, 192, 220
英軍 28, 30, 41, 59, 67, 69, 182, 193, 194, 207, 209, 210, 213, 214, 218, 219, 227, 228, 258, 259, 262, 266, 267, 273, 285-287, 291, 300-304, 309, 312, 313, 315, 326, 327, 329, 401
英国・エジプト同盟条約（同盟条約） 273
英土協定 218
英仏協商 235
英仏協定 212
『エコノミスト』（雑誌） 315
エコノミスト・インテリジェンス・ユニット（EIU） 373, 374
『エジプシャン・スタンダード』（新聞） 237
エジプシャン・コットン・ミルズ社 225
エジプト
——学士院 115
——灌漑博物館 85
——軍 24, 32, 40-42, 45, 47-50, 52-57, 59, 63, 64, 66, 67, 72, 107, 113, 123, 136, 184, 185, 189, 191, 194, 195, 197, 200, 201, 203, 204, 207, 210, 212, 218, 235, 241, 245, 256, 263, 285, 303–306, 316-318, 336, 337, 353, 354, 395, 400, 401
——軍最高評議会 389, 400

「アラブ社会主義」　338, 340, 346, 351, 376
アラブ社会主義連合（ASU）　346, 376
『アラブ人間開発報告書2004年版』　377
『アラブ人間開発報告書2003年版』　380
「アラブの声放送」　330
『アラブの目覚め』　108
『アラブの歴史』　105
『アル・アハラム』（新聞）　165
『アル・グムフーリーヤ』（新聞）　387
アル・ゲジラ・パレス　140, 144
「アル・サーリフ」　198　→シャイフ・アフマド（人名）
アルジェリア
——・ウラマー協会　181
——内戦　181, 371
——民族解放戦線　181
アルバニア
——系　43
——人　17, 27, 37, 39
——人不正規部隊　27-29, 33, 43, 44
アル・ハミードの戦い　30, 69
『アル・マナール』（雑誌）　180
アル・マンシーヤ広場　329
「アル・ワヒード」　190　→オラービー（人名）
アルメニア人　80, 128, 129, 154, 163
アル・リファーイ・モスク　167
『アル・レワー』（新聞）　234, 237
アレキサンドリア
——銀行　391
——税関　80
——大火災　221
——大暴動　191, 221, 235
——要塞　191, 192
アレキサンドリア・プロトコル　299, 300
アワースィー地　73
アングロ・イラニアン石油会社　316, 333
アングロ・エジプシャン銀行　275
アングロ・エジプシャン紡績・織物社　225
イェニチェリ　27, 31, 42, 43, 55
イエメン
——内戦　344
——派兵　337
イオニア銀行　276
医学校　80, 83, 115
一国民族主義　177, 335
イスクラ　298
イスマイリア警察署（エジプト）　313, 314
イスラエル
——空軍　353
——軍　303, 306, 353
——国会　354
イスラーム　32, 41, 75, 175, 177-179, 197, 199, 200, 206, 208, 215, 237, 262, 292, 293, 295, 297, 298, 308, 314, 360, 368, 369, 370, 372, 381, 383, 387, 395
——改革　176
——改革派　184, 195
——回帰　215
——救済戦線（FIS）　181, 195
——教シーア派　174
——教徒　46, 175, 180, 183, 198, 199, 205, 255, 292, 368, 397, 400
——国家　196, 206
——思想家　84, 177, 367
——指導者　180, 397
——主義（者）　215, 289, 367, 369, 371, 372, 376, 379, 381, 385, 390, 394, 395, 398
——神秘主義教団　199
——世界　175, 176, 179, 180, 215, 292
——団体　180
——長官（シェイヒュル・イスラーム）　127
——導師　64, 81
——復興・改革運動／思想　175, 177
——法（学）　19, 178, 206
——暦（ヒジュラ暦）　197
「イスラーム解放機構」　370
「イスラーム集団（ガマーア・イスラーミーヤ）」　370, 372, 383

事項索引

[あ行]

アイユーブ朝　19, 56
青シャツ隊　284
「アサダーバーディー」　175　→アフガーニー（人名）
アザンデ　197
アジア・アフリカ会議　327　→バンドン会議
アジア経済研究所　392
『アジ研　ワールド・トレンド』(雑誌)
アスキス政権　244
アズハル学院　175, 177, 178, 185, 250, 251
アスュート・バラージュ　221
アスワン
　——・ダム　222, 223, 228, 328
　——・ハイ・ダム　222, 328, 358
アスワン化学肥料工場　338
アッケルマン条約　45
アッバース朝　118
アッバシーヤ陸軍士官学校　294
アトリー労働党政権　322
アドリアノープル条約　46
アフガニスタン戦争　219
アフガン戦争
　第一次——　30
　第二次——　191
アブディン宮殿　138, 186, 187, 287, 315, 320
『アブー・ナッダッーラ・ザルカ』(新聞)　154
アフマディ・モスク　177
アブハーズ系　43
アフリカ（フリゲート艦）　41, 48
アフリカの角　135
『アフリカの内幕』　306
アヘン戦争　62
アミアンの和約　28, 30
アミール（首長）　57
アーヤーン　27, 73
アラビア
　——語　19, 53, 76, 77, 84, 153, 175, 178, 206, 231, 234, 238, 253, 260, 271, 355, 376, 377, 385, 397
　——戦役　37, 75, 107, 109
『アラビアのロレンス』(映画)　247, 249, 255
アラブ　13, 50, 53, 56, 83, 105, 108, 138, 165, 177, 180, 194, 235, 236, 249, 297, 299, 303-306, 327, 334-336, 350, 354, 355, 362, 365, 368, 372-374, 377, 378, 380, 381, 383, 391, 394, 398
　——協力会議（ACC）　362, 365
　——軍団　304, 306, 329
　——系（エジプト人）　19, 39, 53, 77, 82, 102, 109, 116, 153, 154, 159, 170, 171, 174, 184-186, 189, 196, 232, 239, 250, 251, 255, 332
　——資本　355, 369
　——首脳会議　351
　——統一　336, 337
　——の大義　354
　——の反乱　249
　——民族　50, 57, 108, 170, 177, 385, 398
　——民族主義　177, 335, 385, 398
　——連合共和国　336
　——連合共和国国民憲章　169, 351
　——連盟　299, 326, 354, 362
「アラブ・外国資本投資及びフリーゾーン庁」　355
「アラブ・外国資本投資及びフリーゾーン法」　355
「アラブ資本投資・フリーゾーン法」　355

[著者略歴]

山口直彦（やまぐち　なおひこ）

1962年生まれ。中央大学法学部法律学科卒業。日本貿易振興機構のバグダッド、ロンドン、カイロ、ジャカルタの各事務所勤務、公正取引委員会事務総局国際協力企画官などを経て、現在、日本貿易振興機構に勤務（イスタンブール駐在）。専門領域は中東の政治・経済、近現代史。主要著書・論文に『アラブ経済史—1810～2009年』（明石書店、2010年）、「中東の政治的変動と今後の展望」（『治安フォーラム』平成23年5月号、立花書房）、「リビアの騒乱とシリアの反政府デモ—その背景と要因—」（『治安フォーラム』平成23年8月号、立花書房）など。

世界歴史叢書

新版 エジプト近現代史

ムハンマド・アリー朝成立からムバーラク政権崩壊まで

2006年1月10日　初版第1刷発行
2011年10月25日　新版第1刷発行

著　者　山　口　直　彦

発行者　石　井　昭　男

発行所　株式会社　明石書店

〒101-0021　東京都千代田区外神田6-9-5
電　話　03（5818）1171
ＦＡＸ　03（5818）1174
振　替　00100-7-24505
http://www.akashi.co.jp

装丁　明石書店デザイン室
印刷　モリモト印刷株式会社
製本　本間製本株式会社

（定価はカバーに表示してあります）　ISBN978-4-7503-3470-7